產 業 分 析

Industry Analysis

徐作聖・鄭智仁・陳仁帥 著

全華圖書股份有限公司 印行

作者序

僅將此書獻給我的父親—徐鎮惡先生，心中除了對父親無限思念外，更感謝父親對作聖的教導與養育，希望他亦能在另一個世界中與我同享新書出版的喜悅。

在全球景氣動向尚未明朗之際，台灣內有產業結構調整問題，外有全球化激烈挑戰，經濟發展受到前所未有的衝擊，該如何進行資源整合，提升台灣競爭優勢，是未來應重視之課題。在過去，台灣廠商的單一策略在於製造與低成本管理，由於沒有多重的策略選擇，故技術及市場資訊的獲取仰賴政府的奧援，無法培養本身的技術及市場經營能力。面對使用相同策略的國內同業，除了利用規模經濟的門檻與惡性殺價競爭外，產業群聚的形成除了靠政府大力促成之外，惡性挖角及仰賴政府提供成了唯一技術擴散的管道，在面臨「知識經濟」時代的全球競爭下，加上「低成本優勢」又逐漸被大陸及其他新興國家所取代，產業的發展面臨著前所未有的困境。

產業競爭及創新是資訊時代中重要的經營策略，而競爭及創新策略是企業創造附加價值的主要手段。在策略的制定與執行上，企業必須針對產業結構來規劃其經營策略，而企業的創新策略更應隨產業的需求而異，如此才能針對產業的需求來培植企業的核心能力，使其能在競爭激烈的國際市場中立於不敗之地。

產業分析與企業策略規劃與管理是息息相關的，而企業對市場現況及未來發展方向資訊的解讀不但是企業策略形成的重大憑藉，更是未來產業技術創新的指導原則。而企業領導人對產業情勢的判讀，更是其領導力 (leadership) 及願景 (vision) 形成的依據，故企業領導人應對產業分析及策略規劃當成其經營績效的最佳指標。

產業分析的目的在於對產業結構、市場與技術生命週期、競爭情勢、未來發展趨勢、以及產業關鍵成功要素的瞭解，企業領導人可藉產業分析的結果，研判本身實力現況，推衍出未來的競爭策略。然產業範圍廣大，市場區隔眾多，在經費、時效的限制下，企業領導人在全球競爭、專業化的需求下，針對本身市場區隔的現況及未來趨勢，研擬出「量身訂作」的產業分析。換句話競，產業分析的目的在於針對企業策略的需求而設計，雖然其資訊可假手別人：如政府提供的次級資料等，但重點分析結構的設計必須由企業本身來完成，如此才能有效的「量身訂作」出企業本身所需的「策略」資訊。

產業是企業的組合，企業根據其內部資源、外部競爭情勢、本身願景等因素，規劃其短中長程的發展策略，其中包括了科技及其它資源的運用，而外部市場與產業環境的評體（競爭面）是不可或缺的重點。這種競爭面產業情勢的評估包含了全球產業與技術生命週期、產業價值鏈、水平與垂直狀況、競爭者分析、產業群聚等因素，這些資訊提供了經營者對未來策略定位的準則，而在某一策略定位之下其所需要優先培養的競爭準則，也就是書中所提到的產業創新需求 (Industrial Innovation Requirements)。但產業發展是動態的，故在分析產業定位策略時，規劃者必須根據產業的客觀情勢將全球產業的現況與未來加以分析，這也就是我們所使用的產業組合 (IndustrialPortfolio) 分析。針對錯綜複雜的產業的問題，我們設計了一套產業組合的分析模式，其功能在於分析產業發要所需考慮的條件，以及政府配合政策介入之準則。對開發中國家（如台灣）來說，在國家產業組合的規劃中，政府的角色在於利用適當政策的設計來介入產業的發展，除了直接介入產業科技的發展以降低企業的技術風險，更可營造產業群聚 (clustering) 及產業整合等經營方面的有利條件，以加速產業技術升級。

本書內容除探討產業分析之架構與步驟外，並分析研究國內未來極具發展潛力的產業爲對象，包含生物晶片、SOC、半導體等，分析這些產業的關鍵成功要素、未來發展趨勢、創新需求要素及核心能力策略，以了解企業必須具備的經營條件。

本書之得以完成，除筆者在投入「國家創新系統」、「國家及產業之組合分析」、「創新策略及管理」與「高科技經營策略」的研究，以及多年來在「科技政策」與「新興產業」方面的心得外，更要感謝交通大學科技管理研究所與科技產業策略研究中心同仁的協助，及筆者所指導的研究生的努力。另外，母親徐張靜如女士的的養育與悉心照顧更是激發我積極從事的動力，在此獻上我最深忱的謝意。

本書的讀者可包含任何對產業轉型策略有興趣的人士，如果實務界、政府界、研究機構、及學術界的先知與朋友能因閱讀本書而激發出一些策略性的思考，進而致力於產業策略的研究與競爭優勢的提升，這也是筆者爲書的最大心願。

本書倉促成書，疏漏之處在所難免，希望各界能不吝予以指教，筆者將感謝不已。

徐作聖・鄭智仁・陳仁帥　謹識

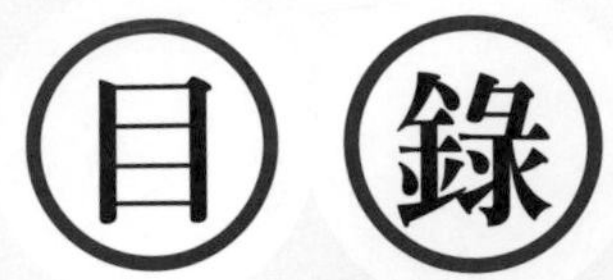

Part Ⅰ 基礎篇

Part Ⅱ 高科技產業篇

PartⅢ 能源產業篇

Chapter 9 風力發電產業

Chapter 10 燃料電池產業

Chapter 11 混合型鎳氫電池產業

Chapter 12 太陽能電池產業

Chapter 1

緒　論

1.1 產業分析的重要性

在全球以國家爲主體的競爭環境下，產業發展對於國家競爭優勢影響甚鉅，不但主宰一國經濟成長的軸心工程，而且是決定一國國力的基礎。故產業發展一向被視爲國家優勢的泉源，世界各國無不重視對產業發展的投資，期能藉由技術、生產、市場、人力、原料、制度等層面的創新，提昇產業的競爭能力，主控產業永續的競爭利益。產業分析的目的在於對產業結構、市場與技術生命週期、競爭情勢、未來發展趨勢、上下游相關產業與價值鏈、成本結構與附加價值分配、以及產業關鍵成功要素的瞭解，而企業領導人藉產業分析的結果，研判本身實力現況，推衍出未來的競爭策略。經濟學者Andrews (1987)在其經濟性策略發展模式中提出，產業的策略就是要分析產業內部能力，包含優勢(Strength)和弱勢(Weakness)，及外部環境的機會(Opportunity)與威脅(Threat)，透過此四大構面的分析以了解企業的營運機會，避開主要威脅的壓力，並善用企業資源，確認自我的優勢及劣勢，運用於產業競爭上，再依此選擇產品的特性和市場行銷策略，爭取最佳利機。Porter (1985)所提的競爭模式(Competitive Model)亦強調產業的競爭程度大小，會影響企業策略的擬訂和執行，各企業在訂定其競爭策略前，須先分析其企業所面臨產業的五種競爭力量的程度，以建立企業的競爭優勢，來抵擋五種競爭力的威脅，求取企業的發展和生存。另一方面，對於必須在國際市場上競爭的國家產業而言，政府的活動無疑佔有重要的關鍵地位，政府可運用的各種人力、物力與財力資源有限，透過完善的國家級產業組合(National Portfolio)及各新興產業組合分析及策略分析，將有限的資源投入於最具成效的區隔中發展，並積極透過各種經濟、政治與法規的調整，逐漸引導產業向前邁進。但在產業不同的發展階段下，因競爭目標與本身條件的不同，對於資源與政策的需求也有所差異，故政府部門應透過產業分析瞭解臺灣產業特性、全球競爭情勢、及科技資源等因素，來訂定臺灣未來產業最具競爭力之產業組合，並積極利用適當的政策工具來推動這些策略性產業組合的發展。從以上簡短概述可瞭解產業分析其重要性，不僅爲企業提供競爭策略參考，同時能作爲政府規劃整體產業發展政策依據。

1.2 產業分析的內容

本書產業分析的目的在於對台灣高科技產業之分析，其主要內容包括產業結構、市場與技術生命週期、競爭情勢、上下游相關產業與價值鏈、成本結構與附加價值分配、與產業創新需求要素等，而作者撰述主要內容包含下列六項：

對台灣高科技產業之分析，其主要內容包括產業結構、市場與技術生命週期、競爭情勢、上下游相關產業與價值鏈、成本結構與附加價值分配、與產業創新需求要素等。

(一) 明確的產業定義、範圍、市場區隔；

(二) 產業現況及未來發展趨勢；

(三) 產業上下游關聯（魚骨圖）與產業價值鏈（供應鏈）之導廠商與競爭者分析；產品成本分析與競爭者分析。

(四) 產業領先要件 (Locus of industrial leadership)與產業競爭優勢來源(Sources of competitive advantage)分析；前者包括國家級、產業級與企業級的領先重點，而後者涵蓋了產業在資源、機制(institution)、市場、技術方面的競爭條件；

(五) 產業組合與創新需求要素分析；

(六) 國家創新政策與具體政府推動策略分析。

一 產業組合分析模式之架構

組合分析是企業管理學問中常用的分析工具，分析者根據產業的吸引力與企業本身的競爭優勢來規劃企業未來發展的方向，但區隔變數的選擇通常並無嚴謹的理論基礎。對國家級的產業組合分析來說，其複雜程度遠高於企業級的分析。另外，爲了避免過於靜態的分析模式，我們必須加上許多動態的因數，使分析模式能反應知識經濟時代產業快速變遷的事實。但問題是面對許多發展程度各異且競爭態勢完全不同的產業，我們該如何設計產業的變動因數，以便在動態詳實而又「不失眞」的情況下，反應產業的策略區隔與眞實情況呢？

產業定位主要是描述產業在競爭條件上的優劣勢，以及未來發展的策略。而產業在不同的區隔內由於產業結構之不同，可能有不同的競爭動力。故分析在不同時期與不同環境條件下產業的特殊需求，是「產業規劃」精髓之所在，更是協助政府在形成「科技政策」與「產業政策」之重要依據，也是產業定位分析最大貢獻之所在。

產業定位主要是描述產業在競爭條件上的優劣勢，以及未來發展的策略。

我們以動態的區隔變數來描述產業現況與未來，足以滿足本書分析之產業需求，雖然此分析模式並無嚴謹的理論基礎（如同大多數的管理學中之組合分析模式，如BCG 與 GE 模式等），但我們將其視為解決問題的分析工具(working tool)，其分析範圍涵蓋了國家面、產業面與企業面的動態競爭條件，其功能具整體性、客觀性，是一個十分具有實用性的分析工具。

二 產業策略群組區隔定位

經過兩種構面的分析，我們可決定產業的特質與型態，以個別產業生命週期與競爭領域之定位，探討個別產業最適之「產業創新需求要素」與「創新政策」，並可比較現行政府推動策略與「最適之政策」之差異，也就是本書所提之「策略規劃」精髓之所在。

三 產業創新需求要素組合分析

欲將產業發展或創新的各種可能需求條件，在模式的規劃上，首先是產業創新過程與產業創新需求資源關連性的探討，其次是產業創新過程與產業生命週期的研究，最後才得出產業生命週期與產業創新需求資源的關連性，以形成產業創新需求要素分析矩陣。

四 產業創新過程構面

創新過程是產業創新需求要素分析的第一個構面，其主要在將產業內產品自基礎研究至市場通路鏈結過程予以展開，以便瞭解在不同的過程下產業需求的條件。以Rothwell及Zegveld(1981)的理論整理歸納出過程有基礎研究、應用研究，產品發展、量產、市場行銷與拓建通路等六個階段過程。

創新過程是產業創新需求要素分析的第一個構面，其主要在將產業內產品自基礎研究至市場通路鏈結過程予以展開，以便瞭解在不同的過程下產業需求的條件。

五 產業發展策略構面

以產業的發展模式來看，Kolter(1997)認為產業在不同的發展階段，對於發展目標應有所差異，在產業剛引進時，企業的發展為產業是否能存續的重要關鍵，但是產業成長至於成熟時期，產品的發展與市場的發展情形便成為產業興衰的重要衡量因素。因此台灣產業發展階段上，我們可以分辨出企業發展、產品發展與市場發展等三種不同的產業主要策略。

六 產業創新需求要素定位分析

探討過產業創新過程、產業階段發展策略與產業創新需求要素的概念後，第二步驟即應著手進行產業創新需求要素定位分析。產業創新需求要素定位分析主要依照不同的產業發展策略與生命週期階段所形成區隔，放入適當的產業創新需求要素。使產業在不同時期與不同發展策略下的需求條件，都可以由一矩陣基礎上分析而形成，因此產業創新需求要素組合分析對於產業的研究十分重要，而且極具實用價值的觀念架構。

七 政策組合分析

創新政策組合分析爲國家產業組合規劃模式第三部分，在瞭解產業定位與產業創新需求要素之後，面臨的問題在於如何補足的產業所需的資源條件與減少不利的影響因素，透過以產業創新要素爲基礎形成策略組合與政策目標，衡量相關績效與環境變數，結合相關政策工具的執行，便可以形成完整的政策構想。因此我們接下來便以產業在不同時期階段所需的的資源專案與發展目標，進行政策組合分析。

八 創新政策設計

Rothwell及Zegveld(1981)將「科技政策」與「產業政策」二者合稱爲「創新政策」，也就是說政府爲提升人民福祉，不僅該著重「發明」(invention)，更應協助「商品化」(commercialization)的應用，是「創新」的定義。創新不是只有開發出新的方法或技術，更重要的是將該技術商品化。就政府施政而言，科技政策乃是協助企業從事「發明」的活動，而產業政策乃是協助企業進行「商品化」的應用，並解決在其過程所遭遇的風險與困難。

> 創新不是只有開發出新的方法或技術，更重要的是將該技術商品化。科技政策乃是協助企業從事「發明」的活動，而產業政策乃是協助企業進行「商品化」的應用。

九 政策工具構面

Rothwell及Zegveld(1981)於研究政府之創新政策中，指出創新政策應包括科技政策及產業政策，而以政策對科技活動之作用層面，將政策分爲十二類（如表1.1），並可將其歸納爲下列三類：

(一) **供給面(Supply)政策**：政府直接投入技術供給的三個因素，即財務、人力、技術支援、公共服務等。

(二) **需求面(Demand)政策**：以市場爲著眼點，政府提供對技術的需求，進而影響科技發展之政策；如中央或地方政府對科技產品的採購，以及合約研究等。

(三) **環境面(Environmental)政策**：指間接影響科技發展之環境，即專利、租稅及各項規則經濟體之法令制訂。

表1.1　政府政策工具的分類

分類	政策工具	定　義	範例
供給面政策	1.公營事業	指政府實施與公營事業成立、營運及管理等相關之各項措施。	公有事業的創新、發展新興產業、公營事業首倡引進新技術、參與民營企業。
	2.科學與技術開發	政府直接或間接鼓勵各項科學與技術發展之作為。	研究實驗室、支援研究單位、學術性團體、專業協會、研究特許。
	3.教育與訓練	指政府針對教育體制及訓練體系之各項政策。	一般教育、大學、技職教育、見習計畫、延續和高深教育、再訓練。
	4.資訊服務	政府以直接或間接方式鼓勵技術及市場訊息流通之作為。	資訊網路與中心建構、圖書館、顧問與諮詢服務、資料庫、聯絡服務。
環境面政策	5.財務金融	政府直接或間接給予企業之各項財務支援。	特許、貸款、補助金、財物分配安排、設備提供、建物或服務、貸款保證、出口信用貸款等。
	6.租稅優惠	政府給予企業各項稅賦上的減免。	公司、個人、間接和薪資稅、租稅扣抵。
	7.法規及管制	政府為規範市場秩序之各項措施。	專利權、環境和健康規定、獨佔規範。
	8.政策性策略	政府基於協助產業發展所制訂各項策略性措施。	規劃、區域政策、獎勵創新、鼓勵企業合併或聯盟、公共諮詢及輔導。
需求面政策	9.政府採購	中央政府及各級地方政府各項採購之規定。	中央或地方政府的採購、公營事業之採購、R&D合約研究、原型採購。
	10.公共服務	有關解決社會問題之各項服務性措施。	健康服務、公共建築物、建設、運輸、電信。
	11.貿易管制	指政府各項進出口管制措施。	貿易協定、關稅、貨幣調節。
	12.海外機構	指政府直接設立或間接協助企業海外設立各種分支機構之作為。	海外貿易組織。

資料來源：Rothwell R. and Zegveld W.. “Industrial Innovation and Public Policy, preparing for the 1980s and the 1990s”, Frances Pinter, 1981 .

經濟學家所指出，成功的創新有賴於技術「供給」和市場「需求」因素間良好組合。在科技研究上和發展上，就供給面而言，新產品開發和其製程端視下列三種投入要素之適當程度而定：(a)科學與技術之知識及人力資源；(b)有關創新的市場訊息及確保成功研究發展、生產和銷售所需的管理技術；(c)財力資源。

從圖1.1中可清楚地看出，政府企圖以供給面的政策影響創新過程，政府本身可以透過直接參與科學與技術過程，或透過改善上述三要素，抑或是間接地調整經濟、政治與法規環境，以符合新產品創新需求。另一方面，政府亦可經由需求面的政策改善創新過程，政府可以在台灣市場不論間接或直接，抑或選擇改變國際貿易大環境方式，來改善需求面條件－如可藉由關稅或貿易協定或建立國家商品海外銷售機構爲之。

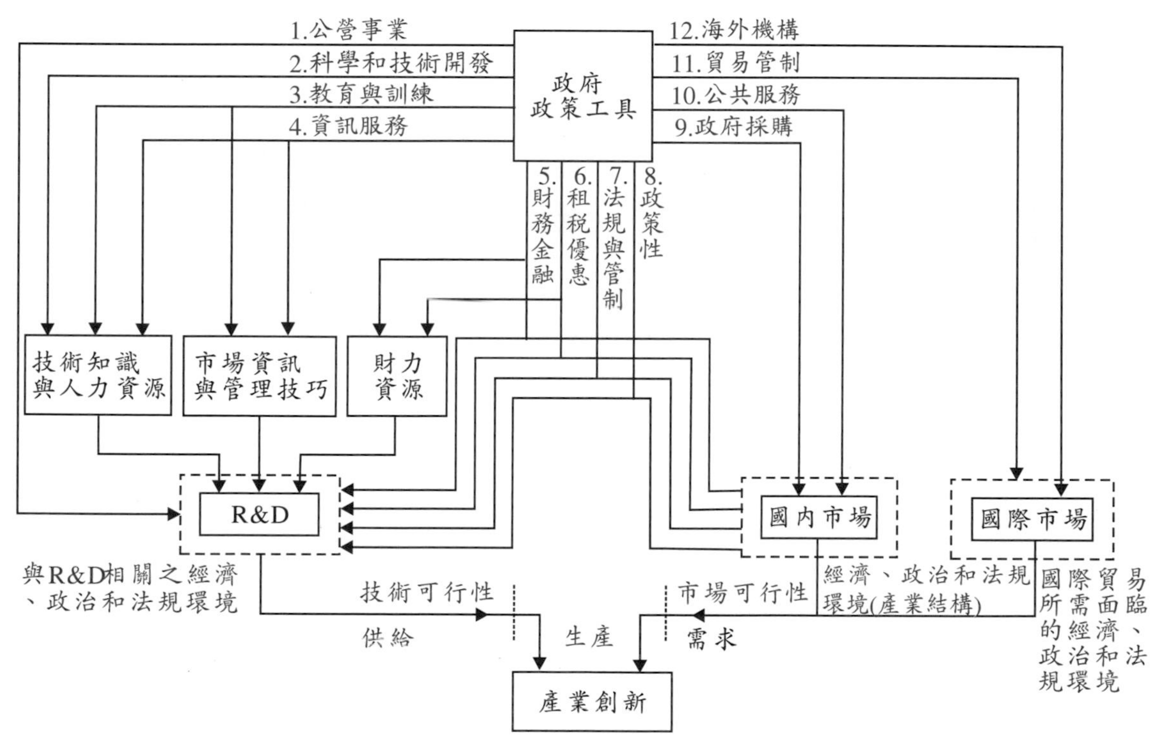

圖1.1 創新過程與政策工具的作用

資料來源：Rothwell R. and Zegveld W.. “Industrial Innovation and Public Policy, preparing for the 1980s and the 1990s”, Frances Pinter, 1981.

Rothwell 及 Zegveld(1981)認爲針對不同的目標，政策在施行有不同的方式與途徑。如以財務政策工具而言，以總體環境爲對象的金融政策與以企業爲主的融資政策在做法與範圍就不相同。因此在施行政策時就必須依產業不同的發展目標與需求選擇適當的政策工具與施行方式。而以Rothwell 及 Zegveld 的理論整理歸納政府輔導產業的方式主要包括，培育小型企業、發展大型企業、發展特定技術、專注於特定的產業領域、提升產業技術潛力、塑造產業環境與強化總體環境等。政府在政策實行上便可針對產業不同的發展目標做不同的修正與調整，以達到輔導產業的目的。

十 創新政策定位、推動方案與執行步驟

分析不同的政策工具與方法後，接著我們便要分析在產業不同生命週期與不同產業策略下，應該使用哪些政策工具與方法。以下我們便依政策工具與政策方法的特質予以分析，並以理論設計新的政策衡量表。

經過產業組合定位分析與產業創新需求要素分析之後，我們所要注意的重點在於政府的政策規劃如何落實在重點策略性產業，以產業的發展目標需求做重點式的輔助。從產業的發展目標來看，產業的發展目標可以分三種層次，企業發展、產品發展與市場發展；而不同的發展目標有不同的資源需求，所以我們必須依產業不同的資源需求來選擇合適的政策工具。以Rothwell 及 Zegveld的理論分析，相關政策工具與產業創新需求資源的配合應如下表1.2所示。

從產業的發展目標來看，產業的發展目標可以分三種層次，企業發展、產品發展與市場發展。

表1.2　政策工具與產業創新需求資源關聯表

		產業政策工具											
		公營事業	科學與技術發展	教育	信息	財務金融	租稅	法規與管制	政策性措施	採購	公共服務	貿易	海外機構
產業創新需求資源	研究發展	●	◎	◎	◎	◎	◎						
	研究環境					●	●	●	●				
	技術知識		●	●	●								
	市場訊息			●	●								
	市場									●	●	●	●
	市場環境					●	●	●	●				
	人力資源		●	●	●								
	財務資源					●	●						

● 表示直接影響　◎ 表示間接影響

資料來源： Rothwell, R., Zegveld, W., "Industrial Innovation and Public Policy", pp. 59, 1981.

決定創新政策的內容後，爲確實發揮其功效，以振興產業，研究者乃根據產官學研各界菁英意見，設計具體的推動方案與執行步驟，推動方案與執行步驟必須明確說明如何具體的實施，包含了目標、時程、經費與具體內容與客體。

作者根據臺灣所處之環境與背景，以系統性、客觀性與科學性的學術論證，根據全球科技發展與競爭情勢，決定產品／市場區隔及其競爭需求，並利用產業組合模式來進行策略定位與未來發展分析，並進一步設計各區隔所需之創新資源要素，結合實務進一步建構出所需之創新政策。此系統性、整合性的分析模式結合理論與實務，其成果是臺灣產業發展急需的資訊。政府對國家未來科技產業的規劃應依照產業特性、國家科技資源與國際比較優勢來做一個均衡的設計。爲了規劃均衡的產業組合，我們設計了一套方法用以分析國家現有的產業情勢。這套分析方法是由企業管理學中所發展的國家投資組合模式理論而改良推衍出來，形成產業組合(Industrial Portfolio)分析模式，可訂定出國家級的產業組合規劃方案，以分析不同新興產業之發展策略及執行所需之條件。另外，本書亦分析各個產業的推動方案、執行步驟及產業組合，其目的在於分析國家產業整體與產業中個別部門之發展策略矩陣，並歸劃政府應有之創新政策。我們分析臺灣應優先發展之產業領域，並探討臺灣產業未來之發展方向。以產業創新與國家政策的角度，探討產業在技術能力與全球產業生命週期的定位。分析的項目包括了各領域現在及未來之定位區隔、所需的創新資源要素，以及政府所應配合之政策。

1.3 產業分析與企業策略及政府政策的關連性

對於企業而言，產業分析的目的在於對產業結構、市場與技術生命週期、競爭情勢、未來發展趨勢、以及產業關鍵成功要素的瞭解，企業領導人藉產業分析的結果，研判本身實力現況，推衍出未來的競爭策略。然產業範圍廣大，市場區隔眾多，在經費、時效的限制下，企業領導人在全球競爭、專業化的需求下，針對本身市場區隔的現況及未來趨勢，研擬出「量身訂作」的產業分析。換句話說，產業分析的目的在於針對企業策略的需求而設計，雖然其資訊可假手別人：如政府提供的次級資料等，但重點分析結構的設計必須由企業本身來完成，如此才能有效的「量身訂作」出企業本身所需的「策略」資訊。

產業分析之重要性除提供企業競爭策略參考，並可作爲政府規劃整體產業發展政策依據。而產業分析與企業策略及政府政策間之因果關連與互動性關係詳細內容爲何？理論上來說，企業的創新是國家科技發展的原動力。但事實上，研發創新的風險極高，而在全球競爭的情勢中，投資研發創新的回收率又有極高的不確定性，尤其是大型整合系統或高科技產品，故政府適時的介入有其必要性。根據先進國家之經驗，最有利於研發創新的條件在於：開放民主的法治社會、良好的國家創新系統（包括教育、資本市場、技術擴散機置、自由競爭的市場、交通通訊系統等）、及適當的政府干預。在此處，政府干預的目的在於維持市場經濟的運作及其公平性，並確保研發創新活動不與公共利益相抵觸（如環保與公安等）。

產業分析之重要性除提供企業競爭策略參考，並可作為政府規劃整體產業發展政策依據。

在未來全球競爭的環境中，政府在提昇研發創新活動的任務更顯得重要。傳統上，政府最大的功能在於選擇策略性的產業來優先開發，利用政府採購與研發津貼來達到產業發展的目的。這種策略較適用全球生產不足的環境，但對於全球生產過剩及產品科技瞬息萬變的競爭局勢，政府缺乏足夠資訊及資源來從事專業技術的開發，故輔導廠商提高其研發誘因及技術能力是提升產業科技能力的重要策略，而民間企業積極地投入研發創新更是產業升級的先決條件，政府的施政目標應以提升民間研發誘因爲重點。

1.4 產業分析相關理論

有關產業分析相關理論，可從以下幾個理論簡介得到一些概念：

一 五力分析模型

Porter(1985)於「競爭優勢」一書中所提出之五力分析模型，說明企業與環境間的互動關係，並影響一個產業競爭強度的主要因素。所謂五力包括「潛在進入者的威脅」、「購買者（客戶）的議價力量」、「替代品的威脅」、「供應商的議價力量」及「現有競爭者之競爭態勢」。（這五種競爭作用力加總起來，可以決定產業競爭的激烈程度及獲利狀況，影響企業在未來競爭方式與發展策略。）

(一) **潛在進入者的威脅：**潛在進入者的威脅是指新進入的廠商會帶來新產能及可觀的資源，不僅攫取現有市場，壓縮市場價格，導致現存成本上升獲利減少，對現存企業造成威脅。倘若產業進入障礙很高，則新進入者的威脅性將會降低。進入障礙來源包括：規模經濟、產品差異化、資本需求、移轉成本、配銷通路、品牌知名度、獨家產品技術、原料取得有利條件政府的補貼、學習曲線、原有廠商的報復行動等。

(二) **現有廠商之間的競爭強度：**現有廠商之間的競爭強度是指產業內現存廠商彼此競爭對抗的程度。產業中現有競爭模式是運用價格競爭、提升顧客服務或產品品質等方式。產業內競爭者的競爭強度會進一步影響到行銷策略、供應成本以及公司的獲利率。影響競爭強度的因素有：產業內競爭者的家數、產業成長率的高低、競爭者之固定成本、顧客的轉換成本、產能大幅增加、多元化的競爭者、高風險策略、退出障礙高低等。若產業內競爭者家數眾多、產業成長趨緩、競爭者固定成本高、顧客轉換成本低、競爭者策略多元化以及產業退出障礙高，則產業內現存廠商之間的競爭強度便會較高。

(三) **替代品的威脅：**所謂替代品的威脅是指產業中產品替代功能或性質相近的產品，對產業內現有產品的替代威脅性大小。替代品的威脅來自於替代品有較低相對價格、替代品有較強的功能、購買者面臨較低的轉換成本、產品形式替代性與地理區位替代性的衡量。

(四) **購買者的議價力量：**所謂購買者的議價力量是指顧客與產業內廠商議價能力的大小。顧客對抗產業的競爭方式是設法壓低價格、爭取更高的品質或更佳之服務。影響購買者議價力量的因素包括：購買者群體集中度高低、購買成本、產品差異性、移轉成本、獲利程度、購買者向後整合的能力、影響產品品質的程度、客戶掌握情報的程度等。若集中度高、採購產品佔成本相當重要比例、買方所購買的產品差異性低、移轉成本低、獲利不高、買方具向後整合能力、買方所生產產品的品質受賣方產品之影響小，或是買方資訊充足，則買方之議價能力較大。

(五) **供應商的議價力量**：所謂供應商的議價力量是指供應商對於產業內廠商議價能力大小。供應商可藉由調高售價或降低產品品質對產業內成員施展議價力量，影響供應商議價力量之因素計有：供應商的集中度、替代品的多寡、買方對供應商的重要性、供應商的產品對買方的重要性、移轉成本以及供應商向前整合的能力等。若是由少數供應商控制市場、替代品的數量少、買方不是供應商主要客戶、供應商的產品是買方的重要投入、顧客的轉換成本高，或是供應商具有向前整合的能力，則供應商的議價力量較大。

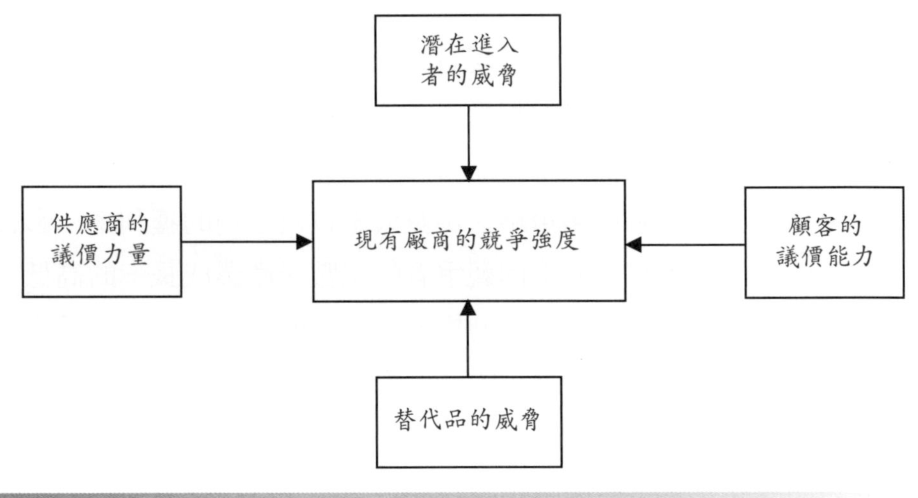

圖1.2 五力分析圖

二 SWOT分析

SWOT分析來自於企業管理理論中的策略性規劃。所謂SWOT乃是四個英文字首的複合字，其包含了Strengths、Weaknesses、Opportunities、Threats，意即：優勢、劣勢、機會與威脅。應用於產業分析主要在於考量一企業組織之內部條件的優勢和劣勢，是否有利於產業內競爭；機會和威脅是針對組織外部環境進行探索，探討對產業未來情勢演變之了解。此一思維模式可幫助分析者針對特定事項，分別就四個面向加以考量、分析利弊得失，找出確切之問題所在，並設計對策加以應對。在進行SWOT分析後，將再進一步採用學者Weihrich在1982年所提出的將組織內的優、劣勢與外部環境的機會、威脅，以矩陣(matrix)的方式表示，並運用策略配對的方法來擬訂因應策略。學者Weihrich所提出的SWOT矩陣策略配對(matching)方法包括：SO策略表示使用強勢並利用機會，即爲「Maxi-Maxi」原則；WO策略表示克服弱勢並利用機會，即爲「Mini-Maxi」原則；ST策略表示使用強勢且避免威脅，即爲「Maxi-Mini」原則；WT表示減少弱勢並避免威脅，即爲「Mini-Mini」原則。

表1.3 SWOT分析策略分析表

內部因素 / 外部因素	列出內部強勢(S)	列出內部弱勢(W)
列出外部機會(O)	SO：Maxi-Maxi策略	WO：Mini-Maxi策略
列出外部威脅(T)	ST：Maxi-Mini策略	WT：Mini-Mini策略

SWOT分析程序常與企業策略規劃程序相結合，其步驟如下：

步驟一：進行企業環境描述。

步驟二：確認影響企業外部因素。

步驟三：預測與評估未來之外部因素。

步驟四：檢視企業內部之強勢與弱勢。

步驟五：利用SWOT分析架構研擬可行策略。

步驟六：進行策略選擇。

在步驟五利用SWOT分析架構，將企業之S、W、O、T四項因素進行配對，可得到2×2項策略型態，茲說明如下：

(一) **使用強勢利用機會(SO：**Maxi-Maxi)策略：此種策略是最佳策略，企業內外環境恰能密切配合，企業能充分利用資源，取得利潤並擴充發展。

(二) **使用強勢減少威脅(ST：**Maxi-Mini)策略：此種策略是在企業面對威脅時，利用本身的強勢來克服威脅。

(三) **減少弱勢利用機會(WO：**Mini-Maxi)策略：此種策略是在企業利用外部機會，來克服本身的弱勢。

(四) **減少弱勢減少威脅(WT：**Mini-Mini)策略：此種策略是使企業的威脅與弱勢達到最小，常是企業面臨困境時所使用，需進行合併或縮減規模等。

三 鑽石體系理論

Porter(1990)於「國家競爭優勢」一書中所提出之鑽石理論模型（圖1.3），認爲國家是企業最基本的競爭優勢，因爲它能創造並持續企業的競爭條件，政府不但影響企業所做的決策，也是創造並延續生產與技術發展的核心。一個國家內的某些產業爲什麼能在激烈的國際競爭中嶄露頭角，必須從每個國家都有的四項環境因素（生產要素、需求條件、相關與支援性產業及企業策略、企業結構和競爭程度）來討論。這些因素可能會加強本國企業創造競爭優勢的速度，也可能造成企業發展遲滯不前的原因。

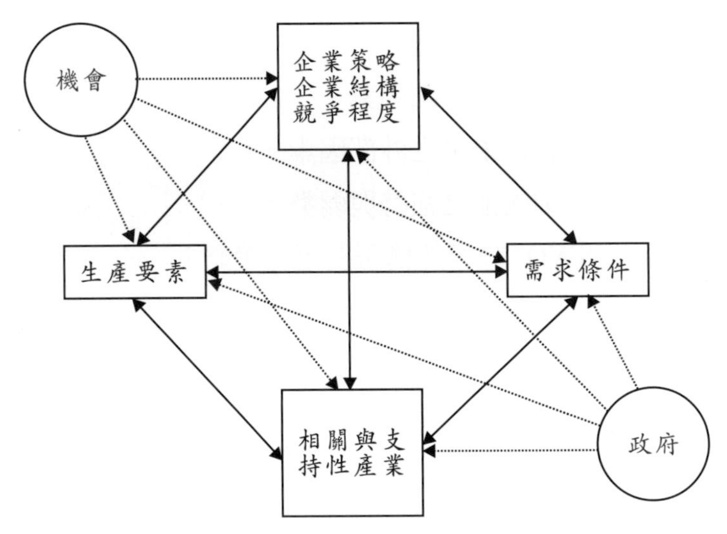

圖1.3　鑽石結構模式

資料來源：Poter, M.E., "The Competitive Advantage of Nations", Free Press, New York, pp.127,1990.

Porter(1990)認爲產業的發展有特定因素，而不同的因素相互影響造成產業多變的形態。因此他提出鑽石結構模式來比較且解釋產業在不同國家的發展情形。此一架構將產業發展的基本因素分爲六個主要部分：生產要素、需求條件、相關與支援產業、企業策略結構與競爭對手、機會以及政府。

(一) **生產要素：**主要爲國家在特定產業競爭中有關生產方面的表現，如人力資源、自然資源、知識資源、資本資源與基本建設等優劣條件。

(二) **需求條件：**主要爲本國市場對該項產業所提供產品或服務的需求。

(三) **相關產業和支援產業的表現**：主要指相關產業與上游產業是否具有競爭力。

(四) **企業的策略、結構與競爭對手**：主要爲在產業內企業的組織與管理形態，以及市場競爭的情形。

(五) **機會**：某些特定的條件出現會改變國家的競爭優勢與產業環境。如基礎科技的創新、全球金融市場或匯率的重大變化、生產成本突然提高與戰爭。

(六) **政府**：政府透過政策工具與手段會改變產業的競爭環境與條件，如政府的補貼政策會影響到生產因素、金融市場的規範或稅制會影響到企業的結構。而產業的發展也會帶動政府的投資意願與態度。因此在分析政府的政策時必須參考其他條件的情況。

在此模式中，Porter強調產業的優勢在於基本條件的互相影響，藉由這些關鍵條件，可以評估產業環境的變化與改變的效果。因此配合國家的特有資源條件與優勢，並經分析及評估，可以提供有用的資料，促使政府制定、執行、控制與規劃最有利於企業的相關政策。

四 產業發展因素理論

在Porter的鑽石理論架構中並沒有解釋爲何在相似的方式與條件下，有些國家的產業仍無法達到優勢。因此，近來的學者提出每個國家的總體經濟環境、社會與政治的歷史背景、社會的價值觀也會影響到產業的競爭優勢。故Kotler(1997)提出新的產業發展因素模式（如圖1.4），此分析模式不僅能分析個別結構內個別因素的能力，亦探討在因素間的協同作用，並藉由各因素相互配合，反映出國家在各條件的狀態，以評估如何創造並轉化這些力量，成爲產業的競爭優勢。其結構主要分五部分：政府領導、國家文化、態度與價值、國家的生產因素條件、國家的社會聚合力、國家產業組織形態。此分析模式的特點爲：

(一) 此結構包含了社會層面（國家文化、態度與價值、國家的社會聚合力）、經濟層面（國家的生產因素條件、國家產業組織形態）與政治層面（政府領導）。

(二) 在結構因素條件方面有些是屬於固有的，如國家生產因素條件（自然資源），有些屬於創造出來的，如產業組織形態。

(三) 在此架構分析中同樣包含了靜態分析（國家文化、態度與價值）與動態分析（政府領導、國家產業組織形態）。

(四) 在分析的方法上，有些屬於結構面，如國家的生產因素條件。有些屬於行爲面如政府領導。有些則結合兩者，如國家產業組織形態。

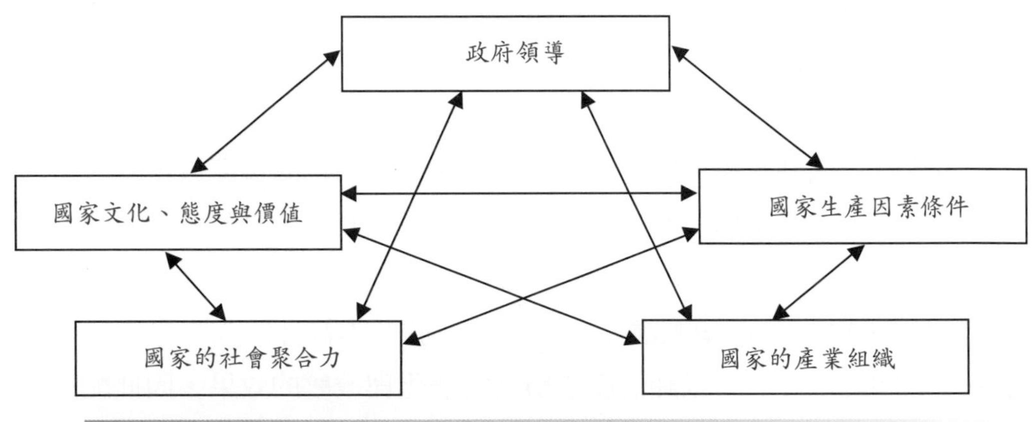

圖1.4 Kotler的國家競爭力分析模式

資料來源：Kotler, P., Jatusripitak, S., and Maesincee, S., The Marketing of Nations, Free Press, New York., pp.112, 1997.

五 產業組織模式與資源基礎模式

產業組織模式簡稱I/O模式，是解釋外在環境如何影響如何影響企業策略性行動的模式。

產業組織模式(Indstrial organization model)簡稱I/O模式，是解釋外在環境如何影響如何影響企業策略性行動的模式。該模式說明企業所選定的產業才是決定企業成功與否的主要因素，企業的績效可由產業的繁榮程度來預測。I/O模式有四個假設：第一，外在環境中的壓力與限制是策略選擇與企業可否獲得平均以上報酬的決定因素；第二，在特定的產業環境下，或是在產業某一區隔中競爭的大多數企業，擁有相似的策略性相關資源，也追求相似的策略；第三，企業執行策略時所利用的資源可以很容易的在企業間流動；因爲資源的流動，任何企業都不可能長時間擁有差異化資源。最後假設，組織的決策制定者被認爲是理性的，而且承諾追求企業最大利益。

I/O模式給企業的挑戰，是去找到最有吸引力的產業，並在其中成功的與對手競爭。因爲大多數企業所擁有的策略性資源是相似的，而且資源在企業間的流動性，所以惟有找到高獲利的產業，並學會如何因應產業的限制，才有可能競爭成功，並獲得平均以上的報酬。五力競爭模式便是分析外在環境的工具，五種競爭力包括供應商、購買者、競爭對手、替代品與潛在競爭者。利用五種競爭力模式於特定產業時，企業應瞭解在產業中想要提高獲利潛力及建立防禦性競爭地位應用那一種策略。I/O模式建議企業若要賺取平均以上報酬，必須要偵察總體、產業與競爭環境的特質，並以環境分析結果制定與執行策略。此外。企業要設法發展或取得策略執行所需之內在技能，如此才能成功。簡言之，I/O模式認爲企業能否賺取平均以上報酬，取決於外在環境特質，而不是企業獨特內在資源與能力。企業在新競爭情勢下，想要成功競爭，當然要建立一系列獨特能力與資源才行。然而，建立獨特資源與能力的同時也應該考量企業所在競爭產業的動態架構。一般認爲市場活動可以利用I/O模式來分析，而企業資源、能力與獨特條件開發與有效利用則應運用資源基礎模式。

五力競爭模式便是分析外在環境的工具，五種競爭力包括供應商、購買者、競爭對手、替代品與潛在競爭者。

I/O模式認為企業能否賺取平均以上報酬，取決於外在環境特質，而不是企業獨特內在資源與能力。

資源基礎模式(Resource base model)假設每個組織是獨特資源與能力的組合，而這些資源與能力正是制定與執行策略的基礎，同時也是報酬的主要來源。在新競爭情勢下，此模式認爲企業若欲追求較高報酬，必須能夠發展自己本身的能力。因此，企業有不同於其他對手的表現主要是因爲本身獨特資源與能力不同所致，而非產業結構特質力。此模式亦假設，企業可以不停追求各種不同資源與發展獨特能力，如此一來，在同一產業下所有相互競爭的企業，便有可能各自擁有不相同的資源與能力。另一個假設是資源在企業間無法高度流動，資源的差異性才是建構競爭優勢的基礎。

資源是指企業生產程序的投入，如資本設備、員工技能、專利、資金與有能力的管理者等。企業僅擁有單一資源無法形成競爭優勢，通常要能組合或整合各種資源，才能形成競爭優勢。資源基礎模式重點在企業的內在環境，亦即以企業的資源與能力做爲策略性行動的重要基礎。此外，強調企業要累積策略執行所需的資源，所選定的策略必須要讓企業能最有效的運用與發揮核心能力，以掌握外在環境中的機會。

資源基礎模式重點在企業的內在環境，亦即以企業的資源與能力做為策略性行動的重要基礎。

並非所有企業的資源與能力都有成爲競爭優勢的潛力，該潛力只有在資源與能力是有價值、稀有、不易模仿與不可替代的情況下才能實現。資源只有在能使企業把握機會與化解威脅時，才有價值；很少企業擁有才算稀有；其他企業無法獲得或必須付出極高代價才能取得時，才算不易模仿；只有在沒有其他相似品時，才算不可替代。當資源與能力符合以上四個準則時，便可算是企業的核心能力。核心能力是企業強過於對手的競爭優勢來源，核心能力的發展、增強與運用必須要與策略性競爭力有密切關係才行。因此，資源基礎模式以核心能力爲企業競爭優勢、策略性競爭力與獲得較高報酬的基礎。

六 國家創新系統（National Innovation System）理論

國家創新系統之基本定義為國家之組織或制度，其功能在於加速技術發展與擴散，其構面包括政府政策工具、科技系統與國家環境等三部分。

國家創新系統之基本定義爲國家之組織或制度，其功能在於加速技術發展與擴散，其構面包括政府政策工具、科技系統與國家環境等三部分。政府政策的目標在於強化產業創新系統的功能，而後者主要是由環境面及技術系統所組成，而強化的產業創新系統能加速廠商提升其競爭力。使其競爭優勢更能符合產業的「關鍵成功要素」(key success factors，KSFs)，進而增進國家之創新能力或產業的經濟產出。

在政府政策工具方面，常用的創新政策工具分爲下列二十項：補助、融資、風險性基金、教育、訓練、公營事業、公共研發組織、資訊、合約研究、合約採購、技術標準、貿易代理、公共服務、租稅優惠、專利、獎賞、經濟管制政策、技術管制政策、貿易管制政策以及外資管制政策。其次，綜合科技系統與國家環境構面的組成項目，影響產業環境的創新系統主要包含國家教育與訓練體系、公司內部組織、企業間關係與產業結構、研發組織、金融體系、生產因素、相關與支援產業與需求條件等八大項目。

Chris Freeman(1982)首先藉由國家創新系統的概念，描述並解釋日本爲何能成爲戰後經濟最成功的國家。後續並有兩個研究小組專注於此領域之研究。第一個小組，是由在Aalborg University Centre的Bengt-Åke Lundvall所領導，主要分析國家創新系統中組成分子之研究，包括探究使用者、公共部門，及財務機構所扮演的角色。第二個則是由Richard Nelson居中協調的小組，主要以個案描述形式，分析高、中、低所得國家創新系統的特質。

「國家創新系統」的組成要素包括政府產業創新政策、國家整體的科技系統及環境構面，而後兩者正是「產業創新系統」(Industrial Innovation System) 的組成要素。

根據作者原創的研究，開發中國家的「國家創新系統」應是政府面、產業面、企業面創新能力的整合。具體而言，「國家創新系統」的組成要素包括政府產業創新政策、國家整體的科技系統及環境構面，而後兩者正是「產業創新系統」(Industrial Innovation System) 的組成要素。見圖1.5。

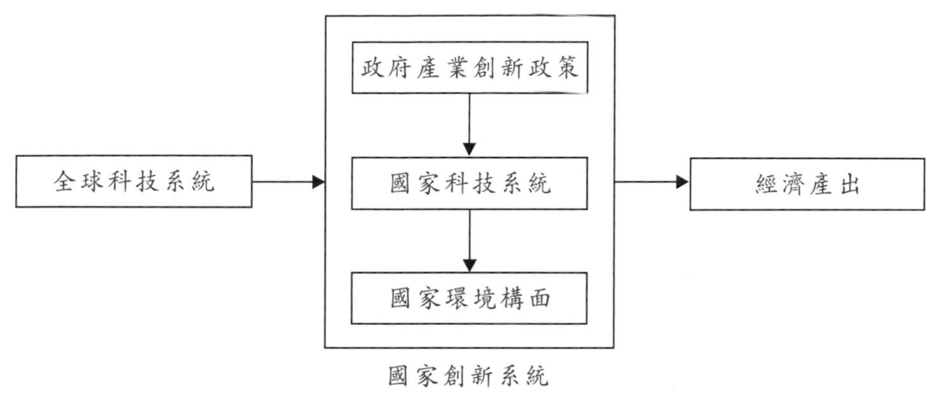

圖1.5 國家創新系統理論之基本架構

資料來源：徐作聖「國家創新系統與競爭力」經聯出版社，1999年。

在政府政策方面，其直接功能在於利用政策工具技術創新來源的提供及經營環境的改善，而其間接功能則在於技術創新、擴散功能機制的建立、產業集群 (Clustering)的形成、需求條件的創造等。換言之，政府的功能在於塑造良好的創新及市場環境，而企業在此環境中更能利用國家的比較優勢(Comparative Advantage) 來發展其競爭優勢，故「國家創新系統」是一種結合政府、產業、企業創新能力的機制，而完善的「國家創新系統」更是發展國家競爭優勢的重要關鍵。

「國家創新系統」是一種結合政府、產業、企業創新能力的機制，而完善的「國家創新系統」更是發展國家競爭優勢的重要關鍵。

強化國家創新系統是提昇民間研發誘因及促進產業升級的重要關鍵，健全的國家創新系統提供企業良好的經營環境及科技基礎結構（科技系統），使企業可利用國家創新系統發展競爭優勢。而在政府方面，政策的制訂應針對企業的經營特質與國家產業環境來設計，其目的在於提供一個健全的國家創新系統，使企業能結合本身實力及國家整體資源，加速其科技能力的精進，而達到提升競爭優勢之目標。產業在不同的發展時期與環境應有不同的需求，因此只要能在產業發展過程中掌握重點需求資源，政府與產業便可依據產業需求做適當的規劃。從傳統的觀點來看產業競爭，國家的生產因素與環境都是固定的，產業必須善用這些固定的條件來獲得發展。而在實際的產業競爭行為上，創新與變革才是基本因素。與其在固定的生產因素做最大的規劃，產業應該改變限制條件成為競爭優勢。因此在以新的觀點來看

在實際的產業競爭行為上，創新與變革才是基本因素。

產業競爭行爲，我們所應注重的是如何引導產業的創新來改變限制條件，進而創造出新的競爭優勢。因此創新需求要素便是針對產業的創新過程與結構做更細部的分析與研究，以找出產業創新與發展的基礎需求條件。

依據國家創新系統之定義，吾人可以清楚界定國家創新系統在國家經濟發展過程中所扮演之角色，並可歸納如下：

1. 藉由國家創新體系概念，除可提供一基本架構以利政府政策形成與執行外，並可有效衡量政策工具對於國家經濟成長及產業發展的貢獻度。
2. 國家創新系統對特定產業或科技領域之發展，具有間接性的影響，因此國家在發展某項產業初期應以建立與該產業息息相關之基礎建設爲第一要務，確保該產業能成功的發展。
3. 良好國家創新體系有利於新技術的創造，因此可提高生產或增加市場機會，而形成經濟效益。

1.5 產業分析步驟

本書利用完整的產業分析與政策分析模式，設計出發展不同產業所需之策略與機制，相關的分析步驟簡述如下：

(一) 產業定義說明

包括產業廣義與狹義之定義。

(二) 市場區隔

將整個產業所涵蓋之市場區別出不同之範疇以利於後續探討與分析。

(三) 全球產業結構分析，其中包括：

1. 產業結構分析；
2. 水平分工或垂直整合狀況；
3. 產業價值鏈描述；
4. 魚骨圖繪製；
5. 產品應用層面說明。

(四) 全球產業特性分析，其中包括：

1. 產業特性分析：包括產業發展支援要素、產業群聚情形、技術發展狀況。
2. 生命週期：產業生命週期、產品生命週期。

(五) 全球產業技術特性分析，其中包括：

1. 產業技術在S-Curve的位置；
2. 智慧財產(intellectual property，IP)發展的情形、發展承擔的風險。

(六) 全球競爭情勢分析，其中包括：

1. 產值、產品市場比率；
2. 市場產品的應用範疇；
3. 影響市場主要因素；
4. 進入障礙與模仿障礙；
5. 市場競爭分析：主要競爭者的成本結構與重要策略、產業發展中的基礎研究與應用研究、市場需求情況（未來市場需求、市場大小的預測）。
6. 產業現存競爭者分析；
7. 產業潛在競爭者分析；
8. 產業領導廠商；
9. 五力分析說明。

(七) 產業結構與競爭情勢分析，其中包括：

1. 產值、歷史發展過程；
2. 生命週期、技術S-Curve之定位；
3. 現況與願景：包括產業現況、市場現況（市場需求、市場大小消費者行爲）、未來趨勢（全球與區域）、願景（區域）；
4. 競爭優勢來源：包括生產要素、市場層面（市場需求、與顧客關係）、技術或研發（創新、研發技術、製成技術）、產業結構組成（上下游廠商的關係、相關支援廠商的配合）、基礎建設（研發機構、科學園區）、行銷方式、通路、法令（租稅優惠、土地開放等配套）、相關扶植政策（興建科學園區、研發計畫）、企業定位（企業採行的主要策略，例如：水平或垂直整合、水平或垂直分工、多角化、策略聯盟）、產業產品標準的制訂、企業營運管理能力、其他。

5. 產業領先條件(locus of industrial leadership)：包括在國家面、產業面與企業面的領先重點，並涵蓋產業在資源、機制、市場、技術方面的競爭條件之分析說明。
6. SWOT分析：分析產業目前與未來發展所具有之優勢、劣勢、威脅與機會，以掌握產業競爭優勢，並探討與思考後續發展方向。
7. 創新需求要素與產業組合分析(Industrial Innovation Requirements, and Portfolio analysis)：競爭必要條件的確認、發展上更好的優惠措施、產業創新需求要素、技術與市場發展的配合、技術與產品發展的配合、技術與企業發展的配合。

問題與討論

1. 產業分析對國家與企業發展之重要性爲何？
2. 與產業分析相關之理論包括哪些？
3. 產業分析之相關步驟爲何？

Chapter 2

產業分析之重要因素

2.1 分析要項探討

一 產業定義

在進行產業分析之初應先針對產業進行定義說明，定義之目的在界定產業涵蓋之範圍，避免因界定不清楚而使分析內容有所爭議。對於某種產業定義可從廣義與狹義的角度來說明，而策略大師Porter在「競爭優勢」一書中提到，產業疆界的寬窄依定義鬆緊程度而異。產品與產品之間、以及客戶與客戶之間結構與價值鏈的差異、傾向於採取較窄的產業定義。因此，劃分產業範圍是一個藉由發掘產業內各種結構差異性，同時加以歸類的過程。產業區塊和經營單位間較廣泛的交互關係則會創造出範圍較大的產業定義。例如光電產業係指製造、應用光電技術之元件，以及採用光電元件爲關鍵性零組件之設備、器具及系統的所有商業行爲。而光電產業的範圍則可劃分爲六大類，分別爲光電元件、光電顯示器、光輸出入、光儲存、光通訊、雷射及其他光電應用等。

一個有用的產業定義必須包含交互關係非常強的所有區塊。從策略的觀點來看，彼此之間交互關係薄弱的區塊，有時可以分開成爲另一個產業。而由強勁交互關係牽連的相關產業，又可能再界定成一個單一產業。

二 市場區隔（market segment）

市場分爲兩個主要的類型，包括消費者市場(consumer market)及組織市場(organization market)。消費者市場是由購買者及家計單位的個人所組成，其購買產品的目的在於消費、獲得某種利益，而不在於獲得利潤。組織市場亦稱爲工業市場(industrial market)或商業市場(business market)，是指任何個人所組成群體或組織，其採購產品的目的在於製造其他產品再加以銷售、租賃或提供其它的服務。組織市場可分爲四類：生產者市場(producer markets)、轉售市場(reseller markets)、政府市場(government markets)以及機構市場(institutional markets)。

> 產業分析之市場區隔就是將產業中具有類似的、同質的產品群體做區隔分類，以針對某種產業進行對焦(focus)分析，才不至於使分析範圍過度發散或混淆，致使分析結果無效。

產業分析之市場區隔就是將產業中具有類似的、同質的產品群體做區隔分類，以針對某種產業進行對焦(focus)分析，才不至於使分析範圍過度發散或混淆，致使分析結果無效。市場區隔必須選定區隔變數，例如依功能、尺寸、用途等做爲市場區隔之分類，將汽車區分爲客車與貨車、大客車與小客車、特種車與一般車等。

三 魚骨圖（產業上下游關聯）

特性要因圖(Cause and Effect Diagram)是一種用來說明品質特性，及影響品質之主要因素與次要因素三者間關係的圖形，亦可用於表達產業上下游之關連性。由於其形狀類似魚骨，故又稱爲「魚骨圖」(Fish Bone Chart)，如圖例2.1所示。若能與柏拉圖、管制圖、直方圖等技巧配合使用，其效果更佳。

用魚骨圖分析問題的因果關係，可指出可能引致問題出現的原因，並將這些原因分類。通常，魚骨圖會用4M (Man, Method, Materials, Machines) 來將問題分類。

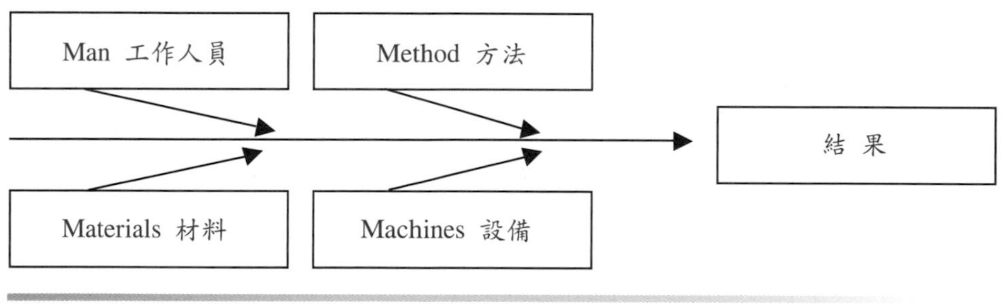

圖2.1 魚骨圖範例

四 價值鏈分析

價值鏈(Value Chain)是由Michael Porter於1985年所提出的觀念。所謂價值鏈是指企業創造有價值的產品或勞務以提供給顧客的一連串「價值活動」(Value Activity)，價值活動不僅爲顧客創造價值（產品或勞務），並可爲公司創造價值（利潤）。也就是價值鏈是由許多價值活動所構成，而企業在分析價值鏈的個別價值活動之後，就可以瞭解企業本身所掌握競爭優勢的潛在來源。價值鏈分析目的是爲了降低成本和增進產品在顧客心目中的價值，因此，如何有效的分配利用與管制一個組織的有限資源與能力，以達到上述的目的就非常重要。Porter將價值鏈活動區分爲主要活動(Primary Activities)與支援活動(Support Activities)。主要活動是指對產出有直接貢獻的活動，包括：投入後勤

價值鏈分析目的是為了降低成本和增進產品在顧客心目中的價值。

作業、生產作業、產出後勤作業、行銷與銷售與售後服務等。支援活動是指在企業中對價值創造有助益之輔助性活動，包括：公司基礎結構、人力資源管理活動、技術發展活動與採購活動等。

產業的生產流程基本上就是一段價值累積的流程，可以分割成許多不一樣的活動，靠這些活動的串連而形成產業價值鏈。由於產業內廠商的經營活動與作業內容不盡相同，因此在整個生產程序的附加價值流程也各有千秋。產業價值鏈可依研究者主觀認知的差異，而有粗分與細分兩種。一般粗略的劃分，產業可分為原料、加工、運輸、行銷等主要活動。但為了獲得更深入詳細的產業資訊，產業價值鏈可採取更細部的切割，這種切割方式隨著各個產業而有所不同。大致上，細分後的產業價值鏈，通常還包括研究發展、零組件製造、製程技術、品牌、廣告、推銷、售後服務等。而在有些產業，存貨、倉儲、訂單處理等，也可能獨立出來成為產業價值鏈的一環。圖2.2以個人電腦為例說明產業價值鏈的內容。

產業價值鏈除了隨產業不同而各異外，本身也可能是策略創意的結果。有些企業，在傳統的產業價值鏈中，策略性的增加一兩種獨特的價值活動，因而形成策略上的競爭優勢。

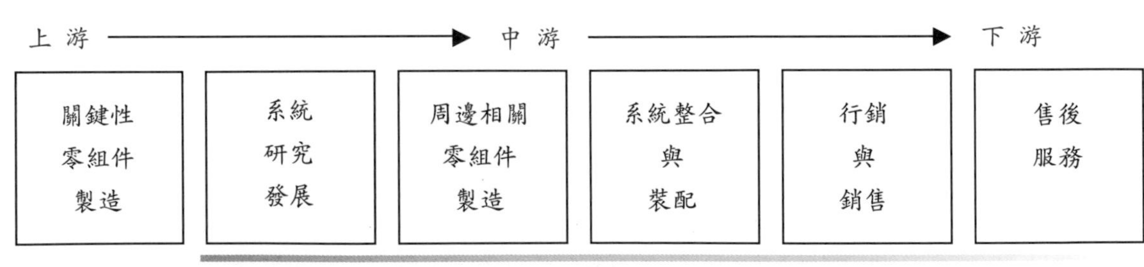

圖2.2　個人電腦產業的價值鏈

五　產業演進之生命週期變化

大多數產業隨時間經歷不同階段從萌芽、成長、成熟到衰退，這些階段的競爭型態各有不同的涵義。Porter的五種競爭力中的本質和強度都會隨著產業發展而發生改變。特別是潛在競爭者和對手部分，這些力量的本質和強度的改變，在產業發展的每個階段，會產生不同的機會和威脅。管理者所需面對的任務是預先處理，預先瞭解產業發展階段中的每一個力量將會發生什麼改變，以及研擬策略，以及利用機會和應付發生的威脅。

大多數產業隨時間經歷不同階段從萌芽、成長、成熟到衰退，這些階段的競爭型態各有不同的涵義。

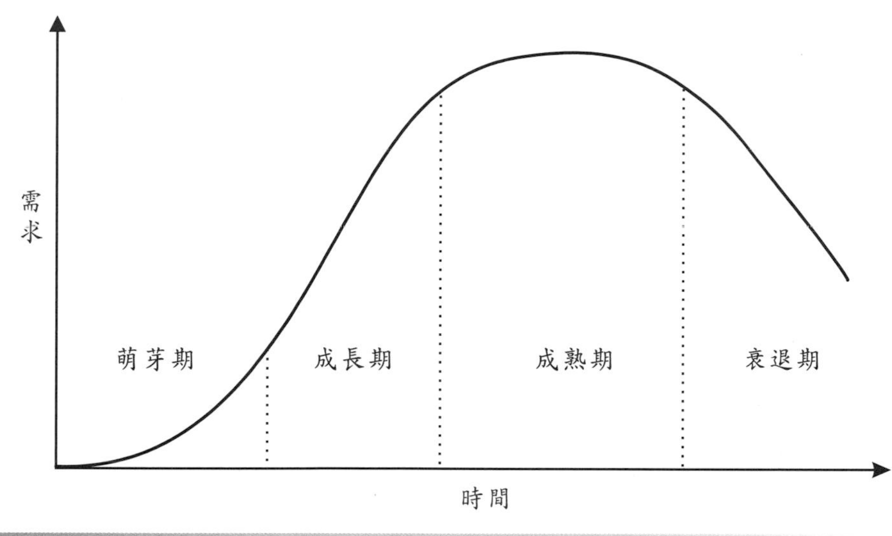

▌圖2.3　產業生命週期階段

產業生命週期模式(industrial life cycle model)是一項用於分析產業發展在競爭力影響之工具，採用生命週期模型我們分析各種產業環境與產業發展各不同階段（如圖2.3），包含以下幾種階段與情況：

(一) **萌芽期產業環境**：萌芽期(embryonic)產業是指剛起步的產業，這個階段的成長緩慢，因爲購買者對此產業並不熟悉，高價格的特性是因爲企業尚未獲得顯著的規模經濟效益，以及尚未取得良好的經銷通路等。這個產業發展階段的進入障礙，是在取得關鍵技術的專業技能，而不是成本經濟效益或品牌忠誠。如果在此產業競爭時所需的核心專業技能是複雜且很難取得，則進入障礙就相當高，從事此行業的企業將免於潛在競爭者的威脅。

(二) **成長期產業環境**：一旦此產業產品需求開始發生，這個產業即迅速發展成爲成長期(growth)產業。在成長的產業中，許多新的消費者進入這個市場，造成需求快速的擴張。一般而言，當消費者熟悉產品、價格因經驗及規模經濟效益的取得而下降，以及經銷通路的發展等因素成熟時，產業會迅速成長。一般來說當產業進入成長時期，控制技術知識以做爲進入障礙的重要性開始消失，因爲此時很少有企業已達到顯著的規模經濟效益，或是產品差異化到足夠保障其品牌忠誠度，而且其他的進入障礙也很低，因此，來自潛在競爭者的威脅在此時最高。在產業成長階段，競爭程度較低，需求的快速成長使得企業可以不用從競爭者手上奪取市場佔有率而擴張營收及利潤。

(三) **成熟期產業環境：**當產業進入成熟期，進入障礙高，而潛在競爭者進入的威脅降低。在成熟期的產業，市場完全飽和僅限於替換需求。由於需求的減緩，使得企業無法維持現有市場佔有率，亦無法保持原有成長率，因此爲了提高市場佔有率，企業降低了價格，通常其結果是價格戰。產業成熟後，存活下來的企業都是有品牌忠誠度及低營運成本的企業，而這兩種因素都構成了顯著的進入障礙，潛在競爭者進入的威脅也逐漸消失了。成熟產業的高進入障礙，給企業提高價格和利潤的機會。成長消退的結果，使得大部分在成熟期的產業結合，並變成寡佔市場。

(四) **衰退期的產業環境：**在衰退階段，產業變成負成長存在許多因素，包括技術替代、社會的改變、國際化的競爭。在衰退的產業中，現存企業間競爭的程度通常會增加，衰退產業的主要問題是需求下降所導致的過剩產能，爲了要利用這些產能，企業開始削價，因此引發價格戰。退出障礙在矯正過剩產能過程中扮演重要角色，退出障礙愈大，企業要降低產能愈困難，而劇烈價格競爭的威脅愈大。

六 技術能力構面分析

一般對於技術的定義，多限於生產技術之範疇，亦即技術是生產要素之一。但有些學者認爲現今技術不只存在於產品或製程等硬體知識，更存在於組織的管理制度與市場的開拓方法等軟體知識當中。對於管理學者而言，技術普遍被認爲是策略性資產，因爲技術可以改變產業結構與競爭優勢，而形成競爭策略中的重要力量。但技術本身爲長期累積且爲無形的差異化知識，很難用具體的指標來衡量技術能力，因此如何分析判斷技術能力，便成爲許多學者研究的課題。本節主要以兩部分來回顧文獻，首先釐清技術的定義，並進一步探討如何衡量技術能力。

> 對於管理學者而言，技術普遍被認為是策略性資產，因為技術可以改變產業結構與競爭優勢，而形成競爭策略中的重要力量。

(一) **技術的定義：**有關技術的定義，Daft與Lengel(1986)認爲技術是將投入轉換爲組織性產出的知識、工具或技巧等綜合性描述。Robock與Simmonds(1983)則認爲除了前述的轉換外，還應加入據以運用及控制組織性產出的各項內、外在因素。Kast與Rosenzweig(1985)則補充認爲技術次系統中應包含機器設備、電腦、工具、佈置、程式、方法、資訊處理等之知識或技巧。

Sharif(1988)同樣認爲將特定投入資源轉化爲所欲產出間的所有主要活動，都可稱爲技術，因此技術不僅可包含轉換過程中所需使用的有形工具、設備，亦包含爲有效使用這些工具、設備所需具備的相關知識。

Souder(1987)則認爲技術可以不同程度的形態如以產品、製程、型式、樣式或概念存在，或可以在應用、發展或基礎等階段存在，因此技術應包含機器、工具、設備、指導說明書、規則、配方、專利、器械、概念及其它知識等。因此他認爲任何可增加人們知識或Know-how者，均可稱爲技術。

(二) **技術能力的衡量**：關於技術能力的比較衡量，以國家之間的相互比較，一般均以：（專利註冊件數＋技術貿易總額＋技術密集製品輸出額＋製造業附加價值額）／4，來做爲衡量的基礎。然而，僅以少數構面衡量容易產生偏差，故Sharif 爲解決此問題，認爲應由組成技術各成份來衡量，並將技術視爲四部分：

1. 生產工具及設備(Technoware)：包含全部實體設施，如儀器、機器設備與廠房等。
2. 生產技術與經驗(Humanware)：包含所有將投入轉換爲產出的必要能力，如專家知識、熟練程度、創造力與智慧等。
3. 生產事實與資訊(Inforware)：包含所有過去累積的經驗與資訊，如設計、客戶資料、規格、觀察、方程式、圖表與理論等。
4. 生產的安排及關聯(Orgaware)：包含轉換過程中所有必要的安排，如分組、分派、系統化、組織、網路、管理與行銷等。

在競爭的環境中，產業的發展與優勢取決於競爭力，尤其在以技術爲主的產業，其以技術的發展做爲產業優勢的情形更爲明顯。然而，產業內必須有獨特技術能力才能建立技術障礙，並不斷地提昇其產業優勢。因此專利制度主要是使產業技術不斷被開發出來的同時，在環境上具有一種制度來保護技術。藉由合理的保護產業技術制度，使得企業能不斷的投資技術的發展，更使得後進入產業的競爭者也需做相對的投資，以維護市場合理的秩序與規範。

(三) **產業技術演進過程相關理論**：經濟成長的基礎可以說是建立在不斷的技術進步之上，技術改變是影響產業演進的重要因素之一，依一般理論而言，技術的變化會造成產業結構與形態的改變，因此我們可以從技術變化的動態過程來了解產業的演化。一般有關技術演進的研究大致可歸納三類，分別是技術進步的S-curve、技術生命週期與技術成熟度。

一般有關技術演進的研究大致可歸納三類，分別是技術進步的S-curve、技術生命週期與技術成熟度。

1. 技術進步曲線：有關技術變化，O'brien最早提出技術發展呈現S-curve，並分爲四階段的主張，O'brien認爲以在技術上投入的經費、參與研發工作的人數、出版品的數量來做衡量技術進步的指標，則隨著時間的演進，技術的進步則有技術發明或概念、快速成長、統合與成熟等四階段。此種技術環境的變化，可以影響產業發展產品的方式與資源分配的策略。Forest(1982)提出，S-curve可應用於決定產業對於技術之研發強度及由舊有技術轉換爲新技術的時機，使企業在競爭上獲得成功。因此企業應利用S-curve進行核心技術轉換，並利用技術生命週期曲線的概念來協助企業了解產業環境在曲線上所處的位置，並探討如何應用R&D來縮短技術差距與解決技術上的問題。
2. 技術成熟度：在技術成熟度方面，ADL(1981)依技術績效指標達到飽和的程度，將技術成熟階段分爲萌芽期、成長期、成熟期與老化期等四階段，其認爲技術成熟度可決定產業成熟度、科技政策與產品差異化的機會。而Ketteringham & White(1984)則認爲技術的發展，開始主要是高度不確定及少數參與者之基本研究，經過高生產力之成長期而達到進展極小的成熟期，形成一生命週期。
3. 技術生命週期：有關技術生命週期的觀念，Ford & Ryan(1981)依照技術滲透的狀況，亦即技術被應用於生產之普遍程度，將技術分爲技術發展、技術應用、應用萌芽、應用成長、技術成熟與技術衰退等六階段，做爲技術發展的指引，探討在技術生命週期不同階段，產品發展與技術發展的關係，促使管理者建立技術組合來發展企業合適的策略。各階段的特點整理如表2.1：

表2.1　技術演進特徵表

技術發展	此階段主要是指對於明顯價值的基礎研究，開始進行應用研究。
技術應用	此階段主要是將技術具體應用在產品上，也就是一般所謂的萌芽期。
應用上市	此階段主要是指產品開始出現在市場上。
應用成長	產品開始依市場的需求做局部性或漸進性的改變。
技術成熟	在眾多廠商的競爭下，市場趨於成熟，技術的價值開始下降，企業的競爭重點在於利用製程來降低產品成本。
技術衰退	在此階段，產品本身已成為陳舊式樣，銷售量成長衰退，技術與產品僅有少部分的改變。

資料來源：蘇俊榮，「產業組合與創新政策分析-以台灣積體電路產業為例」，交通大學碩士論文，民國87年。

另一種生命週期的理論，是在1950年代末期，根據一項關於不連續創新的相關調查報告，所推導出來的模式，Moore(1995)利用不同階段的消費群體分佈導引出新的思維模式，如圖2.4所示：

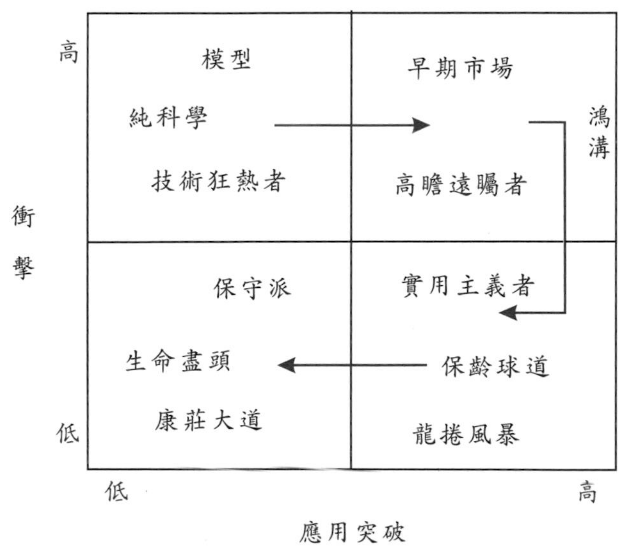

圖2.4　技術採用生命週期模型

資料來源：Moore, G.A., “Inside the Tornado”, New York, pp.136,1995.

技術採用生命週期有兩個函數，第一種是版圖衝擊，所影響的不僅是市場上的使用者，也包括所有的支援體系。另一層面是應用的突破，因技術的引進，造成使用者的角色改變，從而使投資報酬率相對提昇。

第一，技術採用生命週期源起於左上角的方框，此時衝擊程度很高，但所帶來的利益卻不明顯。主要的理由是新技術的相關應用尚未落實，可稱爲純科學和模型的時代，技術狂熱者的興趣因而特別高昂。目前，大多數的超導體應用都在此範圍內，只有部分醫療儀器已進入下一階段的發展。

第二，在右上角的方框中，我們可看到早期市場的興起。此時爲數不多的高瞻遠矚者眼見新技術所可能帶來的潛在利益，因而挺身資助第一階段的應用突破。但是相當高昂的代價和風險，使得對市場形成矜持的態度，這便是造成市場出現鴻溝的主因。

第三，進入右下的方框，在這保齡球道市場階段，機敏的行銷可縮短公司通過鴻溝的時間。此時實用主義者便不約而同的開始採用。由於這類顧客群的蜂擁而入，產業標準更加成形，使版圖衝擊力道更低，但應用突破的現象則仍然明顯。以上便是龍捲風暴的運作情況。

第四，當龍捲風暴逐漸褪色，保守派在衝擊力道被充分吸收之後，第一次開始進入市場。這時，應用突破也已因爲時間的過去而成爲標準步驟，整個市場已走向康莊大道，產品加值或加工的改良方案。

產品發展過程的科技創新需求區分為三個階段：浮動期、變遷期和專業期。在產品生命週期不同階段，製造技術與產品開發技術具有不同的重要性。

依照Abernathy與Utterback(1982)理論，產品發展過程的科技創新需求區分爲三個階段：浮動期、變遷期和專業期。在產品生命週期不同階段，製造技術與產品開發技術具有不同的重要性。

1. 浮動期：在此時期爲新產業興起階段，產品的標準沒有訂定，競爭者對於產品的性質屬於實驗的性質，產品能成形的考量重於一切，因此具創新功能的產品不斷被開發出來，此時比較重要的是產品開發技術，製造效率比較不受重視。故產品研發頻率較製程研發的頻率爲高。
2. 變遷期：在此時期市場的標準產品已經成形，因此產品的研發主要著重功能強、品質佳、能符合顧客的需求、能被市場接受而成爲標準的產品。由於市場已經打開，利潤極高，因此許多企業加入，市場上會有許多新產品出現加入競爭。爲滿足對產品快速成長的需求，產量的提昇便成爲競爭的優勢，故企業加入更多投資在實體設備、增加生產的效率與產能。

3. 專業期：此時期市場已經飽和。對現有的產品需求減低，創新的可能性減少，產品與製程的研發便只注重細部的改善。此時產業已達到過剩產能的階段，並開始削減勞工與人力。企業的競爭重點在於成本，市場行銷方式與策略較製造或技術重要，先進國家的企業即常常在此階段開始往國外發展，以尋求較低成本的製造地點。

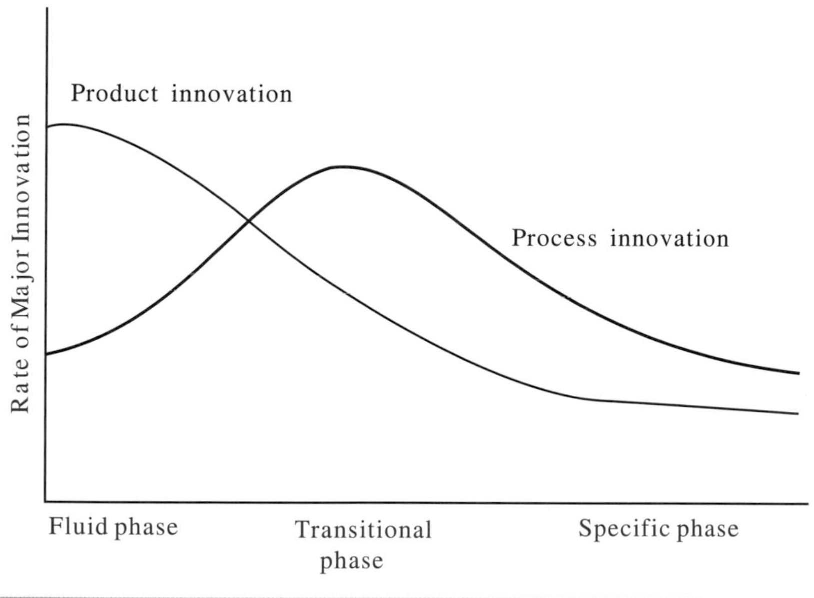

圖2.5 產品研發與製程研發模型

資料來源：Utterback, J.M., "Mastering the Dynamics of Innovation", pp.91,1994.

基本上，技術演變的過程，在導入期時，主要著重於產品的開發，後來逐漸進入成熟期時，則依賴製程上不斷的改良，而其間隨著階段的演變，技術的不確定性降低，且因技術的模仿與擴散，造成技術效益的衰退，從而需有新技術的導入，而這過程便是因技術改變而形成的生命週期。

生命週期的定位主要是對全球產業的演進過程進行有關監測與分析的作業，各時期的主要特徵與變化綜合整理如下表2.2：

▌表2.2　生命週期各階段特徵表

	浮動期	變遷期	專業期
創新的特點	主流產品變化頻繁	因需求的提昇導致製程的變化	產品逐漸的增加伴隨著生產與品質的累積改善
創新的來源	產品先驅者 產品使用者	生產製造商使用者	經常是供應者
產品	多樣化的產品設計 經常是量身訂製	至少一種穩定且顯著的產品設計	大多數無差異性的標準產品
生產過程	彈性而沒有效率能因應改變而調適	較為僵化 改變大多在幾個重點步驟	有效率 資本密集 僵化 改變成本高
研發	因技術不確定性而專注非具體技術	一旦主流產品出現便專注特定產品性質	專注於產品漸進式改變，強調製程技術
設備	一般用途 需要技術勞工	部分製程自動化	特殊用途 多數自動化 技術工人主要在監測儀器
工廠	小型規模 主要位於使用者或鄰近創新的來源	在特定的部門為一般用途	大型規模 特定針對特殊的產品
製程成本變化	低	中	高
競爭者	少，但會因市場的起伏而增加數目	多，但主流設計出現後會減少	少，市場穩定呈現典型的寡佔
競爭基礎	強調產品的功能性	產品的變化 適合使用	價格
組織控制	非正規的創業者	透過專案與任務群體	結構、規則、目標
產業領導者的弱點	模仿者 專利挑戰 產品成功的突破	更有效率和高品質的生產者	現有優越的規代品

資料來源：Utterback, J.M., "Mastering the Dynamics of Innovation",pp.94,1994.

七　產業領先條件與產業競爭優勢來源分析

產業領先條件與競爭優勢主要來自三個層面，包括國家面、產業面、企業面，重要因素涵蓋了產業在資源、機構(institution)、市場、技術方面的競爭條件(Mowery與Nelson, 1999)。產業領先條之分析主要是針對全球產業競爭優勢來源的瞭解，換句話說，也就是需要分析全球領導廠商本身之關鍵成功要素，及其環境面的有利因素等。

產業領先條件與競爭優勢主要來自三個層面，包括國家面、產業面、企業面，重要因素涵蓋了產業在資源、機構(institution)、市場、技術方面的競爭條件。

在產業面，競爭優勢的來源主要來自產業面與企業面；前者包括產業的群聚(clustering)、上中下游產業的競爭力、供應鏈的完整度與產業經營環境與技術系統的完整性等因素，而後者主要包括企業的經營策略、製造、創新、管理、行銷等個體經濟面的優勢。

在產業面的分析中，Porter的鑽石體系（表2.3） 及Carlsson的技術系統（表2.4）是重要的分析工具。

表2.3 鑽石體系之分析架構

生產要素	需求條件	相關及支援性產業	企業策略、企業結構和競爭程度
人力資源 人力成本 人力素質 勞動人口 工作倫理 天然資源 地理位置 土地品質 可利用土地之多寡 土地成本 電力供應 原物料資源 氣候條件 水力資源 知識資源 大學院校 政府研究機構 私人研究單位 職業訓練機構 政府統計單位 商業與科學期刊 市場研究機構 同業公會 資本資源 貨幣市場 資本市場 外匯市場 銀行體系 風險性資金 基礎建設 運輸系統 通訊系統 郵政系統 付款、轉帳系統 醫療保健 文化建設 房屋供給	台灣市場的性質 台灣客戶需求型態和特質 台灣市場的需求區隔 具內行而挑剔型客戶 台灣市場較國際之先發性需求 台灣市場的需求飽和 台灣市場的需求規模和成長速度 台灣市場規模 台灣市場客戶多寡 台灣市場的需求成長 台灣市場需求國際化情形 國外市場與台灣市場需求是否一致 跨國經營公司總部設於台灣之客戶 國外需求規模及型態	支援性產業競爭優勢 相關性產業競爭優勢	民族文化對企業管理模式之影響 企業內部之教育訓練 領導者導向 團隊與組織關係 個人創造力 決策模式 廠商與客戶之關係 公司內部合作能力 勞資關係 組織創新能力 企業之國際觀 對國際化的態度 對外來文化的態度 企業目標 股東結構 股東企圖心 債權人的態度 公司管理階層的本質 公司誘因如何激勵資深管理者 個人事業目標 報償制度 冒險精神 對職業、技能訓練之態度 民族榮耀與使命感 對產業的忠誠度 台灣市場的競爭程度 競爭者多寡 競爭者規模 產業朝城市和區域集中現象 競爭型態 產業擴散效應 公司的多角化

資料來源：Michael E. Porter, "The Competitive Advantage of Nations", Free Press New York, 1990.

表2.4　技術系統之分析架構

知識本質與擴散機制	知識系統定義 知識本質 內隱或外顯 個別或結構性存在 具體或無形 擴散機制 擴散機制之組成成員 知識擴散路徑	產業網路連結性	地域性集中的重要性及其意義 使用者與供應商間的關係 技術問題與解答間的網路 網路特性 網路建構者 中介機構 商業團體所扮演之角色 政策所扮演之角色 非正式或個人間的網路
技術接收能力	首動者 最先察覺者 最早採取行動者 創業家精神 創造關鍵性的機制 克服市場失敗/阻礙之機制 機構及科技政策所扮演之角色 風險性資金之角色及來源 資本市場的角色 學術界的角色 教育政策的角色 國際間的連結	多元化創新機制	系統內成員之視野及其特性 競爭者相似性程度 進入與退出障礙 國際間的衝擊 政策所扮演之角色

資料來源：Bo Carlsson, "Technological Systems and Industrial Dynamics)", Kluwer Acadmic Publishers, 1997.

鑽石體系的技術系統是研究產業面領導條件的彙總表，源自這兩大系統的競爭優勢決定了產業群聚、上中下游產業的競爭力、供應鏈的完整度，而這些因素強弱與消長將隨者產業生命週期、市場競爭優勢等因素而異。

另外，由於產業結構、生命週期、市場競爭優勢等客觀條件的的影響，不同市場區隔中產業競爭優勢的來源也各異。這些客觀競爭條件因素包括企業資源 (resources)、市場大小與發展潛力、國家體系 (institution)、技術能力等。

在市場發展初期，市場競爭優勢主要來自技術能力（創新）、企業資源（對新產品開發的投資）與其對市場的掌握。在成長期的階段裡，市場競爭優勢源自企業資源（行銷、量產、財務等）及國家體系的支援（因應技術擴散與知識交流之需求），而市場大小與發展潛力更成爲企業是否投入的最大誘因。最後在成熟期中，企業財務能力與行銷策略成爲最主要競爭優勢的來源。

綜言之，產業領先條件與產業競爭優勢來源分析之目的在於：瞭解在不同競爭情勢下，產業與企業所必須經營的競爭條件。在全球競爭及專業化的需求下，這類產業領先條件與產業競爭優勢來源分析已成爲產業分析不可或缺的要件。

八 策略群組分析

策略群組分析是探討該產業之競爭能力特性，然後依所屬之特性將產業內之廠商歸納於不同之策略群組(Strategy Groups)，或稱爲不同之策略類型。

策略群組分析是探討該產業之競爭能力特性，然後依所屬之特性將產業內之廠商歸納於不同之策略群組，或稱為不同之策略類型。

Treacy與Wiersema(1995)透過企業的管理系統、營運流程、組織架構以及組織文化之差異，提出三種領導企業原則(Value Disciplines)，包括「產品領導者(product leadership)」、「營運效能領導者(Operational Excellence)」、「親密顧客領導者(customer intimacy)」。

Hope與Hope(1997)則將其三種策略群組（產品領導者、營運效能領導者、親密顧客領導者）架構於產業價值鏈之三大功能性（創新功能、營運效能功能、顧客服務功能）之分析上。

Krajewski(1990)透過科技面將產業區分爲「產品專精(Product Focus)」、「製程專精(Process Focus)」、「中間策略(Intermediate)」。

Porter根據產業構面與競爭優勢兩大構面，將產業區隔爲「總成本領導(Cost Leadership)、「差異化(Differentiation)」、「集中化(Focus)」三種競爭型態。表2.5爲策略群組相關研究文獻之彙總：

▌表2.5 策略群組相關研究文獻彙總

作者	策略群組型態	分類方法	分類途徑
Porter(1980)	總成本領導 差異化 集中化	主觀（實證）	市場構面／競爭優勢
Wild(1980)	顧客服務導向 資源牛產力導向	主觀（概念）	市場／產品
Richardson(1985)	新產品導向 傳統創新導向 成本極小零工式導向 成本極小導向	主觀（概念）	製程／科技
Walker與Rukert (1987)	擴張者 低成本防衛者 差異化防衛者	主觀（概念）	市場／產品

表2.5 策略群組相關研究文獻彙總（續）

作者	策略群組型態	分類方法	分類途徑
Roth (1987)	產品專精 交期／彈性 低價格	主觀（概念）	製程／科技
Roth與Miller (1989)	看管者 市場者 創新者	客觀（MFS資料實證）	產品／市場
Kotha與Orne (1989)	區隔－差異化策略 區隔－成本領導策略 區隔－非成本領導非差異化策略 區隔－混合策略 全部市場－差異化策略 全部市場－成本領導策略 全部市場－成本及差異化策略 全部市場－混合策略 雜項混合策略	主觀（概念）	製程、產品、及組織三個構面（產品／市場）
Treacy與Wiersema (1995)	產品領導導向 營運效能導向 親密顧客服務導向	主觀（概念）	管理系統、營運流程、組織架構以及組織文化
Hope與Hope (1997)	產品領導導向 營運效能導向 親密顧客服務導向	主觀（概念）	價值鏈功能性分析

資料來源：徐作聖等著，「產業經營與創新政策」，全華圖書公司，民國92年。

根據以上不同學者之文獻，本研究將策略群組之定義歸納為：「同一產業內，具有相同或相似策略能力(Strategy Capability)或策略要素之廠商所組成之集合」，透過策略群組之分析，可將產業中混亂之策略變數簡化為有系統之安排。並有助於分析產業內各公司之動態競爭型態，以幫助企業選擇適合本身核心能力之策略群組或是培養此競爭策略群組中所需之關鍵成功因素。以下針對不同學者所提之策略群組分析模式，做一詳盡歸納敘述：

(一) **Porter競爭策略矩陣**：Porter根據兩個競爭策略的主要向度(Dimension)，分別為競爭領域與競爭優勢，所形成之競爭策略矩陣（圖2.6），而發展出下列的三種一般性競爭策略：

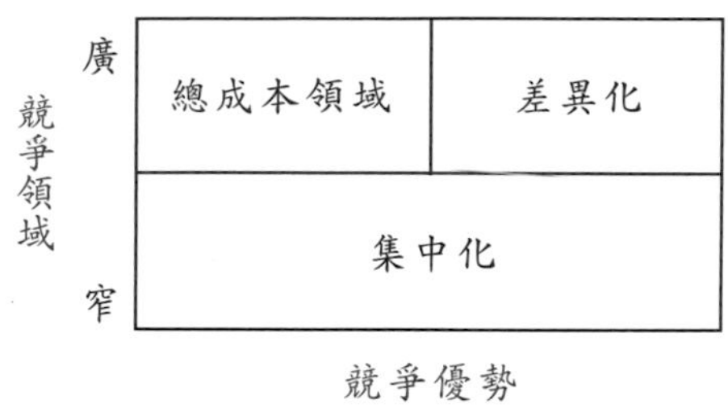

▌圖2.6　Porter之競爭策略矩陣

資料來源：Porter, M. E., "Competitive Strategy", Free Press, N.Y. ,1980, pp39.

1. 總成本領導(Cost leadership)：即製造標準化的產品，以規模經濟取得產品的成本優勢。
2. 差異化(Differentiation)：指所製造特殊功能且滿足顧客的產品（如提高品質、創新的設計、品牌名稱、良好的服務聲譽等）。
3. 集中化(Focus)：指集中在某群顧客、某地理範圍、某行銷通路，或產品線的某一部分中，且集中化可分成差異化集中和成本領導集中兩種。

支援此三種一般性競爭策略，需要不同的技巧與資源。這些策略也隱含著不同的組織安排，不同的控制程序，和不同的發明制度，如表2.6所示。

▌表2.6　三種一般競爭策略之內涵

策略名稱	一般需要的技巧與資源	組織常見的需要事物
成本領導地位 (Cost leadership)	維持資本投資與增加資本。 製造程序工程設計技術。 加強員工管理。 產品設計為了易於製造。 低成本配銷系統。	緊縮成本控制。 經常且詳細的管制報告。 組織與責任制度化。 以達成嚴格的數量目標作獎勵的基礎。
差異化 (Differentiation)	強大的行銷能力。 產品設計工具。 創造力與基本研究的能力強。 產品與技術具領先的聲望。 產業具有長遠的傳統或是利用其他企業的技術作獨特的組合。 經銷商非常合作。	產品發行和行銷部門之間堅強的協調合作。 主觀的衡量與獎而非數據的衡量。 適合吸引熟練的工人、科學家或具創造性的人員。
專門化 (Focus)	針對特定的策略目標採用上述政策的組合。	針對特定的策略目標採用上述政策的組合。

資料來源：Porter, M. E.," Competitive Strategy", Free Press, N.Y., 1980, pp40-41.

在考慮競爭者的策略後，企業應配合本身的長處，全力追求競爭者們尚未進入的利基 (niche)。若單就這三種一般性的基本策略而言，企業經營者容易傾向於「現有」競爭優勢的運用，所以Porter又提出了擬定競爭策略的三種具體作法：

1. 定位(Positioning)：將企業置於某一競爭策略群組中，使其能力得以發揮最大的功能，在對抗現有競爭力量時，能擁有最好的防衛力量同時發揮最大的競爭優勢。
2. 影響平衡狀態：採取策略性的行動來影響競爭地位的平衡，以改進公司的相對競爭優勢。
3. 掌握環境改變的機會：預期外在環境因素的改變並予以及時的反應，在敵對廠商察覺到新的平衡情勢以前，採取適當的策略來利用環境改變的契機，以取得領先優勢。

(二) **Amoco策略群組分析模式**：在產業競爭分析上，Amoco公司改良自Porter所提出的「競爭策略矩陣」模型，將產業中各競爭廠商，依「競爭領域」(competitive scope)的廣狹，及低成本或差異化的「競爭優勢」(competitive advantage)等兩大構面，將產業區隔成四種不同的競爭策略群組，如圖2.7所示。

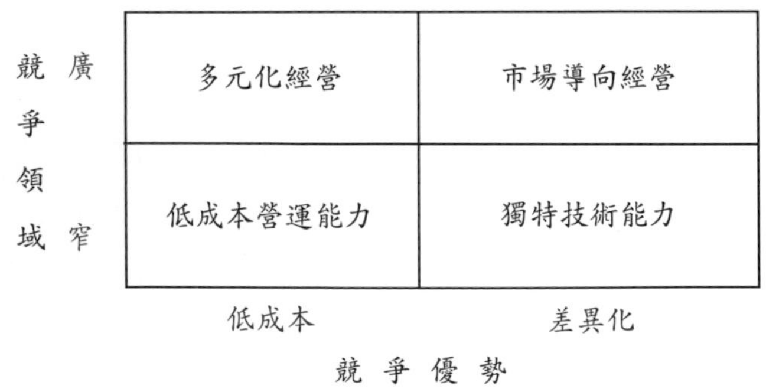

圖2.7　產業四大競爭策略群組

資料來源：" New Business Strategy", Amoco Chemicals company, 1991.

1. **獨特技術能力**：代表企業擁有技術上差異化的競爭優勢，以及擁有專精的競爭領域。此種企業專注於某種專門研發技術的累積及創新發展，並有能力將此種技術移轉及應用至不同的產業領域，以及參與產業技術規格及標準的制定。

   簡言之，此競爭群組競爭優勢在於建立技術研發上的利基，以技術標準的制定及開發來形成進入障礙，是一種以「技術導向」爲主的經營型態。

2. 低成本營運能力：代表企業擁有成本上的競爭優勢，但產品集中於狹窄的競爭構面，專注於產業的製造與生產效率的滿足，成本的降低爲其最主要的經營重點。

   簡言之，此競爭群組的競爭優勢在於建立以提昇製造效率、量產速度(Time to Volume)爲主的利基，以規模經濟或縮短製程、品質控制爲主要利基，並藉成本優勢來形成進入障礙，是一種以「生產導向」或「成本導向」爲主的經營型態。

3. 市場導向經營：代表企業專注於產業最終顧客需求的滿足及市場的開拓，企業品牌與形象的建立，以及產品的多樣化等。企業具有多樣化的產品種類、掌握進入市場的時效(Time to Market)爲市場開發與先驅者。

   此競爭群組的競爭優勢，以顧客滿意、品牌及形象及市場通路爲主要利基，以形成其他廠商的進入障礙，是一種以「市場導向」爲主的經營型態。

4. 多元化經營：多元化經營模式，代表企業擁有成本上的競爭優勢，以及較爲寬廣的競爭構面。此種企業的特性在於，除了擁有所處產業的產品及技術外，還擁有其他相關性產業的多元性技術；並能掌握範圍經濟(Economies of Scope)的優勢。企業資本額龐大，並擁有著高度的混合型組織型態，以全球化市場導向將產品行銷到全球各地。

   其競爭優勢在於創造適用於不同產業型態的技術、生產或市場間的綜效(Synergy)，並藉此達成經營規模的擴展，是一種「多角化導向」的經營型態。將產業區隔成上述四大競爭策略群組後，我們可針對每一競爭策略群組，分析其相對應的產業關鍵成功因素，並探討在不同競爭策略群組間，所存在的企業營運功能特性。

(三) **Hope與Hope 產業價值鏈策略群組分析模式**：Hope與Hope(1997)根據Treacy與Wiersema(1995)在「市場領導者之準則」所提出三種領導型企業：包括「產品領導者(Product Leadership)」、「營運效能領導者(Operational Excellence)」與「親密顧客服務導向(Customer Intimacy)」。在這些不同的廠商經營型態中，無論是企業的管理系統、營運流程、組織架構以及組織文化等表現亦不相同。以下根據Treacy & Wiersema，爲此三種策略群組模式，歸納出下面幾點（表2.7）分類之準則：

表2.7　策略群組之分類準則

策略群組	群組分類準則	活動項目之範例
產品領導者	公司較注重產品發展與市場探索等創新關鍵程序上。 公司採用較彈性之組織結構，並以創業家精神探索公司潛在發展之領域。 在管理系統上，一般產品領導型公司多採用結果導向(result-driven)之管理風格，作為新產品開發之評估準則。 在公司文化風格方面，公司鼓勵發揮個人想像力與才藝，以易於常人思考之邏輯創造未來之遠景。	決定產業標準，例如：Intel的微處理器；Microsoft的視窗作業系統；Sony的隨身聽等。 不斷激發新產品創意、迅速商品化，並不斷加以改良(Johnson & Johnson)。 透過本身核心能力與顧客間的緊密連結，達到公司不斷創新的機制。
營運效能領導者	能將產品從供應商到最終消費者之間的一連串服務活動做最有效率之安排，以降低成本與減少不必要之活動。 公司內部之價值活動皆由公司總體規畫，並以標準化、簡單化與緊密控制之原則，減少一般員工之決策行為以提昇整體營運效率。 在管理系統上，透過一定的規範準則，強調整合、可靠與快速的業務處理程序。 在公司文化風格上，強調全面成本之控制，減少不必要之獎賞制度。	有效率之配銷運輸系統(Dell Computer)。 強調低成本、高品質的產品(Dell’s Computer，GE’“white goods”)。 利用管理資訊系統(MIS)透過”虛擬庫存(Virtual Invention)”的觀念，與供應商保持密切的合作(GE)。
親密顧客服務領導者	公司主要的活動程序在於幫助顧客全功能的服務（例如：幫助顧客瞭解他們真正需要的產品）並維持與顧客間溝通管道的順暢。 公司採用較扁平之組織結構，並讓第一線之員工擁有決策的權力以因應消費者的需要。 在管理系統上，針對公司長期的客戶創造更高的服務品質。 在公司的文化風格上，希望服務之對象為特殊且長久維持良好關係之顧客，而非針對一般普通之顧客。	透過整合資訊系統，使顧客可隨時追蹤從下訂單到付費之間的一切流程(Cable & Wireless)。 強調與顧客間長期關係之建立，並給予絕佳之顧客服務(British Airway)。

資料來源：徐作聖等著，「產業經營與創新政策」，全華圖書公司，民國92年。

因此Hope與Hope將此三種模式架構於產業價值鏈之上，一般產業價值鏈可依研究者主觀認知的差異，而有粗分與細分兩種。一般粗略地劃分，產業可分爲原料、加工、運輸、行銷等主要活動。但爲了獲得更深入詳細的產業資訊，產業價值鏈可採取更細部的切割，這種切割方式隨著各個產業而有所不同。大致上，細分後的產業價值鏈，通常還包括研究發展、零組件製造、製程技術、品牌、廣告、推銷、售後服務等。而在有些產業，存貨、倉儲、訂單處理等，也可能獨立出來而成爲產業價值鏈的一環。Shank(1993)指出，產業價值鏈是指「從基本原物料、零件供應商，到將最終產品傳送消費者手上的一連串價值創造活動的連結」，產業的最終產品之所以能對顧客產生「價值」，與其原材料、加工、運輸、通路、服務等都有直接的關係。這些價值值活動一方面提供了產品附加價值，一方面也有進入障礙，同時也是企業競爭優勢的潛在來源。

故Hope與Hope將產業價值鏈中游的價值活動根據其理論分割爲「創新功能活動(Innovation)」、「營運功能活動(Operations)」、「顧客服務(Customer Service)」（如圖2.8所示），在此產業價值鏈活動中，不同的顧客價值條件(Customer Value Proposition)會影響企業在價值鏈的活動上所扮演的角色，所謂「Value Proposition」是以消費者的角度去認定他們希望企業提供怎樣的產品或服務給顧客，也就是企業應具備怎樣的條件以滿足目前他們希望服務的顧客。如圖2.8所示，包含三種群組之顧客價值條件以及代表性廠商。

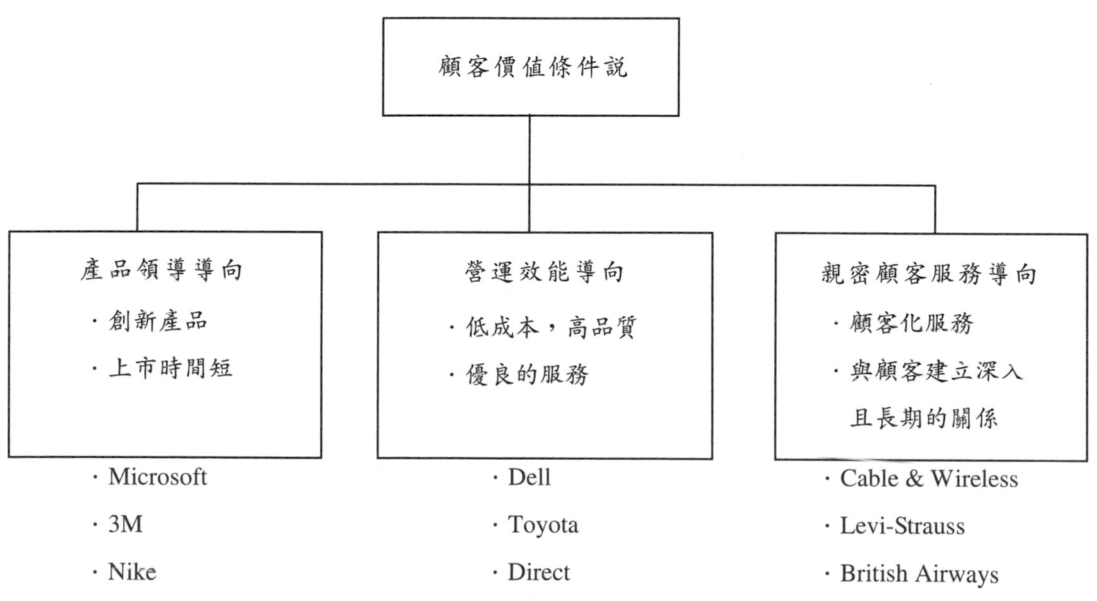

圖2.8 顧客價值條件

資料來源：Hope, J. & Hope, T., " Competing in the Third Wave: The Ten Key Management Issues of the Information Age " , Harvard Business School Press, 1997, pp48.

以下針對Treacy與Wiersema以及Hope與Hope之研究，歸納整理出三大策略群組衡量表，如表2.8所示：

表2.8 三大策略群組衡量表

衡量變數	產品領導導向	營運效能導向	親密顧客服務導向
產品創新程度	高	低	中
產品技術複雜度	高	低	中
作業流程標準化程度	中	高	低
成本控制程度	中	高	低
服務品質水準	中	中	高
顧客關係建立程度	中	低	高

資料來源：徐作聖等著，「產業經營與創新政策」，全華圖書公司，民國92年。

九 關鍵成功因素分析

(一) **關鍵成功因素定義：**對於解釋及定義，在目前之文獻上，仍有許多不同之解釋與定義，其原因在於不同的學者從不同的構面去分析解釋，Ferguson與Dickinson(1982) 指出關鍵成功因素具有下列特性：

1. 企業內部或外部必須加以確認而愼重處理的因素，因爲這些因素會影響企業目標的達成，甚至威脅企業的生存與否。
2. 必須特別注意的事件或狀況，而這些事件或狀況對企業有特別顯著之影響。
3. 它們可能是企業內在或外在的因素，對於企業之影響可能是正面或反面的。
4. 它們必須加以特別注意以免不愉快的突發狀況或錯失機會。
5. 它們可由評估企業的策略、環境、資源、營運以及其他類似領域加以確認。

Boyton與Zmud(1984)對關鍵成功因素所下的定義如下：關鍵成功因素就是一企業欲獲得良好績效或成功，而必須給予特別且持續注意的一些事項，關鍵成功因素包含目前及未來影響該企業營運活動成功的主要原因。以下針對不同學者所提出研究與定義加以彙整如表2.9所示：

▌表2.9　關鍵成功因素之定義彙總

人名及年代	使用名稱	對KSF的定義及看法
Rockart (1979)	KSF	是一組能力的集合，當這些能力被滿意地發展出來，對一機構而言，將確保其有成功的競爭績效。
Boyton&Zmud(1984)	CSF	公司為了成功， 所必須做得特別好之重要工作。
Ansoff (1984)	KSF	認為KSF之目的在於指引企業發展與產業KSF一致的策略，以取得企業本身在競爭上地位的相對競爭優勢。
Aaker (1984)	KSF	指一門產業最重要的競爭能力或競爭資產；成功的業者所擁有的優勢必為產業KSF中的優勢，不成功的業者則通常必缺少KSF中的某一個或某幾個因素。
Fergnson& ickinson (1982)	CSF	是一個事件(event)或是環境中一個影響變素，可能影響企業的長期規劃。
Glueck (1984)	Focus zone	在企業本身資源有限的情況下，所選擇的一些重要的集點區。
Hofer & Shendel (1987)	KSF	企業經由其活動領域與所能掌握之資源，發展出之獨特優勢，所能掌握的資源就是KSF。而此KSF是管理中重要的控制變項，顯著地影響企業在產業中的競爭地位。
Thompson (1989)	KSF	確認成功的關鍵因素，是產業分析時最需優先考慮的要項，隨著經濟特性(Economic characteristics)、驅動力(Driving force)、及競爭狀況的改變，KSF會因產業的不同，時間的變化而有所改變。只要能掌握一個或二個KSF即可取得競爭的優勢。
大前研一(1987)	KSF	一個企業如果能在關鍵性職能上與競爭者保持正面性差異(Pos-itive differential)，加強在KSF上的實力，發展以KSF為基礎的競爭策略，就能取得競爭上的上風。KSF領域裡都不會太弱。KSF是其強勢來源，也就是說成功的公司，通常都是充份掌握KSF的優勢。

資料來源：徐作聖等著，「產業經營與創新政策」，全華圖書公司，民國92年。

(二) **關鍵成功因素的來源**：Rockart(1979)在他的研究中指出，關鍵成功要素有下列四種來源：

1. **產業的特殊結構**：每個產業裡都有一組關鍵成功要素，此因素是決定於該產業本身的經營特性，該產業內每一公司都必須注意到這些因素。
2. **企業的競爭策略、地理位置及其在產業中所佔的地位**：在產業中每一公司因其競爭地位不同，而有其個別的狀況及競爭策略，對於由一或二家大公司主導的產業而言，領導廠商的行動常爲產業內小公司帶來重大問題，所以小公司的競爭策略也就有別於領導廠商的策略，因此對小公司而言，大公司競爭者的一個策略可能就是其生存的關鍵成功要素。正如產業地位的差異可導致不同的KSFs，地理位置與競爭策略的差異也能使產業內的各公司產生不同的KSFs。

3. 環境因素：當總體環境的變動時，如國民生產毛額、經濟景氣的波動、政治因素、法律的變革等，都會影響每個公司的關鍵成功要素。

4. 暫時性因素：大部分是由組織內特殊的理由而來，這些是在某一特定時期對組織的成功產生重大影響的活動領域。如在市場需求波動大時，存貨控制可能就會被高階主管視為關鍵成功要素之一。

(三) **關鍵成功因素的確認**：產業或企業的KSFs均非靜態，它會隨著時間、環境而改變。在不同時間、環境中，每一個階段中產業的KSF，都可以看成是當時產業的「遊戲規則」，參加此一產業競爭的廠商，如果未能熟習這些規則，則難以面對產業內的激烈競爭。在辨識產業KSFs的技術上，其中Porter的產業五力結構分析技術，仍為一般學者所推薦，除此之外，舉出其他學者對KSF的辨識方法：

1. Hofer與Schendal認為，要尋找企業之KSF可以透過下列的步驟：
   (1) 確認該產業競爭有關的因素；
   (2) 每一個因素依相對重要程度給予權數；
   (3) 在該產業內就其競爭激烈與否給予評分；
   (4) 計算每一因素之加權分數；
   (5) 每一因素再與實際狀況核對，比較優先順序，以符合實際狀況。

2. 大前研一(1991)：認為除了比較成功公司與失敗公司之不同處，分析其差異之外，企業可利用對市場構面的分析，來找出KSFs。
   (1) 剖解市場法：
      a. 利用產品及市場兩個構面，將整個市場剖解成兩個主要的構成部分；
      b. 確認各個區隔市場，並認清哪一個區隔市場具有策略重要性；
      c. 替關鍵性區隔市場發展出產品－市場策略，然後再分派執行策略的職責。

把每個區隔市場所需投入的資源加在一起，然後再從公司可用資源的角度決定其優先順序

(2) 比較法：尋找出成功與失敗公司的不同處，然後分析兩者之間的差異，並探討其原因所在。

十 市場構面分析

在產業市場構面分析部分，必須考慮到顧客以及競爭者。在競爭者分析上，主要是以產業分析構面中關鍵成功因素爲分析要項，以瞭解產業中各競爭者相對優勢。因爲各競爭者在市場佔有率、組織規模、產品種類等的表現，均只是產業經營的表徵，而非影響競爭者本身成功的眞正因素，惟有探究產業各競爭者在關鍵成功因素上的優劣，方能瞭解實質的競爭優勢。

在產業市場構面分析部分，必須考慮到顧客以及競爭者。在競爭者分析上，主要是以產業分析構面中關鍵成功因素為分析要項，以瞭解產業中各競爭者相對優勢。

顧客分析的重點，則在於找出影響顧客需求的產品特性，並分析每一項產品特性對顧客的吸引力，以探究市場所潛在的機會，以期能瞭解與掌握市場的發展趨勢。針對於此，接下來則針對各項分析重點來予以說明。

顧客分析的重點，則在於找出影響顧客需求的產品特性，並分析每一項產品特性對顧客的吸引力，以探究市場所潛在的機會，以期能瞭解與掌握市場的發展趨勢。

(一) **競爭者分析**：要在競爭環境中取勝，有賴於認清及累積關鍵性成功因素。因此產業分析必須認清及監視當前的競爭對手，並瞭解其掌握產業關鍵性成功因素的能力。對企業本身而言，如何避開競爭者所掌握的產業領域，並積極累積及建立競爭者所忽略的部分，爲企業永續經營上最重要的決策要點。

基於上述理由，我們在競爭者分析架構上，主要可分爲兩個構面，一爲辨認競爭者，二爲瞭解競爭者，其關係如圖2.9所示：

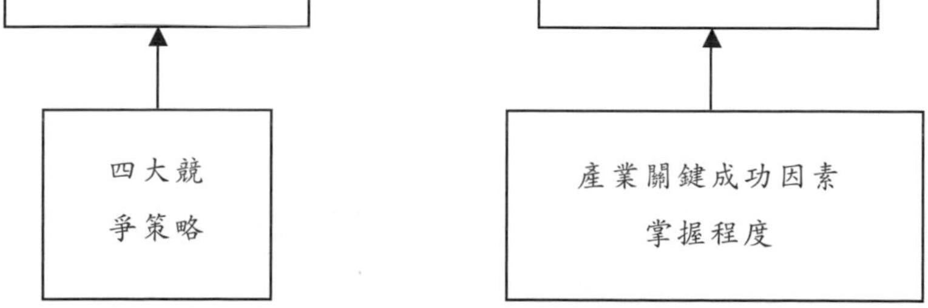

辨認競爭者 → 瞭解競爭者

四大競爭策略 → 辨認競爭者

產業關鍵成功因素掌握程度 → 瞭解競爭者

圖2.9 辨認及瞭解競爭者

資料來源：徐作聖，「致勝策略」，遠流出版公司，民國88年。

1. **辨認競爭者**：在競爭者的辨認上，本書採取以策略爲基礎的分析模式，將競爭者依「競爭領域」(competitive scope)的廣狹，及其所具有的「競爭優勢」(competitive advantage)爲低成本或差異化等兩大構面，區隔成四種不同的競爭策略群組。

   利用策略群組之概念，可使企業更易於掌握競爭環境，且同一策略集群之發展動向，有許多類似之反應，有助於競爭者未來策略之推測。除此之外，經由不同策略集群之分析，可判別競爭優勢之策略集群。

2. **瞭解競爭者**：在辨認競爭者後，將進一步瞭解競爭者，方能瞭解企業所處競爭環境中，敵我的優劣而預先取得策略性優勢。

   由於產業競爭最重要的策略性優勢，在於企業體能否掌握致勝的關鍵成功因素，所以本書採取產業構面分析所得的關鍵成功因素，爲瞭解競爭者的主要策略變數。針對每一個策略分析變數進行競爭者的創新評量，用以明瞭競爭者在產業關鍵性成功因素上的掌握程度。

(二) **顧客需求分析**：在市場競爭的環境中，企業主要的任務，在於生產產品或服務，然後透過行銷通路，將產品或服務分配到消費者手中，創造出利潤。而企業生存及獲利的關鍵因素，在於使顧客產生購買行動同時滿足其需求，所以企業必須瞭解顧客的購買行爲，也就是進行顧客需求分析。

本書在顧客需求分析上，主要從市場區隔劃分及消費者購買動機分析等兩大構面著手：

1. **市場區隔化分析**：在顧客需求的掌握上，首先必須確認所面對的各類消費群，並進行區隔劃分。市場既經劃分區隔，則採取之策略也應有所區隔，俾能針對不同的市場區隔，做出不同的因應措施。

   市場區隔所需考慮之變數甚多，如收入、所處地區及使用目的等變數，所有各項可資運用之變數均必須一一的分析其特性，並認清其是否能有效的被區隔，才能發展出適當的策略方案，滿足顧客的不同需求。

2. **顧客購買動機分析**：在市場區隔之後，下一步即是瞭解顧客購買動機。一般而言，影響顧客購買決策之因素可歸納成下列二類：

(1) 與產品有關之因素：如價格之高低、廣告效果、促銷與售後服務、行銷通路之多寡及種類、企業形象及品牌等。

(2) 與顧客有關之因素：如顧客之職業、教育程度、所得程度等因素。

2.2 產業創新需求要素分析與定位

一 產業創新需求要素分析

一個產業的成功，不但與本身的優勢條件有關，更與是否能掌握住關鍵性的資源密不可分。因此，我們可以發現所謂產業的創新與競爭優勢，都是掌握或滿足產業的需求，也就是在某一時期與環境選擇了正確的做法。本書主要以Rothwell與Zegveld的理論爲基礎，針對其產業創新需要的資源要素作更細項之研討，並根據產業創新需求要素之定義，配合業界專家之修正，進一步歸納出產業之創新需求要素。而所謂產業創新需求要素(Industrial Innovation Requirements, IIRs)是指在產業發展與創新時最需要的關鍵因素。本書認爲產業在不同供應鏈中，同樣資源項目應有不同的需求，因此在研究上有必要再細分產業需求資源的形態，以下便對相關產業創新需求要素作說明。

產業創新需求要素是指在產業發展與創新時最需要的關鍵因素。

(一) **與研究發展有關的產業創新需求要素**：對於相關產業而言，研究發展能力爲創新的重要因素，有些企業在技術上的研究發展使品質與原有產品不同，有些則是由於改良製程而在品管及生產流程上創新，或對市場反應更爲迅速，這些改變對於競爭而言，都能產生相當的價值，而產業經由研究發展而創新，除了強化與對手的相對競爭力外，也可能產生出新的產業領域或產業環節，對於產業的變遷，也會有延滯的力量。而培養研究發展的能力，除了相關資源的配合之外，還必須考慮到相關需求因素的配合，以下便分別說明之：

1. **國家整體對創新的支持**：國家整體對創新的支持主要是指國家對於某一產業創新實質的支持程度。 Kotler認爲，產業的競爭優勢在於創新，而創新與發明並不是屬於隨機的因素，因爲有些國家對相關產業的需求比其他國家強，且國家本身的狀態影響到高級人才與知識方面的培養，故這些因素間接影響到相關產業所提供的必要支持，使得產業的創新往往因爲國家對創新支持的結果。

2. **技術合作網路**：技術合作網路是企業間藉由聯合、共同研發、創造有利的競爭優勢所建立之產業關係。在執行策略方面，企業可以依實際需求運用各種不同的方式；在發展上，有技術授權、投資合作、共同研究發展；在製造上，有原廠代工、製造授權等方式；在市場方面，可以關鍵零組件相互採購與共同研究或互相提供產品經銷與通路等方式合作。而技術合作主要可分成三種形式：

   (1) 同業間的技術合作：共同開發新技術，降低彼此間的研究發展費用及開發新產品的風險。

   (2) 產業間的技術整合：廠商利用不同技術間的互補性，藉由相互授權以強化企業在個別領域的技術能力，是改善產品品質、降低生產成本甚而開發新產品。

   (3) 產官學研的合作：藉由合作與聯合的關係來學習技術，或是藉由官方的整合來擷取技術或以學術研究後經由衍生公司(spin-off)將技術與知識擴散到產業之中。

   技術合作講求長期的合作，以順應自然爲原則，在兼顧雙方的利益下，使技術能力能向上提昇，經由彼此聯合的人力與財力，共同承擔風險與分享利潤，以達到創新的目的。

3. 上游產業的支援：在很多產業中，企業的潛在優勢是因爲它的相關產業具有競爭優勢，當上游產業能提供相關支援時，對下游產業造成的影響是多方面的，首先是下游產業因此在來源上具備快速反應、有效率與降低成本等優點。而除了使原料獲得更容易外，藉由產業持續與多方的合作，亦會帶動產業新的競爭優勢與創新。在這種合作關係中，供應商會協助企業認知新方法、新機會與新技術的應用；另一方面，企業則提供上游廠商新創意、新資訊和市場視野，帶動上游企業創新，努力發展新技術，並培養新產品研發的環境。企業與上游廠商之間的合作與共同解決問題的關係，會使它們更快、也更有效率地克服困難，整個產業的創新步伐也會更加迅速。

4. 企業創新精神：企業創新的精神是提昇產業競爭優勢不可缺少的條件。產業的形成往往創造出許多不同的市場與產業領域，這是給新起廠商適時加入與發展的機會。這種產業動力通常是良性的，它會帶動更多的競爭，釋放出創造力，讓可能因抵觸企業現行策略或慣例而無疾而終的新產品、新製程浮出檯面，也迎合了新的市場需求與過去被忽略的產業環節，但要產生這樣的現象，需要仰賴各種競爭條件的運作和搭配。大前提是在產業內必須有一批具備創業家精神的人才出現。當新企業不斷興起時，會有更多人被吸引到這個產業。
5. 政府合約研究：當產業發展的初期，在技術上沒有能力與國外廠商競爭，也沒有足夠的資源與能力從事研究發展，因此合約研究在於利用政府、產業及大學之分工，利用國家與相關環境的資源，支援產業以推動研究發展工作，在施行的類型上，主要有基於某特定研究項目而委託研究者，或依產業的需要使適當的技術輔助與指導，視情況及產業的需求而定。
6. 國家基礎研究能力：一般所謂基礎研究能力，主要指在基礎研究科學與相關專業領域的潛力，如丹麥在醱酵科技基礎研究實力上的領先，使得丹麥能發展出堅實的酵素工業。因此，國家基礎研究能力的強弱也決定競爭優勢的品質與創新的潛力。有些產業在特定國家與環境下有發展的優勢，但是只有極少數是先天的條件與優勢，絕大多數必須透過長期的技術開發，而不同產業所需要的投資情況又有極大的差異，對於技術需求不高或技術已經普及的產業而言，基礎研究能力可能在重要性上並不明顯，但若各項產業需要以特殊的產品或創新的技術來取得高層次的競爭優勢，在基礎研究能力上就必須不斷的提昇。

(二) **與研究環境有關的產業創新需求要素**：通常產業競爭力較好的國家，除了在研究發展上持續保持優勢之外，研究環境亦爲十分重要的因素。因此，若要創造出對產業研究發展有利的因素，政府就必須創造出環境以提供產業做轉化，將研究成果轉化成商品，使投資基礎科學能產生產業優勢。並即時反應產業的特定需求，才能使投資研究發展成功。因此由政府與產業共同投資的創造研究環境，才是催生產業創新的重點。以下分別敘述之。

1. 專利制度：在競爭的環境中，產業的發展與優勢取決於競爭力，尤其在以技術爲主的產業，其以技術的發展做爲產業優勢的情形更爲明顯。然而，產業內必須有獨特技術能力才能建立技術障礙，並不斷的提昇其產業優勢。因此專利制度主要是使產業技術不斷被開發出來的同時，在環境上具有一種制度來保護技術。藉由合理的保護產業技術制度，使得企業能不斷的投資技術的發展，更使得後進入產業的競爭者也需做相對的投資，以維護市場合理的秩序與規範。
2. 專門領域的研究機構：產業眞正重要的競爭優勢必須藉由特定與專業的關鍵因素才能達成。而專門領域的研究機構能集中相關科技與專業的人力資源，加速市場與技術資訊的流通。而產業也會藉由投資相關訓練中心與建教合作計畫，不斷提昇產業的基礎技術能力。當研究機構與企業形成網路時，所形成的效應，也會促使政府與產業投入更多的投資，專業化的環境建設不斷擴大，又進一步帶動產業的發展與技術的提昇。
3. 創新育成體制：產業的發展乃是藉由本身不斷的成長與學習來持續創造競爭優勢。在這發展的過程中，創業者與發明家不斷扮演創新的角色，故如何藉由環境來培育這些初生的企業，便有賴於塑造出適當的環境。創新育成體制的功能便在於它能提供管道，引導創業者與發明家透過環境取得相關需求資源，掌握改革與創新的機會，並及早進入正確方向去發展。在整個過程中，創新育成體制不僅輔導企業尋找市場的利基、生存的最佳條件與開發被忽略的市場環節，並輔導其經營與管理企業的技巧，藉由輔助企業生存並具有適應環境的能力，使得企業的成長能帶動產業的整體發展。

(三) **與技術知識有關的產業創新需求要素：**當國家與其他國際競爭對手比較時，若能提供更健全的相關與支援的技術知識體系，便可形成產業之競爭優勢。技術知識的資源存在於大學、政府研究機構、私立研究單位、政府研究部門、市場研究資料庫與同業工會等不同來源。而上述的資源是否與產業創新或競爭優勢有關，要看整合這些資源時所發揮的效率與效能。這與產業在應用知識資源時如何整合與選擇強化關鍵要素有關，因此以下便分別敘述之。

1. 技術資訊中心：由於技術的創新具有高度的不確定性，包括技術上的風險及市場上的風險，因此正確資訊的提供，可減低開發上的不確定性，並有助於新技術的發展與創新。而不僅在研究發展時，須有各種技術資訊的輔助，另外在技術的傳播與擴散更有賴資訊網路的建立。因此技術資訊中心的角色，除了幫助產業研究，亦提供技術諮詢與技術服務，以輔導企業在技術上的發展。
2. 產業群聚：許多國家內佔有優勢的產業通常都是以產業群聚的形態出現，當產業具有相當競爭力的同時，會逐漸推動相關產業趨向聚群式分佈，呈現客戶到供應商的垂直關係，或由市場、技術到行銷網路的水平關聯。而產業群聚的形成，會整合相關的需求要素，在互動的過程中，產業會形成互助的關係，經由技術與資訊的不斷流通，創新的文化隨供應商與客戶的關係快速的擴散，新的思考觀點不斷產生，上下游或相關產業的效益不斷強化。而產業群聚本身就有鼓勵專業化投資的效果。當一群企業能建立緊密的合作網路，目標一致的投資科技、資訊、基礎建設與人力資源，必然會產生強大的正面影響。從另一方面來看，不同產業的企業經由綿密的合作管道共同開發，政府與大學對相關領域注意力也會提高。當產業受重視的程度增加，又會吸引更多一流的人才加入，整個產業在競爭優勢上也會不斷加強。
3. 技術擴散機制：Linsu Kim(1997)認為產業在發展的初期，技術能力與先進國家的差距太大，因此在技術上必須要模仿，一旦熟能生巧之後，才能力求展開自主性與創新性的技術。而技術模仿者，除了運用本身的資源與技術基礎來接受技術之外，尚需考慮產業的學習能力。因此技術擴散機制的優劣，便決定產業技術成長速度的快慢。技術擴散機制的功能，主要提供企業技術學習的管道。企業藉由技術擴散的方式可以減少自行研究發展的大量投資，且可避免長期摸索產生的錯誤，節省人力及時間的浪費；對於資本不足、技術缺乏的企業而言，技術擴散實為提供生產技術與強化產業競爭力的最佳方式。

4. **技術移轉機制**：引進技術的目的，不僅爲獲取技術，而是借著技術引進來達成改善技產業技術能力的目標，以增加本身的競爭能力，減少技術差距、提昇產品品質、良品率、降低生產製造成本，並增加獲利能力。但是由於技術本身的特性，技術移轉並非單純的購買行爲，能不能成功地應用所引進的技術，有賴於良好的技術移轉機制與廠商本身技術能力的程度，才能融合、調適及改良原有的技術。

5. **顧問與諮詢服務**：通常在產業策略上力求滿足各種客戶的不同需求，來開發新的產品，因此便不斷的創新，抓住市場趨勢，並具備隨時調整的彈性。但是在產業發展的過程中，如何發展產品、改善製程，並避免在高風險的競爭下浪費不必要的人力與物力摸索與瞭解市場訊息與需求，便有賴於良好的顧問與諮詢服務制度。以一些關於日本的研究便可發現，與其他國家相較，日本在市場與技術的資訊管理上，擅長結合不同組織形成資訊整合網路，以提供顧問與諮詢服務。

(四) 與市場訊息有關的產業創新需求要素：完整的市場訊息網路除了可激勵靜態的研究發展方向，更能創造出新的技術知識與服務方式，以提供企業改進和創新的原動力。而在流通的資訊體系下，企業進步與創新的壓力會促使企業不斷降低成本、提高品質與服務、研發新產品與新製程，更進而吸引更多競爭者投入這市場中。

此外，市場訊息流通體系的形成不僅只影響單一產業或企業，整個國家的相關產業也會受惠。競爭的企業所激發出各式各樣的產品與服務策略，不但有助於創新，在技術上也會不斷地提昇，而人才在企業間的流動，又帶給企業模仿對手長處的機會，而藉由相關產業在資訊與技能上的流通與彙整，整個產業的創新能力便會成長。當創新不再只是個別企業的行爲時，整個產業也會成長迅速，進而帶動企業的獲利能力。

以產業發展的觀點來看，資訊是一個相當重要的關鍵資源，而產業是否能在全球的競爭環境下佔有優勢，便取決於產業內的資訊是否能廣泛的流通，因此先進與專業的資訊傳播媒介便扮演著十分重要的角色。如果每一個產業都擁有充足商情、技術資訊與活潑的競爭環境，則必然呈現相當的競爭優勢。如此，藉由傳播媒體、政府機構、同業公會與其他機構交織成一個綿密的資訊網，讓產業和產品的相關資料廣泛流通與取得便利，使得企業在面臨激烈的台灣與全球市場競爭，能產生堅實的競爭能力。

(五) **與市場有關的產業創新需求要素**：市場不但是產業競爭重要的關鍵因素，更是產業發展的動力，同時刺激了企業改進與創新，進而提高效率。以下就需求市場的大小與需求市場的性質分別敘述之。

1. 需求量大的市場：需求量大的市場通常對產業的競爭有利，因爲這會鼓勵企業大量投資大規模的生產設備、發展製程技術提高生產力，不過必須特別注意的是，除非市場本身特殊且政府措施或環境影響有阻絕外來競爭者的能力，否則很難形成產業特有的優勢。因此對於需發展經濟規模的產業而言，在企業具有跨足不同國際市場能力之前，必須評估台灣是否能創造出大型的需求市場。一般而言，在產業發展的初期階段，企業的投資決定多從發展台灣市場的角度出發，故如需大量研發、大量生產，並且是技術落差大或具有高度風險的產業，除非是內需市場不夠大的壓力迫使發展出口，否則大多數廠商仍覺得投資台灣市場時較有安全感。因此政府與相關環境若具有創造內需市場的能力，則對產業發展與創新便能造成相當的優勢。
2. 多元需求的市場：市場需求可以被區隔爲不同之定位，而不同的定位受到環境的影響，便有不同的發展。因此雖然有些產業總體市場潛力不大，但只要善用區隔，照樣可以形成規模經濟。多元需求區隔市場之所以重要，是因爲它能調整企業的發展方向。使產業發展可以根據本身條件發展較有機會或有潛力的區隔，即使只算是大國的次要產業市場，仍然可以爲小國帶來產業上的競爭力。因此當產業能細分與善用許多不同區隔時，該國產業會因此產生更強的競爭優勢，細分過的產業區隔會指引廠商提昇競爭優勢的路徑，廠商也會認清自己在該產業中最有持續力的競爭位置。

(六) **與市場環境有關的產業創新需求要素**：市場的因素在產業各不同的階段與環境下，各有其特有的重要性，但是我們在強化市場各種不同需求條件的同時，同時也分析相關環境因素對市場的影響，而強化市場環境最大的貢獻在於其提供企業發展、持續投資與創新的動力，並在日趨複雜的產業環節中建立企業的競爭力。比起刺激內需市場而來的短暫優勢，上述條件產業的優勢更具決定性，更能長久延續。這些市場環境因素中，有些可以幫助產業在初期建立優勢，有些則幫助產業強化或持續既有的競爭優勢。以下便逐項說明：

1. **國家基礎建設**：產業的創新與競爭優勢，是台灣在產業相關因素上長時間強化而來的，例如每個國家在基礎建設上不斷的投資，雖然不足以創造一個國家的高級產業，但是產業的發展與創新卻不得不以此爲基礎。因此，持續投資基礎建設是國家經濟進步的基本條件。基礎建設可以擴大內需市場，刺激民間的消費，進而影響到產業的擴張，甚至影響到資訊的流通以及科技人才的生活品質、工作與居留的意願。故絕大多數新興工業國家在基礎建設方面，都有不錯的成績。同時產業活動的全球化，現代的跨國企業可以透過海外設廠的方式選擇適當的發展地點，使得基礎建設所造成的效益降低。但是在人力資源、知識資源、資本資源在各國流動的情況下，如何集中這些資源造成優勢，仍要看基礎建設是否能配合，因此基礎建設品質優劣與發揮的效能，便可決定是否能有效應用資源形成優勢效果。
2. **國家文化與價值觀**：國家文化與價值觀屬於較無形的因素，不過，當產業的發展成爲國家在文化與價值上的驕傲，對於刺激產業發展與需求成長的因素，使業者投資新產品與設備能增加強烈的信心時，國家文化與價值觀便顯出其重要性。產業競爭優勢與國家文化的關聯十分複雜，有時是產業突然成功後在本國的地位提昇，人民對產業的認同進而形成產業持續創新的來源，有時在於國家優先發展目標形成社會的共識。此外，歷史傳統、地理特色或社會結構等，都可能是一個產業形成國家產業與價值中心的因素。當國家資源集中在某一產業時，便可形成相當大的正向影響效果，且這正向的影響事實上並不亞於市場需求程度，如此產業發展與創新即可在國家與社會不斷投入相關資源過程中產生。

3. 針對產業特殊用途的設施：基礎建設是依所有產業共同需求而創造出來的，但隨著產業的性質不同，對基礎建設需求特性也隨之而異，而以產業優勢的觀點來看，一般的基礎建設雖能提供最基本的發展條件，但是這些條件很多國家都有，效果相對不顯著。而針對產業的特殊設施，提供了專業且配合單一產業的需求條件，其所造成的效果，則是一般基礎建設所無法比擬的。通常當一個國家把產業優勢建設在一般基礎建設上，一旦其他國家踏上發展相同的途徑，則優勢便岌岌可危。而投資在特定用途的設施所不同的地方在於，它可以配合產業的發展而做不同的投資。不同的投資所形成的效果與差異便有所不同。沒有一個國家能完全提供或投資所有產業的需求，在諸多的需求中，哪些是必須提昇或創造的，如何進行才有效率等問題，則與市場的情形、相關產業的表現、產業發展目標等因素有關。即使是政府的選擇上也同樣深受這些關鍵因素的影響。
4. 對於產品技術與規格的規範：各國對於產品技術與規格上不同的規範，對各項產業而言，直接影響了產業的發展。如果一個國家能將產品技術與規格的規範與本國的產業競爭優勢相結合，對產業發展影響很大，舉例來說，如果一個國家產品需求標準和國際市場的主要標準相同，或者是台灣產品技術與規格的規範特殊，只有台灣的產業能符合標準，而其他國家卻沒有這樣的條件，本國廠商在競爭與創新上便比較容易獲得優勢。
5. 對於市場競爭的規範：市場規範的目的主要在於避免台灣競爭者對資源的依賴而妨礙到國家競爭優勢的發揮。這種規範不但提供創新的壓力，並提供了競爭優勢升級的一條新途徑，當競爭者在台灣成本因素、市場地緣、供應商或進口物資成本的處境完全相同的時候，企業必須以更適合的技術、建立自己的行銷網路，或是更有效的使用資源，由於大家的基本條件相同，市場的激烈競爭可以協助企業擺脫對低層次優勢條件的依賴，強勁的良性台灣市場競爭與隨之而來的長期競爭優勢，事實上是外國競爭者無法複製的。

(七) **與人力資源有關的產業創新需求要素**：人力資源是產業創新中最重要的因素之一。產業不斷創新與提昇競爭優勢的同時，帶有技術知識與市場訊息的人才扮演著極重要的角色，能有效利用人力資源，提高本身生產力的國家，通常也是國際競爭中的贏家。人力資源的分類，加以整理彙結如下：

1. 高等教育人力：高等教育人力主要是指受過大學以上或相等層級教育的人力。對於產業而言，高等教育人力不但能配合研發的多元需求，更提供了行銷所需的人員素質。
2. 專門領域的科學家：專門領域的科學家主要指受過專門科學領域教育與訓練的高級研究人員。
3. 專門領域的研究人員：專門領域的研究人員主要是指受過專業訓練且在專門產業領域上有相當經驗的產業研究或技術研究人員。在矽導計畫各項產業中，當將實驗室的研究成果轉爲可量產的過程，或承接生產技術時，專門領域的研究人員便扮演了實際執行的重要角色。
4. 專業生產人員：專業生產人員主要指受過一般相關職業訓練能操作與維護生產機器的技術人員。以生產藥品而言，在各國政府嚴格的生產規範下，制程的精密度必須透過專業的生產人員負責，以符合上市的標準。

(八) **與財務資源有關的產業創新需求要素**：對於企業而言，企業成長固然受到人與技術的推動，但企業的發展是否能有效運用資金卻有更密切的關係，對於產業來說，人與技術是必備條件，但是在這些條件尚不存在的情況下，透過資本形成與資金的取得，企業仍能解決人才與技術的問題，因此資金問題在此反而顯得更重要。如何在技術與資本密集的產業中，充份運用資金創造優勢，是產業應該正視的問題。我們主要將資金的來源分四種形式，分述如下：

1. 高科技資本市場：指政府藉由相關的法規與政策輔導產業，使高科技產業可以藉由民間資金市場（證券市場、外匯市場等）取得產業發展與營運資金。
2. 風險性資金：指政府以相關法規，集中民間資金投資相關重點產業，對於產業具高風險的技術開發初期，由於不易獲得充裕之資金與融資，若政府可以集中民間爲風險性資金支持，則可充裕科學家創業時之資金，以期落實新技術與產業的發展。

3. 提供長期資金的銀行體系：指由銀行體制提供融資的優惠，其服務的對象主要在於產業或個人企業家，以資金支援長期的研究與產品商業化。

4. 提供短期資金的銀行體系：指政府藉由國營銀行或相關資金運作體制直接給予資金的支援，主要使用的情況通常在研究發展計畫過於龐大，非企業所能負擔，或企業發展時，政府提供設備與設施等資金資源。

二 產業創新需求要素定位

在了解了各項產業創新需求要素的性質後，我們便著手予以分類，依據以上所說明各要點，我們首先可以對產業創新需求要素做初步的分類。將各產業創新需求要素依照研究資源與產業發展策略構面做歸類整理，所得結果如表2.10。

表2.10 產業創新資源要素初步分類表

		產業需求資源							
		研究發展	研究環境	技術知識	市場資訊	市場	市場環境	人力資源	財務資源
產業發展目標	市場發展	對創新的支持持	專利制度	技術資訊中心 產業群聚	先進與專業的資訊傳播媒介	國家文化與價值觀	國家基礎建設	高等教育人力	提供長期資金的金融體系 提供短期資金的金融體系
	產品發展	技術合作網路 上游產業的支援	專門領域的研究機構	技術擴散機制 技術移轉機制	與上下游的關係		針對產業特殊用途的設施 對於產品技術與規格的規範	專門領域的研究人員 專門領域的工程師	提供長期資金的銀行體系 提供短期融資的銀行體系
	企業發展	企業創新精神 政府合約研究 國家基礎研究能力	創新育成體制	技術移轉機制 顧問諮詢與服務	顧問諮詢與服務	需求量大的市場 多元需求的市場	對於市場競爭的規範	生產操作與維護人員	提供長期資金的銀行體系 提供短期融資的銀行體系

資料來源：蘇俊榮，「產業組合與創新政策分析-以台灣積體電路產業為例」，交通大學碩士論文，民國87年。

其次根據不同的產業生命週期階段與需求資源的關連，我們便可以推演產業創新需求要素分析表（表2.11），最後再經過簡化，可以得到產業創新需求要素組合分析表（表2.12）。

表2.11　產業創新需求要素分析表

<table>
<tr><th colspan="2" rowspan="3"></th><th colspan="14">全球產業生命週期</th></tr>
<tr><th colspan="5">浮動期</th><th colspan="4">變遷期</th><th colspan="5">專業期</th></tr>
<tr><th>研究發展</th><th>研究環境</th><th>技術知識</th><th>人力資源</th><th>財務資源</th><th>技術知識</th><th>人力資源</th><th>財務資源</th><th>市場資訊</th><th>人力資源</th><th>財務資源</th><th>市場資訊</th><th>市場</th><th>市場環境</th></tr>
<tr><td rowspan="3">台灣產業技術能力</td><td>技術開發</td><td colspan="5">對創新的支持（研究發展）
專利制度（研究環境）
技術資訊中心（技術知識）
高等教育人力（人力資源）
提供長期資金的金融體系（財務資源）</td><td colspan="4">產業群聚（技術知識）
先進與專業的資訊傳播媒介（市場資訊）
高等教育人力（人力資源）
提供短期資金的金融體系（財務資源）</td><td colspan="5">國家文化與價值觀（市場）
國家基礎建設（市場環境）
高等教育人力（人力資源）
提供短期資金的金融體系（財務資源）</td></tr>
<tr><td>技術改進</td><td colspan="5">技術合作網路（研究發展）
上游產業的支援（研究發展）
專門領域的研究機構（研究環境）
技術擴散機制（技術知識）
專門領域的研究人員（人力資源）
提供長期資金的銀行體系（財務資源）</td><td colspan="4">技術移轉機制（技術知識）
與上下游的關係（市場資訊）
專門領域的工程師（人力資源）
提供短期資金的銀行體系（財務資源）</td><td colspan="5">針對產業特殊用途的設施（市場環境）
對於產品技術與規格的規範（市場環境）
專門領域的工程師（人力資源）
提供短期資金的金融體系（財務資源）</td></tr>
<tr><td>技術輸入</td><td colspan="5">企業創新精神（研究發展）
政府合約研究（研究發展）
國家基礎研究能力（研究發展）
創新育成體制（研究環境）
提供長期資金的銀行體系（財務資源）</td><td colspan="4">顧問諮詢與服務（技術知識）
生產操作與維護人員（人力資源）
提供短期資金的銀行體系（財務資源）</td><td colspan="5">需求量大的市場（市場）
多元需求的市場（市場）
對於市場競爭的規範（市場環境）
提供短期資金的銀行體系（財務資源）</td></tr>
</table>

資料來源：蘇俊榮，「產業組合與創新政策分析-以台灣積體電路產業為例」，交通大學碩士論文，民國87年。

表2.12 產業創新要素組合分析表

		全球產業生命週期		
		浮動期	變遷期	專業期
台灣產業技術能力	技術開發	對創新的支持 專利制度 技術資訊中心 高等教育人力 提供長期資金的金融體系	產業群聚 先進與專業的資訊傳播媒介 高等教育人力 提供短期資金的金融體系	國家文化與價值觀 國家基礎建設 高等教育人力 提供短期資金的金融體系
	技術改進	技術合作網路 上游產業的支援 專門領域的研究機構 技術擴散機制 專門領域的研究人員 提供長期資金的銀行體系	技術移轉機制 與上下游的關係 專門領域的工程師 提供短期資金的銀行體系	針對產業特殊用途的設施 對於產品技術與規格的規範 專門領域的工程師 提供短期資金的金融體系
	技術輸入	企業創新精神 政府合約研究 國家基礎研究能力 創新育成體制 提供長期資金的銀行體系	顧問諮詢與服務 生產操作與維護人員 提供短期資金的銀行體系	需求量大的市場 多元需求的市場 對於市場競爭的規範 提供短期資金的銀行體系

資料來源：蘇俊榮，「產業組合與創新政策分析-以台灣積體電路產業為例」，交通大學碩士論文，民國87年。

三 創新政策分析與定位

有關創新政策的研究，主要將各國的針對科技發展的創新政策加以整理分類，在整理分類上的依據主要以相關政策工具爲主。所整理的政策以表2.13表示。而在分析的觀點上，主要以各政策的施行的性質、目的與所採用的政策工具依照理論加以分類，分類的結果如表2.14，經過簡化後如表2.15所示：

表2.13 各國創新政策分類表

相關政策工具	各國創新政策
公營事業	公營事業率先使用新技術 政府參與民間研發活動 由公營事業帶動創新
科學與技術發展	專業研究機構 研究實驗中心
教育	相關職業訓練 科技教育
資訊	技術資訊中心 研究中心 技術擴散機制 產業資訊網路中心 產業資訊網路中心

▌表2.13　各國創新政策分類表（續）

相關政策工具	各國創新政策
財務金融	相關融資措施 創業投資體系 銀行相關資金投資措施 證券金融市場 相關證券金融政策措施 政府對技術與設備的補助 政府對企業的投資與補助 政府輔助措施
稅務	政府相關貸款與租稅優惠
法規與管制	專利制度 技術標準與規範 對於外資的規範 對於購併的規範 技術標準規制 市場的規制
政策性措施	對創新的獎勵
採購	政府採購政策
公共服務	針對產業特定用途的專業設施 基礎設施與建設
海外分支機構	相關貿易機構
其他	創新育成體系 政府合約研究

▌表2.14　政策分析表

<table>
<tr><td rowspan="6">台灣產業技術能力</td><td rowspan="3" colspan="2"></td><td colspan="14">全球產業生命週期</td></tr>
<tr><td colspan="5">浮動期</td><td colspan="4">變遷期</td><td colspan="5">專業期</td></tr>
<tr><td>研究發展</td><td>研究環境</td><td>技術知識</td><td>人力資源</td><td>財務資源</td><td>技術知識</td><td>人力資源</td><td>財務資源</td><td>市場資訊</td><td>人力資源</td><td>財務資源</td><td>市場資訊</td><td>市場</td><td>市場環境</td></tr>
<tr><td></td><td></td><td colspan="5">公營事業、財務金融、租稅優惠、法規與管制
政策性措施、科學與技術發展、教育、資訊</td><td colspan="4">科學與技術發展、教育、資訊
財務金融、租稅優惠</td><td colspan="5">科學與技術發展、教育、資訊、財務金融、租稅優惠、採購、公共服務、貿易管制、海外機構
法規與管制、政策性措施</td></tr>
<tr><td rowspan="2">市場發展</td><td>強化總體環境</td><td colspan="5">專利制度（法規與管制）
創業投資體系（財務金融）</td><td colspan="4">科技教育（教育）
證券金融市場（財務金融）</td><td colspan="5">相關證券金融政策措施（財務金融）
相關貿易機構（海外分支機構）
基礎設施與建設（公共服務）</td></tr>
<tr><td>塑造產業環境</td><td colspan="5">公營事業率先使用新技術（公營事業）
對創新的獎勵（政策性措施）
技術資訊中心（資訊）
研究中心（教育、資訊）</td><td colspan="4">技術資訊交流中心（資訊）
工業園區</td><td colspan="5"></td></tr>
</table>

■ 表2.14　政策分析表（續）

			全球產業生命週期		
			浮動期	變遷期	專業期
			研究發展 / 研究環境 / 技術知識 / 人力資源 / 財務資源	技術知識 / 人力資源 / 財務資源 / 市場資訊	人力資源 / 財務資源 / 市場資訊 / 市場 / 市場環境
台灣產業技術能力			公營事業、財務金融、租稅優惠、法規與管制 政策性措施、科學與技術發展、教育、資訊	科學與技術發展、教育、資訊 財務金融、租稅優惠	科學與技術發展、教育、資訊、財務金融、租稅優惠、採購、公共服務、貿易管制、海外機構 法規與管制、政策性措施
	產品發展	發展特定技術	政府參與民間研發活動（公營事業） 政府輔助措施（財務）	技術標準與規範（法規與管制）	政府對技術與設備的補助（財務金融） 技術標準規制（法規與管制）
		專注特定產業領域	專業研究機構（科學與技術發展）	政府相關貸款與租稅優惠（租稅） 銀行相關資金投資措施（財務金融）	針對產業特定用途的專業設施（公共服務）
		提昇產業競爭能力	研究實驗中心（科學與技術發展） 技術擴散機制（資訊、教育）	相關職業訓練（教育）	貿易規制（法規與管制）
			公營事業、財務金融、租稅優惠、法規與管制 政策性措施、科學與技術發展、教育、資訊	科學與技術發展、教育、資訊 財務金融、租稅優惠	科學與技術發展、教育、資訊、財務金融、租稅優惠、採購、公共服務、貿易管制、海外機構 法規與管制、政策性措施
	企業發展	發展大型企業	政府合約研究 相關融資措施（財務金融）	對於購併的規範（法規與管制） 政府相關貸款與租稅優惠（租稅）	政府對企業的投資與補助（財務金融） 政府採購政策（採購）
		培育小型企業	由公營事業帶動創新（公營事業） 創新育成體系	產業資訊網路中心（資訊）	對於外資的規範（法規與管制） 產業資訊網路中心（資訊） 市場的規制（法規與管制）

■ 表2.15　創新政策組合分析表

		全球產業生命週期		
		浮動期	變遷期	專業期
台灣產業技術能力	技術開發	專利制度 創業投資體系 公營事業率先使用新技術 對創新的獎勵 技術資訊中心 研究中心	科技教育 證券金融市場 技術資訊交流中心 工業園區	相關證券金融政策措施 相關貿易機構 基礎設施與建設
	技術改進	政府參與民間研發活動 政府輔助措施 專業研究機構 研究實驗中心 技術擴散機制	技術標準與規範 政府相關貸款與租稅優惠 銀行相關資金投資措施 相關職業訓練	政府對技術與設備的補助 技術標準規制 針對產業特定用途的專業設施 貿易規制
	技術輸入	政府合約研究 相關融資措施 由公營事業帶動創新 創新育成體系	對於購併的規範 政府相關貸款與租稅優惠 產業資訊網路中心	政府對企業的投資與補助 政府採購政策 對於外資的規範 產業資訊網路中心 市場的規制

問題與討論

1. 產業生命週期包括哪幾個階段？其主要特點爲何？
2. 技術演進各階段特點爲何？
3. 依照Abernathy and Utterback理論，產品發展過程的科技創新需求區分爲三個階段？
4. 產業領先條件包括哪些層面？產業競爭優勢要素爲何？
5. 何謂策略群組？分析其目的爲何？Amoco策略群組分析模式內容爲何？
6. 何謂關鍵成功因素？其來源爲何？
7. 何謂產業創新需求要素？其包括要項爲何？

Chapter 3

國家產業發展分析

3.1 產業發展階段模型

Porter 在以鑽石結構分析產業的變化之後，同時也以經濟發展的概念來解釋對於產業發展看法（如表3.1所示），在理論上主要將國家經濟成長劃分成四種階段：生產因素導向階段、投資導向階段、創新導向階段與富裕導向階段四個時期，在不同的時期國家會形成不同的優勢條件，因此在各種時期會有不同的產業興起或衰退。在理論上雖可以解釋國家在不同的時間下多變的產業形態，但是有些產業不見得在國家進入不同經濟成長階段的時候便喪失競爭力。即使像美國、德國等先進國家，還是有完全倚賴天然資源而求得競爭力的產業。且國家經濟是由不同類型的產業結合而成的，每種產業成長的時間與階段都不相同。以國家經濟發展的模式來解釋產業的發展，在某些觀點上仍有所不足。

表3.1　國家競爭力發展各階段特徵表

	生產導向	投資導向	創新導向	富裕導向
產業特性	主要利用天然資源環境→上游材料產業或因應市場的下游產品簡單產品 對經濟景氣與匯率變動十分敏感	企業強調規模經濟、資本密集 工資與生產成本開始起伏波動	產業垂直整合體系日趨建全（下游帶動上游） 水平相關產業同時帶動發展	人力資源與技術體制成熟
行銷方面	提供的產品不多 以產品價格形成競爭優勢	有部分企業開始建立國際行銷管道、對國外客戶提供半成品加工服務並尋求與外國廠商合作的機會	強調產品差異化 開始強調產品服務 競爭方向朝向生產力的增加、先進與高級技術的表現，價格競爭已不是主要的企業策略	產品品牌忠誠度為企業優勢 產品的服務佔較大的比重
生產方面	產品主要強調低價格	低勞動成本、大量生產、應用現代化設備 主要是需要大量廉價勞力的下游標準化產品、基本零組件或差異化不大的原料等產品 廠商主要努力降低成本、改善產品品質、引進新模具與現代化製程	產品強調品質高、功能強	

▌表3.1　國家競爭力發展各階段特徵表（續）

	生產導向	投資導向	創新導向	富裕導向
生產方面	產品主要強調低價格	低勞動成本、大量生產、應用現代化設備 主要是需要大量廉價勞力的下游標準化產品、基本零組件或差異化不大的原料等產品 廠商主要努力降低成本、改善產品品質、引進新模具與現代化製程	產品強調品質高、功能強	
人力資源方面	產業的技術與專業人才不足	技術工人與專業人才較前一階段大量增加	專業的人力資源需求量大	
財務方面	生產成本與幣值是十分重要的影響因素	企業投資活動頻繁 企業大量投資在設備、廠房，並以權利金、合資等途徑來尋找精密的外國產品與製程技術	生產成本與幣值因素已不是產業最重要的影響因素企業部分已朝國外投資設廠以降低成本、並加強對當地市場的影響	企業併購盛行 企業再投資意圖趨於保守
技術方面	應用的製程技術層次不高 技術廣泛流傳且容易取得 產業技術的來源是模仿或是在本地投資外商所引進	企業的技術層次與外國外已接近 企業已具有吸收與改良外國技術的能力	產品與製程技術不斷向前推進	企業仍保有初級的生產優勢因素
相關支援方面		教育與研究機構開始與企業合作 主要的技術、零組件設備仍仰賴外國廠商	高級的研究機構與學術研究體系已成形	

資料來源：Poter, M.E., “The Competitive Advantage of Nations ” , Free Press, N.Y., pp.543-573, 1990.

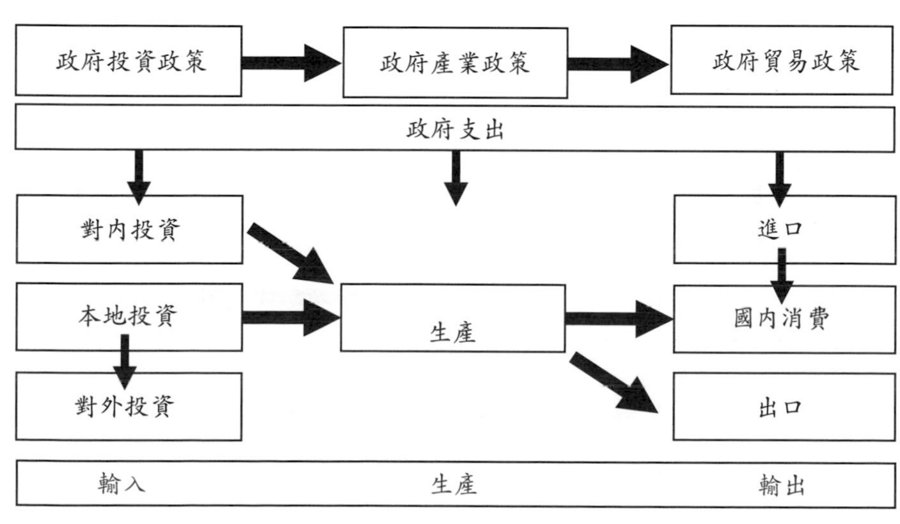

▌圖3.1　國家政策影響產業模式

資料來源：Kotler, P., “ The Marketing of Nations ” , Free Press, N.Y., pp.29,1997.

Kotler 提出了另一種的產業發展模式（如圖3.1），產業在發展不同的階段會有不同的變化（如圖3.2），因此政府便可以依據各時期不同的變化來輔導產業。

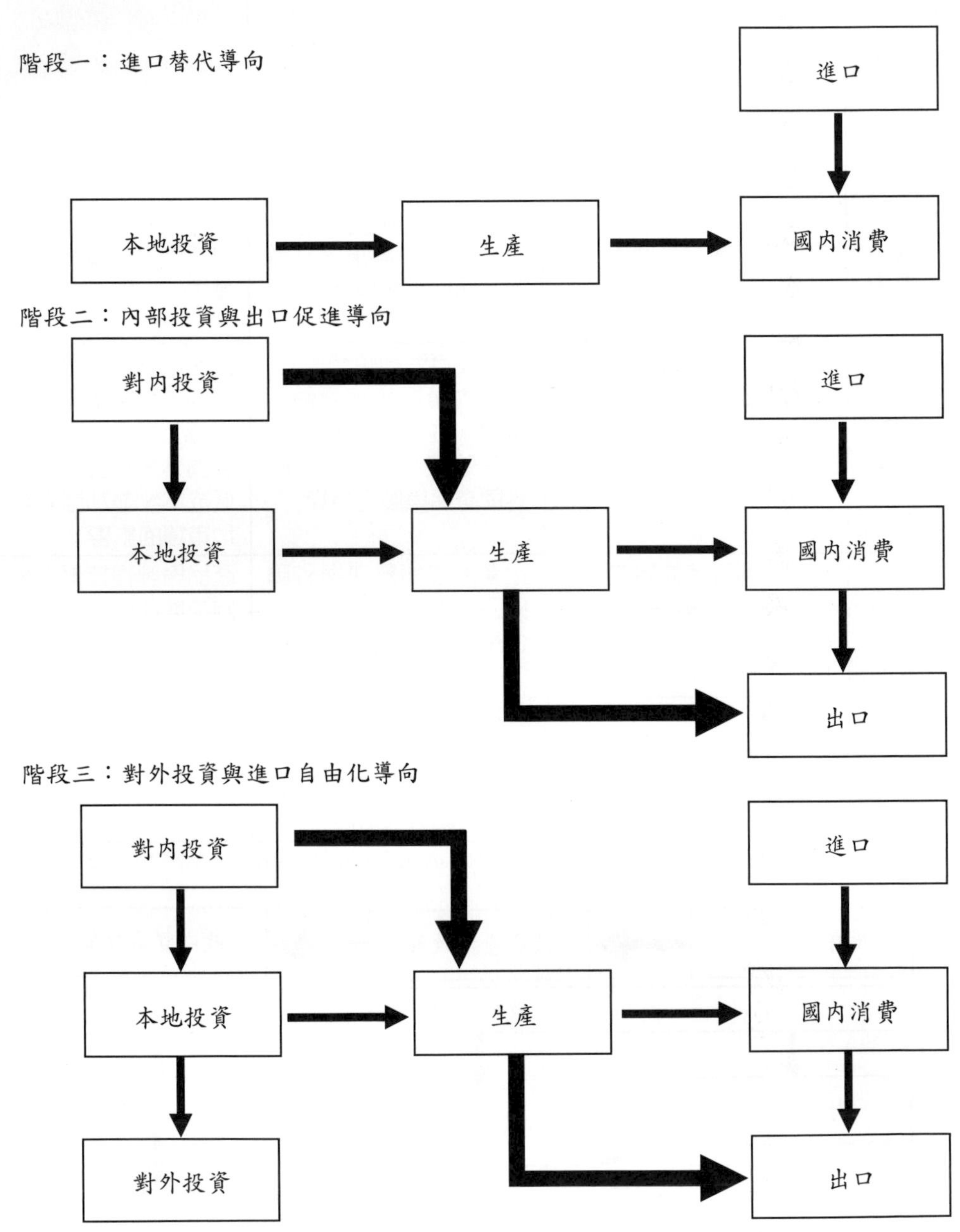

▌圖3.2　國家產業三階段發展模式

資料來源：Kolter, P., " The Marketing of Nations ", Free Press, N.Y., pp.241, 1997

對於產業發展模型，Kim(1980)認爲以開發中國家來看，從產業技術引進到生根，至少包括了三個主要的階段，如表3.2。

▌表3.2　產業技術發展三階段之特性

	階段一（技術輸入）	階段二（技術改進）	階段三（技術開發）
建立新企業的方式	移轉國外技術	本地技術與創業者之流動	
科技工作重點	施行引進之技術	吸收領會技術以增進產品多元化	改善技術以強化競爭優勢
關鍵之人力資源	國外專家	受訓於供應商之本地技術人才	本地科學與工程人才
生產技術	無效率		較有效率
技術改變之主要來源	國外整組技術移轉		自有努力的成果
國際技術移轉之主要形式			單項技術
外在影響技術改變之主要來源	供應商與政府		顧客，競爭者
市場	本地（低度競爭）		本地與海外（高度競爭）
研發及工程之重點	工程	發展與工程	研發與工程
零組件之供應來源	多數為國外		多為台灣
政府政策之重要性	進口替代與外資控制		促進外銷
當地應用科技之機構	顧問	改良發展	研發

資料來源：Kim L.,“Strategy of Development of Industrial Technology in a Developing Country” Research Policy 9(3), pp.254-277.1980.

第一階段的重點是技術的獲取。技術移轉的管道，包括多國籍公司的直接投資（包括國外的技術移轉）、購買整廠技術(Turnkey)、專利權及知識的授權、技術的服務，這些管道是開發中國家在取得技術能力的最重要的來源。科技知識的移轉也可透過其他的途徑完成，如機器設備之進口（技術移轉極重要的形式），國外OEM之購買者之技術移轉（爲了使產品之品質能符合標準，國外購買者提供的技術協助）。此外，國外的教育、訓練、工作經驗、複製國外之產品等也都是獲得技術能力的來源。

第二階段的重點是技術擴散。技術擴散的最大目的，在於將取得之技術擴散到整個產業中，全面提昇國家技術能力。以國家整體的立場來看，由國家主導的海外技術移轉必須藉由擴散功能傳播到整個產業以求到最大的經濟效益。舉例來說，韓國之電子產業因爲技術迅速地擴散、訓練有素之技術人員的流動，使得後進廠商技術得以升級，整個產業的競爭力得以提昇，進而促使本地技術開發的投資增加。

第三階段的重點是技術的吸收及自有技術的開發。技術移轉的最終目的，在於自有技術的開發。自有技術的開發的活動包括複製或還原外國產品、採用引進之技術並透過學習加以改良及自行研發等。進而促使國家的產業升級。

在作者的研究方面，提出產業在不同階段的發展階段模式（如表3.3）。

表3.3　產業競爭模式

產業生命週期	工業結構	主要競爭策略	科技差距	產業競爭	典型產業
萌芽期	分散型	集中差異化	極大差異	完全競爭或局部壟斷	生物科技，高溫超導，HDTV，醫療製藥
成長期	分散到集中型	全面差異化	差距縮小	壟斷式競爭	IC，材料科技，通訊網路，特用化學品
成熟期	集中型	全面成本領導	差距極小	寡斷式競爭	汽車，石油，IC產業，大宗化學品，航太，建築及一般工程，國防科技，個人電腦
衰退期	集中型	集中成本領導	無差距	寡斷或獨佔	家電產品，民生用品，紡織，煉鋼，造船，能源產業

資料來源：徐作聖，「全球化科技政策與企業經營」，華泰書局，pp.61,民國88年。

3.2　產業創新需求資源理論

由於技術的改變，使得創新被管理學者與經濟學家普遍認爲是經濟成長的一項基本因素，但卻很少人去研究創新如何影響經濟成長，直到1960年代中期才開始有人探討創新如何造成產業的改變與競爭優勢。Rothwell 及 Zegveld曾針對產業創新造成的影響提出說明，由產業的創新可以導引至國家各經濟層面的成長。Porter進一步分析比較後發現，新的競爭優勢理論除必須將競爭層面提昇到國家層次，還必須把技術進步與創新列爲思考重點。雖然Porter的論點已經明確顯示將產業技術創新對於國家競爭優勢的重要性，但Porter的理論卻沒有明顯的指出產業要如何規劃來達到產業創新。因此在本段中，將針對產業創新所需求的條件做深入的分析。

一般從傳統的分析角度上，有關產業創新的條件，普遍以技術發展相關需求條件做剖析與研究。但是在近年來，創新的觀念不僅包括技術與產品的改善，更包括新的產業環節出現或生產因素的改變，因此影響產業的創新因素便日益複雜。

以產業創新的所需的資源來看，Rothwell 及Zegveld5(1981)歸納出產業創新所需要的因素，包括技術知識與人力資源、市場資訊與管理技巧、財務資源、研究發展、研究環境、台灣市場、國外市場、台灣市場環境、國外市場環境等九種資源條件。國家與企業可以藉由政策來改變相關的因素與條件來獲得競爭上的優勢。

但若進一步的分析與檢視影響產業創新需求條件，理論上而言，產業所需求的資源在不同環境下應有不同的差異。以財務資源來看，產業在不同時期所需要的資金市場形態就不太相同，需求的資金來源與管道也有所差異。但是Rothwell並沒有針對這項論點做詳細的說明，只是概略的說明在不同環境下相同的政策應有不同的目標，如財務政策可以針對企業、產業、特定技術或總體環境做輔助，因此在理論上的應用與分析便有些困難。

在作者的研究方面，曾經提出對產業發展階段模式分析後，進一步提出科技演進過程的（如表3.4），主要認爲產業在不同的發展時期與環境應有不同的需求，因此只要能在產業發展過程中掌握重點需求資源，政府與產業便可依據產業需求做適當的規劃。

因此我們從上述可以了解到，從傳統的觀點來看產業競爭，國家的生產因素與環境都是固定的，產業必須善用這些固定的條件來獲得發展。但是在實際的產業競爭行爲上，創新與變革才是基本因素。與其在固定的生產因素做最大的規劃，產業應該改變限制條件成爲競爭優勢。因此在以新的觀點來看產業競爭行爲，我們所應注重的是如何引導產業的創新來改變限制條件，進而創造出新的競爭優勢。因此創新結構需求要素(Innovation infrastructure requirement)便是針對產業的創新過程與結構做更細部的分析與研究，以找出產業創新與發展的基礎需求條件。

表3.4　科技演進過程

發展階段	科技差距	資金需求	資金來源	主要支出	產業結構	主要競爭策略
1	極大	不確定	企業內部或政府補助	產品研發及市調	尚未發展	未確定
2	差距縮小	高	企業內部	產品及製程開發；市場開發	市場區隔中壟斷或整體完全競爭（萌芽期）	集中差異化
3	差距極小	創新產品較低；大宗產品極高	創投基金及企業內部	產品推出速度及開發風險（企業創新精神）	壟斷或寡斷式競爭（成長或近成熟期）	全面差異化或成本領導
4	無差距	極高	股市基金	市場開發與行銷	寡斷式競爭（成熟期或衰退期）	全面或集中式成本領導

資料來源：徐作聖，「全球化科技政策與企業經營」，華泰書局，民國88年。

3.3 創新政策

一 創新政策的基本理念

根據美國、日本、德國、法國等先進國家採行之產業政策及經驗，政府對產業活動採行的政策取向，從自由放任主義到積極干預主義之間，其中有三種基本理念對政策目標及策略的抉擇影響最大：「塑造有利環境論」(favorite environment promotionist)、「創新導向論」(innovation pushers)、「結構調整論」(structure adjusters)。

塑造有利環境論者，主張政府機構的功能應侷限於塑造促進產業發展的有利環境，故採行之產業政策應著重於促成穩定的經濟環境、增進市場有效競爭，甚至包括刻意低估本國匯率。

創新導向論者則主張，政府的干預措施必須激發創新，也就是說，政府有能力選取並有效培育明星工業，使其成爲經濟成長的動力。此種理論的基礎在於，肯定政府機構能力，以選定及培育具有發展潛力的產業，並促進國家經濟成長。

而干預程度最深的是「結構調整論者」，此類學說認爲政府干預應著重於產業結構的調整。其主要理念是基於市場機能須依市場狀況而加以調整，才可確保經濟活力與衝勁。當需求面發生重大改變之際，政府必須針對供給面進行有效的結構轉變。基本上，此種基本理念所制定的產業政策，應可以協助及引導市場機能的轉變。

有許多學者認為，以自由經濟理論觀點，政府的干預愈少愈好，但基於下列理由，一般認為政府應介入並形成相關政策：

(一) 基礎性科技技術具有外部性經濟，加上研發所需資訊的公共財特性，以及研發活動的不確定性與不可分割性（經濟規模），導致企業投資的資源低於最適水準，有必要由政府支持該活動。

(二) 依據動態比較利益理論，在其他國家已投入新興產業科技研發，本國若未採產業政策誘導企業從事研發而改變企業在學習曲線的位置，則將居於競爭劣勢。

(三) 依據產業組織理論，凡具備相當程度規模的企業組織若從事研究發展應可以有成果出現。但對多數規模小且資金不足的企業而言，面對技術快速變動及高風險，並無能力進行，而須由政府政策介入。

(四) 此外，保護主義、幼稚工業理論和不平衡成長理論者，則主張政府應介入經濟活動，引導相關產業發展方向。

換言之，基於外部效果、經濟規模、動態競爭和幼稚工業保護等理由，政府對新興產業制訂產業政策有其合理化基礎。

二 產業政策工具

從產業的觀點，政策是政府介入科技發展系統具體實現的手段。科技發展投入到產出，是從起始階段資源的投入，經創新過程，將技術落實於生產與行銷市場的過程都涵蓋於科技政策內。Rothwell及Zegveld在研究政府之創新政策中指出，創新政策應包括科技政策及產業政策，而以政策對科技活動之作用層面，將政策分為分為下列三類：

(一) **供給面(Supply)政策**：政府直接投入技術供給的三個影響因素，即財務、人力、技術支援、公共服務等。

(二) **需求面(Demand)政策**：以市場為著眼點，政府提供對技術的需求，進而影響科技發展之政策；如中央或地方政府對科技產品的採購，以及合約研究等。

(三) **環境面(Environmental)政策**：指間接影響科技發展之環境，即專利、租稅及各項規則經濟體之法令之制定。

Rothwell及Zegveld在另一方面研究指出，政策的形成主要在於政策工具的組合，而政策工具依其功能屬性，分財務支援、人力支援與技術支援，其作用在科技創新過程與生產過程，是創新資源供給的政策工具。其次為政府對技術合約研究、公共採購等分別作用於創新與行銷過程上，為創造市場需求的政策工具。另外，則以建立科技發展的基礎結構及各種激勵與規制的法令措施，鼓勵學術界、企業界對研究發展、技術引進與擴散的與努力，提供創新環境的政策工具。

3.4 國家級產業組合規劃模式

一 策略性產業組合分析相關理論

Porter 認為策略性產業的概念近似於「關鍵性產業」，意指在產業發展的時候，由於人力與物力的資源都非常有限，而各種產業又有不同的需求。因此必須將有限的資源，用在少數具有影響力的產業上，以重點的突破來帶動相關產業的發展。但是策略性產業的選擇與認定上，因各國不同的環境與經濟情況等社會因素的影響而有所差異，因此在各國在產業政策上對於策略性產業的規劃亦有所不同。

早期學者提出產業關連效果的觀念，認為對於在產業價值鏈體系屬於上游的產業進行擴充可以誘發下游產業的發展，因此可以造成「前推效果」，而對於產業價值鏈體系上屬於下游的產業進行擴充則可以引發上游相關產業的發展，造成「後引效果」。因此從策略的分析基準來看，培育能使這兩種效果盡可能擴大的產業才是策略性的重點。此種理論在封閉下的經濟體系十分適用，但在開放的經濟體系下仍有不足之處。尤其在目前國家分工日趨複雜的時候，產業可以選擇多種的供應來源與銷售管道，因此在產業關連效果便不能明顯地表現出來。

Kolter認為所謂策略性產業的特質應是能造成產業逆向效應(converse effect)，進而導引產業在技術上的進步與創新，如日本政府培育Audio、VCR、 TV、PC、Phone產業，利用在產品上技術與經驗的組合便能創造許多新產業與技術的興起(snowball effect)。其次有些產業可以經過時間的演進而轉化(lean industry)，不會因替代性產品的出現而沒落(substitution effect)。再者是產業的技術可以融合而造成新興產業的興起(spillover effect)。因此在策略性產業的選擇因以此做爲評價的標準。

從經濟發展方面與產業結構方面來看，此種選擇是十分正確的，但是在考慮到國家本身的能力與時間的因素下，在選擇上仍要做修正。一般而言，在不同的時間下，國家的優勢與需求便有不同。Rostow認爲國家工業的發展可分爲五個階段：傳統社會階段、起飛階段、成熟社會階段以及大眾消費階段。在不同的時期都會有一些快速成長的領導性產業(leading sector)來推動全面的經濟發展。因此政府在不同的時期都必須針對這些不斷出現的領導性產業(leading sector) 施與不同的政策輔助。Porter則認爲國家的經濟展有四個階段：生產因素導向、投資導向、創新導向與富裕導向。在不同的階段時期會表現出不同的優勢與需求。如在經濟發展的最初階段，在策略性產業的選擇上應以能利用天然資源與國家自然優勢條件的產業爲佳。但是在投資導向的階段所選擇的產業就必須考慮技術的能力與資產的投資報酬。因此所謂策略性產業的選擇，即是對未來國家產業發展做長期的規劃。一方面受到發展條件不同的限制，另一方面則取決於不同的時間下國家資源分配的順序。其最終目的在於促使產業的整體發展，而使國家經濟發展邁向新的領域。

二 策略性產業組合分析規劃模式

由於Kotler與Kim兩位學者所提出的策略性產業規劃模式較爲完整且被廣泛地使用，因此本節以這兩位的規劃模式來作文獻的回顧。Kolter認爲策略性產業組合是從許多產業之中選擇出合適發展產業組群（特別是產業附加價值高與國家有實力競爭的產業環節），並同時也能淘汰衰退或生產力較低的產業。在策略性產業組合分析過程中，首先必先定義出決定產業發展的條件，將產業加以定位並設定目標，最後才尋求合適的輔助產業策略。在Kolter的產業組合分析模式中，用來檢驗分析產業組合的的函數主要有二大項（如圖3.3）。在此策略性產業組合分析的模式中，每個國家比較自己與其他國家在競爭條件上

策略性產業組合是從許多產業之中選擇出合適發展產業組群（特別是產業附加價值高與國家有實力競爭的產業環節），並同時也能淘汰衰退或生產力較低的產業。

的差異後，選擇發展條件最佳的產業。而政府可以透過政策工具的干預，局部或全面改變競爭能力的優勢，使得產業更適宜發展。

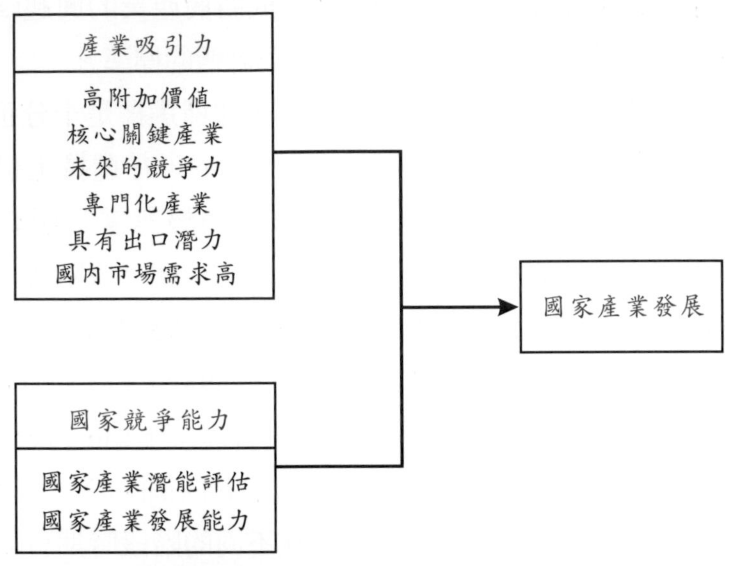

▌圖3.3　策略性產業選擇分析模式

資料來源：Kotler, P., “The Marketing of Nations”, Free Press, N. Y., pp.214, 1997.

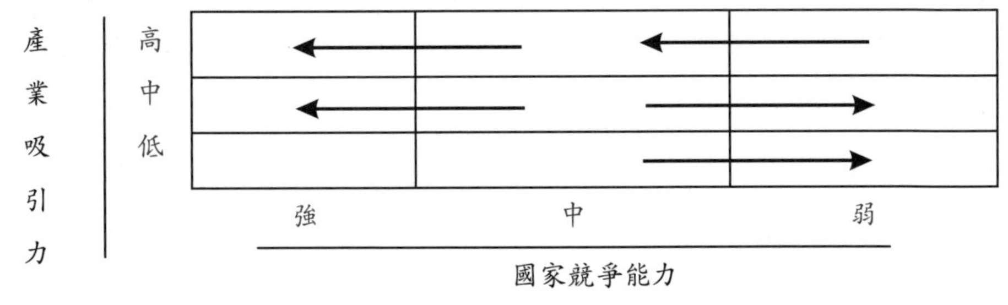

▌圖3.4　國家產業組合分析

資料來源：Kotler, P.,” The Marketing of Nations” , Free Press, N.Y., pp.219, 1997.

如此，政府便可以依據在每一方塊中不同的產業需求，制定合理的輔導產業政策。這種爲各區塊中的產業賦予不同特性，進而研究產業需求條件的做法，與產品組合管理矩陣十分類似。

三　產業競爭模式與分析

在討論產業對科技創新政策的需求之前，我們必須分析產業競爭模式。開發科技產業最重要的是全球競爭策略的選擇，而決定策略選擇的決定因素包括了產業生命週期、科技成熟度與兩者間的配合。全球競爭的產業生命週期可分爲萌芽期、成長期、成熟期與衰退期。在每一週期中，產業結構與競爭、科技差距及對科技創新政策的需求都有所不同。 科技差距在此的定義是基礎科學與應用科技之間的差距。舉例來說，在積體電路的製造業中，其基礎科學（固態物理）的成熟度較高，可提供產品設計上理論的依據，故科技差距極小，屬於成熟期產業；反之，在生物科技製藥業中，由於生物科技發展時間較遲，故科技差距極大，而新產品開發主要仰賴經驗結果之歸納，屬萌芽期產業。事實上，成熟期與萌芽期產業都需要大量資金投入在市場行銷或產品創新上，適合大型企業來開發，以規模經濟的方式取得全球競爭優勢。

成熟期與萌芽期產業都需要大量資金投入在市場行銷或產品創新上，適合大型企業來開發，以規模經濟的方式取得全球競爭優勢。

對於以科技創新爲主要競爭優勢的中小企業，成長期產業最適合優先開發。在成長型產業中，由於科技差距不大，中小企業可利用其靈活多變、科技創新能力與企業家精神，以少量的資金開發出特異化產品，在特定市區隔中取得競爭優勢，充分發揮以小搏大的企業家精神，符合台灣現有國際比較優勢。

以科技創新為主要競爭優勢的中小企業，成長期產業最適合優先開發。

四 科技創新之演進過程

由上面的例子中，我們可以清楚地看出科技差距對產業競爭力的影響。以國家科技創新政策的眼光來看，政府除了應致力於國際比較優勢的提昇外，也該注重科技差距的改善與規劃，而後者是隨著科技演進過程而異。科技演進的過程可簡單分爲四個階段，而每種科技的演進都具有其特性，如生命週期之長短、開發所需資金之大小、人力組織資源配合之需求與政府政策輔導之需求。 第一階段的產業，如基因工程，由於極大科技差距所造成資金需求的不確定性與高投資風險，應由學術機構或政府研發單位來進行開發。

當科技差距逐漸縮小到第二階段時，未來獲利的可能性也相對提高，但仍屬於萌芽型產業，適合大型企業「先發先至」的經營哲學。在科技演進的第三階段，由於科技差距逐漸拉近，所以產業的成熟度也隨之提高。這種產業屬於成長型或近成熟型產業，中小企業可利用其特質來開發差異化的產品。當科技演進到第四階段的，由於沒有顯著的科技差距，屬於成熟型或衰退型產業，而全球競爭以低成本領導的規模經濟爲主，符合大型跨國企業的經營策略。

五 政府科技創新政策之分析

首先，對萌芽型產業的科技創新，政府應輔導產品的開發及科技差距的縮短（如表3.5），也就是前述政府規劃性策略的運用。對於成長型產業，政府應利用獎勵投資辦法（規劃性策略）及市場功能（市場導向性策略）來做爲產業優先開發順序的依據，以落實加速科技創新政策及產業企業家精神的發揮。

表3.5 政府創新政策與產業生命週期的配合

產業生命週期	所需政府科技政策
萌芽期	政府輔導科技產業之開發及科技差距之縮短（政府規劃性策略）
成長期	政府訂定獎勵投資條例（政府規劃性及市場導向性策略並用）
成熟期	政府負責開發在運輸、通訊、金融、及法律之基礎結構（市場導向性、公共利益性、及社會轉變性策略並用）
衰退期	政府鼓勵其他產業開發以利經濟持續發展（政府規劃性、市場導向性、公共利益性、及社會轉變性策略並用）

對於成熟型產業，由於國際競爭的壓力升高，政府此刻的施政目標應以提昇國際比較優勢及保護社會公益爲原則。在這樣的前題下，科技創新政策應採用混合式的市場導向性、公共利益性及社會轉型性策略的並用。此時，由於政府對產業界的瞭解較業界爲低，政府不宜以規劃性策略對產業做強力的規劃。

對於衰退型產業，政府政策目標應以輔導產業轉業及健全國家基礎結構爲原則。在此原則下，政府以市場導向性及政府規劃性策略來輔導產業做新產品的開發及規劃，同時以市場導向性與社會轉型性策略來進行社會轉型及基礎結構爲建立，也就是四種策略並用。

六 國家產業發展策略及台灣現況之分析

政府對國家未來科技產業的規劃應依照產業特性、國家科技資源與國際比較優勢來做一個均衡的設計。爲了規劃均衡的產業組合，我們設計了一套方法用以分析國家現有的產業情勢。這套分析方法是由企業管理學中，波士頓集團所發展的企業投資組合模式(BCG Model) 理論而改良推衍出來。如圖3.5，BCG模式將產業的投資組合分爲四類：問號型、明日之星型、金牛型與狗型；而我們將這些產業分別歸類成萌芽期新興產業、成長期明星產業、成熟期壯盛產業及衰退期邊際產業。根據BCG模式，一個理想的投資組合應主要由壯盛型及明星型產業，加上兩三個新興型產業及少數邊際型產業所組成；而合理的現金流動方向應該是以壯盛型產業所產生的現金，用以扶持培育新興型產業希望能加速其轉型成明星型的產業。

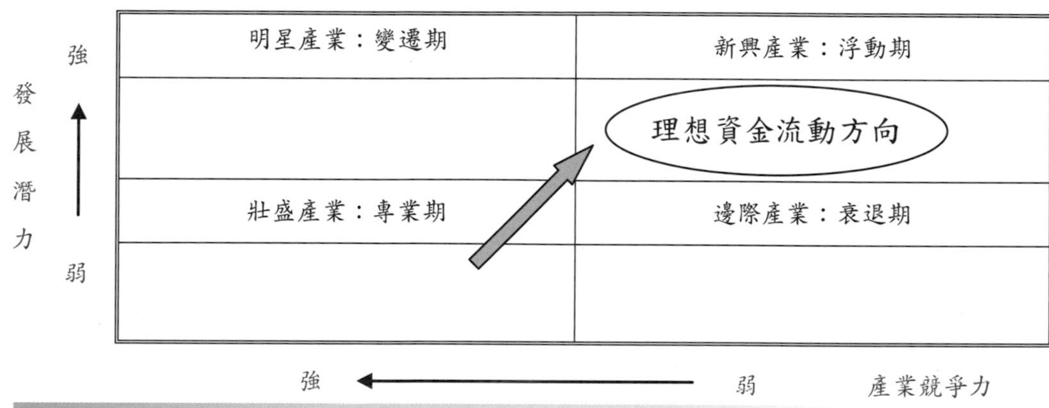

圖3.5 國家產業組合分析模式

一個理想國家產業組合也可依照BCG模式中所提現金流動方式與組合成份來規劃。若我們將國家的產業組合依照BCG 模式分成四類（如圖3.5），則政府可以參考表3.5所建議的策略對各個產業做不同的輔導。同時政府對產業資金方面的輔導也可根據BCG模式來進行，也就是說政府應以減稅或融資方式來輔導萌芽型新興產業，而主要稅收來源應以成熟型壯盛產業爲主。

在未開發國家中，由於其國際比較優勢主要集中於天然資源及勞動力，所以產業組合應大都由全球中衰退期邊際產業及少數成熟期壯盛產業爲主。反之，在已開發國家中，其國際比較優勢主要在於科技創新、管理及完善的基礎結構，所以產業組合應由成長期明星產業與成熟期壯盛產業爲主，加上數個由國家所規劃的新興型產業。

台灣爲一開發轉型中的經濟體系，傳統的產業組合由國際市場中成熟型與衰退型產業爲主。 爲了產業升級的需求及因應未來入關對產業的衝擊，合理化的產業科技創新政策應加速落實產業組合的重組，以達先進國家的水準。以台灣現有的產業組合，台灣的產業主要集中在成熟期壯盛型與衰退期邊際型產業，而這種組合應屬開發中或未開發國家的產業組合。爲了落實產業升級，台灣應衡量國家的科技創新實力，在目前的產業組合中加入大量的明星產業及新興產業。此外，政府應大力培植萌芽期的新興產業，根據台灣的國際比較優勢來選擇具有發展潛力的產業來加以輔導開發。在另一方面，政府應建設完善的社會基礎結構，以利於成長期明星產業國際競爭力的開發。特別值得一提的是，台灣產業以中小企業爲主，特別適合發展成長期明星型產業，所以政府在這方面的輔導尤爲重要。 而台灣因資源有限，似乎並不合適獨力開發萌芽期新興產業，故政府可協助民間企業以策略聯盟或技術移轉的方式，來間接開發新興產業。

台灣產業以中小企業為主，特別適合發展成長期明星型產業。

隨著入關及全球市場自由化，未來激烈的全球競爭對轉型中之台灣經濟體系是一個重大的挑戰。 在開發科技產業時，政府合理化的科技政策是一個重要的決定因素。我們認爲科技政策的規劃應顧及國家產業組合的均衡性，惟有以產業的需求面來設定的科技政策才能最有效的善用國家資源，而這也是符合台灣現階段產業升級需要最佳科技政策。

3.5 產業組合規劃

對於必須在國際市場上競爭的國家產業而言，政府的活動無疑佔有重要的關鍵地位。它可運用各種人力、物力與財力資源，經過政策的施行，提供產業所需要的資源，一方面規劃市場機制提供產業創新，另一方面以管理活動輔導產業競爭。促使產業不斷的發展，成爲社會進步的動力。

雖然政府組織扮演著輔導產業發展的樞紐角色，但是在不同產業與不同階段下的演進過程中，產業因競爭目標與本身條件的不同，對於資源與政策的需求也有所差異。因此政府如何運用有限的人力、財力與物力的資源來達成產業發展的目標，則有賴於良好的產業組合分析與政策規劃模式。

一 產業組合分析模式

產業組合分析主要以「產業的技術能力」的高低與「全球產業生命週期」不同階段爲函數的一個矩陣，也就是將國家的發展的個別產業定位在矩陣中，加以研究分析的一個架構（如圖3.6）。

產業定位主要是描述國家產業在競爭條件上的優劣勢。以策略分析的觀點來看，產業定位對國家整體產業規劃非常重要，因為它攸關本國產業在競爭地位的變化。而產業在不同的區隔內由於產業結構特徵之不同，會有不同的競爭動力。因此分析各不同時期與不同環境條件下產業的特殊需求，幫助政府在產業內重新定位，尋求最有利的政策方法，並及早了解在產業變動趨勢下，如何善用現有資源與減少不利的障礙因素，便是產業定位分析最大貢獻之所在。

產業生命週期 →

產業技術能力 ↑

	浮動期	變遷期	專業期
技術開發			
技術改進			
技術輸入			

圖3.6 國家產業組合分析架構

生命週期的定位主要是對全球產業的演進過程進行有關監測與分析的作業，以Utterback歸納主要包括三個階段，即浮動期、變遷期與專業期。各時期的主要特徵與變化綜合整理如第二章表2.2。產業技術能力分析的主要目的，在於測知台灣個別產業在技術上的潛在能力。產業技術能力分析除以產業整體為分析對象外，並輔以該產業中之重要的技術做為分析衡量指標。產業的技術能力主要包括技術輸入、技術改進與技術開發等三種不同層次，而在判斷的基礎上可利用表3.2做為大致判斷的準則。

產業的技術能力主要包括技術輸入、技術改進與技術開發等三種不同層次。

經過兩種構面的分析，可大致決定產業的特質與型態，然而產業的範圍過於龐大，且產業相關的技術又十分龐雜，很難以確切的將產業定位在某一區隔中，因此我們便以產業內代表性的產品做為分析的對象，以產品散佈的區隔範圍來研判產業的定位。

二 產業創新需求要素組合分析

在說明國家產業組合分析概念後，接著將深入探討產業創新要素分析的程序，此為國家產業組合分析之第二部分，主要在於確認每一區隔內影響產業發展條件、或影響產業之各種可能因素，以及審視自身所具有的資源與條件，在全球產業競爭與創新上擁有何種利基或優劣勢等。

(一) **產業創新需求要素分類**：欲將產業發展或創新的各種可能需求條件，或可能成為產業發展的機會或阻礙之各種可能因素進行歸納與確認的作業，勢必要尋找一些構面加以劃分，然對構面的選取，因在相關理論的研究太少，且要適應各種不同的產業，如何選擇適切的構面，並且能確切描述產業需求的關鍵因素，成為研究的重點。在本研究中主要以創新過程與產業發展目標兩構面為分析基礎（如表3.6）。

▌表3.6　產業創新需求要素分析表

創新過程

產業發展策略		基礎研究	應用研究	產品發展	量產	市場行銷	拓建通路
	市場發展						
	產品發展						
	企業發展						

1. **產業創新過程構面**：創新過程是產業創新需求要素分析的第一個構面，其主要在將產業內產品自基礎研究至市場通路鏈結過程予以展開，以便瞭解在不同的過程下產業需求的條件。以Rothwell及Zegveld的理論整理歸納出過程有基礎研究、應用研究、產品發展、量產、市場行銷與拓建通路等六個階段過程。
2. **產業發展策略構面**：以產業的發展模式來看，Kolter將認為產業在不同的發展階段，對於發展目標應有所差異，在產業剛引進時，企業的發展為產業是否能存續的重要關鍵，但是產業成長至於成熟時期，產品的發展與市場的發展情形便成為產業興衰的重要衡量因素。因此台灣產業發展階段上，我們可以分辨出企業發展、產品發展與市場發展等三種不同的產業主要策略。

(二) **產業創新需求要素定位分析**：探討過產業創新過程、產業階段發展策略與產業創新需求要素的概念後，第二步驟即應著手進行產業創新需求要素定位分析。產業創新需求要素定位分析主要依照不同的產業發展策略與生命週期階段所形成區隔，放入適當的產業創新需求要素。使產業在不同時期與不同發展策略下的需求條件，都可以由一矩陣基礎上分析而形成，因此產業創新需求要素組合分析對於產業的研究十分重要，而且極具實用價值的觀念架構。

在模式的規劃上，首先是產業創新過程與產業創新需求資源關連性的探討，其次是產業創新過程與產業生命週期的研究，最後才得出產業生命週期與產業創新需求資源的關連性，以形成產業創新需求要素分析矩陣。

1. **創新過程與產業創新需求資源分析**：首先我們要分析的是而在不同的創新過程階段下，產業重點需求的資源類別爲何？經過整理後如表3.7所示。

表3.7　產業創新過程與需求資源關連表

創新過程

產業需求資源	基礎研究	應用研究	產品發展	量產	市場行銷	拓建通路
研究發展	●	●				
研究環境	●					
技術知識	●	●	●			
市場資訊		●	●		●	●
市　場				●	●	●
市場環境					●	●
人力資源	●	●	●	●	●	●
財務資源	●	●	●	●	●	●

資料來源：Rothwell, R., Zegveld, W., “Industrial Innovation and Public Policy”, 1981.

2. **產業生命週期與產業創新需求資源分析**：經過產業創新過程與需求資源關連性的分析之後，接下來即應著手進行產業生命週期與產業創新過程的關連性分析。

以生命週期各階段特徵來看，在浮動期，產品的標準沒有訂定，競爭者對於產品的性質屬於實驗的性質，產品能成形的考量重於一產業的重點主要在產品創新，因此此時創新過程主要集中在基礎研究、應用研究與產品發展。

切，因此具創新功能的產品不斷被開發出來，此時比較重要的是產品開發技術，產業的重點主要在產品創新，因此此時創新過程主要集中在基礎研究、應用研究與產品發展。

在變遷期，在此時期市場的標準產品已經成形，因此產品的研發主要著重功能強、品質佳、能符合顧客的需求、能被市場接受而成為標準的產品。由於市場上會有許多新企業出現加入競爭，為滿足對產品快速成長的需求，產量的提昇便成為競爭的優勢，產業的重點主要在製程創新，此時創新過程主要集中在應用研究、產品發展與產品生產。

在專業期，此時期市場已經飽和，對現有的產品需求減低，創新的可能性減少，產品與製程的研發便只注重細部的改善。產業的競爭重點在於成本，市場行銷方式與策略較製造或技術重要，因此創新過程主要集中在產品生產、市場行銷與拓建通路。

因此我們在整理後，配合創新過程與產業需求資源的表，可以得到如圖3.7的關係：

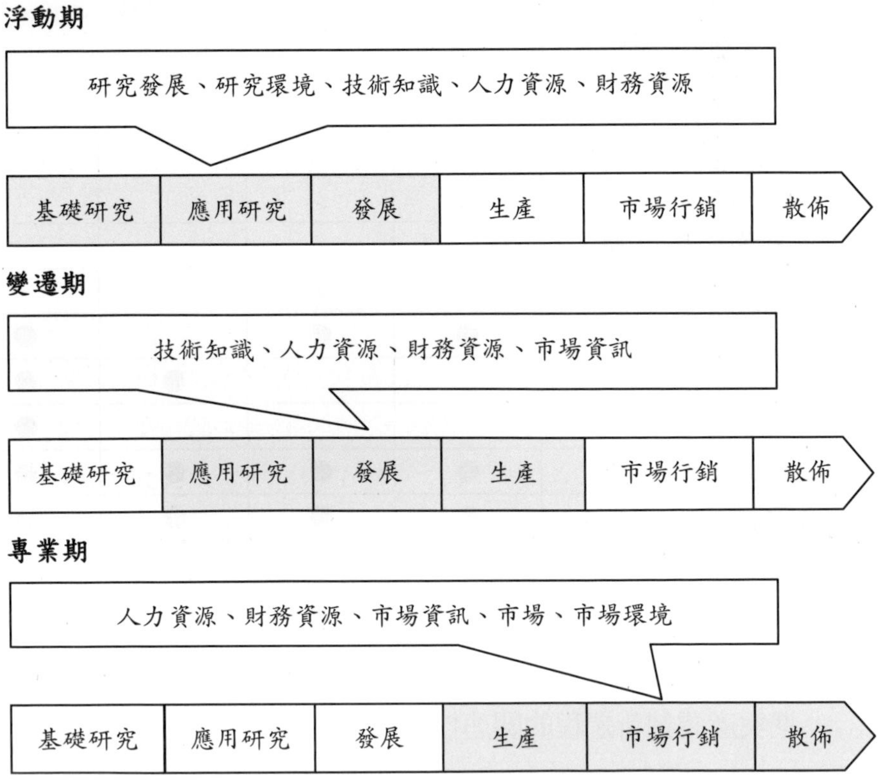

圖3.7 產業生命週期不同階段需求資源

另一方面，產業在不同階段有不同的發展目標，如在產業引進階段，此時產業技術全部仰賴國外支援，產業的主要目標是發展企業來吸收技術。當技術與對手有所差距的時候，產業的主要目標在於產品的發展，以產品的發展來帶動相關的技術。當技術上已可以自行研發的階段，此時產業的主要目標在於市場的發展，利用市場的需求來創造出新的產品。

因此配合產業不同的目標而有不同的需求，我們可以得到新的圖表（表3.8）。

表3.8　產業創新需求要素分析表

全球產業生命週期 →

台灣產業技術能力 ↑

		萌芽期					變遷期				專業期				
		研究發展	研究環境	技術知識	人力資源	財務資源	技術知識	人力資源	財務資源	市場資訊	人力資源	財務資源	市場資訊	市場	市場環境
技術開發	市場發展														
技術改進	產品發展														
技術輸人	企業發展														

三　政策組合分析

創新政策組合分析爲國家產業組合規劃模式第三部分，在了解產業定位與產業創新需求要素之後，決策次要面臨的問題在於如何補足產業所需的資源條件與減少不利的影響因素，透過以產業創新要素爲基礎形成策略組合與政策目標，衡量相關績效與環境變數，結合相關政策工具的執行，便可以形成完整的政策構想。因此我們接下來便以產業在不同時期階段所需的的資源項目與發展目標，進行政策組合分析。

(一) **創新政策設計**：在將產業創新需求要素定位在各區隔後，接下來就可以分析或描述各種可能的政策措施，事實上，這些政策所影響的因子即代表產業中所有可能的產業創新需求要素，因此政策設計者可以依據區隔內各個產業創新需求要素，逐一分析各種可能的作法，然後再根據產業所定位的區隔與產業本身條件，選擇應當特別掌握的創新政策。

在政策的設計上，以Rothwell及Zegveld 認爲對於不同的目標與環境，政策設計不僅要採用適當的政策工具，尙需考慮實際施行時的方法，因此所有的政策，原則上都可以依照此方式加以分析，展開後便可以得到政策分析矩陣（表3.9）。

表3.9　政策分析矩陣

		政策工具構面											
		公營事業	科學與技術發展	教育	資訊	財務金融	租稅	法規與管制	政策性措施	採購	公共服務	貿易	海外機構
政策方法構面	培育小型企業												
	發展大型企業												
	發展特定技術												
	專注於特定的產業領域												
	提昇產業技術潛力												
	塑造產業環境												
	強化總體環境												

1. **政策工具構面**：以Rothwell 及 Zegveld理論而言，政策工具是支持政策，使其實際運作的方法，因此所有的政策依其涵蓋的範圍與功能，可以歸納出不同的類別。而以Rothwell分類，可分爲公營事業、科學與技術發展、教育、資訊、財務金融、租稅優惠、法規與管制、政策性措施、採購、公共服務、貿易與海外機構等十二種。在政策設計上，可以依發展目標或策略的不同，選擇適當影響的政策工具，以發揮政策的效用。
2. **政策方法構面**：Rothwel及Zegveld認爲針對不同的目標，政策在施行有不同的方式與途徑。如以財務政策工具而言，以總體環境爲對象的金融政策與以企業爲主的融資政策在做法與

範圍就不相同。因此在施行政策時就必須依產業不同的發展目標與需求選擇適當的政策工具與施行方式。而以Rothwell 及 Zegveld 的理論整理歸納政府輔導產業的方式主要包括，培育小型企業、發展大型企業、發展特定技術、專注於特定的產業領域、提昇產業技術潛力、塑造產業環境與強化總體環境等。政府在政策實行上便可針對產業不同的發展目標做不同的修正與調整，以達到輔導產業的目的。

(二) **創新政策定位**：分析不同的政策工具與方法後，接著我們便要分析在產業不同生命週期與不同產業策略下，應該使用那些政策工具與方法。以下我們便依政策工具與政策方法的特質予以分析，並以理論設計新的政策衡量表。

1. **產業需求資源與政策工具分析**：經過國家產業組合定位分析與產業創新需求要素分析之後，我們所要注意的重點在於政府的政策規劃如何落實在重點策略性產業，以產業的發展目標需求做重點式的輔助。從產業的發展目標來看，產業的發展目標可以分三種層次，企業發展、產品發展與市場發展；而不同的發展目標有不同的資源需求，所以我們必須依產業不同的資源需求來選擇合適的政策工具。以Rothwell 及 Zegveld的理論分析，相關政策工具與產業創新需求資源的配合應如表3.10所示。

2. **產業階段發展策略與政策方法分析**：在前一節我們探討在不同的產業生命週期階段配合產業需求資源選擇適當的政策工具。而接下來我們所要了解的是，因應不同的環境與發展目標，相同的政策工具如何做不同的修正，因此我們必須再繼續探討政策工具因應不同的發展目標不同的做法。

由表3.10所得政策工具與產業創新需求資源配合的情形後，再考慮不同時期下產業所需求的創新資源，因此我們可以利用圖3.8來表示之間的關係：

■ 表3.10　政策工具與產業創新需求資源關聯表

		產業政策工具											
		公營事業	科學與技術發展	教育	資訊	財務金融	租稅	法規與管制	政策性措施	採購	公共服務	貿易	海外機構
產業創新需求資源	研究發展	●	◎	◎	◎	◎	◎						
	研究環境					●	●	●	●				
	技術知識		●	●	●								
	市場資訊			●	●								
	市　　場									●	●	●	●
	市場環境					●	●	●	●				
	人力資源		●	●	●								
	財務資源					●	●						

● 表示直接影響 ◎ 表示間接影響

資料來源：Rothwell, R., Zegveld, W., "Industrial Innovation and Public Policy", pp. 59,1981.

檢視產業發展階段，我們可以分辨出企業發展、產品發展與市場發展等三種不同的產業主要目標。而從產業的發展模式來看，在產業剛引進時，企業的發展爲產業是否能存續的重要關鍵，因此政府輔導的目標著重在輔導企業成長，因此政府的政策主要方向爲發展大型產業與培育中小企業二種爲主，當台灣產業已成形時，政府的目標在於如何促使產業能製造出具有競爭力的產品，輔導的政策重點便轉向於發展特殊關鍵技術、提昇產業技術潛力或導引企業往特殊的產業環節發展。至於當台灣產業已能自行研發技術時，政府在政策輔助重點便是減低市場的障礙與改善市場環境，使台灣產業能更加茁壯，因此在政策的方向上便以塑造產業環境與強化整體環境爲主。我們可以藉由圖示來了解政府如何利用政策工具來形成輔導產業的政策構想（如圖3.9）。

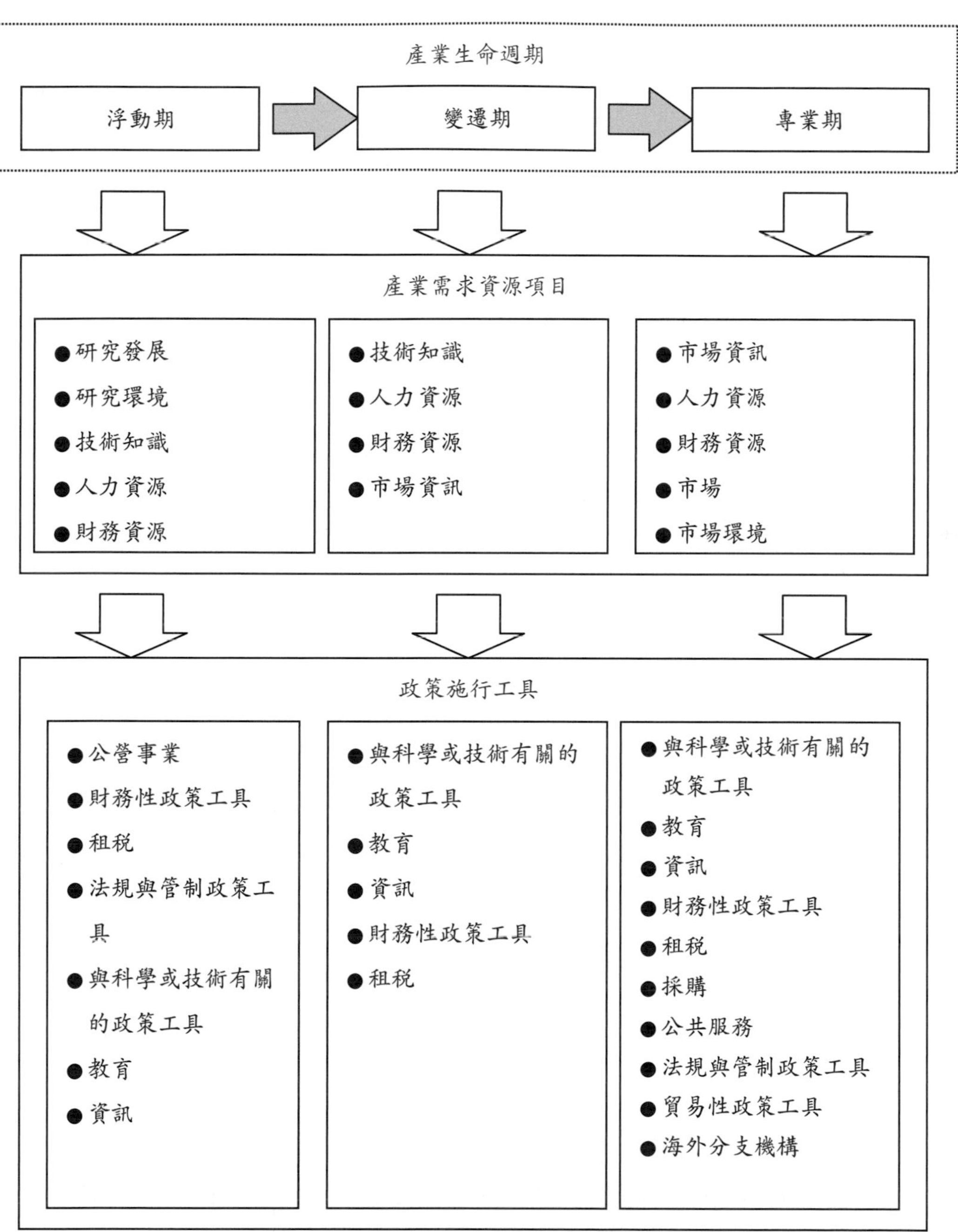

圖3.8　產業生命週期與政策工具關係圖

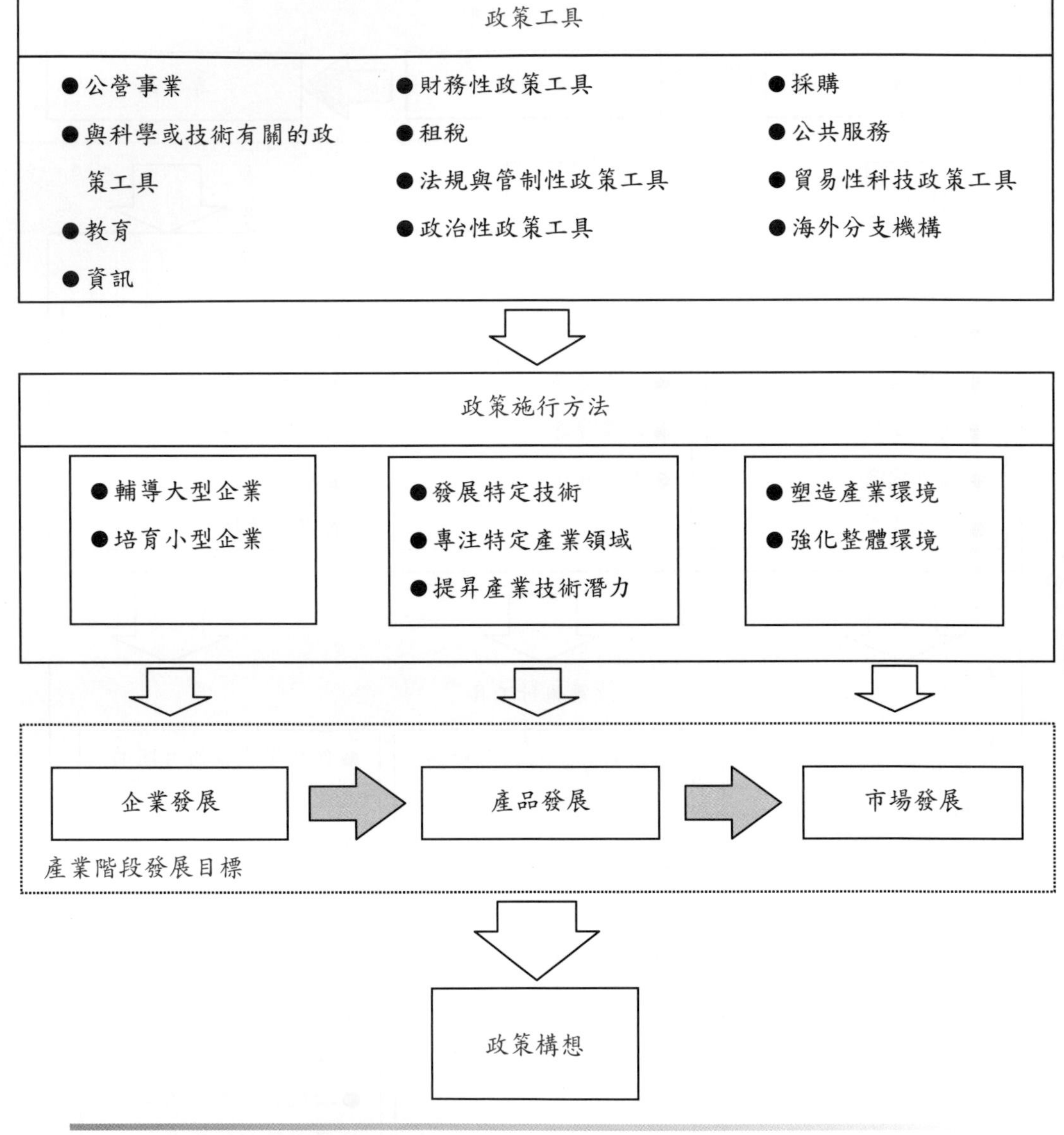

圖3.9 政策方法與產業發展策略關聯圖

在分析政府輔導產業發展目標層面與資源需求層面後，我們便可以組合構面而得到如下表（表3.11），依據不同的區隔，決策者可以針對產業需求與產業發展目標選擇政策工具與政策施行方法。

■ 表3.11　政策分析表

全球產業生命週期 →

產業不同階段發展目標 ↑

		浮動期					變遷期				專業期				
產業需求資源		研究發展	研究環境	技術知識	人力資源	財務資源	技術知識	人力資源	財務資源	市場資訊	人力資源	財務資源	市場資訊	市場	市場環境
相關政策工具		公營事業	財務金融 租稅優惠 法規與管制 政策性措施	科學與技術發展 教育資訊	科學與技術發展 教育資訊	財務金融 租稅優惠	科學與技術發展 教育資訊	科學與技術發展 教育資訊	財務金融 租稅優惠	教育資訊	科學與技術發展 教育資訊	財務金融 租稅優惠	教育資訊	採購 公共服務 貿易管制 海外機構	租稅優惠 法規與管制 政策性措施
市場發展	強化總體環境														
	塑造產業環境														
產品發展	發展特定技術														
	專注特定產業領域														
產品發展	提昇產業競爭能力														
企業發展	發展大型企業														
	培育小型企業														

問題與討論

1. 政府產業政策工具可分為哪幾類？其內容為何？
2. 以國家產業組合分析模式而言，台灣未來應發展何種產業？
3. 產業定位對國家整體產業規劃有何重要性？
4. 產業生命週期各階段，其創新需求資源有何不同？
5. 創新政策組合分析之目的為何？

Chapter 4

市場分析與研究

4.1 市場分析與研究對產業與企業之重要性

市場分析與研究在高科技產業扮演相當重要的角色，無論是在同產業的競爭或是尋找產品的顧客來源方面，市場分析與研究可用以提高作業效率以及讓高階決策者以此做出正確的決策。由於資訊科技與網際網路之影響，以往產業發展軌跡由區域性緩慢成長至全球性需要一段漫長的時間演進；時至今日，產業發展腳步須立即以全球性爲觀點思考才具有長期的競爭力。過去許多企業可以依靠本國市場發展以求生存，但是今天就必須隨時注意來自於全球性的競爭者進入本國市場所帶來的影響。所以，在全球化的趨勢下，要提高產品的行銷能力，對於市場研究與分析不可不重視。在1980年代，主要以歐美爲首的大型國際企業，憑藉資本與既有市場之優勢，以規模經濟創造低成本的手段在全球各地攻城掠地併吞新市場。然而，現在一個資本微薄的企業也同樣可以在全球的市場迅速建立經銷網，並可以其利基展開競爭。先進的科技與創新，使得中、小企業具有競爭力也容易進入市場。以往爲產品找到適合的市場是需要費力耗時，但是網際網路很容易搜尋到競爭產品，以此方式便可以發現自己的市場並進而進入其他競爭者的市場，由於競爭激烈所以更顯示出對市場分析與研究的重要性。

以下將介紹與說明市場分析與研究，應考慮哪些基本而實用的分析研究項目，其中包括產品生命週期、市場規模、市場潛力、市場佔有率、市場成長率、市場飽和度、產品替換率、顧客統計、顧客態度調查、顧客不滿意度、銷售通路等。

4.2 市場分析與研究之要素

一 產品生命週期

產品生命週期是描述產品銷售型態隨時間變化之情形，其週期通常以產品推出開始，而結束於廢棄或被其他產品所替代之時。產品生命週期是基於假設所有產品都會經過以下階段：

1. 發展期

2. 成長期
3. 成熟期
4. 衰退期

在發展期所代表的意義是成長緩慢。它是假設新產品推出後需要一些時間來獲得市場的接受，因此銷售速度緩慢。如果產品推出順利成功，成長速度將加快，銷售量亦會大幅增加。根據生命週期的概念，任一產品的市場都是有限的，銷售將逐漸缺乏潛在的空間，屆時市場將近入成熟階段，緊接著生命週期將進一步發展至衰退期。

如果一個產品要切入已經成熟的市場，爲了要爭取無成長的既存市場佔有率，其競爭必然激烈。一旦市場進入衰退期，新產品不會推出，需求強度亦降低。此時，營業目標應朝向增加市場佔有率，以維持穩定的業績水準。

爲了計算與分析產品生命週期位於哪一階段，可以下列參數作爲分析指標：

1. 每年研發投資額度
2. 每年市場上競爭者數目
3. 每年新進入廠商數目
4. 每年退出廠商數目
5. 每年市場成長率
6. 每年市場規模
7. 每年產業獲利率
8. 每年行銷費用投資額度

隨著時間量測上述參數有助於決定產品生命週期正處於何種階段。在研發期利潤是不存在的，只有極少數情形才可能於產品生命週期之初獲得利潤，通常要等到市場發展期時利潤才會明顯成長，但也有許多產品還未到達此一獲利時期即已退出市場。在獲利達到頂點之後，接著進入成熟期，市場達到飽和階段，獲利開始下滑，進而走入衰退期。由此可知，產品生命週期可指出不同階段之獲利程度，自然成爲有效的預測與市場規劃的一項重要工具。

瞭解產品所處的生命週期階段，對於企業推出類似或替代產品進入市場相當重要。進入一個成長期的市場要比進入成熟期的市場要容易，在成長期中產業競爭強度較廠商普遍關心市場佔有率與業績的成熟期市場來得輕微。要在競爭激烈的市場上推出新產品，其花費成本較高，且容易引起既有廠商的報復行為。

產品生命週期可以用來分析競爭情勢，以下將簡單說明不同生命週期階段之競爭程度：

1. **市場發展期**：市場由產品創新者所主導與掌握，但是其他競爭者也開始進入，佔有少許市場。
2. **市場成長期**：市場開始出現多家競爭者，通常會出現由某一家企業開始主導市場發展，它可能並不是產品原創者，產品原創者可能會被其他進入市場競爭者所取代。市場領導者的佔有率會因競爭活動的持續加劇而逐漸減少。
3. **市場成熟期**：領導廠商可以維持其地位，但市場佔有率將會被其他競爭者所瓜分而逐漸降低。許多小廠商會設法穩固他們所掌控的利基市場。
4. **市場衰退期**：當市場進入飽和期，領導的企業會被更適於小型的、合約型的競爭市場廠商所取代。當特定市場區隔的規模持續縮減，大規模廠商獲利的時機不再，產品銷售因新技術取代而衰減。

強調產品生命週期重要性的主要理由是因為每一階段或區隔都有最適用的行銷策略來配合各階段獨特的需求。市場的供需因素變化與公司、市場、產業都息息相關。所以，對於產品生命週期詳加分析與研究，將有助於市場發展策略之制訂。

二 市場規模

市場規模是指某一特定市場之總需求量，想要衡量市場規模大小時，其定義範圍要盡可能明確。例如「電視機的市場每年超過一百萬台」，就留下太多想像而可能錯誤的空間。因此，對市場規模說明應該像工程測量一樣，對市場定義清楚，並考慮相關外在因素。

例如，當在測試一架噴射引擎的振動特性時，除了記錄飛行時震動值外，當然還要觀察其他參數的狀況，例如引擎速度、油氣比、風速、溫度、時間天候及高度等，因為這些因素都會影響引擎的振動。同樣的因素，當市場部經理很有信心地說：「電視機的市場每年超過一百萬台」時，我們應該質疑它是否有同時考慮其他對市場量測造成影響的重要因素，例如：

1. 時間長短爲何？一年、半年或是三個月。
2. 明確涵蓋時間爲何？2006年或2007年。
3. 涵蓋區域爲何？亞洲、美洲、歐洲或是全球。
4. 如何估計市場規模？經驗値推估、業者訪談、消費者調查。
5. 量測使用單位爲何？金額或是數量。
6. 哪些型式的產品包含在產品的定義中？液晶電視、電漿電視、平面映像管電視等。

市場規模估計的重要性是無須贅述，但是實際上許多公司都僅是做個概略性估計，就做爲生產數量之參考，而部分大型企業會雇用專業的市場研究人員，隨時掌握特定產品市場規模之變化程度，對於不受重視的非主力產品之市場規模就依據經驗來預測推估。有許多方法可以估算市場規模，基本上可以區分出錯誤方法與正確方法兩類。

(一) 錯誤方法

1. 以小樣本的需求量來進行外插法。
2. 市場潛力。
3. 目前的產量或產能。
4. 官方統計。
5. 競爭對手或是自己老闆的猜測。

上述方法幾乎都會給你一個錯誤的答案。例如採用客戶需求或市場潛力的推估常會造成高估，因爲兩者皆假設少許樣本爲理想客戶，再以外插法來推算市場規模。利用產量做爲市場需求的指標也不理想，因爲生產與消費之間的相關性高低難料。而政府一般統計的計算方式不夠精確，且數據來源的正確性難以得知，故引用時須特別謹愼；另一種常見的情形則是依據道聽塗說或是專家意見來估計市場規模。以上所用的方法都無法正確估計市場規模，若不當引用時容易造成公司損失，故不可不愼。

(二) 正確方法

正確估計市場規模的方法有下列三種，其中兩種是從競爭對手切入，另一種則依據消費者方面來調查分析。

1. 由下而上方式：統計市場競爭者之銷售實際業績。
2. 由上而下方式：詢問市場競爭者對市場總量的估計。
3. 消費者購買調查。

第一種方法較精確但非常耗時，由下而上是逐一透過調查訪談，將競爭對手的銷售狀況合計成市場總量。第二種方法常為市調公司採用，其方法是經由一連串訪談，詢問市場競爭者對市場總量的估計，然後經過加權彙整總平均後得出市場總量。最後一種方法是直接調查，最終消費者購買情形，如果該產品僅有少數客戶，那就可以調查的很精確，如果消費者數量增加，在調查成本跟著遞增而精確度卻遞減的情況下，那就可能須用小樣本外插推估市場總量。

市場規模的估算是所有市場研究最基本的項目之一，因為它是大部分公司營業活動的根據。例如研發經費的投入比重、銷售人力多寡與行銷支出皆應按市場規模來決定。一方面可避免過度投資；另一方面，公司也不會在產業熱門發展之際投資過低，而失去獲取更大利潤的機會。

三 市場潛在需求量

市場潛在需求量是一項常被錯誤理解的觀念，與市場規模混淆不清，這種混淆不清可由以下簡單故事中說明。

兩位鞋廠的業務員被總公司派遣到北非突尼西亞調查當地鞋類市場，經過一星期後，第一位業務員較為樂觀，跟總公司報告說：「我們公司的鞋子在突尼西亞具有驚人的市場潛力，因為目前大多數人甚至沒有一雙自己的鞋子。」而第二位業務員則悲觀的向公司報告說：「我們公司的鞋子在突尼西亞並無市場潛力，因為目前大多數人都不穿鞋子。」

市場潛在需求量意指某一新產品或改良產品在未來某期間內可能的市場消費總量，它可以是某一特定年的潛在需求量或需求值，或是在整個產品生命週期內總潛在需求。市場潛在需求量與市場預測的差別在於市場預測通常是應用在某一既存的產品或市場，而市場潛在需求量則常應用在測量未來某一產品的市場需求量。一般認為如果市場不存在，就無法進行市場研究的觀點是不太正確，正確的說法應該是這樣的市場研究調查比較困難，新產品缺乏市場通常意指缺乏市場競爭力，有經驗的市場分析師會專注在經由更精準的研究分析技術，調查出潛在的客戶群。以下介紹幾種方法可適用於估計市場潛在需求量：

1. 最終使用者調查。
2. 購買比例法(purchase proportion)。
3. 類比法(correlative indexes)。

最終使用者調查特別適用於測量目前尚不存在的新產品市場潛在需求量。調查的關鍵在於向受訪消費者詳細說明產品或服務的功用、效益與價格。如果執行得恰當，分析師可經由詢問受訪者購買的可能性與購買數量來掌握市場潛在需求量。購買比例法是將所調查產品的銷售量與其他相關市場或產品進行對照比較，這項方法適用於附加型產品或替代型產品的市場估算。如果有1000套已經安裝的設備可輕易被新發明取代，那麼你可以主張說更換率爲1比1，所以市場潛在需求量爲1000套。類比法適用在決定不同市場區隔的相對市場潛在需求量，應用的前提爲兩者數據統計上須顯示高度相關性，方可用A數字來估計所需要的B數字。

精確的市場潛在需求量調查是非常重要的，因爲這是據以規劃公司在產品發展、生產能量與行銷工具上的投資。因爲市場潛在需求量的量測通常用在尚未存在的市場，所以應把這項調查視爲評量與決定未來投資額度大小與進度快慢的參考。市場潛在需求量應用層面包括：

1. 判斷研發預算規模。
2. 判斷行銷經費的投資高低。
3. 指示可能產生的競爭強度。
4. 協助設定營業額預測。
5. 有助於吸引外界投資參與。
6. 協助規劃產品生產計畫。

四 市場佔有率

市場佔有率，用以衡量企業在市場上的強度。每一家企業都非常重視本身在競爭市場中的佔有率，而某一特定產品之市場佔有率意指某公司在目標市場中，產品銷售佔整個市場的百分比（以數量或金額），其計算公式如下：

市場佔有率＝公司總銷售值（量）／市場總銷售值（量）

通常要爭取最大之市場佔有率是一企業努力追求得目標，如果不估計價格高低，高的市場佔有率應代表其同業有較高的獲利，然而這還須視對市場範圍的定義爲何，這也是爲何某些小公司在利基市場中的獲利表現會比該產業某些大公司更佳。

市場佔有率的量測方法，可以透過競爭者或是客戶調查訪談兩種途徑來蒐集資料。而這兩種方法中，以競爭者調查較爲可靠、準確與快速；它比較可靠與正確是因爲訪談可能將所有競爭者一網打盡；它比較快速是因爲一個產業中典型競爭者數目約在25家上下，而通例是一個市場中競爭者約5至100家。

我們建議採用電話訪談爲競爭者調查主要進行方式，典型的問題詢問內容如下：

1. 2005年貴公司的出貨量如何？銷售額如何？
2. 你認爲貴公司之市場佔有率有多少？
3. 你認爲貴公司主要競爭者的市場佔有率爲何？
4. 你認爲整體市場規模大小約爲何？
5. 就你瞭解，有哪些公司市場佔有率正逐漸衰退，而哪些公司的佔有率與日俱增？
6. 貴公司的產品價格？

很明顯的，許多競爭者將不會直接回答你的問題。必須改進訪談技巧，讓實際對話時自然流暢，甚至願意互換資訊，例如告訴他另一家主要競爭對手對該公司的市場銷售看法，這樣通常會讓受訪者願意進入訪談狀況。另一項重要關鍵是在電話訪談時應將查證程序納入訪談策略中，以排除錯誤與誤導之情況發生。而確認資訊正確與否的方式，可進一步訪談同一公司其他同仁以複查數據正確性，或詢問別的競爭者對該訊息正確性的看法。另外一個用來調查市場佔有率的對象是客戶群，其可透過電話訪談、郵寄問卷或是展場訪談來完成。客戶群調查的缺點是樣本數要夠大，其結果精確度才夠高。而且訪談所獲得之數據偏重已購買的消費者，無法區分是哪一年購買，因此很難估計新進者的市場佔有率，而降低了這些新廠商的重要性。爲了避免上述的錯誤，應運用仔細設計並經過測試的標準問卷來降低誤差，例如應詢問：你購買此項產品多少數量？今年購買之品牌與型式爲何？你目前使用的品牌爲何？

市場佔有率是市場研究應隨時觀察的重要指標，如果在研究經費有限的情況下，僅能選擇一項調查指標，那市場佔有率將是最重要的研究指標。如同體溫對人體健康的意義，市場佔有率亦是公司營運健全程度的關鍵性指標。就一般經驗而言，大多數廠商都過於高估自己公司的市場佔有率，其原因有二，第一是沒有對競爭者做廣泛的調查，第二是市場部門主管對自己的市場佔有率過份樂觀。研究市場佔有率時最應注意的是其隨時間變化的情形，如果銷售量與日俱增但市場佔有率卻逐年降低，則公司的經營前景就面臨了大問題。市場佔有率的高低亦隱含公司目前在市場上的安全與穩定程度；非常低的市場佔有率，可能隨時被大公司所掠奪，而高達五成以上的市場佔有率實力將很難一時被併吞。

五 市場成長率

市場成長率，即銷售產品的市場年度成長率，用以衡量市場擴張的速度。如果某一公司的營業收入年成長率爲15%，表面上看起來似乎令人印象深刻，但是市場的年成長率爲25%，那就不見得是業績成長卓著。相對於市場成長的速度，年收入成長的速度並未積極的成長；很明顯的，其他的競爭者也正在分享市場成長的利益。市場成長率的觀念從字面上看起來是相當淺顯的；但是，我們必須謹愼思考其他市場因素，包括：

1. 你的產品定義範圍是什麼？
2. 你的時間是什麼？
3. 你的區域是什麼？
4. 你的測量單位是什麼？產値？產量？金額？
5. 你的顧客族群是什麼？
6. 你考慮通貨膨脹的調整嗎？

如果一個公司定期觀察市場的變化，計算市場成長率是相當容易，但是大多數公司並未定期量測市場規模變化，使得估算市場成長率變的不夠精確。有許多方法可以計算某區隔市場或產品的成長率，有許多市場研究公司出版相關訊息，利用這些次級資料來推算是最簡單與廉價的方式。運用這些資訊很可能準確性不夠，其次是絕大多數的參考資料都記錄不詳，若是從報章雜誌或政府統計資料所蒐集的資訊可信度也無法完全信賴，除非能夠確認調查方法的正確與特定產品的範疇。許多私人研究機構比較會深入描述資料蒐集的方法，並對調查產品範圍提供詳細的說明。

初級資料研究（例如廠商電話訪談）常為市場分析師用來計算市場成長率，分析師從訪談資料中設法定性或定量的解讀，據以推算市場成長率。要精確計算市場成長率，必須將各競爭者成長率與其佔有率權重相乘，尤其當市場上有1、2家廠商市場佔有率極高時，這樣的計算更是重要。

計算市場成長率最好的狀況是有可以回溯過去5年的產量與產值。如果沒有這些資料，則必須盡量蒐集到這些歷史資料，以下建議兩種方法：

1. 最終使用者調查
2. 競爭者訪談與分析

最終使用者調查因為需要大量樣本，所需成本較高且非常耗時，尤其考慮所需相關分析時間，故採用競爭者訪談與分析較為容易。仔細檢視競爭者歷年成長率，可以對整體市場成長有一個明確的概念，調查結果雖然不甚精確，但是仍然非常有益，不失為一個最具經濟與效益的作法。

競爭者訪談的困難在於如何從其他競爭廠商獲取資訊。善加利用各種年報、季報、拜訪行銷經理、業務人員或其他主管等，通常也可以描繪出市場成長的輪廓。但是，在進行競爭者訪談時，總是會遇到問題，實際上在行銷部門中沒有人願意做這類訪談，但是當你接觸後將會更驚訝發現從與競爭者交談中可以學習到更多，用積極開放與分享的態度來接觸對方，所獲得的將超出所付出的成本。

掌握市場成長狀況是市場分析師注意的焦點，市場成長率相對於公司營業額成長率的比較可顯示營業發展的健康狀態。即是公司每年都成長，也不能過於樂觀，若市場成長率比公司成長更多，這樣顯示出公司的競爭力反而居於劣勢。市場成長率也是觀察產品生命週期的重要指標，高成長率通常代表市場位於成長快而飽和度尚低的成長期，一個較低而穩定的成長率表示成熟期的到來；當然，一個負成長率就顯示市場進入衰退期。根據產品生命週期的發展，從而調整市場策略。在任何情況下，忽視市場年需求值或需求量的成長率會導致企業陷入一個危險的局面。

六 市場飽和度

市場飽和度乃指已使用某特定產品或服務的客戶數佔潛在總客戶數的百分比，其計算公式如下：

市場飽和度＝現存使用客戶數／潛在總客戶數

有兩種方法可以用來測量市場飽和度，第一種方法是對同業進行訪談並結合次級資料；第二種方法是對消費者進行調查。

方法一：首先須推估潛在總客戶數。對某些產品而言，最好按地區別或特定分類方式逐一推估，以便爾後分析不同市場區隔之市場飽和度。對幾乎所有產品而言，利用一些次級資料來推算潛在客戶總數是比較有效率而且簡單的方法。接著訪談競爭者過去歷年銷售情形，以計算產品的消費者使用量。經由競爭者訪談後，可讓我們對市場狀況有更敏銳的感受，這種確認的技巧，應該盡可能用在所有的量測方式中。在訪談競爭者時顯然會遭遇到重重困難，而良好的訪談技巧將有助於任務的達成。

方法二：透過電話或郵寄問卷方式，直接對潛在客戶群做調查。最終使用者調查成功之關鍵在於樣本數量須足夠推估精確的結果。另一件重要的因素是，調查對象是潛在的顧客，而不是現在使用的客戶，若調查現存之使用客戶將造成重大的誤差。為了計算市場佔有率，必須詢問潛在使用者是否正使用該產品或服務。當樣本數足夠時，可利用下列公式計算：

市場飽和度＝使用產品之客戶回答數／總回答數

市場飽和度首先可以告訴我們目前產品或市場處於生命週期何種階段。一個完全飽和的市場（75%—100%）可定位於產品生命週期中的成熟期；如果市場飽和度偏低（10%—25%）則可定位該產品處於成長期。不過要注意一件事，有些產品可能進入成熟期，但是其市場飽和度卻不超過（10%）。像這樣的市場就需要在診斷的過程中仔細分析，因為市場飽和度高低對於企業的產品發展與行銷策略有很大的影響。當市場飽和時，它主要的成長將來自產品的替代。此時，行銷策略就要相當有競爭性，並將重點放在產品新的優點與功能部分。市場飽和度也會讓我們知道如何測量市場的成長，高飽和度市場的成長速度顯然會低於低飽和度的市場。並非所有的產品或市場都會達到100%飽和的程度，這也是在做市場飽和度調查應該注意的事項。

七 產品替換率

產品替換率是指顧客更新老舊或損壞產品之速度。產品替換率的調查可以透露出許多市場訊息，尤其在競爭激烈的成熟型市場。在成熟飽和的市場，產品替換率是新產品業績的主要來源。因爲當消費者因產品老舊而開始更新時，產品製造商的銷售額就有增加的機會。因此，一個對市場敏感度高的行銷人員，應對特定市場的產品替換率相當注意。

直接探詢消費者更換產品頻率、購買時機、預計下次更換時機，是唯一可靠的量測方法，其計算公式如下：

產品更換率＝（年銷售量－新客戶採購量）／舊客戶數目

如果要獲得精確的產品更換率調查結果，需要非常大的有效樣本。對一般高科技產品調查而言，回覆樣本數約需100至1000份，調查方式可採電話訪談、展覽會中直接面談或郵寄問卷調查。調查成功的關鍵在於用適切的方法詢問適切的問題，常見的調查者會對結果有所偏見或調查時誤導問題，以下提供一些參考調查問題：

1. 請問您何時首次購買這類型的產品？
2. 請問您曾經何時升級或替換這個產品？
3. 請問您當時爲何要更換這個產品？
4. 如果您還在使用這個產品，您預期何時會更換它？
5. 當你決定更換產品時，您會考慮哪些因素？

產品更換率在成熟期市場中具有相當重要的市場意義，因爲它告訴你會有多少銷售量來自舊客戶。當知道產品需求主要來自舊客戶的產品更換，應採取不同於對新客戶的行銷策略。新客戶通常希望有更多的教育、技術和參考資料，而舊客戶則期待更經濟、可升級、售後服務強的產品。

如果一個產品的年替換率很高（一般而言高於20%），可能代表該產品的信賴度低、爲可丟棄式或技術變化非常快的產品（例如資訊電子產品）。此時，企業必須非常積極活躍才能在此市場中保持良好的競爭力，而且產品持續改良的競爭壓力將會非常大。如果產品的年替換率很低（小於5%），則銷售對象應朝向新客戶開發爲主。

八 顧客統計

顧客統計分析包含描述某一市場最終使用者統計上所必須的量測，例如：

1. 總客戶數目
2. 客戶員工規模別
3. 客戶生產規模別
4. 客戶產業別
5. 客戶地區分佈別
6. 客戶預算與支出

量測方式很簡單，通常可利用次級資料計算。一般而言，所有這些資料都可以由貿易機構、政府單位與產業研究機構取得。主要困難在於如何又快又有效的整理資料，大多數資料都可以在圖書館或政府出版刊物中尋獲，但是有可能的問題是資料不一致的比例很高。在進行研究時必須留意這些統計資料不同的量測單位、資料蒐集方法、樣本數大小與資料蒐集的時間。

如前所述，完整的客戶研究對於決定產品的市場潛在需求量是非常重要的，藉由這些客戶與其他地區分佈的認識，讓我們能架構出目標更爲確實的行銷計畫。以下介紹一個簡單案例說明：

(一) 問題描述：

這案件是有關一家美國噪音計設計製造商，該公司行銷經理發現一篇文章指出該公司在佔有率分析時，被歸類爲「其他」部分，他無法相信這樣的報導結果，因爲他在此類市場奮鬥了數年，而且產品價格頗具有競爭力，品質表現也名列前茅。

(二) 研究設計：

研究的第一步是進行顧客統計的次級資料蒐集。

(三) 研究結果：

研究中界定出全美有45600家公司其員工嚴重暴露在高噪音環境下，這些數據進一步按州別、產業別、生產規模別統計。

從郵寄名單中著手分析該公司行銷策略，發現該公司歷年來透過展覽與電話拜訪僅蒐集了8465個公司，與調查資料相比較，明顯遺漏了36000個潛在顧客，這些顧客可能從未聽過這家公司。

該公司的十位業務人員皆具有極佳的技術背景，每位業務人員根據以往各地銷售情形分配責任區域大小，該公司說這是爲了使每個責任地區有相等的潛在顧客群，且減少差旅時間。每位業務人員業績負荷相當且非常忙碌，明顯是他們都已經達到最大限度。

我們接著分析每一位業務人員所負責的潛在顧客情況，其結果發現每人潛在顧客從1350至7200，極不平均。如果該公司的目標是要平均分配，那麼該公司的業務區域設計就有偏差。另外，該公司並未雇用足夠的業務人員。通常一位業務員每年可以拜訪350個客戶，如果按現有人力拜訪每一位潛在客戶，那將要花十年以上的時間。屆時，這個產品已經被淘汰了。而進一步的研究可以發現，其他同業的四大廠商，其業務人員都超過三十人。

在研究的一部分中，曾將客戶群按產業統計，包括航太、汽車、製成加工、礦冶、電力設備及其他重工業，我們發現該公司的產品在高噪音的汽車與航太業銷售狀況最佳，另外銷售滲透率在員工規模超過100人的大廠表現最佳，幾乎沒有客戶是小於100人以下的工廠。

(四) 行動策略：

該公司所做的第一件事是添購數套廠商資料庫，這些資料庫包含廠商名稱、地址、產業分類碼、生產產品、關鍵人物、員工數與營業額。從這些廠商資料庫，得以建立更完整客戶與郵寄資料檔。

第二步是增聘20位業務人員，並根據潛在客戶數目與產業型態重新規劃責任區域。接著針對最具銷售潛力的目標客戶群擬定行銷計畫，同時將廣告與展覽的訴求對象移轉到最具潛力的客戶。

九 顧客態度調查

顧客態度調查對象應包括既有客戶與潛在客戶兩者，以辨識他們的特性。精明的市場研究分析師常會進行多方面的顧客研究，因爲顧客或是最終使用者調查所提供豐富的資訊可作爲市場行銷決策的重要基礎。行銷決策者需要對市場有充分的描述資訊，例如有多少最終使用者？不同市場區隔中需求量情況如何？你也需要知道公司在各市場區隔之地位。其他重要因素包括，掌握最終使用者之需求特性，以及公司產品如何充分滿足這些目標。

除了常見的客戶群組分析外，量測方法尚包括：最終使用者調查、焦點團體、顧客試用、試銷法、展覽研究，其個別試用時機與優點敘述如下：

(一) 最終使用者調查：

最終使用者調查是蒐集客戶對公司認知度與掌握公司在市場上形象最有效率的方法之一。透過這樣的調查可以獲得一些可靠的資訊，例如顧客或潛在顧客的看法、態度與認知情形。電話調查、郵寄問卷調查及個人訪談是三種可以應用的基本方法，可協助確認使用者動向與市場主流趨勢。

(二) 焦點團體：

焦點團體是使用者研究過程中一項非常重要的資訊來源。它是集合一群相關的受訪者對象後進行深度的團體交談。它與一對一的個人訪談截然不同，訪問者與受訪者間的訊息交流無法完全受到控制引導。在焦點團體中每一成員的意見都會被其他成員拿來一起討論，使意見趨於一致化。

(三) 顧客試用：

顧客試用是提供產品給市場中一些精選的特定客戶先期使用。顧客試用被許多公司拿來作爲使用者測試程序中的第二個步驟，第一個步驟爲提供原型產品給特定單一顧客試用，有助於發覺實驗室內產品測試所未發現之缺點。顧客試用是產品使用測試的一種形式，在正式上市前先將原型產品交給特定顧客試用。大多數公司都會設法縮短產品推出時間，因此常會跳過顧客試用這道關卡以爭取時間。但實際上顧客試用結果可以指出產品許多優點或缺點，而不會耽誤太多上市時間。在產品設計階段重新設計要比產品推出上市後再彌補缺失會更節省成本。

(四) 試銷：

在過去二十年，試銷在顧客研究領域中發展的相當快速。試銷簡而言之是針對某一特定族群顧客進行市場行銷的試驗，其主要意義包括：

1. 主要用於測試產品與市場策略在特定區隔市場內的存活能力。
2. 通常用於新產品行銷前，或是既有產品的更新版推出行銷前。
3. 是決定最終客戶可能反應的最後一道防線。
4. 可設計用來測試行銷的任何一種策略，例如價格、包裝、促銷等。
5. 與產品向全世界推出後再從錯誤中學習相比較，採取試銷是較具經濟效益的。

通常，試銷是運用在消費者市場，例如新食品市場。目前爲止有一家工業產品廠商採用過，另外許多公司先在本國推出產品，再逐步擴展到全球。除了有一點產品試銷的意義外，主要還是考量資源有限與規避風險。一般而言，試銷計畫的架構可以投射出未來預定的全國或區域行銷計畫，只不過是規模縮小。

(五) 展覽會研究：

利用展覽會進行顧客態度調查研究可節省時間與金錢。在展覽會場，有不同態度的既又最終試用者或潛在使用者齊聚一堂，形成非常理想的顧客研究場合。另外，展覽會中現身的眾多產業成員也提供一個特別的機會，可在短短幾天內更清楚瞭解最終使用者需求，以及整體技術與市場發展趨勢。在展覽會場，研究者可以利用一些技術來明瞭一般最終使用者普遍對公司與其產品的認知情形，其中調查是最有效的方法。

顧客態度調查是公司能保持市場行銷導向的一項重要資訊來源。知道顧客的想法、如何行爲、爲何購買、何時購買及什麼東西讓顧客滿意或不滿意，皆是產品行銷策略的關鍵要素。我們發現許多成功的大企業走入困境並被產業淘汰，大部分是因爲他們與顧客脫節。例如1970與1980年代美國汽車業。

顧客態度調查通常可以獲得更深入的一些訊息，包括：

1. 客戶購買因素分析
2. 購買行爲模式
3. 對競爭者產品的看法
4. 價格敏感度
5. 對公司認知程度
6. 對產品的意見
7. 對不同廠牌的滿意指標
8. 客戶未來的潛在需求
9. 客戶服務需求
10. 媒體使用習慣—報紙、雜誌、電視等

十 顧客不滿意度

衡量顧客不滿意度的目的在於瞭解顧客不滿意的原因與理由。過去針對客戶的調查往往偏重滿意度部分，但是從不滿意度的調查，可以發現更多的改進空間，激發出更新的策略。顧客不滿意度只能用在調查既有客戶、離走客戶、競爭者客戶的方式獲得。努力尋找出潛在客戶相當重要，尤其要接觸那些不購買公司產品的顧客，因爲這些人才是未來市場成長的所在。

無論是在問題的反應上，或是可用的數據資訊上，不滿意顧客皆比滿意顧客有更多的意見要表達。以下例子爲如何運用不滿意顧客提供之資訊：

1. 市場佔有率偏低的原因，是因爲有些顧客不滿意產品或服務。把公司未擁有的市場佔有比例，當作是不滿意的客戶比例，這是一個頗新的觀念。
2. 不滿意的客戶是公司未滲透，拱手送給競爭者。由各項不滿意的反應比率可以瞭解顧客不滿意的原因。

以下議題被詳加討論時才能發掘許多未來成長機會：

1. 哪些客戶對你的競爭者最不滿意？對競爭者最不滿意之顧客名單是非常珍貴的資訊，可供產品發展、傳單設計、行銷策略之參考。

2. 業務員如何將不滿意客戶轉成滿意？通常業務員問問顧客是否滿意，顧客也不告訴他們，故幾乎無法改變其心態。首先須確認不滿意顧客及其不滿意的原因，其次訓練業務員有效應對各種不滿意狀況。
3. 研發部門是否依據不滿意顧客之意見做改進？提供研發改進建議之顧客大多數是最佳、最忠誠的顧客；而不滿意的顧客也有很多意見要表達，而且有時他們提出的意見也很重要，以上兩種客戶的意見都應該同樣被重視。

十 銷售通路

銷售通路的研究日漸熱門，其原因有二：第一是新產品上市，其次爲增加現有產品獲利率。銷售通路測量是統計總市場不同銷售管道所佔比例或銷售量，更詳細者可分析各別產品各銷售管道之獲利率。由於統計不易，通路測量頗爲困難，但仍可概估求得其合理範圍。

從產品供應商調查最易，因其可縮小受訪者範圍，並可針對瞭解行銷通路狀況者進行調查。某些時候，可調查使用者對銷售通路的偏好與滿意度，但這種方式會因最終使用者量大，而顯得缺乏效率。銷售通路量測最主要的目的是協助選擇最有效及最易獲利之行銷通路。

以往當新產品推出後，即使價格、顧客層及應用和以往的產品大不相同，幾乎理所當然還是採用既有的行銷通路。但今日新產品的獲利及市場滲透不容許拿隨便的行銷通路策略做賭注。行銷通路策略在縮短開發業務時間到最少，增加利潤、市場佔有率及市場滲透率到最大等方面，越來越重要。全球市場競爭日益激烈，促使各公司研究改變行銷通路以獲得最大利潤，許多知名產品由於通路策略失當導致獲利大減。

當公司的市場逐漸穩固時，其行銷策略將大多採傳統方式，而較少依據合理經濟分析方式，此爲須定期檢討行銷通路之原因，否則該公司會逐漸減少獲利，股東可能會要求撤換經營者以求新求變。故分析行銷通路之理由如下：

1. 將新產品開發業務期間縮短至最低
2. 提昇潛在市場佔有率到最到
3. 配合財務能力，選擇正確的行銷通路

4. 提高產品獲利能力到最高
5. 提供顧客較喜歡採用之購買方式
6. 策略性的將競爭者逐出市場

以下將列舉說明如何分析行銷通路：

(一) 確認可行銷售通路

第一步，盡可能建立完整的通路統計表，即使有些通路的效率看起來很差，也不要放棄任何一個可能方式。行銷通路會因產業、產品之不同而有差異且名稱不同。研究人員須分門別類訂定不同策略，其分類如：

1. 有存貨經銷商或無存貨經銷商
2. 全國性經銷商或區域性經銷商
3. 獨家經銷商或非獨家經銷商

常見的基本通路包括：

1. 業務員
2. 代理商
3. 直銷
4. 郵寄型錄及小冊子
5. 電話銷售
6. 全國性的型錄經銷商
7. 委託代工（OEM）
8. 地區性經銷商—獨家、非獨家
9. 全國性經銷商—獨家、非獨家
10. 相關產業銷售通路
11. 零售據點
12. 展覽會
13. 刊登廣告
14. 網路線上銷售

(二) 最小或最大之通路衝突

大部分公司努力使銷售通路彼此間的衝突降至最低，以減少銷售人員在客戶被其他人搶走時的反彈；但有時又刻意採最大衝突策略，以刺激通路之間的競爭，使業務成長，長期而言，反而可以增加公司的營收。例如可在下列時機使用最大衝突策略最為策略性武器：

1. 當市場佔有率小於40%時
2. 推出新產品或新服務時
3. 產品需要快速散佈在市場時
4. 客戶滲透率低於50%
5. 客戶品牌忠誠度低時

通常電腦及消費性電子產品皆採最大衝突策略。一般的個人電腦都可以直接用電話、郵購、網路與賣場等不同的通路購得。

(三) 分析銷售通路之競爭性

此為選擇最佳策略之關鍵步驟，首先須將各相關之競爭者列出，接著將競爭廠牌與其銷售通路列成一張試算表，由此表分析出通路競爭關鍵。如下表所列出各公司之銷售額百分比，及各通路之整體百分比。若有多種產品線、顧客群及行銷國家時，則通路策略亦隨每種區隔的不同而異，此時每種區隔皆須做通路的競爭分析。

例如有兩種不同產品欲銷往6個國家，每一國家有五種顧客群，此時須做60種欄位。實務上不須如此做，但若產品潛在利潤增加，則分析之複雜度亦提高。行銷通路分析投資僅能以淨收益或潛在經濟性來衡量其效益。

表4.1　行銷通路分析表

公司別	郵寄傳單	業務員	OEM代表	合計
A				
B				
C				
D				
E				
F				
合計				

(四) 調查顧客之喜好

執行客戶偏好調查，可以知道客戶最喜歡什麼通路購買產品，以及未來將會朝向何種通路購買。某些產品之使用者開始偏好郵寄型錄及直銷方式，取代業務員推銷方式。像這樣的轉變，將大幅提昇獲利率，當然也會將反應較慢的公司淘汰出市場。

(五) 市場滲透率分析

透過客戶調查，可以瞭解每一個通路對於潛在客戶的接觸情形。並非所有通路皆可達到所有的潛在客戶（例如公司改用網路線上訂購系統，但並非所有公司皆有此系統）；每個通路的滲透率可用該通路創造的業績，佔該通路總市場百分比得知。

(六) 通路獲利率分析

通路分析之目的有二：縮減銷售成本到最低，以及將利潤提至最高。故必須同時分析競爭者每一通路之獲利率，這樣方可提供選擇通路時之珍貴參考依據，而這些資料需要做大量的競爭市場研究才能獲得。之後，接下來是擬定市場研究架構。擬訂市場研究架構如下：

1. 確認競爭者
2. 選定量測方式
3. 選定量測工具
4. 調查設計
5. 進行研究
6. 分析結果

所需蒐集之資料如下：

1. 各市場區隔之總銷售量
2. 使用通路包括哪些？
3. 各通路是否衝突？
4. 各通路之銷售成本及利潤
5. 各通路之銷售量
6. 何種通路成長最快？

(七) 分析通路之獲利性並預測產品業務開發的時間

檢視各競爭者銷售通路的經營效率。預測業務開發的時間，是在產品上市時的工作之一。業務開發的時間是指預測到某一市場潛在需求量、業績目標、損益平衡點所需之時間；不同通路有不同發展時間。

(八) 腦力激盪設計具創意之策略

當上述分析完成，接著需靠團隊腦力激盪，以改善缺點並創意設計行銷通路。行銷通路的設計中有許多創意空間，但是需要努力才找得出來。

(九) 選擇銷售通路策略

選擇適合與恰當之通路策略是相當重要的關鍵，各個業務及市場人員的一致共識也是達成策略不可不注意的問題，尤其是採取彼此衝突的通路的策略時，以免相互干擾發生扯後腿的情況。

(十) 執行策略

執行新銷售通路策略有時需要一年的時間，來進行合約談判佣金與設計相關行銷文件資料等；因此，貫徹決心非常重要。一旦成功之後，仍須定期檢討各項通路的效率。

問題與討論

1. 市場分析與研究對產業與企業之重要性爲何？
2. 市場分析與研究中，應考慮哪些項目？
3. 本章所說明之市場分析與研究使用哪些量測的方法？

Chapter 5

生物晶片產業

5.1 產業定義

5.1.1 前言

生物科技產業是一個技術密集、資本密集、高風險、高報酬、回收期長的產業。

生物科技產業是一個技術密集、資本密集、高風險、高報酬、回收期長的產業，而生物晶片產業是生物科技產業當中的一支，它是一個處於萌芽期的產業，因此技術的研究發展、人員訓練培養、市場資訊之蒐集與建立等方面有待加強。

生物晶片技術可以帶動生物電腦裝置的發展，進而發展生物資訊系統、資料分析與製藥的產業。

從產業關聯而言，生物晶片技術可以帶動生物電腦裝置的發展，進而發展生物資訊系統、資料分析與製藥的產業。

5.1.2 生物晶片的定義

生物晶片是結合半導體、生化、醫藥、微機電等技術的產物，利用半導體晶片輕薄短小但能容納大量資訊的特性，以半導體技術將數百萬個DNA或核酸探針，植入玻璃或矽晶片等載體，執行一連串的生化分析與檢驗，從事各種新藥開發、個人識別、法醫檢定犯罪、臨床診斷等有關的工作。生物晶片可分爲實驗室晶片、微陣列晶片以及實驗室微陣列整合系統型生物晶片三種。

一 實驗室晶片

實驗室晶片是結合微流體和功能整合的產品，又稱為處理型晶片。

實驗室晶片是結合微流體和功能整合（functional integration）的產品，又稱爲處理型晶片。概念起源於1980年代的微小化全分析系統（micro total analysis systems，TAS），研究者希望將微系統構造（包括後來的MEMS）技術應用在化學與生化分析中，衍生出晶片實驗室的構想。瑞士研究學者Manz與其同事首先具題提出有關LOAC的觀念，發表「Miniaturized Total analysis Systems：A Novel Concept for Chemical Sensors」（Sensors and Actuators B1，224-248，1990）。Manz提出結合微加工製作之檢體處理與感測裝置，已完成傳統的生化分析檢驗，並達到完全檢體進結果出（sample-in-answer-out）功能的觀念。此後Ramsey更利用將成交叉狀的兩微通道（Microchannel）整合進生物晶片。1994年時，美國的ORNL（Oak Ridge National Laboratory）首先將整個化學實驗室的功能包括化學容器、混合反應試劑的燒杯、試管與分析儀器等，運用半導體產業的蝕刻技術，玻璃或塑膠板上刻出設計過的微小管道，將試管中所發生容易混合反應、分子分離的作業，使液體在微管中流動的過程中依序完成所有的化學反應。這種晶片亦稱爲微流體晶片。

目前，實驗室晶片可以執行的功能有PCR（Polymerasc Chain Reaction，聚合脢鍊鎖反應）、DNA定序反應、微流體操作、電泳（electrophoresis）、質譜分析（Mass Spectrograph，MS）、抗原抗體結合或一般的酵素反應等等。

然而要製造上述的微流體晶片需要用到的技術非常多，例如要設法在不同材質的晶片上如矽、玻璃或塑膠，蝕刻出非常小的管道，需要運用半導體產業的蝕刻技術；要如何推動極微量的液體流動進行反應，流動力學原理、機械幫浦構造、微小化設計等技術則不可缺少；再加上反應的結果要如何偵測、分析，可能會有雷射光、感應器、微機電技術的應用，有各種不同技術的配合，才能協力在微晶片上以極短的時間（最快在幾秒鐘之內）完成傳統實驗室中耗時的生化分析。由此可知，實驗室晶片並不是單一項技術的應用或衍生，而是許多特殊技術甚至於跨領域技術的整合與突破，這也是目前研發實驗室晶片的困難所在。

二 微陣列晶片

微陣列晶片包括基因（DNA）晶片與蛋白質晶片；主要是屬於檢測功能的晶片。設計觀點主要是將不同的DNA或蛋白質分子，以50-300微米的間距，密集地固定排列在數平方公分的面積上，做爲探針（probe），待檢測的生物樣品經過處理後與晶片上的探針進行反應，產生的訊號由掃瞄儀與分析儀器判讀，如此便可以在短時間內一次提供大量的基因序列或蛋白質表現之相關訊息。

DNA晶片，又稱Gene Chip，由Ayffmax公司首先提出；利用半導體技術與光化學（photochemical）技術於基板上合成生物聚合物（biopolymer）觀念；早期Ayffmax公司研究團隊集中在縮胺脢（peptide）的研究上，但在遭遇困難後，轉而將研究重點放在單核酸（oligo nucleotide）的合成上，於1991年成功展示出VLSIPS（very large immobilized polymer synthesis），此結果發表於Science雜誌上的

「Light-directed Spatially Addressable Parallel Chemical Synthesis」中，此方法是結合光罩與曝光技術，合成各種不同序列的核酸晶片上，一平方公分的基板可合成超過十萬個核酸，可應用於其基因行為與基因遺傳研究上。

由於蛋白質分子較DNA容易碎裂與不穩定，因此蛋白質晶片在研發及量產的速度上都不及基因晶片。僅佔微陣列晶片的5%。表5.1為基因晶片、蛋白質晶片與實驗室晶片的比較。

表 5.1 基因晶片、蛋白質晶片與實驗室晶片的比較

	DNA Chips	Protein Chips	Lab Chips
Diagnostics	Used for research	Potential usage, but no development at present	Potential usage, but no development at present
Pharmacogenomics	Used for research	Potential usage, but no development at present	Potential usage, but no development at present
High Throughput	Potential usage, but no development at present	Potential usage, but no development at present	Used in early access agreement
Expression Profiling	Significant usage in research and drug discovery programs	Moderate usage but in early stages of development	Potential usage, but no development at present
Toxicology Screening	Moderate usage but in early stages of development	Potential usage, but no development at present	Potential usage, but no development at present

三 實驗室微陣列整合系統型生物晶片

實驗室微陣列系統型晶片（Integrated Systems-Lab-On-A-Chip Microarray）是以整合試劑的導流、混合、分離、檢體複製與微陣列於一生物晶片系統內，目前已有三家公司朝此整合系統發展，分別是Orchid Biocomputer、Nanogen、Affymetrix等公司。

四 生物晶片的特點

生物晶片所牽涉的技術領域包括微系統技術、生化技術及系統整合技術，將這些儀器設備及元件微小化、積體化、人工智慧化、低成本化、可量產化且功能提昇，成為更符合未來檢驗市場需求的技術及產品，如檢體前處理晶片（Sample Preparation Chip）、生物場效應感測晶片（Bio FET）、生醫微反應晶片（PCR/CE Chip）、DNA Chip、微小化檢測系統。

生物晶片所牽涉的技術領域包括微系統技術、生化技術及系統整合技術。

5.2 市場區隔

生物晶片在市場上可簡單的區隔爲研究用晶片及臨床檢驗用的晶片；首先，研究用晶片是原型晶片，產品主要提供給研究單位使用。其次，臨床檢驗用晶片是用於醫療檢驗用的晶片。以市場潛力而研，未來臨床檢驗用晶片市場規模與市值將遠大於研究用晶片的市場規模與市值。

5.2.1 研究用晶片

主要供應研究單位或新藥研發公司，可大量處理研發資訊，目前的生物晶片多供應此一市場。此外，對第二類晶片而言，產品之良率、品質是決定企業獲利能力之考量因素。因上述兩因素皆是影響成本之關鍵因素，成本計算時，良率會用來作爲調整之用。以一片研究用晶片爲例，其總成本約爲450元美金，其中材料部分約佔總成本之62%左右，而良率調整部分約佔總材料成本之49%。良率與品質很明顯是生物晶片成本之競爭關鍵因素。

現在生物晶片的價格，每片約200至500美元，未來若每片降至10美元以下，才可用於大量篩檢和臨床檢驗，成爲可丟棄式的健康檢查或疾病檢測儀器。早期的發展已經證實基因晶片等發明，無論是在基礎研究、新藥研發，以至於未來的臨床診斷都有很大的應用潛力，目前只是因爲價格太貴，所以無法普及，但是其市場的存在性，卻是不爭的事實。所以誰能打破價格的藩籬，就有機會成爲新的市場領導者。

由表5.2可知，就目前而言雖然以研究用晶片爲主，但未來市場上主要的潛力是來自於臨床檢驗用晶片，其市場潛量十分驚人。

表5.2 醫療檢驗用晶片與研究用晶片之比較

項目	1997年	2003年	2008年
醫療檢驗用晶片消耗量	0	650,000	82,000,000
研究用晶片消耗量	150,000	387,500	1,250,000
總消耗量（chip）	150,000	1,037,500	82,125,000
醫療檢驗用晶片平均價格	---	100	10
研究用晶片平均價格	400	400	400
醫療檢驗用晶片銷售額	0	65	820
研究用晶片消耗銷售額	60	155	500
總銷售額（US$million）	60	220	1,320

5.2.2 臨床檢驗用晶片

主要是爲取代目前的檢驗試劑，但是因爲成本偏高，預期三到五年後才有市場。對臨床檢驗用晶片而言，良率、品質代表的是該項產品檢測的準確度，由於該檢測準確率與性命相關，因此準確與否攸關該產品能否獲得國家衛生單位的出售許可及市場佔有率之大小；而在檢測標的物方面的選擇，也是影響其檢測晶片之競爭關鍵。

5.3 全球產業結構

5.3.1 全球發展現況

目前，生物晶片的全球產業概況以美國企業掌控先進技術、R&D能力以及全球過半市場。

目前，生物晶片的全球產業概況以美國企業掌控先進技術、R&D能力以及全球過半市場，市場區隔相當明顯，相關產業包括化工、資訊、微機電、生物技術等眾多產業別，是一個明顯專業分工的產業。

美國與日本對於生物檢驗等生物技術發展最爲積極：日本通產省工業技術院的「微小機械技術的研究開發計畫」，從1996年開始已進入第二階段五年計畫，著重於應用技術的開發，基於研究機密，目前尚無法得知其研究成果；而美國更是積極，從1990年開始到目前爲止，在大學及研究機構已有不少的研究成果發表，如美國標準局與美國尖端研究署目前正在共同進行DNA探針相關國家型計畫的研究，且完成PCR Chip原型產品，美國的Affymetrix Inc.及Nanogen Inc.已有第一代Gene Chip陽春型產品問世，Witter et al.的複製微反應器（Polymerase Chan Reactor， PCR）溫控系統效率性改進（1990），Northrup et al.的微槽式PCR之設計與製作（1993），Wilding et al.的矽晶片上PCR微結構與其原型機（1994），Manz et al.的微製造技術（Microfabrication）引進分析微反應器（Capillary Electro-phoresis，CE）（1992），Jacobson et al.的CE Chip搭配螢光偵測（1994）以及CE Chip在DNA分離應用（1996），Wooley et al.的Multi-channel CE Chip在DNA分離（1997），由以上技術資料可得知，美國目前已完成這些技術在生物技術發展的可行性研究，而且已在實驗室完成初步驗證，但是目前尚無這些技術整合及實際應用的結果報告，不過美、日兩國都不約而同將發展技術目標，訂定在結合微機電技術與生化技術，創造出新的應用技術，如整合型PCR/CE Chip，可以突破其專利與技術的藩籬，而且技術層次更高，尤其預定加入全自動進出樣的模組元件，由於是在同一晶片上，故可以免去以往PCR Chip作用完成後，樣品需轉移到CE Chip等後續麻煩且容易造成失誤的步驟，這部分的前瞻設計，可以在本項產品上建立獨有的專利範圍及領域；而Gene Chip部分已有的專利，是以多次光罩製作核甘酸探針陣列，進行擴散被動式的基因檢測，發展Gene Chip有兩個方向可以考量，一是利用內含核甘酸微粒以常溫噴射原理，直接將去氧核糖核酸探針直入晶片並固定，如此可免去多次光罩製程的高製造成本，產品良率也可大幅提高，第二是利用電位導入核甘酸探針，使得帶負電的基因序列可以快速地到達目標探針，完成快速鑑別的基因檢驗，這也是屬於Gene Chip具突破性的前瞻設計，當然這些前瞻的設計有賴於技術的成熟才能實現。

一 美國

美國部分目前已有NIST執行國家型計畫，主要針對DNA的檢驗，進行一系列的技術及產品的開發，如DNA快速檢驗分析技術及產品，DNA複製與分段分析技術與產品，整合式的DNA分析系統等，而在工業酵素、檢驗試劑、醫藥製品相關的廠商整理如表5.3，其中在檢驗試劑及檢驗儀器市場的主要廠商有Beekman Corp.、Sentron Inc.、Perkin Elmer Co.、Affymetrix Co.、Nanogen Co.、HYSEQ Co.、Incyte Co.、ABBOTT Inc.、Genelab Inc.等。表5.3是美國生物晶片產業的競爭領域現況。

表5.3　美國生物晶片公司之研發重點

公司	基因行為	基因定型	高速篩檢	檢驗	定序
ACLARA		V	V		V
Affymetrix	V	Vˇ		V	
Beckman Coulter	V			V	
Bio merieux				V	
Caliper			V		V
Cephied				V	
Gene Logic	V				

表5.3　美國生物晶片公司之研發重點(續)

公司	基因行為	基因定型	高速篩檢	檢驗	定序
Hyseq	V	V		V	
Incyte	V	V		V	
Micronics				V	
Molec. Dynamics	V	V			V
Nanogen	V	V		V	
Perkin-Elmer		V	V	V	V
Protogene	V	V			
Seguenom	V	V			V
Vysis				V	

資料來源：工研院微系統實驗室整理

二 歐洲

歐洲的技術現況整理如表5.4，從歐洲各主要的研究單位及廠商的執行計畫與產品開發，如可植入式的醫療元件、人工智慧類神經介面、視覺輔助系統元件、微流體元件、微分析儀及微總分析系統開發等。

表5.4　歐洲技術現況

執行計畫及產品開發	參與廠商及組織
● Implantable Microsystems For Augmented Liver Perfusion ● Intelligent Neural Interface ● Microsystem Based on Visual Prosthesis ● Micro pump ● Micro Analyser	● EUROPRACTICE， NEXUS ● KBIC ● CRL & IFT ● GLAXO WELLCOME ● ROCHE ● SKB/Zeneca ● JOHNSON & JOHESON ● DIAGNOSTICS

資料來源：工研院微系統實驗室整理1997.12

三 日本

在1991年日本通產省工業技術院的「微小機械技術的研究開發計畫」，總研究經費達250億日圓，預計以十年的時間進行爲機械應用研究，其中有三分之一以上主題是針對生技應用部分進行開發研究，例如如何在人體血管中進行偵測及醫療的微小機器人的研究，便是相當前瞻的生技應用計畫。

四 中國大陸

上海目前投資1000萬美元以上的廠家超過20家，政府並設定上海爲生技產業重點發展區域，1996年生技產值爲127億人民幣，預定到2000年生技產值爲370億人民幣，且預定3年內投入10多億人民幣於生技產業研發。

同時，大陸研究機構積極與企業合作開發生物晶片；例如以北京國家工程研究中心提供生物晶片技術，與美國騰隆科技公司（AVIVA Biosciences）及深圳微晶生物科技公司共同生產主動式基因晶片。

中國科學院生物化學和細胞生物學研究所，和北京海澱科技發展有限公司共同研製用於腫瘤的蛋白晶片檢測系統。

2002年，政府投資2500億美元的經費從事生技產業發展，包括興建「國家生物晶片發展中心」。

上海博德基因開發有限公司與肇慶星湖生物科技股份有限公司更以「基因晶片」技術作價人民幣2.5億元，建構中國規模最大的生物晶片公司。

大陸最大生物科技公司聯合基因，就生物晶片的檢驗探針設計與Affymetrix商談授權事宜。

中國大陸廠商，對於發展生技亦相當積極，而且已形成平台架構。並連結中醫藥與生物醫療領域應用，若能夠具體實現，對台灣將構成很大的威脅。

五 韓國

韓國的三星電子亦十分積極發產生物晶片技術；由SAIT負責執行。SAIT扮演的角色，類似台灣的工研院，主要負責基礎技術的產業化；其中，韓國政府也挹注相當資金。

三星電子投入生物晶片產業，雖然是全面的參與，可是採取的卻是精兵政策，其總研發人數只有60人。可能是因爲SAIT目前對於生物晶片的研究處於剛開始的階段，往後的發展值得我們注意。

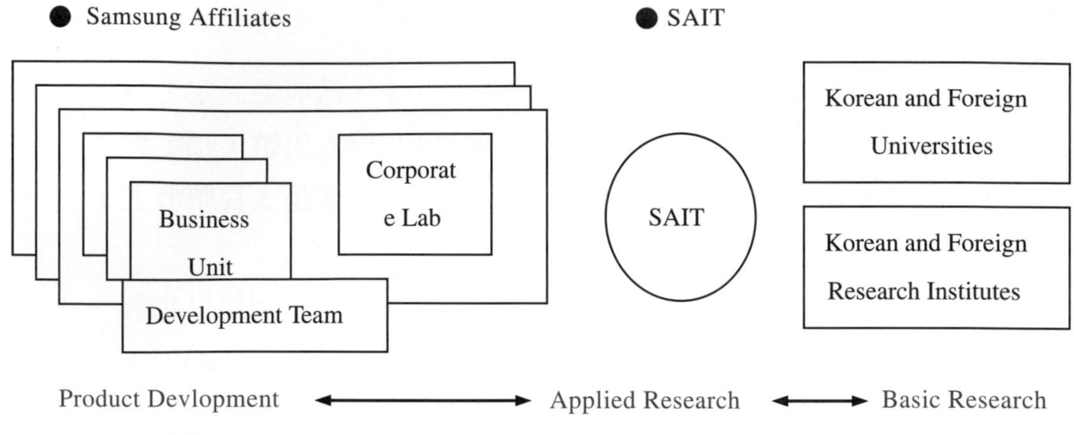

圖5.1　SAIT的定位

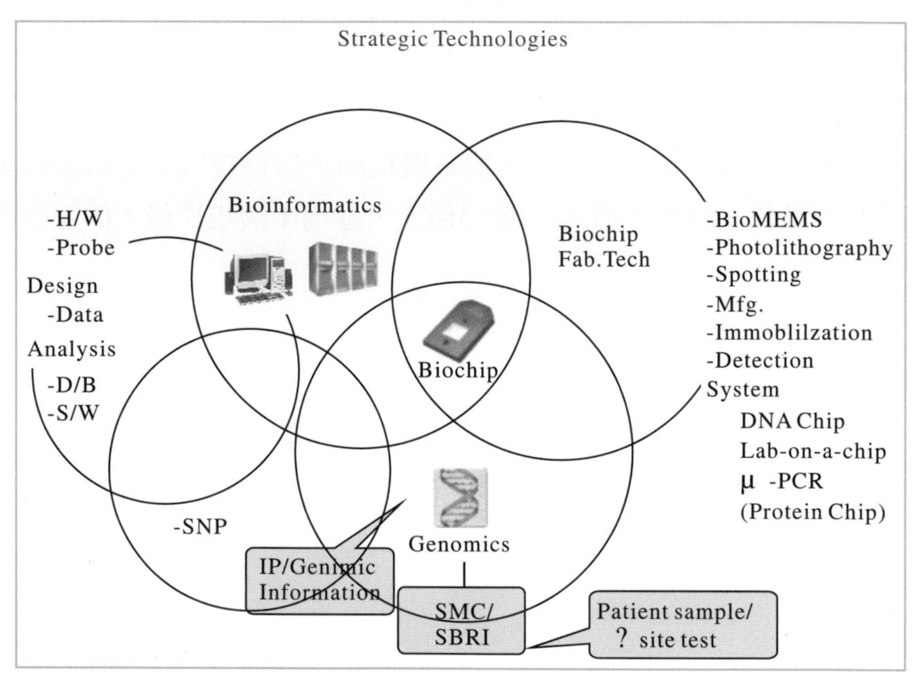

圖5.2　SAIT對生物晶片的策略

表5.5　SAIT所參與的國家型計畫

1. Gene diagnostic Kit using DNA chip：MOHW
2. DNA Chip using PNA probe：MOST, National Research Lab.
3. DNA Lab on a chip system using MEMS technology：MOCIE
4. Miniaturized Industrial Protein Chip System：MOCIE
5. Policy consulting project on Genome research system in Korea.

六 台灣

行政院於2002年明訂生技產業爲「兩兆雙星」產業之一，而生物晶片產業也因此被列入新興策略產業，可見得政府有意發展生物晶片產業。但台灣對於發展生技產業的定位尚未明朗。可選擇的種類有很多種，例如：發展元件產品V.S.發展系統產品、發展一般應用的產品V.S.發展特殊應用的產品、替別人代工V.S.發展自有品牌、深耕本國市場V.S.進軍全球市場、發展利基產品V.S.發展標準產品、研究導向V.S.生產導向、範疇經濟V.S.規模經濟、產品導向V.S.服務導向等方式。

七 綜合分析

綜合上述，我們可以發現美國公司依然主導全球市場，以先進的技術、行銷know-how、產業結構與研發能力成為產業的領導者。而日本與歐洲的公司發展緩慢，市場目前相當破碎，但標準的產品平台技術正在發展當中，且由於生物晶片產業技術層次很高，因此主要的公司目前仍在技術上互相競爭。我們也可以發現一些支援性的技術正在興起，例如微機電等。對於這樣一個進入障礙很高的產業，創投的融資與創業家精神就變成致勝的關鍵，而創投公司一般而言仍然偏好美國的公司。

從分工的角度來看，目前全球分工的網路正逐漸形成當中，比較具體的分工，仍是以美國最明顯。

5.3.2 生物晶片的魚骨圖

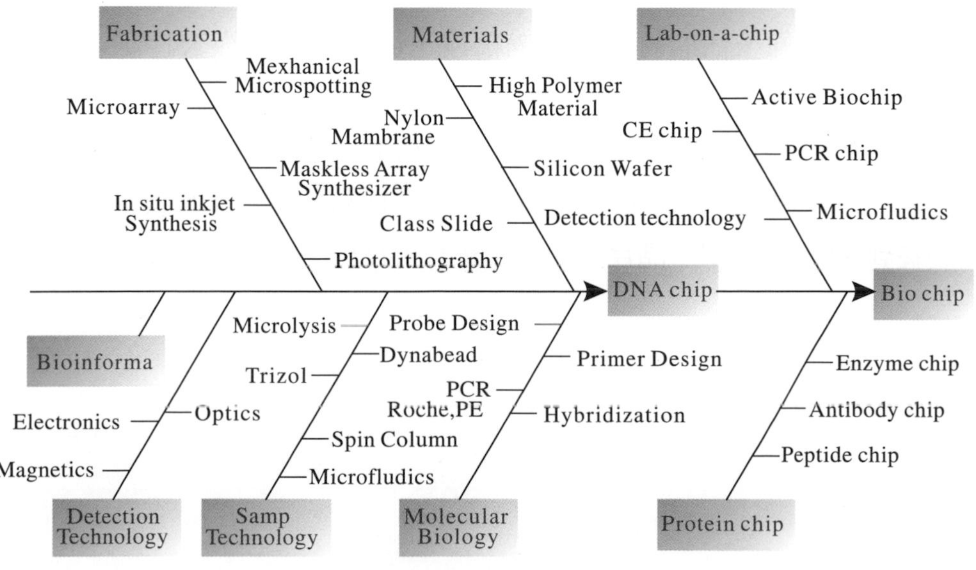

▌圖5.3 產業魚骨圖

5.3.3 價值鏈分析

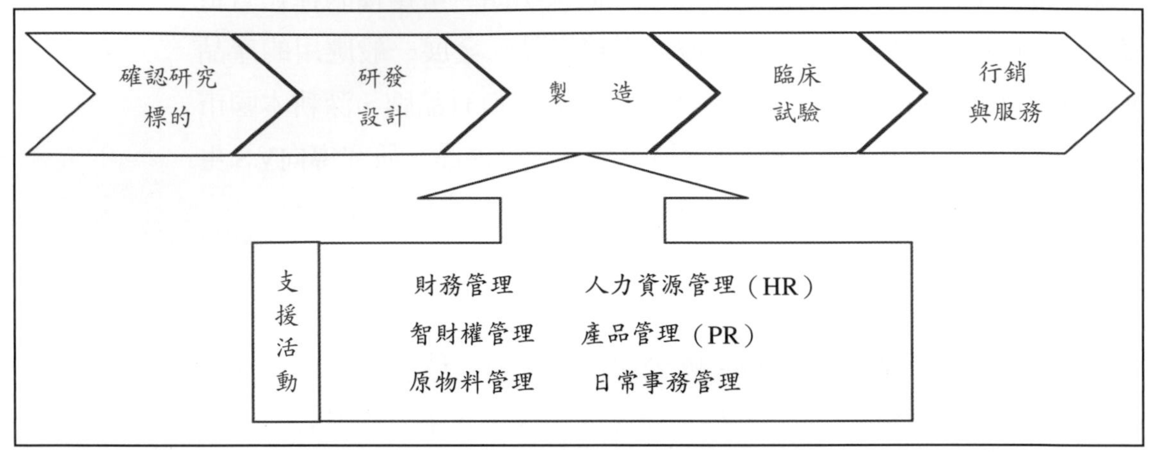

圖5.4　產業價值鏈

由於生物晶片產業屬於新興產業，因此目前大多數的公司均涵蓋價值鏈的每一個部分，希望盡快有低價量大的產品問世。臨床試驗這一部分，面臨政府法規的限制與既有競爭者（生物晶片產業之外的競爭者）不想被取代的威脅，因此有部分公司傾向與大藥廠或保險公司合作，以取得臨床試驗與行銷之優勢。

5.3.4 基因晶片的成本結構

根據專家的預估，基因晶片的成本結構，到了2010年，產品開發、探針製備所佔的比例會大幅縮減，而晶片基材與製作則小幅衰減。行銷與服務將有大幅度的成長。因此我們可以預估，到了2010年，生物晶片將趨於成熟，而進入激烈市場競爭的局面，所以才需要大量的行銷預算。預估到了2010年，每一種晶片的量產規模從兩萬片成長到200萬片，單一晶片的價格從新台幣1萬元，下降至1百元。

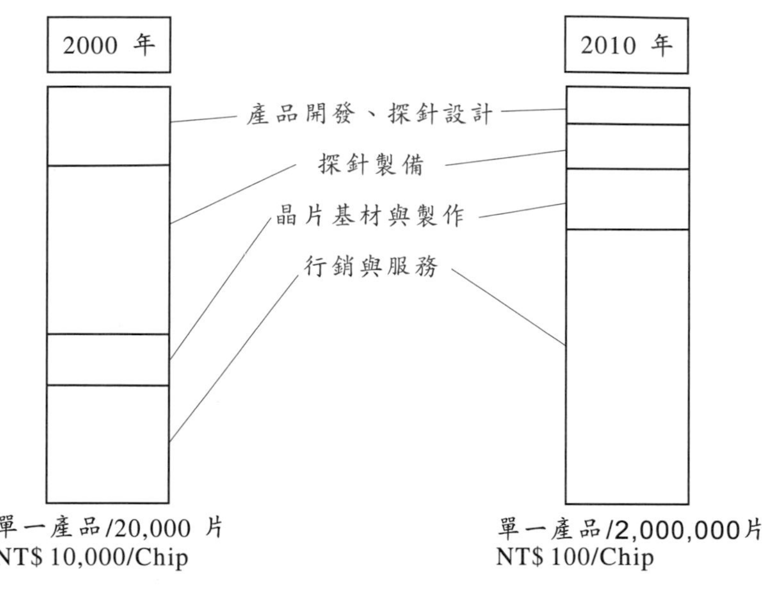

圖5.5　基因晶片成本結構

資料來源：邱創汎，工業技術研究院，生物醫學工程中心

5.3.5　生物晶片的應用

生物晶片的應用領域相當廣泛，可分爲四個層面：人體醫學、藥物、動植物與其他。首先，人體醫學層面：生物晶片可協助醫療檢驗、法醫檢定、基因資料庫與生命科學。其次，藥物層面：生物晶片可以協助新藥開發、藥物合成、藥物評估、藥物分析。其三，動植物方面：生物晶片可以協助食物檢驗、動物檢驗、植物品種、病蟲害檢定等。最後，其他方面：國防應用、環保應用、工安應用等。

生物晶片的應用領域相當廣泛，可分為四個層面：人體醫學、藥物、動植物與其他。

另外，實驗室晶片可以用於環境監測、工業化程序控制和醫學檢驗等方面。它的優點在於樣本操作處理的過程自動化，減少人力需求並且可以避免人體直接暴露於化學試劑下所造成的危害。同時在晶片上僅需極少的化學試劑即可完成反應，減少化學品的污染源。而且所有微小化的實驗室設備元件都固定在晶片上，一次即完成所有的反應，增加了實驗的信賴度，另外也可以做成拋棄式的晶片降低成本。

如此，將實驗室功能微小化在晶片的結果，醫生可在數分鐘內，立即快速且診斷出病人的疾病。

目前，全球大多數的生物晶片公司的研發多集中在基因行爲（Gene expression）、SNP基因定型（single-nucleotide polymorphism）、高速篩選檢驗（high throughput screening assay）、實驗室晶片核酸定序（LOAC nucleic acid sequencing）等領域。但是仍有Caliper公司、Micronics公司和Nanogenu公司依然堅持在檢驗領域發展。

5.3.6 生物晶片的展望

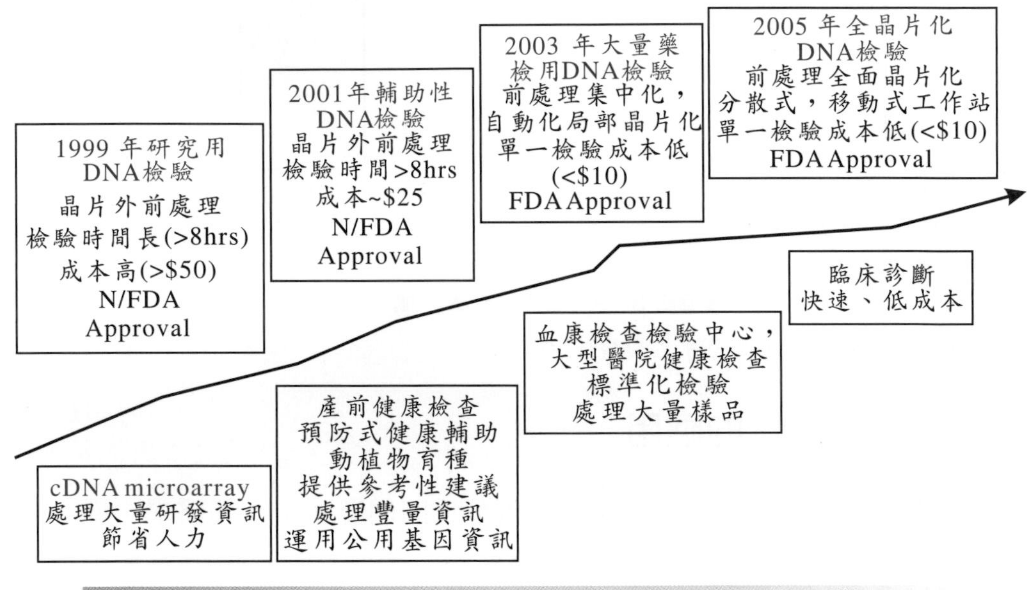

圖5.6　生物晶片技術及應用展望

未來生物晶片的發展，應該是朝向「實驗室微陣列系統型晶片」領域，這是一種整合試劑的導流、混合、分離、檢體複製與微陣列於一生物晶片系統內的技術。

未來生物晶片的發展，應該是朝向「實驗室微陣列系統型晶片」（Integrated Systems-Lab-On-A-Chip Microarray）領域，這是一種整合試劑的導流、混合、分離、檢體複製與微陣列於一生物晶片系統內的技術。要達成這個目標，必須跨領域技術整合；同時，必須克服行銷取得與政府規範的困難。目前，仍有三家公司朝此整合系統發展，分別是Orchid Biocomputer、Nanogen、Affymetrix等公司。

5.3.7 產業定位與發展方向

當我們討論產業定位與發展方向時，以產業供應鏈爲橫軸，市場成長曲線爲縱軸作一整體性的考量。產業供應鏈包含：基礎研究、應用研究、量產、行銷。市場成長曲線，粗略來分，可分成萌芽期、成長期、成熟期。

目前，生物晶片產業處於基礎研究跨到應用研究的過渡期，而在基礎研究部分，萌芽期、成長期與成熟期的技術都存在。在應用研究部分，目前已有成熟期之產品。整體產業未來的發展方向，仍朝向行銷與成熟期邁進。其概念如圖5.6。

產業供應鏈

市場成長曲線	基礎研究	應用研究	量產	行銷
成熟期	PCR chip Active Biochips	Microarray		
成長期	CE chip Photolithography			
萌芽期	Microfludics			

⇨ 未來發展方向

▌圖5.7　產業定位及未來發展方向

然而，當生物科技產業走向行銷期與成熟期時，之後會怎麼走，是一個很有趣的問題。有可能進入衰退期，也有可能走SOC產業的模式，進入一個全新的產業結構。

SOC的出現使得半導體的分工更緊密，如圖5.8所示。

生物晶片產業未來可能會走向製造與設計分工的局面，因爲整合型生物晶片的技術複雜，單一公司的研發能力，很難全面掌握所需要的技術。但是，當生物晶片產業的市場規模大到一定的程度，就可能演變出代工製造與晶片設計兩大主流，但這並不表示IDM(Integrated Devicd Manufacturer，IDM)公司就會消失，而應該是一個並存的情勢。

如果生物晶片產業朝向微型工廠的方向前進時，則更可能把「代工製造」與「晶片設計」這兩大功能細分，也許會衍生出生物晶片EDA 工具專業製造商、生物晶片IP MALL、生物晶片SIP等等，而跟隨SOC的模式。

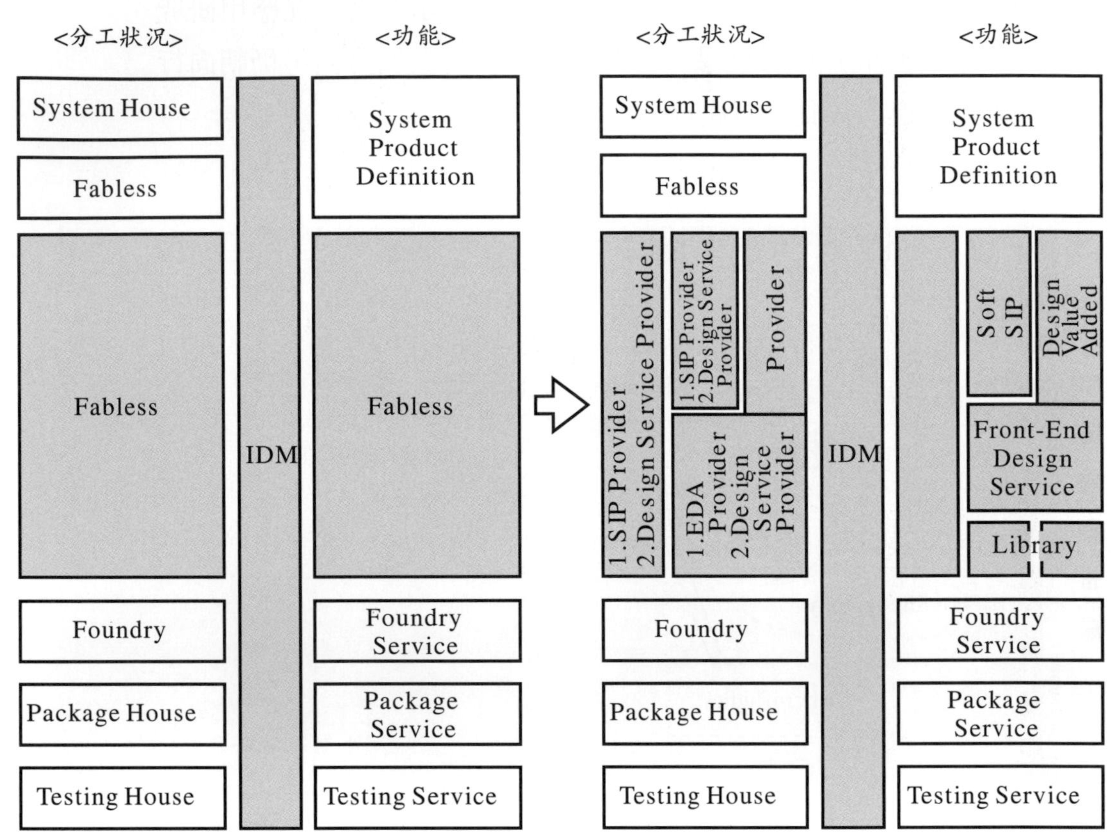

圖5.8　半導體分工改變圖

5.4　全球產業特性

由於生物晶片屬於創新性產品（Innovative product），而創新性產品具備以下的特色：成本優勢依然是一個競爭的重要因素、對水平整合而言，需建立多國聯盟以獲得網路伙伴與進入市場的機會、產品的特殊化需要眞正的創新，包含一個技術、市場資訊情報、科技市場的策略手腕的系統性瞭解、品牌的認知與忠誠度亦是重要因素、當環境因素受到優待時，先進的技術協助建立產品特殊化的定位。

以下我們將更深入且具體地探討相關問題。

5.4.1 全球生物晶片產業的特色

一 人才密集且需求層次高

生物晶片是一知識密集產業，研發人員往往在企業中扮演舉足輕重的角色，因此相關領域專業知識人才的教育與訓練是發展生物晶片產業不可或缺的一環。

相關領域專業知識人才的教育與訓練是發展生物晶片產業不可或缺的一環。

二 典型的知識密集產業，以研發為導向

由於生物晶片產業具備跨領域、對研發資源依賴度高、人才需求層次高的特性。對於生物晶片的專業知識，變成爲創新的來源，也是競爭優勢的來源。從另一個角度來看，生物晶片產業可以做成高科技服務業，利用某一個設計平台，配合客戶的需要，設計出客製化的產品，以滿足市場。此特性頗吻合知識型服務業的特性。

三 產業正處於萌芽期

生物晶片產業正處於萌芽期，並沒有一個統一的標準。全球尚未有統一的生物晶片開發標準，對於單一產品也並未有全球的主導性產品（Dominant design）出現。由於產業正處於萌芽期，只有少數的競爭者，各家公司彼此的重複性並不高，且紛紛尋求不同的市場區隔的發展。一旦有少部分的市場區隔重複，其他公司可能會技術性合作，以消除這些重複的市場區隔。長期的競爭優勢與獲利可能存在，但這有賴於競爭者之間互相合作或重視進入障礙。

四 屬於整合性產業，需跨領域人才的整合

生物晶片是一牽涉多領域技術與人才整合之科學產物，非單一學科或領域之人才所能獨立完成的。其牽涉到之製程包括檢體處理（sample preparation）、探針及DNA 引子設計（probe and primer design）、酵素反應技術、微流體管線設計、探針根植技術（probe immobilization）、檢測標的物標示（target label）、雜交控制（hybridization control）、偵測系統、基因資料比對及信號解讀等九大技術領域。而所牽涉到之人才則包括分子生物、材料科學、微機電、表面化學、光電科學及生物資訊等等多重學科人才。惟有將這多技術

生物晶片是一牽涉多領域技術與人才整合之科學產物，非單一學科或領域之人才所能獨立完成的。

領域及學科人才加以統合才可完成生物晶片之設計及製造。

五 技術層次高、製程複雜，且研發資源依賴度高

生物晶片之技術十分繁複，且主要是以研發爲主之知識密集產業，生產自動化與品管控制於生物晶片製程中，扮演十分重要之角色。也因爲如此，極需具備整合能力的人才，不但需要懂得生物晶片製程的技術，對晶片表面特性的了解、微流體設計、驅動設計、封裝等各種基礎技術，各領域環環相扣，才能具備量產的基本條件。

六 市場集中度高，常見企業間之購併、策略聯盟

目前美國生物晶片公司如Affymetrix，Nanogen，Hyseq 等根據統計，其中前五大生產廠商之全球佔有率已高達80%，比起其他產業而言，如筆記型電腦全球前五大品牌之市場佔有率爲五至六成左右，正顯示生物晶片產業爲高市場集中度之產業。

七 相關法令對產業影響深遠，造成先進入者恆大的現象（專利障礙）

由於生物晶片產業具有專利權卡位之現象，例如Affymetrix 的每平方公分400 點專利限制了許多後續進入者的發展速度，因此造成極大之進入障礙。因爲如此，造就了全球生物晶片產業先進入者恆大的局面。

八 價格決定市場大小

生物晶片目前剛從萌芽期進入發展期，晶片價格仍然居高不下，2002 年的平均價格爲575 美元，預計2004 年每片價格會降至425美元，由於晶片價格居高不下，所以無法普及。如先前所述，生物晶片於臨床檢驗，新藥開發，基礎研究等方面的功能極爲確定與強大，因此，價格下降，市場需求量將會大大增加。

九 對安全性之要求極高

由於生物晶片的應用，涉及醫藥，因此必須符合醫藥法規的限制。各國的醫藥審查體系，因爲人命關天，傾向於保守與謹慎，要通

過許可並不容易。對於新創公司來說，是先天上的弱勢。因此有關專利權、智產權及道德倫理之相關法令或法規規定，對於產業的影響深厚。

十 產品生命週期長，投資風險大但產品附加價值高

不像電子及光電產業之產品每一新世代的產業技術生命週期，平均而言只有2年到4年，生物晶片產業的特性是開發新產品的時程較長，然而開發完成後的產品生命週期較長，且獲利率高，其產品生命週期介於新藥及電子產品之間。

十一 產品之良率、品質與檢測標的物之選擇，為競爭之關鍵因素

生物晶片大體可依功能區分爲兩類，一是疾病檢測晶片（含遺傳疾病及感染性疾病檢測），二是基礎研究晶片（含藥廠新藥開發及實驗室使用在內），對第一類晶片而言，良率、品質代表的是該項產品檢測的準確度，由於該檢測準確率與性命相關， 因此準確與否攸關該產品能否獲得國家衛生單位的出售許可及市場佔有率之大小；而在檢測標的物方面的選擇，也是影響其檢測晶片之競爭關鍵。此外，對第二類晶片而言，產品之良率、品質是決定企業獲利能力之考量因素。因上述兩因素皆是影響成本之關鍵因素，成本計算時，良率會用來作爲調整之用。以一片研究用晶片爲例，其總成本約爲450元美金，其中材料部分約佔總成本之62%左右， 而良率調整部分約佔總材料成本之49%。良率與品質很明顯是生物晶片成本之競爭關鍵因素。

十二 市場的開發與區隔為重點考量因素

就臨床檢驗用晶片而言，它的客戶主要爲醫療單位如各大醫院，價格爲一相當重要之考量因素，因此是否能量產，達到規模經濟降低成本的要求爲市場開發的致勝關鍵，除此之外，通路如大藥廠、衛生署等政府機構的掌握也相當重要。就研究用晶片來說，由於使用的對象多爲學校或研究機構，因此重視的主要爲晶片的效能，價格反而不是考量的重點，因此在這個市場區隔中，技術爲其關鍵成功因素。不同的市場區隔所表現出的市場特性不同，所以市場開發與區隔的選擇對生物晶片產業可謂相當重要。

此外，以傳統的製藥業爲例，可知市場目前主要由保險公司所控制，若要進行市場開發則必須先爭取保險公司的支持。同樣的，生物晶片產業有部分涉及人體的應用，受到政府法規的監控，開拓不易。比較可行的辦法是與大藥廠合作，爭取保險公司的支持，結合三者的力量以克服政府的規範，獲得醫檢單位（如FDA）的支持。

5.4.2 產業競爭要素

對於生物晶片新興產業其產業競爭之要素在於以下幾點：成本（價格、規模經濟，含材料成本、製造成本、勞工成本等）、整合性人才、技術（含良率、生產管理與自動化設備等）、四、資金、產品與品質（準確率、數位化等）、上市與對市場反應速度、七、產業網路（含目標市場、下游通路與上游零件、水平網路關係、新市場開發），等要素。

5.4.3 生命週期

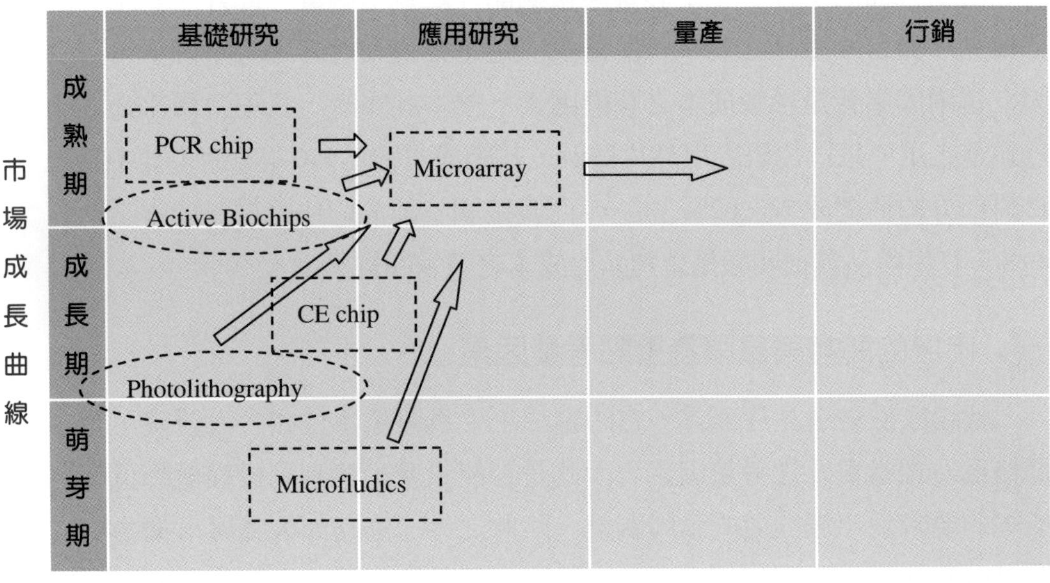

圖5.9 產業定位與未來發展

產業供應鏈

市場成長曲線

	基礎研究	應用研究	量產	行銷
成熟期	科學與技術開發（研究發展、研究環境、人力資源） 政策性措施（研究發展、研究環境） 公營事業（研究發展、研究環境、財務資源） 資訊服務（研究發展、研究環境） 法規及管制（研究發展、研究環境） 教育訓練（人力資源） 財務金融（人力資源、財務資源）	科學與技術開發（研究發展） 政策性措施（研究發展、市場資訊、市場情勢、市場環境） 公營事業（研究發展、市場情勢、市場環境） 財務金融（研究發展） 資訊服務（研究發展、市場資訊、市場情勢） 法規及管制（研究發展） 海外機構（市場情勢） 貿易管制（市場情勢）	科學與技術開發（技術知識） 政策性措施（技術知識、市場資訊） 教育與訓練（技術知識、人力資源） 資訊服務（技術知識） 財務金融（財務資源）	資訊服務（市場資訊） 政策性措施(市場資訊、市場情勢、市場環境） 法規及管制（市場環境） 公營事業（市場環境） 財務金融（財務資源） 教育訓練（人力資源） 科學與技術開發（人力資源）
成長期	資訊服務（研究發展、技術知識） 財務金融（研究發展、人力資源） 政策性措施（研究發展） 教育與訓練（研究發展、研究環境、人力資源） 科學與技術開發（研究環境、人力資源） 公營事業（研究發展） 法規及管制（研究發展） 租稅優惠（財務資源）	政策性措施（研究發展、技術知識、市場資訊、市場情勢） 科學與技術開發（技術知識） 教育與訓練（技術知識） 資訊服務（技術知識、市場資訊、市場情勢） 公營事業（市場情勢） 海外機構（市場情勢） 貿易管制（市場情勢） 法規及管制（市場環境	科學與技術開發（技術知識） 政策性措施（技術知識、市場資訊） 教育與訓練（技術知識、人力資源） 資訊服務（技術知識） 財務金融（財務資源）	資訊服務（市場資訊） 政策性措施（市場情勢、市場環境） 公營事業（市場環境） 財務金融（財務資源） 教育與訓練（人力資源） 科學與技術開發（人力資源）
萌芽期	科學與技術開發（研究發展、研究環境、人力資源） 財務金融（研究發展、人力資源） 教育與訓練（研究發展、研究環境、人力資源） 法規與管制（研究環境） 資訊服務（技術知識） 財務金融（財務資源） 公營事業（財務資源）	科學與技術開發（研究發展、技術知識、市場環境） 財務金融（研究發展） 教育與訓練（研究發展、技術知識） 政策性措施（技術知識） 資訊服務（技術知識、市場資訊） 貿易管制（市場環境）	科學與技術開發（技術知識） 政策性措施（技術知識、財務資源） 教育與訓練（技術知識） 資訊服務（技術知識） 租稅優惠（財務資源）	資訊服務（市場資訊、市場情勢、市場環境） 政策性措施（市場資訊、市場情勢） 貿易管制（市場情勢） 海外機構（市場情勢） 教育與訓練（人力資源）

■-DNA chip ●-Protein chip ▲-Lab-on-a-chip

▌圖5.10 產業定位與未來方向

由圖5.9可知，諸多不同種類的生物晶片當中，以微陣列晶片商品化的速度最快，也最爲成熟。很可能成爲第一個大量生產的生物晶片。而部分進入應用研究的生物晶片，不是在萌芽期（微流體晶片）就是在成長期（CE晶片），可能是第二快量產的族群。至於第三個仍處於基礎研究的族群如PCR晶片、主動型生物晶片與微影技術，則離量產還有很長的一段路要走。

根據圖5.10資料顯示，目前最接近高度競爭市場的生物晶片產品，應該是DNA晶片，其次是蛋白質晶片，而實驗室晶片由於技術層次相當高，因此敬陪末座。但整體來說，目前的三大主流從基礎研究的萌芽期開始，朝向應用研究的成長期方向邁進，顯示這個產業正逐漸成熟當中。

5.5 全球產業技術特性

5.5.1 技術生命週期

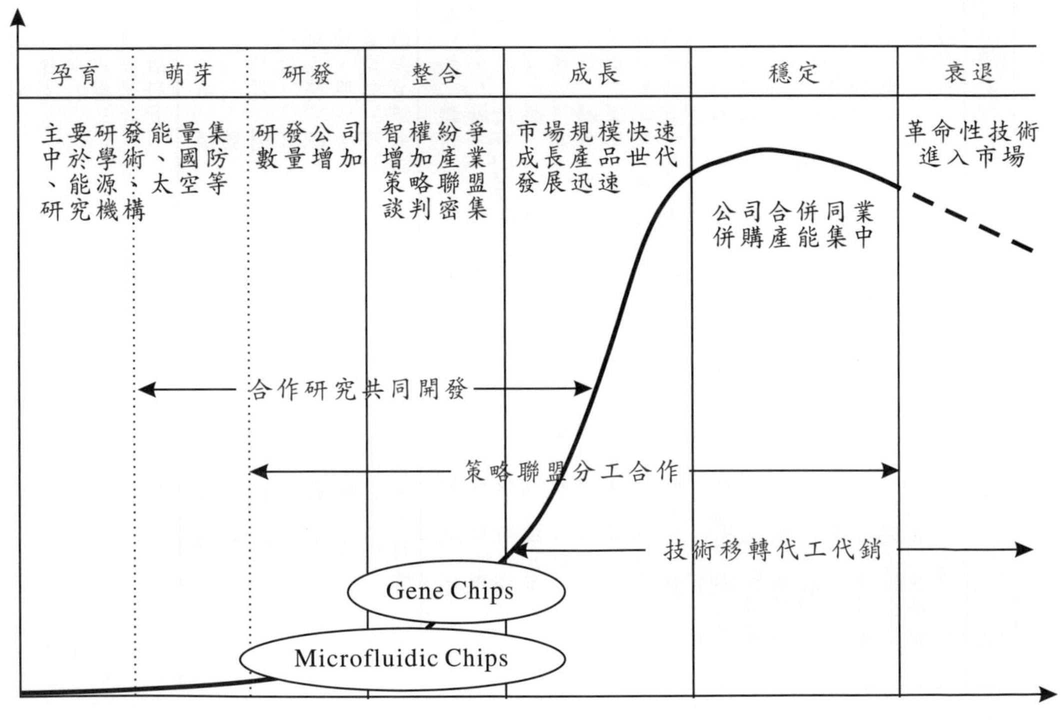

圖5.11 產業生命週期

我們從上一節與圖5.11可以知道，生物晶片產業目前的發展正是起步階段，同時不同種類的生物晶片，其在S-Curve上的位置也不同。表示其商品化的程度有顯著的不同。因此，倘若要將本報告應用至某公司的策略評估上時，必須清楚確定其主力產品是屬於哪一種生物晶片，才能做出比較正確的策略規劃。倘若以整體生物晶片的產品生命週期來當成策略規劃的依據，會有很明顯的失真情況，導致策略規劃的失敗。

5.5.2 技術現況與分析

生物晶片的製造技術可以分成微製造加工技術、微流體技術、探針矩陣、製備技術、基因之放大、標示與訊號讀取、樣本前處理、探針設計、系統整合、材料與樣品等。

一 微製造技術

生物晶片採用大量的半導體製程技術，包含了清洗、沈積、光顯影、濕蝕刻等技術，用以大量生產製作微小的元件特徵。

> 生物晶片採用大量的半導體製程技術，包含了清洗、沈積、光顯影、濕蝕刻等技術，用以大量生產製作微小的元件特徵。

早期J. MichaelRamsey利用光顯影與濕蝕刻技術，於玻璃基材上製作微小尺寸的電泳裝置，此裝置利用蝕刻技術製作兩垂直相交的微通道，此交叉的微通道具有四個儲存槽，此通道15微米深、94微米寬、長20mm，其中一通道的一端爲分析槽，另一端爲廢液槽，另一通道的一端爲暫存槽，另一端爲廢液槽，且與以微製造技術製作的底座和蓋板構裝成一三層裝置，可以達到注射與分離的功能；而ACLARA BioScience利用光罩與光阻於矽基材上製作電泳裝置，ACLARA強調利用半導體與矽基座以達到降低成本的目的。Cephied則利用微製造技術，發展出核酸抓取晶片，數毫升的檢體由晶片的一端流經核酸抓取晶片表面至另一端，即將分離與累積檢體上的DNA於晶片的表面上。

二 微流體技術

微流體技術是指控制微通道內流體稀釋、混和、反應與分離等動作的技術，而驅動微通道內微流體技術有許多種，然一般LOAC系統是利用兩電擊間產生的電壓差驅動流體，利用微通道的流道壁自然的帶有負電荷，因此能吸引正電荷離子至流道壁上，當電場作用於微流道時，正電荷離子將透過電子滲透的方式朝負電極集中，若應用電場於離子溶液中，則可以使樣本分離。此過程稱做電泳；同樣的原理可以用於離子溶液的混和，例如，可以利用電泳使酵素與脢作用物混和反應，且可以分離反應物，以供檢測之用。

> 微流體技術是指控制微通道內流體稀釋、混和、反應與分離等動作的技術。

Caliper 公司利用簡單的結構完成各式的生化分析，其設計是將具有10微米深、70微米寬微通道的Caliper晶片置於兩玻璃片間，且於微通道的端點設置有試劑漕與廢液漕，電極則是置於微通道的兩側，可使微通道產生壓降，若當試劑於微通道中移動時，可透電壓的改變，使微量的試劑射入緩和溶液流道內，利用此方法，可以傳送小至50picoliper的試劑進入緩和溶液流道內而流至晶片的另一端。

Caliper 公司已經展示一個針對生物素抑制酵素作用之檢驗晶片，此晶片有5個儲存漕，分別提供螢光生物素指示劑、緩和溶液、生物素、抗生鏈霉素蛋白質（streptavidin）與廢液，緩和溶液經由一T型通道與生物素相連接，以使生物素的量能被控制，且能與螢光標示的生物素產生一定的濃度，然此混和後的溶液再與抗生鏈霉素蛋白質混和，由於螢光標示的生物素於混和後濃度下降，因此位於下端的檢測點可由於濃度的改變，量測出未螢光標示的生物素濃度，此法可以量測至小於1micromolar以下的濃度。

三 微陣列

探針矩陣製備技術指將基因探針固定化到晶片基材表面的各種方法。

探針矩陣製備技術指將基因探針固定化到晶片基材表面的各種方法。目前的探針矩陣製備方法分成直接在基材表面合成與將預先合成好DNA在固定化到基材表面兩種。直接合成法反應槽合成法與模版法，較適用於50bases以下的短鍵探針。預先合成植入晶片法（Ex-situ synthesis）類似一般印表機以噴墨、點沾等方式，將探針固定到基材表面，探針的序列長短不受限制。

四 基因放大

目的在於增加檢測的敏感度。聚合酶連鎖反應技術（Polymerase chain reaction，簡稱PCR）是其中最常用的技術。因爲PCR使用的酵素受到專利保護，而且PCR需要加熱與降溫，過程中容易產生氣泡造成管路阻塞，增加微小化的困難，所以許多公司已經開發出DNA常溫放大的技術。但PCR仍是目前使用最廣的技術。PCR本身也可以作爲檢驗的工具，許多公司目前努力開發選擇性放大的PCR，可以從複雜的背景中，準確的挑選所需要的基因進行放大，也有許多公司開發不只能定性且能定量的PCR檢測方法。

五 讀取設備與標示

目前生物晶片的標示方法大部分沿用傳統核酸檢測使用的標示方法。常用於產生訊號的標記分子包括放射性原子、螢光染料、非螢光染料。但是隨著晶片密度愈來愈高，探針間距與面積縮小，許多研究單位競相開發高訊號強度、低背景雜訊的標示方法。放射性標示法雖然具有高強度的優點，但因需要特殊的操作執照與廢棄物不易處理的困擾，增加成本並限制普遍性，此外，也由於強度太高，探針距離過於接近時，容易產生交互干擾的現象，不適用於高密度晶片。螢光標示也有相當好的訊號強度，又沒有廢棄物處理的困擾，是目前最理想的標示方法，但是螢光標示常受背景雜訊的干擾，此外螢光標示目前需要使用價格昂貴的共焦雷射掃描器讀取訊號是兩項主要的缺點。非螢光染料的主要優點是可以使用一般掃瞄讀取訊號，非常方便，但是相對於螢光染料，訊號較弱則是主要缺點。

5.5.3 生物晶片專利分析

基因工程技術自1950年代發現雙螺旋核酸結構以來，技術的發展可說是日新月異。為了解生物技術發展之過去脈絡、目前現況和未來趨勢，可採取專利分析的方式以透徹瞭解生物技術發展之軌跡與尋找未來發展之線索。以下就由生物晶片專利分析後，有關專利障礙、專利機會與策略之結果作說明。

一 專利障礙

1. 基因晶片專利在世界各地區已形成不同程度的障礙。以美國地區專利障礙最高，其次是歐、日。台灣若不看基因工程應用專利，則目前幾乎沒有障礙。
2. 歐美日地區專利障礙來自美國公司及大學所擁有的基本專利技術，例如雜交定序、光蝕刻核酸合成、噴墨佈置、電子式嚴格度控制等。
3. 美國公司在改良型專利亦擁有優勢。各家在其專長技術領域各有專利，形成具特色的專利組合，也是競爭者不可忽視的障礙。

二 專利機會

1. 基因晶片技術整合分子生物、醫藥、化學、電子、光學、機械、電腦等多種技術，各技術及其整合得可變空間甚大，可預期不斷有新技術出現，專利機會不少。
2. 配合生物、醫藥等應用具可程式大容量主動式陣列型基因晶片似是必然發展方向，這方面的專利機會不少。
3. 商業化基因晶片產品必然是用量大、成本低廉的項目。能達成這些目標的改良專利機會亦不在少數。
4. 基因晶片製造及應用上必不可少的化學材料，如光蝕刻用光阻劑、各種試劑、化學發光團等方面似乎也有專利機會。
5. 基因操作上樣品製備、分離、標示、偵測等裝置方法，可以單獨或集積晶片化例證甚多，亦指出許多專利機會存在。整體微分析或微流體晶片可專利空間也還很大。光電子式偵測具進一步集積潛力，也有專利機會。
6. 核酸檢體之前處理過程五項基本功能：樣本/試劑/廢液導流（sample/reagent/waste introduction）、混和（mixing）、分離（separation）、恆溫反應室（thermostat reaction chamber）、PCR反應室（ thermocyclic reaction chamber），在前處理晶片（pretreatment chip）研發上尚未看到專利完整地包含上述五項基本功能模組。利用微機電方式，這些基本功能結構元件與模組有相當多的專利機會。

三 專利策略

1. Nanogen利用電場驅動核酸矩陣達到電子式嚴格度控制（electronic stringency），加速雜交反應並提高錯配（mismatch）的辨識力，在基因晶片應用上確有其獨到之處。不妨考慮爭取專利權。
2. 核酸檢體之前處理晶片用到微流體技術專利的機會相當高，應考慮合作對象。
3. 進軍國外商業性基因晶片市場，必須要克服重重專利障礙，且其高度隨商業機會成比例增加，因此可考慮採取策略聯盟方式，取得專利授權，以免被追訴。

4. 有關專利交叉授權，在進行基因晶片前瞻性或產業技術研發時，應同時加緊申請專利，並且建立有力的專利組合，一方面保護智慧財產，另一方面提昇授權談判地位。
5. 專利地圖必須建立在清楚的專利資料上。由於生物晶片屬於新的技術發展領域，專利出現速度相當快。本生物晶片專利資料係屬初步建立，日後將經常更新專利檢索資料，同時建立生物晶片專利地圖也將成爲一項延續性的工作。

四 現今各國專利情況

1. **中華民國專利**

   相對而言，目前台灣在生物晶片的專利上數目稀少，仍有很大的努力空間。

2. **美國專利**

   1975年至今，基因工程專利總數4712個，數量上逐年增加，美國專利權人佔有優勢。基因測定有關專利總數2611個。基因晶片專利數已超過100個。

3. **歐洲專利**

   在歐洲專利資料庫中所得之專利所屬專利權人大多爲美國專利權人；而歐洲申請專利之內容與在美國申請之專利內容也能被涵蓋住。因此歐洲專利部分在此不多做描述。

表5.6 基因工程各技術領域美國專利分佈

技術名稱	個數（12/1996～12/1997）
基因工程（重組DNA技術、雜交或細胞接和、核酸操作）	562
基因粹取（DNA-RNA雜交，RNA、DNA、PCR、DNA純化）	195
媒傳者（基因鑲入）	104
表現（真核細胞、原核細胞、peptide、轉譯後修飾）	87
基因轉化或移轉（微注、微囊封、利用質體）	64
應用（生產amino acids、基因治療、畜牧、農業生產、病毒）	57
選殖（植物細胞、黴菌細胞、動物細胞、細菌）	120
測定（核酸分析法、重組基因篩選）	248
裝置（分析用、合成用）	28
雜交或細胞融合	15
其他	7

資料來源：工研院微系統實驗室

5.5.4 全球發展生物晶片產業所需承擔的風險

整理以上資料，我們歸納出全球發展生物晶片產業所需承擔的風險如下：高昂的成本（價格、規模經濟，含材料成本、製造成本、勞工成本等）、缺少整合性與跨領域的人才、技術發展不易（包含良率、生產管理與自動化設備等）、缺少能夠挹注的長期資金、產品與品質需克服保險公司與政府醫檢規範、上市時間緩慢、產業網路目前仍不明確。

5.5.5 台灣發展生物晶片產業所需承擔的風險

台灣在發展生物晶片產業時，所需要承擔的風險除了上列的風險之外，由於我們先天上的弱勢，尚須承擔以下的風險：生物晶片價格及相關支援設備價格過高：生物晶片市場雖維持成長趨勢，然而製造成本及分析設備價格居高不下，造成晶片單價過高及需求總量無法打開；產品卡位時機與應用方向之選擇；優秀人才不足，國外大廠專利障礙，以及具備技術差距；專利侵權問題；本台灣需市場很小，資本回收不易；基礎科學研發實力薄弱；政府對於產業政策的穩定性不夠，常常變來變去；缺少在生物醫藥產業的國際網路，行銷不易；國際評價不高，即使眞的有很好的技術，也未必能夠說服國外買主；相關支援性產業發展尚未成熟，如微機電。

5.6 全球競爭情勢

5.6.1 產值、產品市場比率（目前）

1998年全球生物晶片市場約僅0.12億美元 ，在2000年全球生物晶片的市場規模則約爲1.9億美元（若加上掃瞄器、微流體晶片、晶片生產設備，則達3.97億美元的規模），預計將以每年18.9%的速率快速成長，而在2005年，市場規模將可望達到6.32億美元。

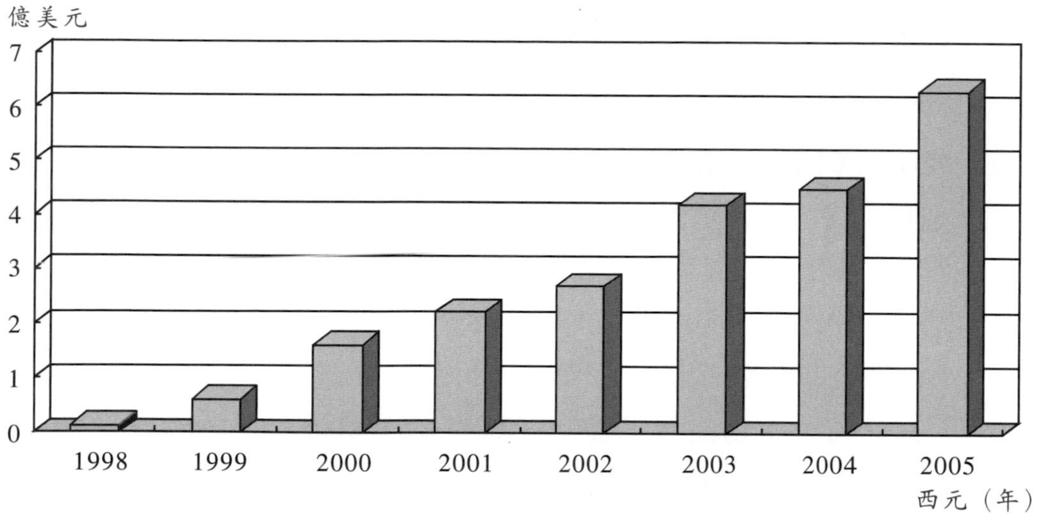

▌圖5.12 生物晶片全球市場成長趨勢

資料來源：FLSMCI（年）

目前市場上主要分為「研究用晶片」及「臨床檢驗用晶片」兩種。「研究用晶片」主要供應研究單位或新藥研發公司，可大量處理研發資訊，目前的生物晶片多供應此一市場。而「臨床檢驗用晶片」主要是為取代目前的檢驗試劑，但是因為成本偏高，預期三到五年後才有市場。現在生物晶片的價格，每片約200~500美元，未來若每片降至10美元以下，才可用於大量篩檢和臨床檢驗，成為可丟棄式的健康檢查或疾病檢測儀器。至於醫療檢驗與研究用晶片之需求量及價格預測如表5.7所列。

▌表5.7 醫療檢驗與研究用晶片之需求量及價格預測

項目	1997年	2003年	2008年
醫療檢驗用晶片消耗量（chip）	0	650,000	82,000,000
研究用晶片消耗量（chip）	150,000	387,500	1,250,000
總消耗量（chip）	150,000	1,037,500	82,125,000
醫療檢驗用晶片平均價格（USD/chip）	---	100	10
研究用晶片平均價格（USD/chip）	400	400	400
醫療檢驗用晶片銷售額（US$million）	0	65	820
研究用晶片消耗銷售額（US$million）	60	155	500
總銷售額（US$million）	60	220	1,320

資料來源：工研院生醫中心

5.6.2 市場產品的應用範疇

生物晶片依所放物質不同，主要分成三種：基因晶片（DNA chip或Gene Chip）、蛋白質晶片（Protein chip）、及實驗室晶片（Lab-on-a-chip）。在晶片上置入基因，即是基因晶片；置入蛋白質，即爲蛋白質晶片；把實驗室功能微小化置於晶片上，即是實驗室晶片。目前以基因晶片技術較爲成熟，已有初步的市場，而蛋白質晶片和實驗室晶片的開發進度較基因晶片緩慢，其市場仍處於開發的階段。

目前，生物晶片的應用範圍在於：基因表現的藍圖（Gene expression profiling）、毒理學上的分析（Toxicology Analysis）、基因的定序（Gene Sequencing）、單一核醣核酸的多形性的檢定（SNP Identification）、法醫學上的應用（Forensics）、免疫反應分析（Immunoassays）、蛋白質晶片（Protein chip）、生物武器的偵測（Combat Biowarfare）、藥物的篩選（Drug screening）、硬體與微處理器上的應用（hard drives and microprocessors）等領預域。

5.6.3 影響市場的主要因素

影響醫療檢驗用生物晶片的市場，以價格與行銷通路為最主要的因素。

影響醫療檢驗用生物晶片的市場，以價格與行銷通路爲最主要的因素，現階段生物晶片之使用普及率低，晶片與其相關設備購置價格昂貴是最主要的原因。如先前所述，生物晶片於臨床檢驗、新藥開發、基礎研究等方面的功能極爲確定與強大，因此，價格下降，市場需求量將會大大增加。由於生醫市場長期爲大型製藥公司與保險公司所控制，生物晶片這個新產品勢必要爭取他們的認同，才有機會通過政府的規範而順利上市。

影響研究用晶片的因素，主要還是以技術為主。

影響研究用晶片的因素，主要還是以技術爲主。因爲研究單位期待的是功能更多、更快速的產品，而這個市場目前是全球性的市場，比較不受製藥公司、保險公司的控制，小部分仍受政府法律上的規範。若是新創公司有獨特的技術，比較能夠快速攻佔這個市場，只可惜這個市場的規模並不是很大，因此會面臨量產上的限制，而無法降低成本。但倘若經過研究機構或學校的驗證，並且通過法律的規範，將有助於獲得領先地位的市場優勢，進而跟製藥公司與保險公司談判，以獲取比較有利的地位，讓產品順利上市，打入醫療檢驗用的市場。

5.6.4 進入障礙與模仿障礙

生技產業的一項特色是高度的進入障礙，此一高進入障礙主要是因爲專利權的保護，藉由專利權，生技公司未來的期望報酬相當驚人，所以如何取得專利權關係著公司未來的發展。

各類晶片技術領先大廠設下的專利障礙，則是影響各國晶片產業能否蓬勃發展的一大關鍵。生物晶片雖然是從1992年才開始發展的一門技術，但仍有一些專利障礙，當然遠較於一般電子產業或者是化學產業的部分少。在生物晶片專利上，Affymetrix已經用光罩法合成每平方公分上面可以超過1000點，這是Affymetrix申請的一個專利的範圍，Synteni申請的專利範圍是探針密度介於每平方公分500點到1000點，這表示，未來如果要製作產品販售，超過500點以上就會侵犯專利。基本上這個專利範圍已經確定了，就是在每平方公分500點以上的這個探針的部分，都是國外公司的專利範圍。

基因晶片專利在世界各地區已形成不同程度的障礙，美國最高，其次是歐、日；台灣好像沒有什麼障礙。 美、歐、日地區專利的障礙來自於公司和大學所擁有的基本專利技術，例如雜交定序、光蝕刻核酸合成，噴墨佈製等等。美國公司在改良型專利益擁有優勢。各家其專長技術領域各有專利形成具有特色的專利組合，也是競爭者不可忽視的障礙。

5.6.5 市場競爭分析

一 主要競爭者的重要策略

Affymetrix 公司一直是以高密度基因晶片專利及微影光罩（Light Directed in situSynthesis ）之特殊晶片製程，維持基因晶片市場領導者的地位。該公司的晶片售價曾高達2000美元，但隨著各項專利訴訟紛紛落幕，Affymetrix 並未取得明顯勝利，甚至部分訴訟如與Oxford Gene Technology 之訴訟，還屈居下風。再加上其產品問題連連，製程成本居高不下，導致晶片售價居高不下，其應用面也無法隨時間擴大。所以該公司雖然長期佔有領導產業發展的戰略地位，卻因爲製程技術無法更上層樓，造成整體產業停滯不前。這種情形，吸引許多先前已認定在基因晶片領域已無機會的公司，經重新評估情勢後，決定加入基因晶片戰場。此一情形可以從許多專精技術整合、市場行銷爲主的大型公司，如Agilent、Motorola、Hitachi與Toshiba等逐步擴大對生物晶片的投資可看出。

另外一家基因晶片的重要公司Hyseq的情況也不佳，這家公司擁有一項以基因晶片定序的概念性專利，缺乏核心技術，也沒有產品上市。過去該公司以與Affymetrix 訴訟聞名，該公司也在去年宣布退出基因晶片市場。去年十月該公司首先宣布成立子公司Callida Genomics，專責生物晶片研發，並將母公司改名爲Hyseq Pharmaceuticals，並以開發新藥做爲核心業務。

Corning是以玻璃與光纖通訊產品聞名的高科技公司，前年興沖沖的投入基因晶片，卻也在去年年底宣布因技術開發瓶頸仍多，但公司財務狀況受到全球景氣低迷衝擊，不如理想，所以決定終止公司在基因晶片量產技術方面的投資。

二 市場需求情形（對於未來產業、市場大小的預測）

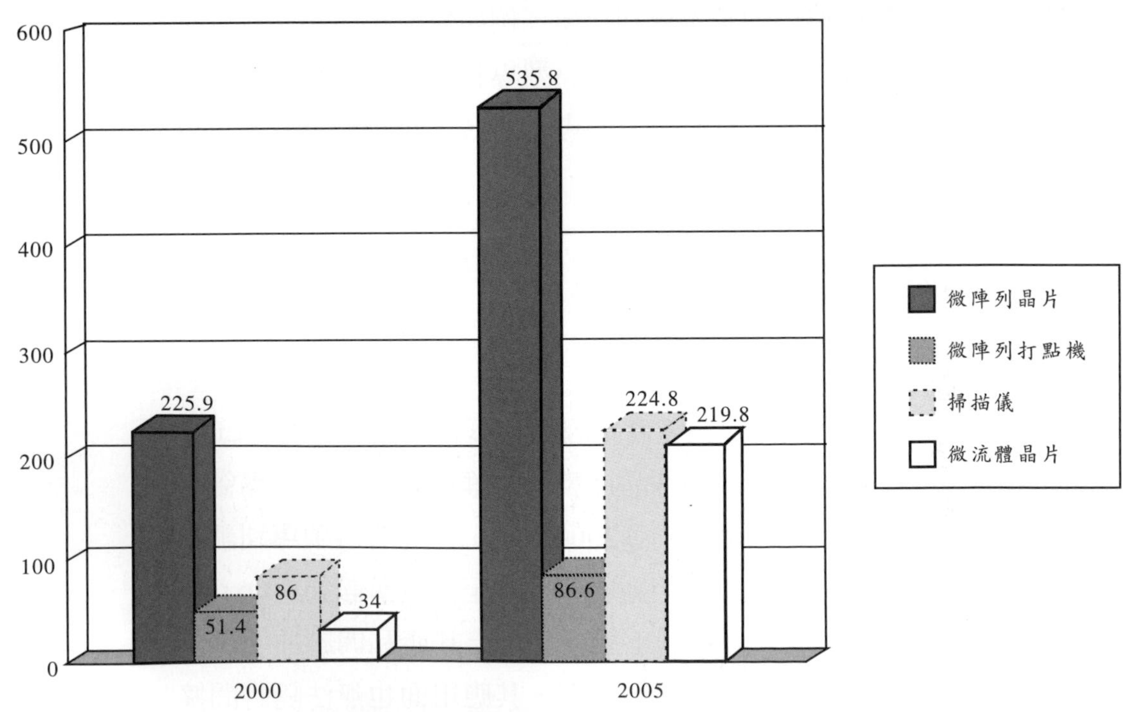

圖5.13 2000－2005年各類型生物晶片市場現況與趨勢

5.6.8 產業領導廠商

目前生物晶片領域的領導廠商都爲國外廠商，包括有Affymetrix、Nanogen、Genometrix、Hyseq、Incyte、Seqenom等，各企業產品的特色如表5.12所示。

表5.12 美國研發生物晶片公司

公司名稱	產品特色
Affymetrix（AFFX）	單一晶片有40萬組探針 生命基礎科學開發高價位研究用晶片、低價位診斷晶片、並已開發出HIV檢測晶片
Nanogen（NGEN）	臨床檢測晶片、HIV篩檢為重心 晶片價格在50美金以下，銷售空白晶片、晶片印刷機及掃描器，提供客戶自行製造晶片 利用電子吸引力原理，所產生之DNA晶片在進行雜交時只需要十五秒鐘
Genometrix（GEMX）	癌症相關基因晶片、心血管疾病及關節炎的端連型genotyping晶片
Hyseq（HYSQ）	以生物資訊為主，基因資料庫建立基因基因分析所需試劑
Incyte（INCY）	2001年10月已被Xenogen公司收購
Seqenom（SQNM）	利用雷射光激發不同重量的檢品，可運用到大規模篩選人類族群中單一核甘酸的個體差異，檢測相當快速，一個檢體只需要3.5秒

資料來源：生技時代No.5，pp33，2002

目前，Affymetrix爲領導廠商。另有一家後起之秀有機會與之挑戰，那就是Illumina；Illumina是家相當年輕的公司，但其卻擁有相當大的發展潛力，其產品最大的特色就在於它DNA晶片密度之高無人能出其右，它可將25萬個探針放在一顆類似針頭大小面積的晶片之上；因此，靠著製作簡單，晶片面積又小的技術，Illumina在未來基因晶片的市場，具有相當大的競爭力。

5.7 產業結構與競爭情勢

5.7.1 產業競爭優勢關鍵條件

以產業供應鏈爲橫軸，市場成長曲線爲縱軸來看整個生物晶片產業的產業定位和未來發展方向。除了以兩軸來分析之外，爲求嚴謹，再分為產品面和技術面來探討：首先，產業面；現在生物晶片產業正處在萌芽期的階段，一個正新興的產業，在產業供應鏈的四個項目（基礎研究、應用研究、量產、行銷）中，以基礎研究為其最重要的一環，而根據專家學者的說法，在基礎研究方面最需要國家對產業創新的支持（研究發展）、專門領域的研究人員（人力資源）、和提供長期資金的金融體系（財務資源），也就是說，在現今這個階段，產業沒有一個真正能獨力支撐大局的企業，這時政府就扮演著一個極重要的角色。

萌芽期的下一個階段就是成長期，在這個階段，基礎研究仍扮演著重要的角色，但是應用研究其重要性也漸漸顯露出來。同樣的，在得到專家學者的意見後，在基礎研究方面，我們應該更加重產官學研間的合作，也就是平台的建立，同時，培育專業領域人才，加強人力素質也是強調的重點。而在應用研究上，應建立產業群落，發揮群落效應，以吸引企業進入；開發多元且需求足夠的市場，確保生物晶片產業的永續經營。

表5.13 產業之創新需求類型

<table>
<tr><th></th><th colspan="5">產業供應鏈</th></tr>
<tr><td rowspan="4">市場成長曲線</td><td></td><td>基礎研究</td><td>應用研究</td><td>量產</td><td>行銷</td></tr>
<tr><td>成熟期</td><td>研究發展
研究環境
技術知識
人力資源
財務資源</td><td>研究發展
市場資訊
市場情勢
市場環境</td><td>技術知識
市場資訊
人力資源
財務資源</td><td>市場資訊
市場情勢
市場環境
財務資源
人力資源</td></tr>
<tr><td>成長期</td><td>研究發展
研究環境
技術知識
人力資源
財務資源</td><td>研究發展
技術知識
市場資訊
市場情勢
市場環境</td><td>技術知識
市場資訊
人力資源
財務資源</td><td>市場資訊
市場情勢
市場環境
財務資源
人力資源</td></tr>
<tr><td>萌芽期</td><td>研究發展
研究環境
技術知識
人力資源
財務資源</td><td>研究發展
技術知識
市場資訊
市場環境</td><td>技術知識
財務資源</td><td>市場資訊
市場情勢
市場環境
人力資源</td></tr>
</table>

▌表5.14　產業提昇競爭優勢關鍵條件

		產業提昇競爭優勢關鍵條件（創新需求要素，or IIRs）							
		研究發展	研究環境	技術知識	市場資訊	市場	市場環境	人力資源	財務資源
台灣市場成長曲線	成熟期	● 國家對產業創新的支持 ● 技術合作網路 ● 企業創新精神 ● 上游產業的支援	● 專利制度 ● 專門領域的研究機構	● 技術移轉機制 ● 技術擴散機制 ● 產業群聚 ● 製程研發及成本監控	● 先進與專業的資訊傳播媒介 ● 與上下游的關係	● 需求量大的市場 ● 多元需求的市場 ● 國家文化與價值觀	● 國家基礎建設 ● 針對產業特殊用途的設施 ● 市場競爭的規範	● 專門領域研究人員 ● 作業、維護及品管人員 ● 國際市場拓展人員	● 提供長期資金的銀行或金融體系 ● 提供短期資金的銀行或金融體系
	成長期	● 同業間的技術合作 ● 企業創新精神 ● 產官學研的合作 ● 產業間的技術整合	● 創新育成體制 ● 技術引進及移轉機制	● 資訊技術中心 ● 產業群聚 ● 製程研發及成本監控	● 與上下游的關係 ● 先進與專業的資訊傳播媒介 ● 顧問與諮詢服務 ● 品牌鑑別度之建立	● 多元且需求量大的市場 ● 國家文化與價值觀	● 產業技術與產品規格的規範 ● 市場競爭的規範 ● 國家基礎建設	● 研發人力 ● 作業、維護及品管人員 ● 國際市場拓展人員	● 長期融資體系及投資減免 ● 提供短期資金的銀行或金融體系
	萌芽期	● 企業創新能力的提昇 ● 國家對產業創新的支持 ● 國家基礎研究能力 ● 國家對產品創新的支持	● 專利制度 ● 具整合能力之研究單位 ● 創新育成體制	● 健全的資料庫系統 ● 產業群聚 ● 具整合能力之研究單位	● 先進與專業的資訊的流通與取得 ● 上下游關係的建立 ● 顧問與諮詢服務	● 國家文化 ● 多元需求的市場	● 政府的相關優惠制度 ● 目標顧客的尋找	● 高等教育能力 ● 專門領域研究人員 ● 專責的市場開發人員	● 提供長期資金的金融體系 ● 完善的資本市場機制

5.7.2　產業所需之政策類型

▌表5.15　產業創新需求要素

		產業供應鏈			
		基礎研究	應用研究	量產	行銷
市場成長曲線	成熟期	國家對產業創新的支持（研究發展） 技術合作網路（研究發展） 企業創新精神（研究發展） 專利制度（研究環境） 專門領域的研究機構（研究環境）	國家對產業創新的支持（研究發展） 技術合作網路（研究發展） 上游產業的支援（研究發展） 企業創新精神（研究發展）	產業群聚（技術知識） 與上下游的關係（市場資訊） 製程研發及成本監控（技術知識） 作業、維護及品管人員（人力資源）	先進與專業的資訊傳播媒介（市場資訊） 與上下游的關係（市場資訊） 市場競爭的規範（市場環境） 國家文化與價值觀（市場情勢）

▌表5.15　產業創新需求要素(續)

		產業供應鏈			
		基礎研究	應用研究	量產	行銷
市場成長曲線	成熟期	技術移轉機制（技術知識） 技術擴散機制（技術知識） 專門領域研究人員（人力資源） 提供長期資金的銀行或金融體系（財務資源）	先進與專業的資訊傳播媒介（市場資訊） 與上下游的關係（市場資訊） 需求量大的市場（市場情勢） 多元需求的市場（市場情勢） 國家基礎建設（市場環境） 針對產業特殊用途的設施（市場環境）	提供短期資金的銀行或金融體系（財務資源）	國家基礎建設（市場環境） 提供短期資金的銀行或金融體系（財務資源） 國際市場拓展人員（人力資源）
	成長期	產官學研的合作（研究發展） 專門領域的研究人員（人力資源） 創新育成體制（研究環境） 企業創新精神（研究發展） 長期融資體系及投資減免（財務資源）	產業群聚（技術知識） 多元且需求量大的市場（市場情勢） 產業技術與產品規格的規範（市場環境） 先進與專業的資訊傳播媒介（市場資訊） 顧問與諮詢服務（市場資訊）	產業群聚（技術知識） 與上下游的關係（市場資訊） 製程研發及成本監控（技術知識） 作業、維護及品管人員（人力資源） 提供短期資金的銀行或金融體系（財務資源）	先進與專業的資訊傳播媒介（市場資訊） 顧問與諮詢服務（市場資訊） 市場競爭的規範（市場環境） 國家文化與價值觀（市場情勢） 國家基礎建設（市場環境） 提供短期資金的銀行或金融體系（財務資源） 國際市場拓展人員（人力資源） 品牌鑑別度之建立（市場資訊）
	萌芽期	國家對產業創新的支持（研究發展） 專門領域的研究人員（人力資源） 提供長期資金的金融體系（財務資源） 國家基礎研究能力（研究發展） 專利制度（研究環境）	國家對產品創新的支持（研究發展） 國家基礎研究能力（研究發展） 產業群聚（技術知識） 具整合能力之研究單位（技術知識） 先進與專業的資訊的流通與取得（市場資訊） 政府的相關優惠制度（市場環境）	產業群聚（技術知識） 具整合能力之研究單位（技術知識） 完善的資本市場機制（財務資源）	先進與專業的資訊的流通與取得（市場資訊） 上下游關係的建立（市場資訊） 顧問與諮詢服務（市場資訊） 國家文化（市場情勢） 多元需求的市場（市場） 目標顧客的尋找（市場環境） 專責的市場開發人員（人力資源）

*加底線代表經最顯著重要的產業提昇競爭優勢關鍵條件（創新需求要素，IIRs）

其次，由技術面判斷生物晶片產業的趨勢；由圖5.20可得出產業必需量產的趨勢。無論是位在成熟期的PCR chip和Active biochip，或是在成長期的CE chip和Photolitho，或是處於萌芽期的Micorfludic，這些生物晶片的共同特色皆爲製程複雜，無法量產，因而無法產生規模經濟效益，致使成本無法下降。當然，隨著技術的進步，量產是一個必然的結果。

基因晶片產業目前處於萌芽階段，其後續產業結構之形成值得觀查，故政府介入的準則應以強化創新機制、提昇技術層級、獎勵策略聯盟等全方位政策工具爲主，包括：

(一) 供給面政策

公營事業、科學與技術開發、教育與訓練、資訊

(二) 環境面政策

財務金融、租稅優惠、法規及管制、政策性措施

(三) 需求面政策

貿易管制、海外機構

5.7.3 產業產業之具體推動策略

一 公營事業

具體的推動策略有：由行政院開發基金爲主成立標竿性公司、經濟部應有專責單位負責技術的引進、移轉與擴散、建立市場研究分析機構、建立醫學應用的市場與技術及產品提供、設立評估長期資金提供之單位等措施。

二 科學與技術開發

具體的推動策略有：成立基因體中心，提供生物資訊與技術平台、建立綜合管道、學術技術支持產業發展、提供完善的國家級實驗室設備、國家提撥基金以專案審查方式補助專利申請、鼓勵研究人員做跨領域的整合、在北、中、南設立相關產業的育成中心、擴大跨領域研發討論機制與知識交流研討會、政府主導組團參加國際會議、大幅開放國立大學教授至科技產業兼職之制度、引進國際策略談判人

才、鼓勵大專學院設立生物科技、電子材料、化學等跨領域學程，等措施。

三 教育與訓練

具體的推動策略有：鼓勵跨領域學程的課程規劃、鼓勵重點大學成立跨領域研究中心、鼓勵研究機構與學校之研究人員兼職、改進台灣之技職教育體系，提供各相關技職教師在生物晶片領域的在職進修、培養專業品管人員並且協助傳統產業從事人才轉型、部分研究人員納入公務員制、成立博士班，提高研發人力等措施。

四 資訊服務

具體的推動策略有：建立企業技術地圖及資料庫、建立生物晶片發展資訊中心、上游產業資源透明化，主動提供相關資訊、資訊技術中心與培育中心合而爲一、絡產業合作管道、結合大型資料圖書館系統，讓資訊獲得便捷豐富、舉辦大型學術研討會，提供資訊的取得管道、由顧問單位統一辦理收集及管理資訊、由特定團體進行市場調查等措施。

五 財務金融

具體的推動策略有：國科會與經濟部等定期提供足夠研究經費、贊助專門領域研究人員的研發經費、教育部長期提供經費、設立基金於學校、整合大型公家銀行投資或因應不同時期作短期投資與長期融資等措施。

六 租稅優惠

具體的推動策略有：租稅減免。

七 法規及管制

具體的推動策略有：由國科會協助，加速專利審查制度、大學教師研發是否可考慮以專利與學術期刊發表並重、簡化專利的申請與審查、加強專利認證與重視專利及智慧財產權、參考國外實施，建立單一規格以便市場競爭、整合同質的產業等措施。

八 政策性措施

具體的推動策略有：選拔創新有市場潛力的產品，專案配套贊助，並主動聯繫相關週邊產學單位，建立產業規模、訂立共同研發產品或應用、放寬學界與研究人員參予企業營運之限制、補助區域研究中心，結合產學研研發與製造團隊、建立技術交流機制，透過網路交流訊息、建立產業園區，規劃上、中、下游產業支援體系、規劃市場機制，鋪設營運管道、鼓勵企業合併或聯盟等措施。

九 貿易管制

具體的推動策略有：與國外做貿易協定、生化藥品可由學校直接進口（免稅），政府提供購買產品機制等措施。

十 海外機構

具體的推動策略有：制定海外市場策略與產品競爭策略機構、設立機構協助海外市場的發展等措施。

5.7.4 產業定位與未來發展方向

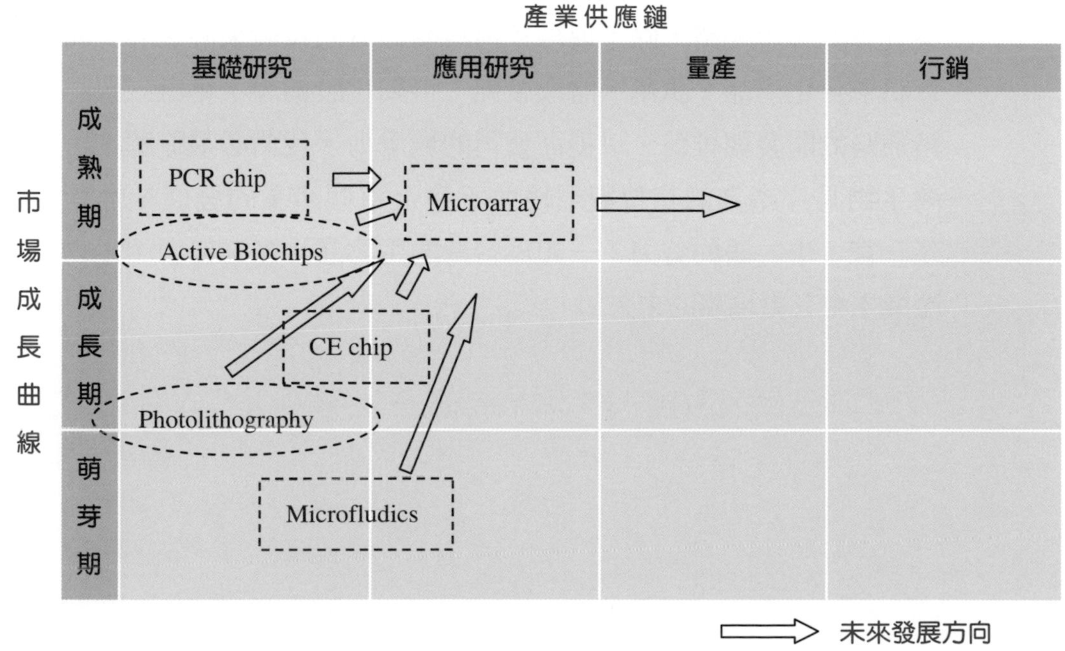

產業供應鏈
基礎研究
應用研究
量產
行銷
市場成長曲線
成熟期
成長期
萌芽期
PCR chip
Microarray
Active Biochips
CE chip
Photolithography
Microfludics
未來發展方向

圖5.14 產業定位與未來方向

歸結生物晶片產業產業競爭之要素在於：成本（價格、規模經濟，含材料成本、製造成本、勞工成本等）、整合性人才、技術（含良率、生產管理與自動化設備等）、資金、產品與品質（準確率、數位化等）、上市與對市場反應速度、產業網路（含目標市場、下游通路與上游零件、水平網路關係、新市場開發）。

5.8 結論

生物晶片產業有助於改善人類的生活，進而使得個人醫療與預防醫學成爲未來的主流。相較於製藥業，生物晶片產業更適合台灣發展。目前生物晶片多以針對歐美國家人民設計爲主，尚未有針對亞洲人特有疾病設計，因此可朝此利基市場開發晶片，以達市場區隔之功效。而基因晶片相較於實驗室晶片單純許多，短期之內，可先朝基因晶片發展，期於短時間內有收入，而能自給自足，但長期來說，仍應朝整合型生物晶片的方向前進。短期內，應建立生物晶片的製造能力，提昇晶片製程改善技術，爭取代工的機會。但長期來說，應該建立探針設計與合成的能力，以提高技術的自主性。

由於進入歐美市場並不容易，因此策略聯盟就變得相對重要，產業宜發展聯盟網路，除了取得多種科學領域的技術來源之外，如生物資訊學、化學品、試劑、讀取設備、自動化設備等，更應該致力於行銷通路的開發與維繫，以提高公司的競爭力。我們必須瞭解，目前台灣生物晶片產業的定位與環境並不適合這個產業的發展，惟有依靠產、官、學、研的努力，一起爲台灣的生物晶片產業努力，生物晶片產業才會有更璀璨的未來。

個案分析

Affymetrix生物晶片公司

Affymetrix生物晶片公司是隸屬於Affymetrix N.V集團的子公司。公司創立於1991年，公司總部設在美國加州的Santa Clara，目前共有1100名員工，資本額爲2億6000美金。主要業務是以從事開發、生產、銷售生物晶片，並將有關製藥、生物科技、農業科技及臨床診斷的晶片，銷售給學術機構、政府單位、非營利機構及民生消費品公司，同時，也提供企業客戶客製化服務。另外，針對民生消費市場的需求，公司於1994年推出GeneChip®系統爲主基因晶片，產品應用在生命科學、臨床診斷、健康檢查等領域；GeneChip®系統的組成包括的顯示監測陣列(monitoring arrays)，去氧核糖核酸分析陣列 (DNA analysis arrays)兩個部分。Affymetrix 是全球首先將半導體製程應用於生物晶片製造的公司，所生產的高密度的生物晶片，是利用DNA的中A.T.C.G四種鹼基，以堆疊的方式作爲探針，快速提供檢體所呈現的數據。產品主要銷往拉丁美洲、印度、中東及亞太地區。同時，也由於公司獲利甚豐，Affymetrix公司於1996年6月開始發行股票，2000年股價曾達到160美元以上，近年股價以不若過去風光。

資料來源：整理自Aff ywetrixco.web以及Hover web

Chapter 6

SOC產業

6.1 產業定義

6.1.1 前言

電子產品應用趨勢上隨著當前IC（積體電路）的產品應用領域從消費性電子產品、個人電腦（PC）產品逐漸擴大到當紅的無線通訊、資訊家電（IA）等領域，加上手持式設備強調輕薄短小的產品特色，於是IC設計產業也轉變從單一功能IC轉爲系統功能晶片SOC（System On a Chip，系統單晶片）方向。

6.1.2 SOC的定義

國際性組織（Virtual SOCket Interface Alliance，簡稱VSIA）促進SOC以及IP再利用（Intellectual Property Reuse）的發展暨訂定各項相關技術標準的組織，對於SOC的定義，指SOC是一種高度整合的元件，屬於系統晶片（system chip）；簡單來說SOC是指一個將原本分處在各個不同晶片上、負責不同功能屬性的IC元件運用先進的半導體製程技術整合在單一晶片上，其中包含了處理器晶片、記憶體晶片、以及周邊的各種晶片等。

SOC的興起主要就是希望能夠藉由製造出在單一晶片上同時整合不同IC元件的功能晶片，以求縮短產品的上市時間（time to market），並且藉由低耗電與高效率等功能來提昇整體IC設計工作的生產力，並符合輕薄短小的可攜式產品趨勢，例如以前一個系統要好幾個晶片，將整個系統縮在一個晶片上做出來，就是系統單晶片，手機產品中前段的IC是把無線電訊號收進來，接著有一個中頻的IC，後面還有一個訊號處理的IC、訊號放大的IC、送出的IC，從天線進來到出去就有好幾個晶片，把幾個晶片結合在一起，也就是把原本獨立的硬體、軟體、通訊協定與應用程式等晶片通通整合在一個晶片裡頭，就是SOC的技術，將來SOC技術成熟後電腦主機板就可以濃縮成一小塊晶片。

目前資訊應用產品與設備的內建晶片，必須具備低成本、體積小、耗電少、市場變化快的特性，如此需求下衍生SOC的概念與技術發展，對於SOC的市場需求也可預見。

由於SOC具有完整功能的系統，其晶片製造是高度的製程整合，因為原本傳統的IC設計只需要考量到單一IC的功能規格以及製程的配套技術；但由於SOC是整合不同功能的晶片；所以，在設計時必須考量到不同功能的晶片所執行的電路佈局、設備位置、耗電、散熱、電磁干擾等技術問題，設計上較單一晶片複雜得多。

SOC在設計上，基本上是將多數的IP（Intellectual Property，智財元件）整合在同一個晶片上，半導體業所稱之IP，是指一種具有特定功能，事先經過設計、通過驗證、可重複使用的區塊（Block），如同一個個不同功能的積木組合在一起般。當需要一個具特定功能的晶片時，IC設計人員不必自行重新設計所有晶片內的功能，僅依據晶片所需之功能及規格，選擇現有的IP組合在一起即完成大部分系統單晶片設計工作，如此加速晶片的設計時程。

半導體業所稱之IP，是指一種具有特定功能，事先經過設計、通過驗證、可重複使用的區塊，如同一個個不同功能的積木組合在一起般。

故SOC研究的主軸必須包括創新系統設計、系統平台建立以及相關矽智財（SIP）的設計、驗證與整合等系統研究課題。

從技術面來看SOC，基本上必須具備CPU、Memory、DSP、Controller、I/O等功能，即如圖6.1所示。

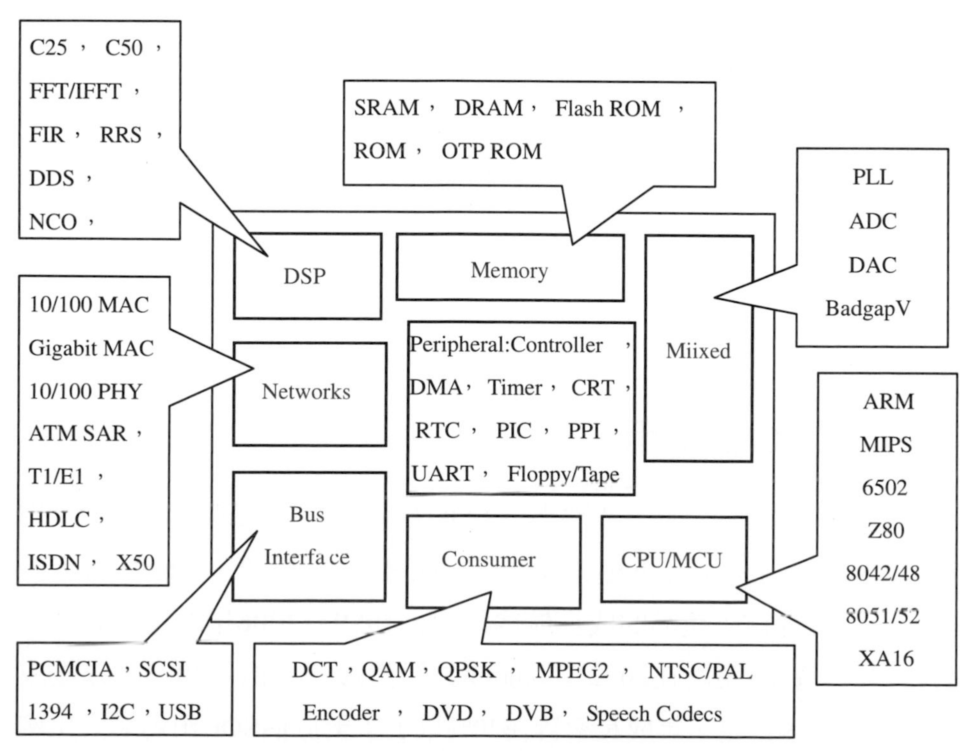

圖6.1 SOC晶片概念圖

6.1.3 SIP的定義

SIP是一種事先定義、經過驗證、可以重複使用的功能組塊。

SIP稱之矽智慧財產權（Silicon Intellectual Property），或半導體智慧財產權（Semiconductor Intellectual Property），在智財權前面加上矽或半導體，是爲了要與一般所稱的智財權有所區分。從技術面說明，SIP是一種事先定義、經過驗證、可以重複使用的功能組塊，如圖6.2所示。因爲隨著電晶體集積度的快速增加，晶片的設計益趨複雜，在上市時機內要完成晶片設計，不論對人腦或設計自動化軟體，都極爲困難，因而有IP（Intellectual Property）的出現。

若將IC想像爲最終希望的圖像，那IP 則是組合過程中各種造型的積木。也因此開始出現將一些功能方塊模組化，於需要時可取出重複使用，以提昇設計能力和縮短時程，這就是矽智財的概念由來。如同小孩子玩的積木，設計人員可以將一塊塊不同功能的矽智財快速組合成最終的成品。

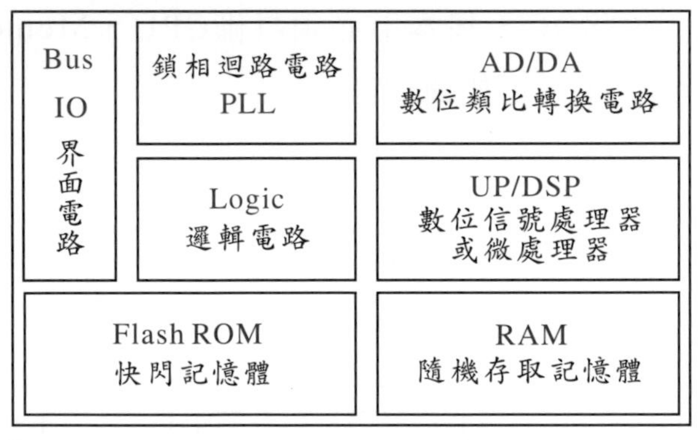

圖6.2 SIP概念圖

6.1.4 SOC 的應用

根據Dataquest最新預測資料，SOC在資訊、通訊及消費性等三個應用領域中，由近幾年的變化趨勢可知如表6.1、表6.2、表6.3，SOC的發展以消費性電子產品的成長最爲穩健，1999～2006年的複合成長率約爲23%；資訊應用在2002年以前成長雖然緩慢，但是2003年以後成長力道也漸趨穩定，年成長率皆在20%以上；至於佔SOC市場最大比例的通訊應用，在近幾年的成長起伏相當不定，主要是受到手機市場劇烈震盪的影響。而通訊應用在整體SOC市場所佔的比例也將由2000年的52%的高比例下滑至2006年的40%。

近幾年許多廠商大都投向通訊領域的開發，相較之下資訊與消費性電子這兩個應用區塊所佔的比例雖然較小，但成長穩定，台灣的基礎也較強，因此，工研院經資中心認爲除了備齊通訊應用相關應用技術之外，資訊與消費性電子的SOC產品仍是值得開發的領域。

表6.1　SOC在資訊應用的市場值　　單位：百萬美元

項目 ＼ 年度	1999	2000	2001	2002	2003	2004	2005	2006
Graphics /Audio Cards	325	652	978	922	1077	1233	1360	1561
Storage	1153	1618	1622	1826	2533	3310	3989	4760
Printers	62	84	89	104	133	183	247	303
Mainframes/Supercomputer	7	13	13	16	28	26	31	32
Midrange Computers	5	19	16	26	37	43	51	55
Workstation	64	73	59	69	80	98	111	132
Entry-level Servers	55	91	121	150	212	244	256	225
Handheld Computer	28	33	40	57	78	98	121	150
Desktop/Notebook PCs	1058	1022	892	953	1255	1717	2161	2488
Others	165	369	332	436	786	1075	1305	1412
TOTAL	2922	3974	4162	4559	6219	8027	9632	11078

資料來源：Dataquest，工研院經資中心ITIS計劃整理（2002/07）

表6.2　SOC在通訊應用的市場值　　單位：百萬美元

項目 ＼ 年度	1999	2000	2001	2002	2003	2004	2005	2006
Public Transmission	19	47	47	66	99	152	227	281
Broadband Remote Access	597	1792	1484	1356	1577	1762	1853	1819
Premises and CO Analogy Line Cards	31	44	34	33	52	77	100	130
LAN/WAN	150	433	423	534	1129	1749	2447	2987
Other Wireless	308	412	305	278	360	525	691	794
Mobile Communications Infrastructure	378	602	588	540	863	1091	1219	1210
Digital Cellular/PCS	5104	8260	5763	6150	8614	11379	13275	12939
Other Wired	440	541	229	182	269	338	364	380
TOTAL	7027	12131	8873	9139	12963	17073	20176	20540

資料來源：Dataquest，工研院經資中心ITIS計劃整理（2002/07）

表6.3　SOC在消費性應用的市場值　　單位：百萬美元

項目 ＼ 年度	1999	2000	2001	2002	2003	2004	2005	2006
Digital Camcorder	63	130	163	176	277	466	682	1020
Digital Still Camera	390	821	1014	1050	1260	1425	1428	1420
DTV	71	198	247	371	593	1057	1496	1527
Video Game Console	1572	2049	2402	2838	3507	4177	4606	4920
Internet Audio Player	25	64	63	113	145	202	271	272
DVD Video Player	440	1133	1324	1506	1813	2253	2489	2657
Digital Set-Top Box	998	1393	1166	1168	1464	1402	1735	1965
Other Consumer	238	295	603	963	1371	1890	2437	2677
TOTAL	3797	6083	6982	8185	10430	12872	15142	16458

資料來源：Dataquest，工研院經資中心ITIS計劃整理（2002/07）

6.2 市場區隔

由於Design Reuse是進入SOC時代重要的設計方式，也是完成SOC設計的最佳方式，而Design Reuse具體的作法就是IP的使用。由於是將過去的設計再加以修正利用，單一的IP價值或許不高，但是數個IP組合起來成爲一個系統單晶片後，其附加價值便提昇許多，這種將過去所累積的知識再加工利用的作法、是知識經濟在IC設計產業的最佳具體例證。

6.2.1 矽智財(SIP,IP)的分類

矽智財一般分爲兩類。一是基本型IP；由工業標準所形成的功能元件，如PCI、USB、IEEE1394與MPEG等。二是特殊應用型IP；複雜、不易開發、具有專利權保護，屬於明星級產品，附加價值在產品生命週期中均較基本型IP高。

IC晶片如CPU、系統晶片組等等，均含一種以上的功能，而不同的功能需要由晶片內部不同的電路模組來負責，這些不同的模組即所謂的 IP。因此，IC工程師可以選擇合適的IP，將不同功能的IP組合出理想的IC產品。

IP最常見的分類方式有兩種：一是由設計流程，二是由差異化的程度（由Collett研究機構所提出）區分。首先，以設計流程區分SIP；又可分爲Soft IP、Firm IP和Hard IP等三種類型。這三種類型通常是界定SIP產品的交貨類型，若以邏輯IC設計流程爲例，說明如下：

一 由設計流程分類

1. **Soft IP**

在邏輯IC設計的過程中（如圖6.3），IC設計者會在系統規格制定完成後，利用Verilog或VHDL等硬體描述語言，依照所制定的規格，將系統所需的功能寫成暫存器層級（Register Transfer Level，簡稱RTL）的檔案，這個RTL檔就被稱之為Soft IP。

2. **Firm IP**

RTL檔案經過模擬（Simulation）後，如果沒有問題則可進入下一個流程-合成（Synthesis），設計者透過EDA（Electric Design Automation）工具協助，從原件資料庫（Cell Library）中抓取相對應的邏輯閘，將RTL檔案轉換成以邏輯閘元件形式呈現的Netlist檔案，此Netlist檔案即所謂Firm IP。

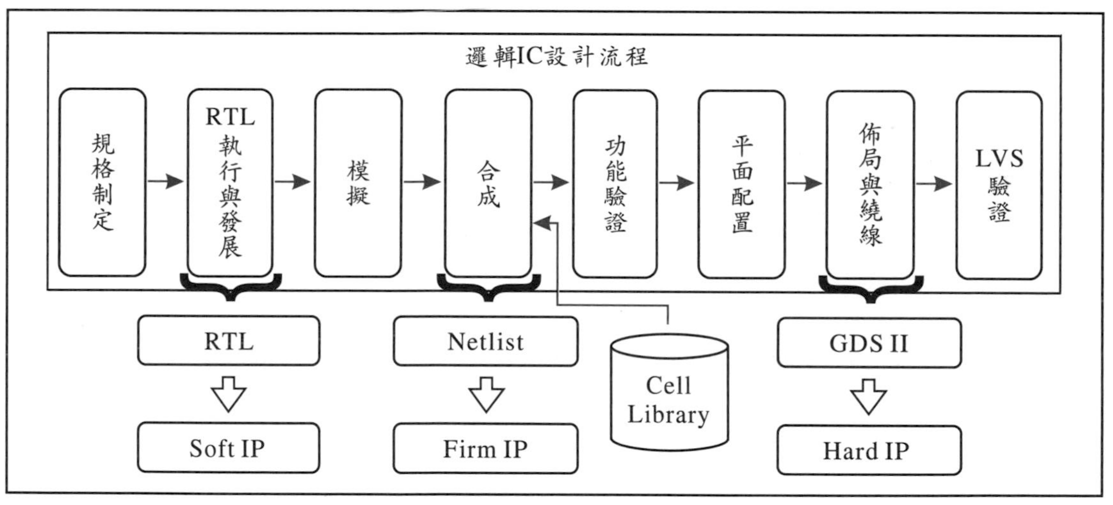

圖6.3　邏輯IC設計流程

資料來源：資策會MIC，2001年6月

3. **Hard IP**

Netlist檔案經過驗證（Verification）後，則可進入實體設計的步驟，先進行功能區塊的位置配置規劃（Floor Planning），再進行佈局與繞線（Place & Routing），完成實體的佈局與繞線後所產生的GDS II檔案，即可稱之為Hard IP。

以上三種IP，設計者除了可自行設計外，也可從企業外部取得。其特性如圖6.4所示；Soft IP與製程相關性低，且仍屬於軟體型式，所以應用彈性較大，購買後修改較為容易，但也因其未經矽驗證，所以需承受較高風險。Hard IP 與製程相關性較高，修改彈性較小，且僅能與特定晶圓代工廠之製程相容；所以，對於晶圓代工對象的選擇，也受到限制。但是，Hard IP通常已經通過矽驗證；所以，相對風險較Soft IP小。Firm IP則是屬於Gate level的SIP，目前為止仍較少被用來交易。

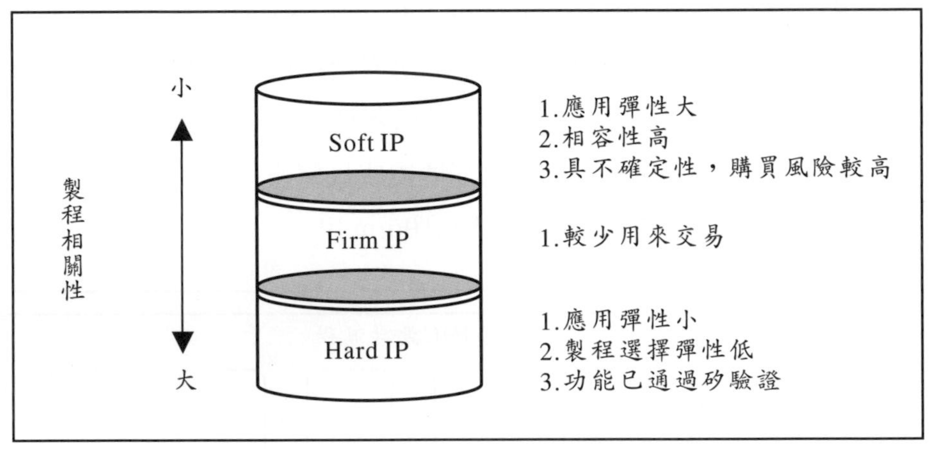

圖6.4　設計流程區分SIP的類型與其特性

資料來源：資策會MIC，2001年6月

二　依差異化程度來區分

從差異化的程度區分SIP，可將其分為Star IP（Unique IP）、Standard IP和Foundation IP三種類型。首先，Foundation IP 主要的特性是與製程相關性高，且價格低廉，如：Cell Library、Gate Array等產品；其次，Standard IP 是指符合工業標準的SIP產品，如：IEEE1394、USB2.0等。既是工業標準則表示架構公開，進入障礙較低，因此競爭激烈，雖然應用範圍相當廣泛，但產品價格會隨著下一代產品的出現迅速滑落。第三，Star IP （Unique IP）複雜性高，不易模仿，因此，進入障礙較高、競爭者少，產品具有較高的附加價值，但所需的研究開發時間也較長，產品類型包括MPU、CPU、DSP等。

三種類型SIP之差異化程度與其價值，如圖6.5所示。其中以Star IP的附加價值最高，其次依序為Standard IP、Foundation IP。不過Star IP

雖然附加價值最高，但其複雜度也相對較高，所以開發前置時間也較長，而Foundation IP則因其價格低廉，被晶圓代工廠（Foundry）視爲能提昇附加價值的服務，免費提供給客戶使用。

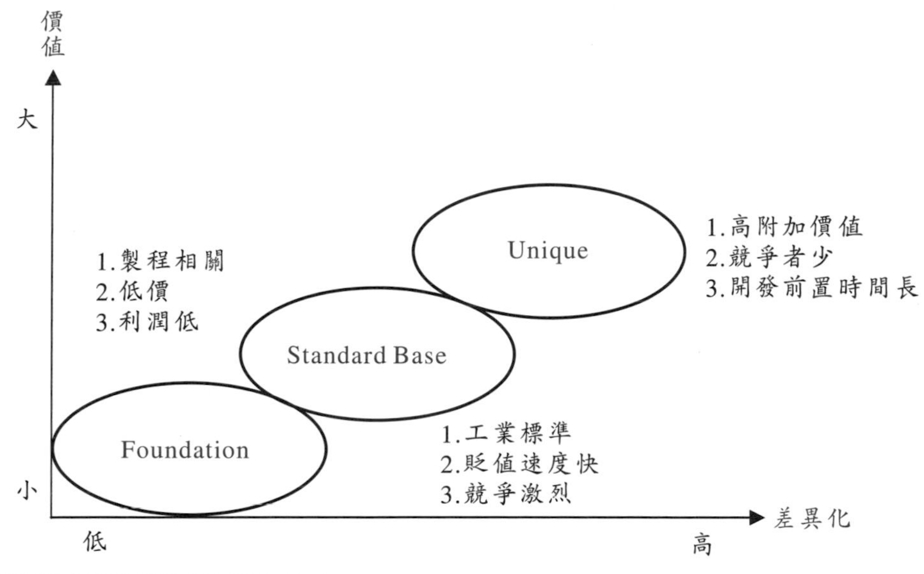

圖6.5　從差異化程度區分SIP的類型與其特性

資料來源：資策會MIC，2001年6月

6.3　SOC產業結構分析

系統廠商在選擇系統產品的積體電路內容時有三種選擇；一是向零件市場採購標準零件，二是制定系統所需規格，向一群積體電路設計、製造商發包製作多晶片模組，三是向單一的積體電路設計、製造商訂作嵌入式晶片。

後兩者的選擇則都是往SOC世代遷移的過渡行徑中，所產生的新選擇，它的價值整合方式與前述的離散零件方式有很大的差異。最主要的變化在於系統廠商定義出最終積體電路的功能和規格，而不是從零件市場上購買所需功能的元件加以組合，所以其間的整合行爲則轉到零件廠商手上。

SOC的發展不但改變了元件與系統產品的發展，同時也造成半導體與資訊產業的產業生態改變，使整個價值鏈發生變化。

6.3.1 SOC發展影響產業價值鏈

若以產業價值鏈的觀點而言；傳統價值鏈，IC業者只負責元件設計及電路設計，其餘相關的系統功能設計、軟體開發、Board layout及產品行銷與客戶服務，則由系統廠商負責。但是，在SOC下之產業價值鏈，IC業者除需對元件及電路進行設計；同時，也負責系統功能設計。另外，業者也負責軟體開發、Board layout與產品行銷，這種業者稱爲設計服務（Design Service）公司。

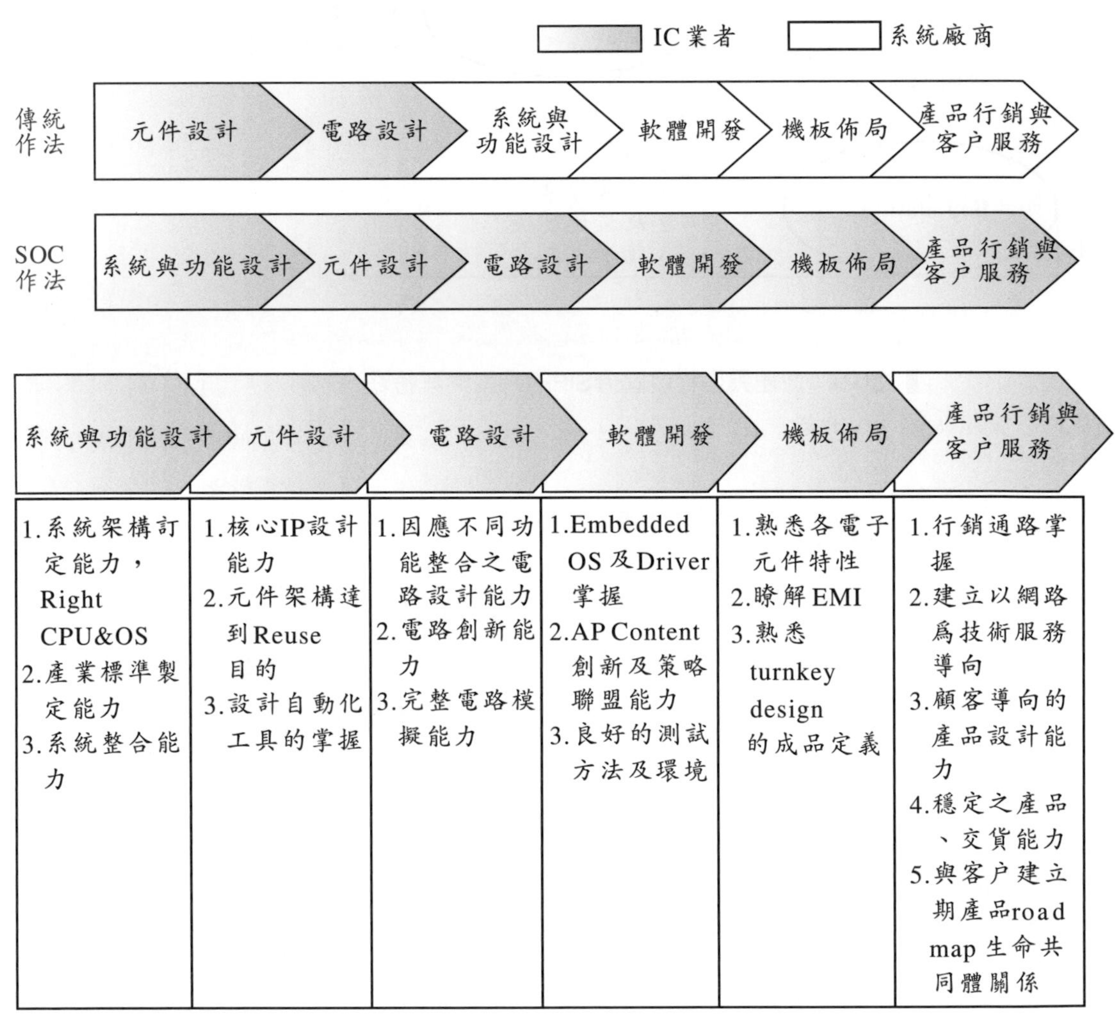

■ 圖6.6　傳統產業價值鏈及SOC時代價值鏈分析

設計服務是針對客戶的需求來完成整體的IC設計工作，並提供設計完成後Tape out至晶圓代工廠的服務，即Turnkey service，包辦完整的設計程序，以及隨後的晶片製造、封裝、測試代工等的發包工作。如此，IC設計公司更能專注於開發特定IC。SOC的設計較傳統IC複雜，IC設計公司若要獨立開發SOC，通常以公司的核心技術爲主；或是因應產品功能需求，整合其他外來IP，串連生產程序(例如：Iterface、Bus、Layout)，完成新品打樣。在業主同意後，進行晶片製造、封裝、測試等代工流程。

6.3.2 產業關聯魚骨圖

SOC關鍵成功要素包括產品功能、成本、上市時間、速度、品質、使用容易度，及電源消耗等七項，其中，產品功能是最重要的。可是SOC產品的整合度非常高，若要達成上述的目標，必須要與系統設計公司一起工作的，已不再只是ASIC或IC設計公司，還必須包括設計服務、智財（IP）提供者及EDA業者，甚至晶圓代工業者，封裝測試業者，才能確保一項劃時代新產品的誕生。其各個環節之上下游關係如圖6.7所示。

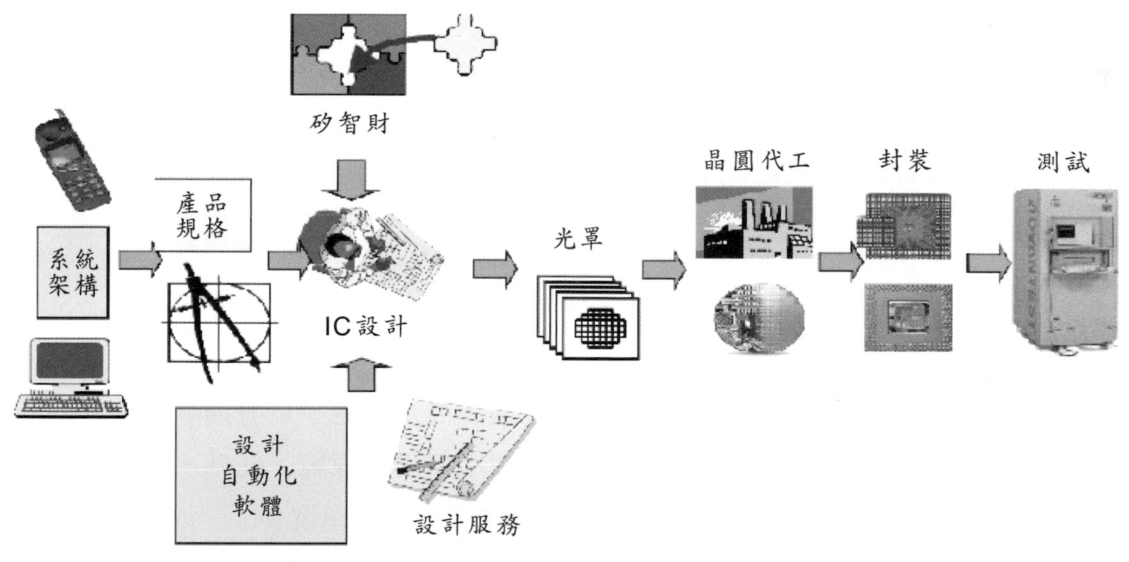

圖6.7 SOC各個環節之上下游關係

依SOC發展的趨勢將帶動第三次半導體產業的變革，影響系統公司、整合元件製造（IDM）公司、IC設計公司及晶圓代工廠的現有結構。若台灣企業能協調統合發展IP，避免重複投資，並透過全球性的IP源整合，並發揮台灣在生產製造的長處。如此，SOC及IP產業，可成爲台灣未來高附加價值的產業之一。

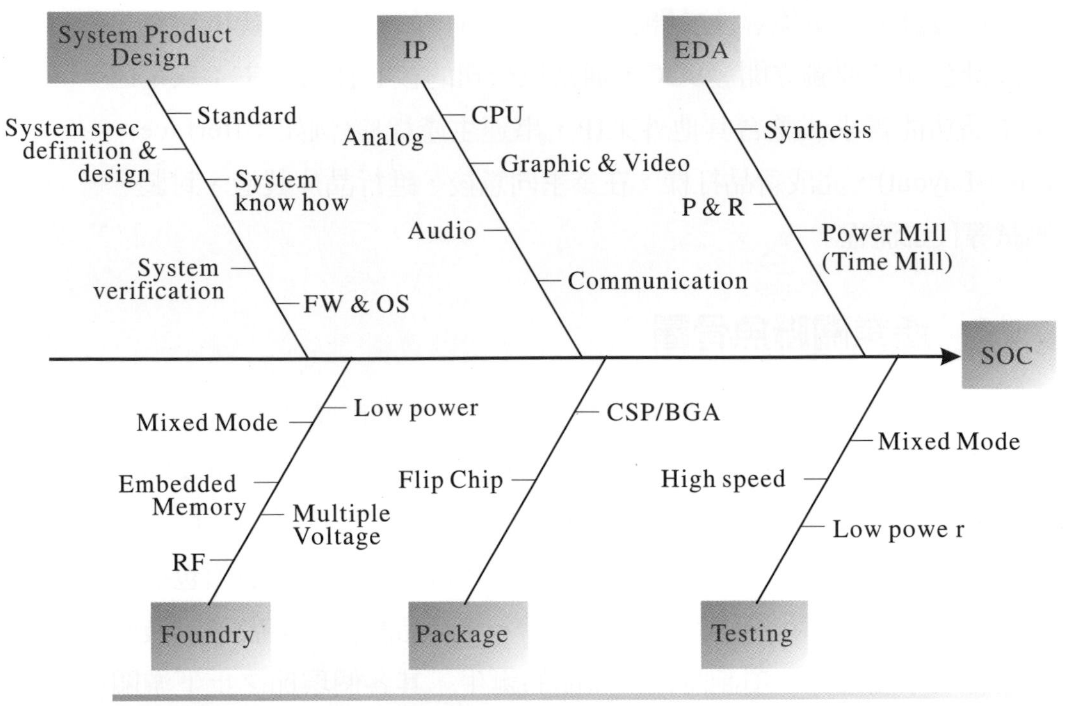

圖6.8　SOC產業之關聯魚骨圖

6.4　產業技術特性

6.4.1　產業特性分析、產業生命週期及BCG 矩陣

單晶片系統之製造牽涉的廠商包括IC 設計，設計服務，電子設計自動化軟體業（EDA），矽智財業，晶圓製造廠，封裝測試廠。SOC的發展環境除IC設計公司與系統廠策略合作外，建立SOC設計園區，以提供廠商軟體及硬體環境，並產生群聚效應，可發揮晶圓製程的優勢，匯集IP資源，建立設計重複使用與流通環境；此外，發展低成本SOC製造技術，鼓勵及支持SOC與IP設計服務產業。

目前對於適用的IP及系統產品的了解，以及工程資源都是不足的，而在製程技術方面，奈米（UDSM）級的製程包括光罩及製程能力，都還有許多挑戰待克服。

一　產品設計

SOC的整合需要OCB（Own Chip Bus）的標準化、IP介面的完備、晶片上訊號通訊自動化，以及測試的解決方案等，缺一不可。發展單晶片（SOC），並建立業者擁有更多的矽智財，成立矽智財購物中心。不過，要達到SOC目標，先建立設計平台產業，一旦設計平台建立後，在此平台上去架構各類型的應用產品。

平台式設計是系統單晶片發展過程中一種重要的設計方式，它是建構在一套基本架構上的設計。所謂平台，是包含特定的微元件、匯流排結構、嵌入式軟體介面、即時作業系統（RTOS）。因可使用同一經過驗證的架構、相容的功能模組、以及目標製程；因此，就如同電路板一般，晶片的設計也可以組合不同的IP插入虛擬插座，構成可支援完整系統功能的設計。平台式設計方法可有效縮短產品開發時間，對於生命週期趨短的系統產品而言，是相當大的突破。以平台爲核心的IC設計，已不同於傳統的IC設計方式；不僅設計方法、設計理念改變，並且強調系統硬體、軟體、與半導體製程的搭配。

所謂平台，是包含特定的微元件、匯流排結構、嵌入式軟體介面、即時作業系統。

目前已有廠商發展平台式設計方法；如Lucent所開發架構在晶片上的設計平台，其包含On-chip FPGA與嵌入式軟體，可讓使用者依不同的應用去做設定。

二 EDA Tool

EDA工具面臨愈來愈複雜的SOC的設計時，將有更多的困難。首先，如何避免產生雜訊？如何生產製造？如何測試驗證？是EDA工具的嚴格挑戰。其次，在產品設計時，必需有計劃性的管控設計與驗證時間。以6個月的產品問世爲例，過去因爲設計完成後的de-bug，到驗證完成可能就要花掉2個月時間，因此前面的設計者，可能只有4個月的時間。第三，SOC的設計難度較高，設計方法就成爲關鍵；以同樣的EDA工具，不同的設計者設計相同的主題，其設計方法會有其差異，產品的性能也會有差異。

爲幫助客戶成功開發SOC，EDA工具商，都有提供設計方法的服務部門，提供模組化設計模式，並以標準介面爲基礎，支援整合輔助工具、程式庫和IP核心技術給客戶使用。

三 矽智財業

進入到單晶片時代，必須找足矽智財(IP)，選擇適合的產品放在一起，才能完成一個單晶片的佈局線路。過去，設計公司提供time-tomarket服務，將產品（晶片）愈早交給客戶愈好。現在，轉變為提供time-to-design服務，將準備工作及收集IP的時間縮短至60天內，並將IP元件標準化設計，提高IP元件的再利用率，加快交貨速度。

四 晶圓製造廠

目前，最適合SOC應用的市場在可攜式的通訊產品，特別是手機市場。手機無論在成本、性能、攜帶性、精巧性皆是SOC十分適合發展的舞台，也可預見未來會有相當廣大市場。因此，手機中的重要元件射頻電路，是各大廠積極研發整合進SOC製程的重點。但是，嵌入式RF製程需要同時提供良好的高頻特性、低功率耗損、低成本，較一般電路的整合更需考慮半導體的特性。目前，有多種IC製程技術可用於製造無線通訊射頻元件；其中，以GaAs製程在高頻特性上性能表現最好；但是，價格過高且無法與矽製程整合是其缺點。其次，SiGe技術自1990年由IBM開發以來，其截止頻率與崩潰電壓過低等，不適用在射頻元件的缺點已大幅改善，對射頻元件在CMOS上的整合更是向前推進一大步。

由於，SiGe技術發展迅速，意法半導體（STMicroelectronics）已藉由SiGe技術來整合該公司既有的0.35微米BiCMOS製程IC，達到降低成本、降低功率消耗與雜訊等優點。在台灣，晶圓代工大廠台積電與聯電鈞投入SiGe技術；其中，台積電更由Conexant取得0.35微米SiGe技術的授權，並與Conexant共同研發0.18微米的製程技術。

在邏輯元件與記憶體的整合上，DRAM需要高操作電壓以產生高電容，因此氧化層厚度要大；相反的，邏輯元件在氧化層厚度愈薄其性能表現會愈好。嵌入式DRAM製程可以是邏輯基底（Logic Based）或是DRAM基底（DRAM Based）。邏輯基底是以邏輯製程為基礎再加入DRAM製程，此種製程邏輯部分的性能表現較好，適用於速度要求較高的產品領域，但如電荷留滯時間過長、漏電流過大、DRAM面積過大等問題還無法有良好的解決。DRAM基底製程則為了配合較複雜的邏輯線路佈局，需增加金屬層的層數，且邏輯部分的性能表現仍不足，因此適用於需要高密度記憶體但在邏輯性能要求不高的產品。

另外，在非揮發性記憶體（SRAM或Flash）與處理器整合時，在技術面與成本面都會出現很大的困難。例如：在一般用的Embedded

Flash MCU中，MCU的表現往往會被Flash的讀出速度所限制，這是因為Flash包含了能執行Rewrite功能的高電壓電晶體，為了保持其可靠度會有較長的邏輯閘即較厚的氧化層，因此讀出速度無法跟著製程的微縮而等比例提昇。

過去整個半導體製造廠商皆以數位CMOS技術為主，約佔全球產能的九成；台灣以資訊應用、低廉製造成本起家，在類比與混合訊號等技術方面較為陌生。

五 封裝測試廠

除了原先適用於CMOS製程現有傳統的封裝技術如DIP、SO、PLCC、QFP與BGA外，隨著SOC頻率的提高、晶體數增加引起的散熱問題、可攜式產品的輕薄短小需求，以及MEMS、光電、生化等技術的加入，封裝在材料、尺寸、型態等方面，將會有所不同。

無論是以需求面或是供給面的觀點，SOC都是IC未來發展的趨勢。封裝除了要滿足頻率、消耗功率、腳數等更高的需求外；不同功能與不同技術，也將逐漸被整合進入晶片中。所以，封裝產業將面臨更複雜的環境，惟有發展差異化技術能力，才有領先的機會。

系統單晶片的測試與驗證是相當耗費時間的一個項目，如果時間沒有良好的控制，將使產品的上市時程遭受延誤的危機，因此在測試與驗證上也必須投入相當的資源作開發研究。目前系統單晶片在測試與驗證所面臨的問題有三點；首先，因為系統單晶片電路的複雜度較傳統IC大幅提高，相對地所需要的測試時間也因此增加，在產品生命週期逐漸縮短的市場中，如果對此問題沒有良好的解決方式勢必對競爭力造成傷害。其次，類比電路的驗證模擬並不同於一般邏輯電路，在系統單晶片中除了各類邏輯電路之外，通常還會包含不同用途的類比電路，所以在驗證與模擬時必須使用不同的流程，過程便相形複雜許多，也因此必須增加更多的工作時間。最後，在個別電路分別測試、驗證與模擬成功之後，並不能保證整體電路的運作沒有問題，能夠提供產品所要求的功能，因此，整體電路尚需要作進一步測試，但目前並無有效的方式與工具能對複雜的系統單晶片功能進行完整的測試、驗證與模擬。

6.4.2 產業技術在S-Curve的位置

國科會於90年11月在前瞻晶片系統研究計劃中提出「SOC產業未來趨勢」如圖6.10所示，可見SOC的應用範圍。

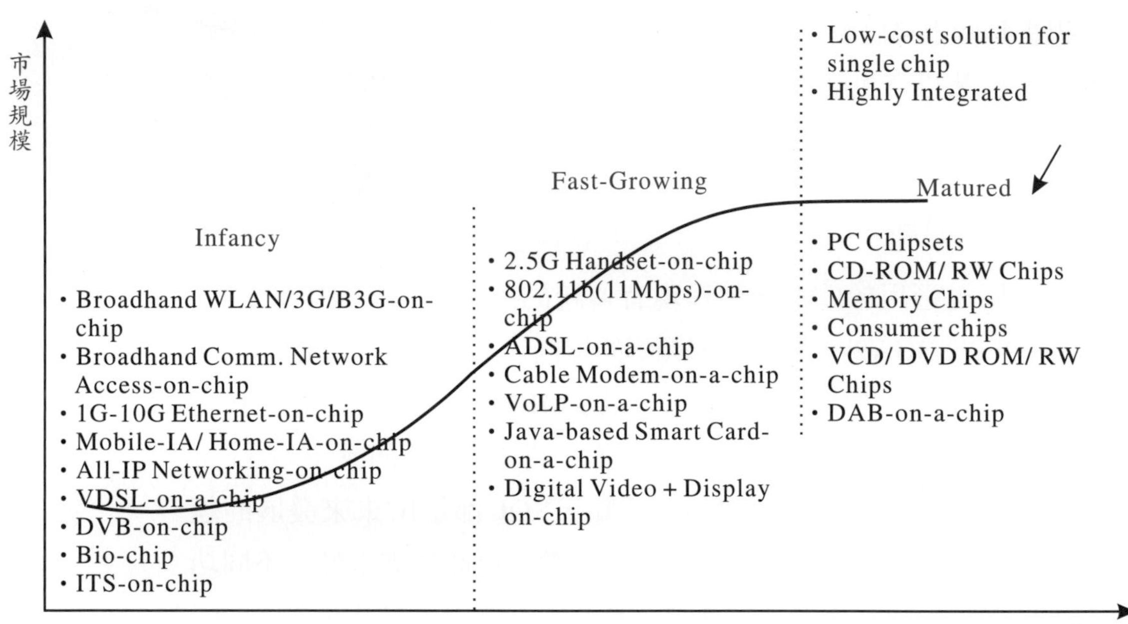

圖6.9 S曲線時點

資料來源：國科會前瞻晶片系統研究計劃

目前處於成熟期的單晶片系統應用有電腦晶片組、光碟機和燒錄機的晶片、記憶體晶片、一般消費性電子產品內的晶片等。成長期則有網路與寬頻基礎建設的應用需求，如：ADSL、Cable Modem、VoIP、智慧卡、數位錄放影機等的單系統晶片。至於才剛開始萌芽的應用，多為寬頻與通訊上的應用如寬頻WLAN/3G/B3G的晶片、寬頻通訊網路存取晶片、乙太網路晶片、行動IA與家用IA的晶片、VDSL等，與被視為全球明日之星的生物晶片。

6.5 全球競爭情勢

6.5.1 全球IP產業情勢

隨著積體電路製造技術的進步，多功能晶片甚至SOC已成爲IC設計的主流，而爲了滿足更好、更快、更便宜（Better、Faster、Cheaper）的需求，IP的重複使用（Reuse）已經是市場的潮流。在這股潮流下，IP產業各分工及競爭廠商間的合作也成爲趨勢。

6.5.2 產值、產品市場比率

根據IC Insights報告指出， SOC市場規模伴隨著半導體景氣，從2000年的31億美元，降至2001年的22億美元，預估到2006年可達66億美元。SOC在半導體產業內比例則自1997年的25%逐步提高，2002年預估可達40%，2006年則將有高達八成左右的晶片是SOC cell-based，因此SOC爲未來半導體產業發展重點趨勢（SOC Cell-Based市場規模參見圖6.11）。

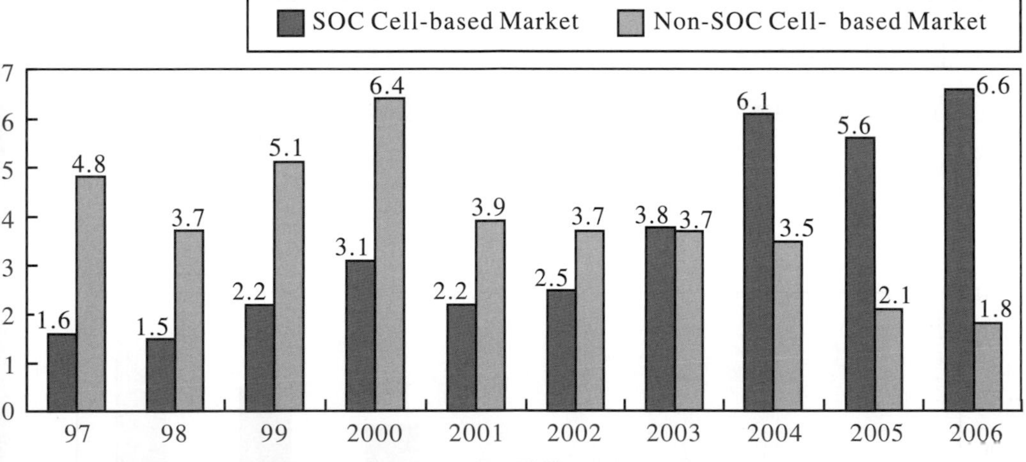

圖6.10 SOC Cell-Based IC Market（1997-2006）

單位：十億美元

Source：IC Insight：拓墣產業研究所整理，2002/11

一 SIP市場預估

全球IP市場目前處於快速成長的階段，1999年到2004年的年複合成長率高達43%，由於市場的快速成長可以趨緩供應商之間的競爭，再加上各種不同類型的IP供應商彼此間不但沒有直接的競爭關係，也常相互合作，共同發展解決方案，因此，產業中供應商之間的競爭並不激烈。根據Dataquest在2002年第一季針對全球百餘家專業IP供應商所作的調查結果顯示如圖6.12，2001年全球IP市場值達8.9億美元，較2000年的7.1億美元成長25%，在2001年全球半導體市場值衰退幅度高達32%的情況下，IP市場成長率儘管仍不及2000年達四成的高峰，但整體表現仍傲視群倫。

根據In-Stat的資料顯示，目前通訊領域產品爲IP主要市場，其次則爲消費性電子、工業、資訊以及軍事/汽車領域，預估2002年通訊市場將比重將爲56.7%，消費性則爲15%。資訊領域市場比重偏低的原因，在於資訊市場產品主要以ASSP晶片爲主，而通訊市場及消費性市場則以ASIC爲主，因此通訊及消費性成爲IP主要的應用市場。若從IP個別區域市場來分析，則可以發現美國地區爲IP的主要市場，1999年與2000年市場規模比例高達45%，其次依序爲日本、歐洲以及亞太地區。亞太地區的IP市場，佔有全球IP的比重還不到10%，主要消費族群是台灣、韓國，但未來亞太地區的成長率，應該會高過全球的平均成長率。

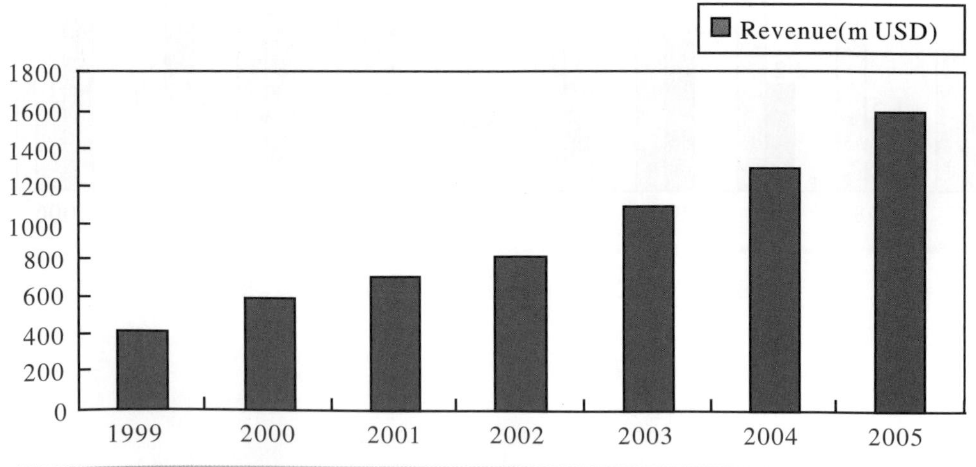

圖6.11 全球SIP市場與成長趨勢圖

資料來源：In-Stat，2001/11；此處SIP為專業SIP供應商的權利金及授權金加總

6.5.3 市場競爭分析

根據In-Stat的調查，全球約有超過200家以上SIP廠商（SIP Provider），預估未來將會有更多的廠商加入此一市場，而在全球前十大的SIP廠商中，兩家來自英國，其他八家都在美國，顯示出美國廠商在SIP發展中扮演重要的角色，反觀亞洲國家對SIP的開發便相形不足，雖然台灣在IC設計業在全球具有舉足輕重的地位，但是在SIP方面並未出現重量級的獨立IP供應商。

2001年上半年Top 10只有全球前三大IP公司ARM、RAMBUS、MIPS賺錢，因爲IP開發成本高對IP價值認定很低，加上市場喊出Free IP，因此也引發購併風潮，最後IP公司大者恆大，目前前三大IP公司在2000年合計營收約佔整體產業的45%，到了2001年之集中度則達到48%的程度，但相較於半導體的其他產業，SIP產業的寡佔情況並不那樣明顯，而產業中能提供基本型以及標準型IP（標準介面IP）的廠商愈來愈多，因此後起的小廠商的快速崛起，對於已進入產業的廠商將造成某種程度的影響。

IP的價值後PC時代的來臨，爲IA時代揭開了序幕，但是過去PC那種有標準規格，各家廠牌硬體同質性高，系統軟體及主要核心零組件（如CPU）由市場領導者Microsoft、Intel獨佔的情形，可能不再復見。

6.5.4 產業現存競爭者分析

只要是IP擁有者便能提供IP的交易，所以包括專業IP供應商、IDM、Fabless、Foundry、Design Service、系統製造商等都可以是IP供應商，只是所提供的IP依據個別不同公司的業務強處而有所不同。專業的IP供應商在IP風潮中已經成爲一股產業新勢力，根據In-Stat在2002的調查，全球約有超過200家以上專門供應IP廠商，而在全球前十大的IP廠商中，兩家來自英國，其他八家都在美國，顯示出美國廠商在IP發展中扮演重要的角色，目前全球IP市場約有5成都是由國際三大IP廠，包括ARM、MIPS、RAMBUS掌控，主要是提供Star IP的廠商，IP市場似乎有大者恆大的趨勢，而其他則是以提供基本型以及標準型IP的廠商最多。

排名第一的專業IP供應商ARM，一直以來都專注於產品效能與應用較普通的低耗能市場，並以其與作業系統、系統業者合作的方式拓展市場佔有率，同時基於其與設計服務業者、晶圓代工者、與客戶之間多元化的授權策略，其架構已被廣泛的採用，並逐漸形成一種產業標準，ARM在2001年仍穩作龍頭的地位，其主要營收的來源爲授權RISC CPU Core所得之權利金，許多行動電話半導體業者在基頻的晶片設計上，都是採用ARM Core。MIPS則強調高效能訴求，主要的產品是32/64 bit的微處理器核心（MPU core），該公司營收的主要來自消費性產品，如PS2與相關遊戲機。Tensilica、ARC Core的CPU IP強調彈性與客製化，可隨著客戶的產品需求做調整，所設計出來的產品能夠有差異化的優勢。

6.5.5 產業領導廠商

全球第一大矽智財權公司ARM成立於1990年，由英國PC廠商Acom旗下研發RISC微處理器部門獨立出來成立的（資本額爲325萬英鎊），由12位工程師共同在英國劍橋創業；第一年找到的第一個客戶就是VLSI，1993年ARM推出ARM 7核心並且首度獲得TI採用，加上市場對於32位元微處理器的需求激增，ARM的企業規模開始站穩腳步並於1998年上市，目前全球員工近700人；ARM是全球第一家以授權矽智財權爲營運模式的公司，並不直接生產與銷售晶片，而是以授權或收取權利金方式行銷其晶片技術，徹底改變微處理器以往由設計、生產到銷售的一貫化模式；包括台積電等十餘家台灣半導體業者都跟ARM簽署授權合約，支付ARM數十萬至數百萬美元不等的授權費以取得ARM的技術，過去四年來，ARM每年的營收幾乎都以50%的幅度成長。

ARM成功的關鍵在於ARM對於利基市場的選擇、技術能力、策略聯盟、軟體支援這四大因素。ARM選擇成長最快的手持式設備市場，加上這個市場是國際大廠如Intel鞭長莫及之處，取得不錯的利基點；ARM的CPU核心體積很小，整合到晶片上的成本也很低，而且在可攜式電子產品領域中，ARM是公認的最省電的方案，ARM的CPU技術符合低耗電量以及高效能需求，並獲得半導體業界廣泛支持；ARM以其與作業系統、系統業者合作的方式拓展市場佔有率，同時基於其與設計服務業者、晶圓代工者、與客戶之間多元化的授權策略，彼此可以分享資源；ARM也推出可供IC設計人員開發以ARM相關IP爲基礎的設計工具-AMBA，強大的工具支援和標準架構讓設計人員得以更有效地將該公司產品整合在所需的SOC晶片中，也就是說該公司提供的產品型式從最初硬體IP的授權一直延伸到以軟體爲主的設計工具。ARM得成功經驗闡述了一家IP公司成功的主要因素，正可提供給欲從事IP服務產業的廠商作爲參考。

低成本、低耗電量的RISC架構以英國廠商ARM是全球RISC CPU IP的龍頭，全球行動電話中，約有70%都是使用ARM的核心技術。在可攜式電子產品領域中，ARM是公認的最省電的方案。在購買ARM的技術授權後，在整合入其自行發展的IP，形成完整平台架構。在嵌入式處理器領域中建立起產業標準地位的ARM是以策略合作及結盟的方式，對客戶授權CPU Core。當Intel與Microsoft在PC業界稱霸時，ARM只是一家甫成立於1990年的小公司。時至今日，ARM以其高效能、低耗電的IP設計技術，受到電子產業的注意，甚至變成公認的產業標準。目前Intel的XScale、TI的OMAP以及Motorola的Dragonball MXx、ST的STA2000產品均向ARM取得CPU Core授權。高效能的省電設計是使ARM脫穎而出的關鍵所在；此外，ARM Core並支援開放式架構的相容性，以及可重複使用的設計元件，擁有競爭者無可匹敵的技術領先優勢。業界的領導大廠運用ARM技術作爲關鍵的研發元件，應用在系統單晶片的研發與生產上。ARM非常受歡迎的系統單晶片解決方案可支援DSP強化功能，能大幅節省晶片空間、降低複雜度、降低耗電量，並縮短上市時間。

一 Motorola的Dragonball MXx

Motorola最近所發展的DragonBall MX1，是ARM-base的產品，速度可達200MHZ，具Bluetooth的Baseband、數位相機介面、Multimedia Accelerator support（可應用在MP3及MPEG4上）、彩色TFT-LCD support、MMC、SD 及Memory Stick Card support等，功能完備，這是高整合性的SOC，主要應用在Smart Phone、Web Pad、Handheld Devices、數位多媒體播放器及無線PDA等。

二 ST的STA2000

ST在SOC的發展上已有大幅進展，在手機方面，ST將以baseband爲核心，逐漸整合多項週邊零件，而且與Nokia建立了相當密切的合作關係。ST發表了該公司的行動通訊多媒體平台架構。STA2000採ARM9T RISC處理器，其中內建了各種週邊介面，如AC97、Smart Card、Memory Stick、IrDA、USB、Smart Battery等，並且將LCD、記憶體控制器等整合進來，並支援多種作業系統，包括Symbian、EPOC、WinCE（Stinger與Pocket PC）、Palm，以及Linux，主要應用在Smart Phone、PDA、Wireless Internet Device及影像電話等。

雖然Intel 的Xscale及TI的OMAP的聲勢都十分浩大；但是，正如上述所提：未來IA SOC將是分眾市場，而非少數寡頭壟斷的局面，廠商只要掌握利基，未必受制於大廠。ARM成功的經驗告訴我們，掌握核心的關鍵技術並適時推廣，成爲業界標準；雖然是小公司，但是，掌握關鍵技術，一樣能稱霸業界。

6.6 產業結構與競爭情勢

6.6.1 歷史發展過程

過去在八十年代資訊產業致力於縮減產品體積（Downsizing），但九十年代開始有了隨身化（Nomadic）的概念，隨著多媒體、網路通訊及可攜式的技術發展，人們的生活型態變的更有效率，這也是發展SOC的關鍵之一，原因是SOC時代是屬於客戶服務的時代，因此未來十年半導體產業技術成長的主要驅動力將在於應用面和SOC整合的需求。

IC產業第二次產業變革讓以往設計、製造、封裝及測試一手包辦的IDM經營型態，分工爲Fabless、專業代工、專業封裝及專業測試四大類型廠商。台灣也乘此次產業結構重整之時機，在各專業分工領域力爭上游，建立起全球第三的半導體產業規模。

SOC時代的來臨，對全球產業環境與競爭力將會產生巨大的變化。從八〇年代到九〇年代，每開發一項新晶片約需花費兩年時間，每三年都有產品推出，業者必須累積八到十年的時間，才可在同業中竄升出來，但1990到2000年，已變成必須在九個月中推出新產品，產品開發須在一年內，至於2000年以後，很可能一個產品只要六個月，同時一家公司也許只要兩年間就可竄升起來，顯示整體的產業環境面後以往已大不相同。因此SOC時代的來臨，業者必須具備更強的研發能力與快速彈性因應的能力才可生存下來。

6.6.2 現況與願景

一 產業現況

新的一波由系統單晶片形成的產業變革中，除了製造技術上需要解決體積、效率與增加的光罩數所提昇的成本之外，設計部分更由於整顆系統整合在一顆晶片上，迫使IC設計者不只了解單一晶片的功能，還要對系統整體運作都要有相當的了解。設計業者將面臨設計能力、系統知識、訂定規格的能力、設計重複使用等方面的挑戰。

系統單晶片帶來的震撼，波及整個半導體產業與下游系統應用業者； 其影響層面之廣，與過去代工業對產業造成的衝擊並稱爲「產業變革的推手」，也一點不爲過。

國外許多成功的公司即是靠著特殊有效率的功能架構，在這一波剛剛觸動的產業變革之下，儼然成爲某些特定應用產品的產業標準。台灣以製造見長的半導體產業，在這樣的環境之下，則需要強化與下游系統業者的合作關係，並加速增進設計與系統整合的能力。

雖然目前系統單晶片發展最大的困難處在設計層面，但製程上已可預見即將面臨許多的瓶頸，例如：射頻（Radio Frequency，RF）、混合訊號（Mixed Signal）等製程，在製程整合上也面臨許多難題，正由製造業界的領先大廠積極投入研發。

工研院經資中心認爲製程的研發不只在解決技術的困難點，更應看準未來的市場需求，根據「量大」的產品市場制定製造流程。目前最適合SOC應用的市場在可攜式的通訊產品，特別是手機市場。手機無論在成本、性能、攜帶性、精巧性皆是SOC十分適合發展的舞台，也可預見未來會有相當廣大市場。因此，手機中的重要元件射頻電路，即是各大廠積極研發整合進SOC製程的重點。

二 市場現況

英特爾在IP方面採取開放架構，因此可和台灣廠商合作，截長補短。他說，英特爾和對手的競爭促使技術進步，但英特爾成長不是來自擁有更高的市佔率，而是促使市場擴大，所以重點不在於如何和對手競爭，而是在於如何和對手一起把市場擴大，使市場成長更快速。

此外，在SOC的設計階段也有些許發展瓶頸待克服。例如，原本只專精在某一種IC的業者，現在因為系統單晶片的需要，必須具備系統所需的所有know-how，因此業者需要外購這些原本不屬於自己的專業技術。外購SIP與內部各不同部門之間的設計互相流通，成為重要的組織文化與設計環境的問題。

樂觀的是，來自消費者的需求，仍推動業者鍥而不捨的尋求SOC的可行之道。行動電話就是從需求面推動系統單晶片成形的最佳例證。雖然目前行動電話距離單晶片還相當遙遠，但是晶片快速整合的趨勢卻是所有應用產品中的領先者。根據IC Insights的調查，平均每隻行動電話中的IC數目從1997年的21顆，降到2000年的12顆。此外，Dataquest對系統層次整合（System-Level Integration，簡稱SLI）的預測，也指出業者一致朝向系統單晶片的方向發展。1997年ASIC中屬於SLI的比重只有20%，但到2002年ASIC產品中將有54%屬於SLI，如果計算1997至2002年ASIC中的SLI市場值將分別是30億美元與199億美元，其年複合成長率高達46%。雖然SLI的定義僅只於功能整合，不一定是整個系統在單一晶片上，但從兩家市調公司的資訊仍明顯可以看出SOC的必然趨勢。

三 未來趨勢

資訊與通訊是IC市場兩大應用領域，主導著整體市場的興衰。

資訊應用雖然成長速度漸趨緩慢，但一直在整體市場中扮演著極重要的角色，2001年個人電腦出貨量與平均售價皆下滑將近10%的狀況下，造成周邊產品與記憶體市場的大幅衰退，使得資訊領域衰退高達37%；通訊方面過去幾年強勁的成長力道在2001年也不敵全球景氣衰退約三成，兩者使得整體IC市場衰退幅度達33%。消費性電子目前所佔比例雖只有15%左右，但在DVD、數位相機、數位電視、電玩遊戲與Smartcards等產品的帶動下，未來成長潛力雄厚。

資訊與通訊是IC市場兩大應用領域，主導著整體市場的興衰。

根據市調公司Cahners In-Stat Group最新預估，未來4年系SOC元件出貨量年成長率爲31%，2004年時達13億顆，通訊產品爲其主要市場，出貨量年成長率達43%，2004年約消耗5.76億顆SOC元件。In-Stat並指出，98年SOC元件出貨量爲1.6億顆，99年大幅成長116%，達3.45億顆，其中，約有39%用於通訊系統。SOC元件平均售價99年爲10.8美元，2000年降至10.5美元。In-Stat邏輯服務首席分析師Max Baron表示，無庸置疑，SOC元件在各個產業均相當亮眼，SOC元件因具較高的整合性，應用範圍將較標準IC來得廣。

(一) SLI（SOC）主要應用領域

近幾年全球半導體業者無不積極投入SOC（或稱System-Level-Integration）晶片的研發，圖6.12爲2000年和2004年全球前十大SOC應用產品的市場值分析。Dataquest估計2000年SOC市場規模約在200億美元，而2004年此市場更可成長至600億美元，短短四、五年間SOC市場成長三倍。

通訊和消費性電子產品爲SOC晶片主要應用領域。由圖6.13可知，近幾年市場出貨量呈現快速增加（2001年手機出貨量約4.7億支）的行動電話爲SOC晶片的第一大應用， 其次LAN/WAN同樣亦是未來相當受矚目的SOC應用產品。

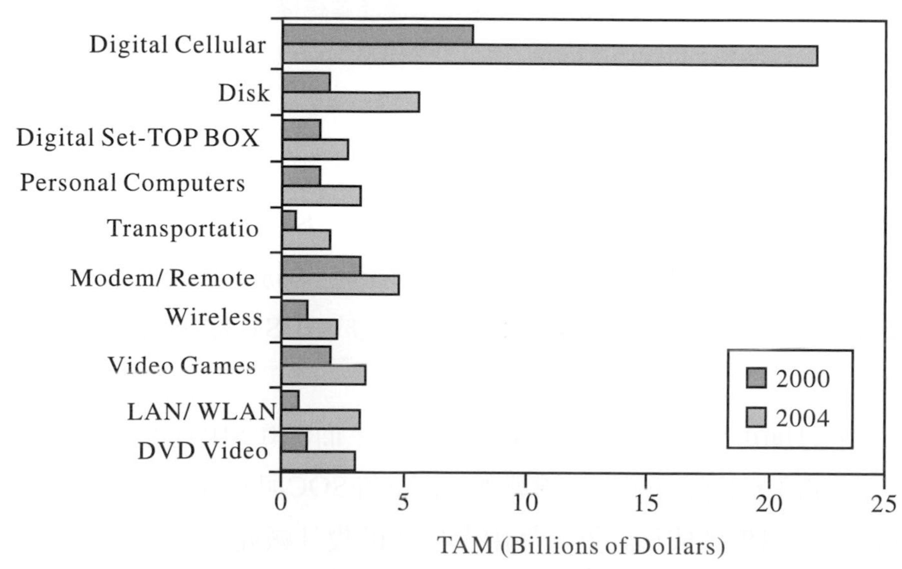

圖6.12 前十大SLI（SOC）應用領域

資料來源：Dataquest（March，2001）

四 產業分工狀況

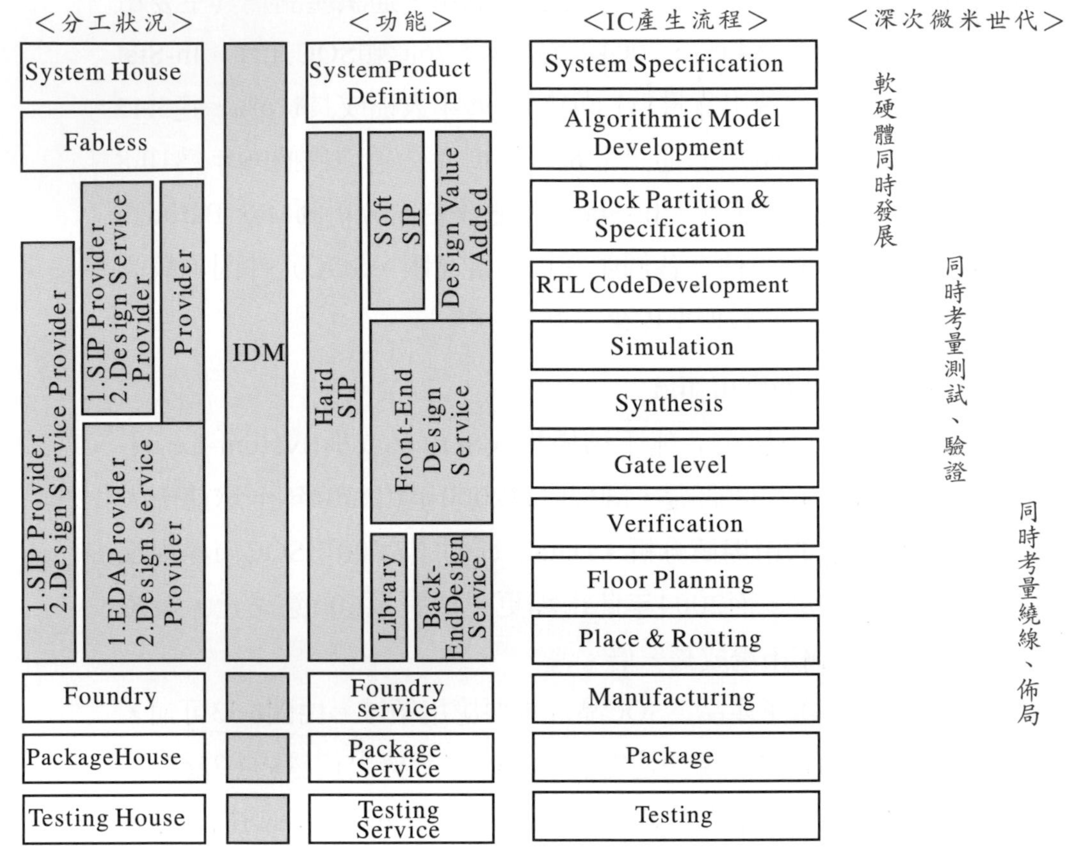

▌圖6.13 未來半導體產業結構

註：本圖各區塊面積大小不代表市場或影響力大小，只是便於界定分工的圖示。
資料來源：工研院電子所ITIS計畫（Jun. 1999）

將 IC設計流程與SIP的種類對照，產品的規格定義到產生原始RTL（Register Transfer Level）檔這一階段，屬於Soft SIP。如果再從原始RTL檔，經過合成產生Gate Level的 Netlist檔，屬於Firm SIP。從Netlist再經過佈局（Place）、繞線（Routing）完成GDS II 檔，則是屬於Hard SIP。

由於Hard SIP限定於某特定製程使用，而Soft SIP方可進一步進行整合、加值，並porting到不同製程。因此在SOC與3C整合趨勢下，Soft SIP的整合與加值成爲關鍵，使用者（如IC設計廠商）可能無法完全了解所有外購的SIP，且整合工作亦可能力有未逮。此時，新型的產業型態－IC設計服務產業（Design Service）就產生了。

設計服務可區分爲前、後段，整合、加值的工作可視爲前段設計服務；而繞線、佈局工作可視爲後段的設計服務（如圖6.14）。在這過程中，前段的設計服務亦可能包括提供SIP。從事設計服務的廠商，除了專業的設計服務業者外，也包括對設計工具純熟的EDA業者。

現在流通在市面上的SIP以Soft SIP爲主，這些主要是由專業SIP Provider及設計服務廠商所提供；Hard SIP則主要存在IDM或Fabless內部。短期內，IDM及Fabless將會逐漸釋放出Soft IP到SIP交易市場，Hard SIP則主要存於晶圓代工廠。長期來看，在眾多SIP相關組織的努力下，SIP的界面規格將趨於一致，或許以Hard SIP形式爲主的交易（亦即達到隨插即用）將成爲可能，此時晶圓代工業者的角色變得相當關鍵。

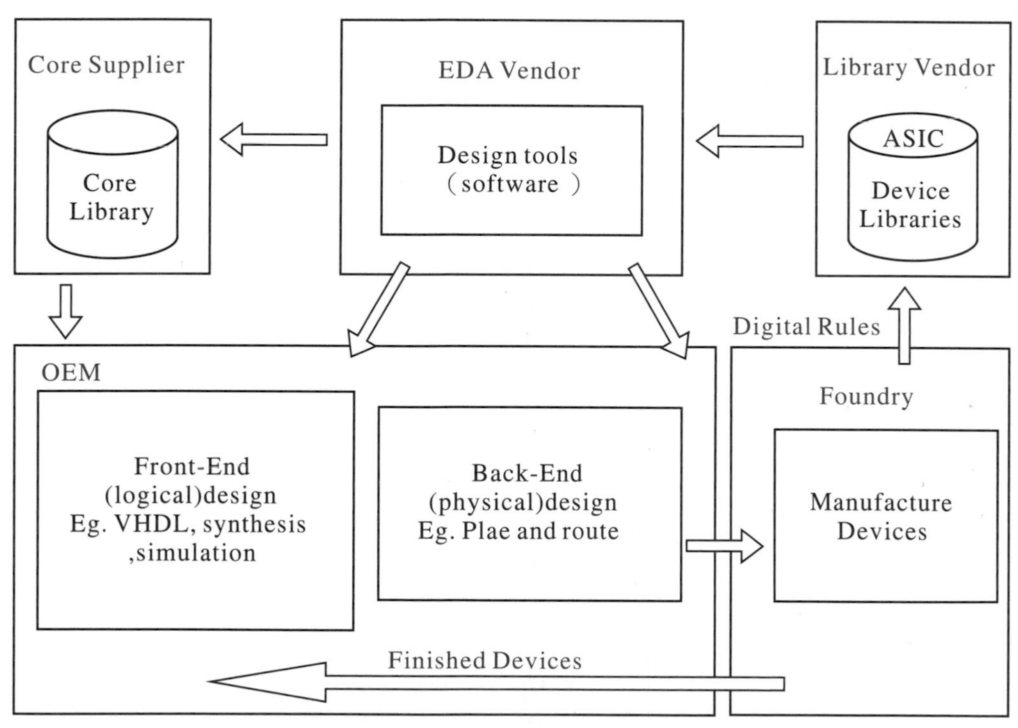

圖6.14　IC設計服務的階段劃分

資料來源：Synopsys，工研院電子所ITIS計畫（Jun. 1999）

因此，我們大致可以依製程、IC產品特性及類別三大構面，歸納出第三次產業變革下，半導體產業未來的風貌（圖6.15）。特殊製程（如Bipolar、GaAs、GeSi、Mixed Mode、高壓製程等）、製程攸關（如DRAM）及專屬權產品（如CPU）相關IC，將繼續由IDM獨領風騷；因此大哥大RF IC、DRAM及CPU等產業將仍是IDM主導。

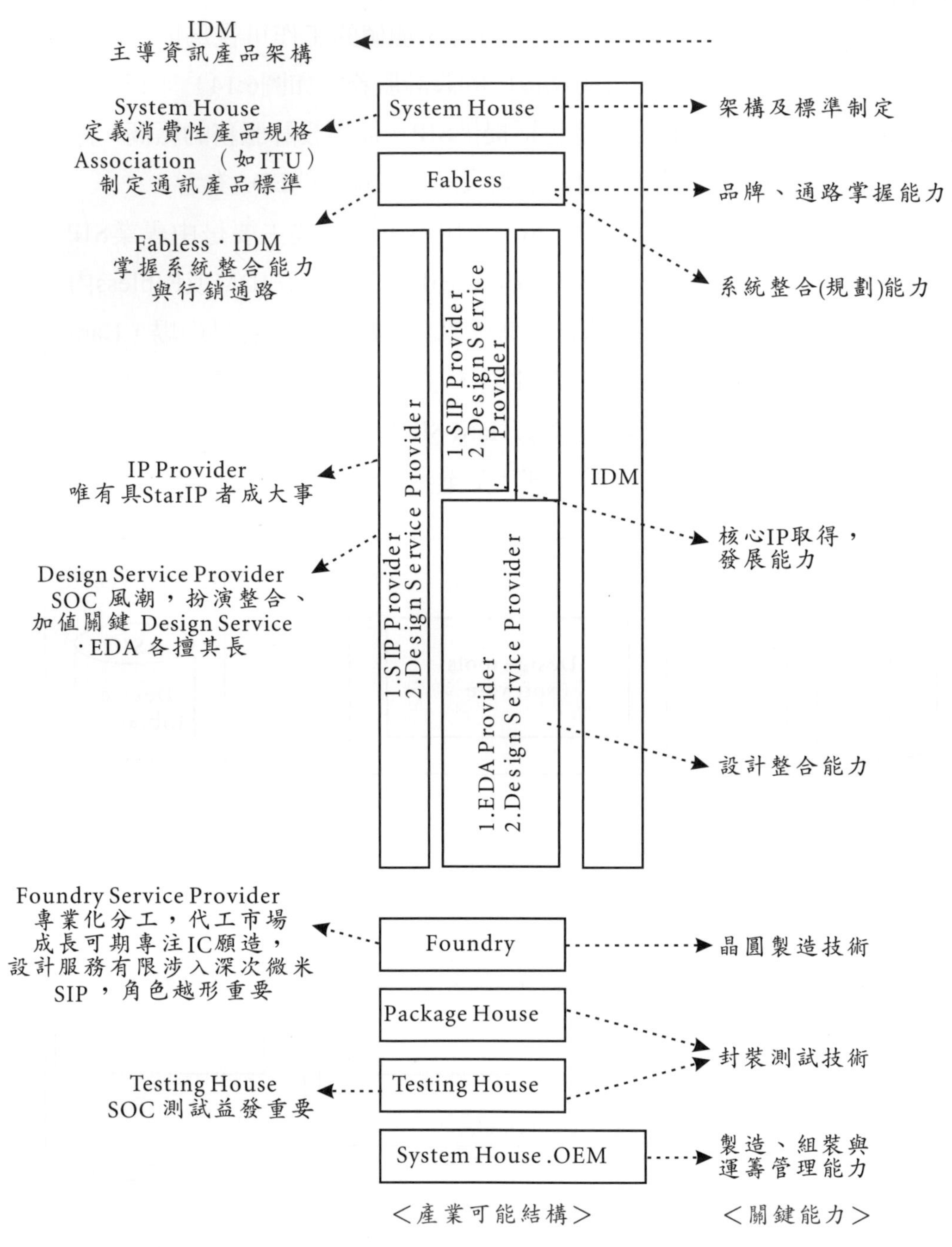

圖6.15 半導體產業未來風貌－益加專精的產業分工

資料來源：工研院電子所ITIS計畫（Jul. 1999）

但是一般製程（CMOS製程）及非專屬權IC產品部分，半導體產業未來將進一步分工為七大項：

(一) 產品規格訂定

主導系統產品架構、標準之訂定，及定義產品特性。資訊產品通常由IC廠商中之IDM所主導（如Intel），通訊及消費性產品則由協會或系統廠商主導，例如ITU（International Telecommunication Union）或由廠商組成的產品開發聯盟。

(二) 系統層次整合

當規格訂定之後，開發演算邏輯及定義功能方塊圖（Block Diagram），並掌握行銷管道與市場走勢。在這個分工區隔內，系統層次的整合能力、對消費者的喜好及通路的掌握都是關鍵能力。這個分工區隔未來將最適合由掌握行銷通路，及具系統整合能力的Fabless、IDM所擔任。這個分工區隔的廠商，必須與各項標準訂定機構及消費者市場動向，密切地保持互動。

(三) 專業SIP提供

未來SIP的市場將趨向兩極化，且強者越強。眞正差異化SIP（或稱Star SIP）進入障礙高，競爭者較少，容易有高額利潤；標準型SIP則會由設計服務公司於提供設計服務時一併提供；至於基本型SIP（Library）因與製程攸關，將合併於晶圓代工服務，並向晶圓代工業者收費。未來差異化SIP將大多由專業的SIP Provider所提供，其關鍵能力在於SIP的發展能力；不過，設計服務廠商亦會提供標準型及授權某些差異化SIP給客戶使用。因此專業SIP Provider及設計服務廠商在此分工區隔將會扮有重要角色。

(四) 設計服務

如同前文所述，設計服務之內涵包括前段設計服務之SIP整合、加值，及後段服務之繞線、佈局；也會提供某些標準SIP。設計服務業將是SIP趨勢下很重要的關鍵，也將是附加價値高的環節，其關鍵能力在於SIP設計整合、加値能力，同時也必須具有敏銳的市場觀念。而EDA廠商挾其對EDA工具之熟稔，開始介入設計服務之領域，介入範圍從前段設計到後段繞線、佈局皆有。不過設計業者在設計能力及對後段製程的熟悉度，應比EDA業者較佳，因此兩者在設計服務市場的優勝劣敗，還待時間考驗。基本上設計服務業者與現在Fabless或IDM內的設計部門的核心能力頗爲類似，人才的爭奪將避免不了。

(五) 晶圓代工服務

由於最後整合、加值、驗證過後的SIP，總是要受到製程的考驗，因此晶圓代工廠商的角色也不可忽略。雖然代工廠商畢竟還是以晶圓製造為本業，激烈的競爭與成本考量也不允許代工廠商授權太多SIP及培養太多設計人才，不過在未來越多IC的製造將由IDM/ASIC廠商轉到代工廠商的趨勢下，代工廠商將有潛力扮演集散地功能，甚至某種程度的認證角色。

(六) 裝服務

封裝服務隨著設計、製造的進一步分工，也將是專業分工越趨明顯的一個環節。最近一些IDM大廠陸續釋出封裝產能，也印證了專業封裝市場的潛力。

(七) 測試服務

如同封裝服務，測試服務也是第二次半導體產業變革下，專業分工的產物。未來隨著設計、製造、封裝的進一步分工，專業測試市場必定也會繼續成長。另外，SIP時代的挑戰之一就是來自系統層次的晶片測試。試想，一個整合了許多功能的晶片，如何測試？如何確定哪個功能組塊出錯？又如何補救？這是SOC測試的重要課題；一旦某個環節碰到瓶頸，成為重要議題，也就意味著專業分工的商機。

從未來半導體產業的分工狀況來看，台灣在晶圓代工、設計能力上及資訊產品下游應用的製造方面，是較具優勢的地方；但是產品規格訂定、系統層次整合及行銷能力則是相對較為劣勢的地方。台灣目前的當務之急應該是發揮強處、補強弱點，以迎接SIP時代。由於晶圓代工廠商在未來SIP時代將會越來越重要，而台灣又是晶圓代工的龍頭，因此大力發展SIP的流通環境，並結合專業設計服務業者，形成一個SIP的集散中心及設計服務重鎮，似乎是台灣未來可行的路。另外，由於台灣目前IC及下游應用產品之製造皆偏重於資訊產品，隨著通訊、消費性產品將成為IC應用的下階段主要驅動力，引進/發展通訊、消費性相關關鍵SIP以在特定應用領域具有領先地位，也是台灣可以採行的策略之一。最後的目標，則是使台灣在上述的基礎上，可以靈活應用SIP，產生最高的附加價值。

專業的trun key 設計服務公司，除了掌握技術之外，同時也要能夠在生產、封裝測試及交貨等細節做好管理，才能創造利潤。而turn key設計服務公司，與一般IC設計公司最大的不同，在於沒有庫存。

五 願景

在今日的商業環境中，消費者的需求變化快速而鮮明，若延誤了將產品即時推出上市的時機，就可能會錯失整個最終產品的生命週期。對製造商而言，今日的市場所呈現的，是一個完全不同的產品生命週期。消費性電子產品的市場，特別是個人電子產品，可以在短短的一年裡大起大落，遠短於許多產品的生命週期。半導體公司發現，他們必須為晶片開發的失敗預作準備，同時搶在市場需求產生之前，就先對新產品給予妥善定義。通常，這就表示在開發案開始進行時，就必須先推測出一些必要的特點和功能。

半導體公司會針對設計上的毫微米效果，進行更周延的分析，以期降低失敗的風險。由於毫微米效果肇因於線路層上的寄生效果，所以後佈局設計分析的方法，也可以偵測這些問題。使用像 Nassda LEXSIM 線路模擬器這樣的工具，設計者就可以從其設計中，發現可能會產生毫微米效果的特定區域，並加以整理。有了這樣的工具之後，工程人員就可以採取最適當的解正措施，而不必再屈就於無止盡的預防措施——讓他們更有信心去完成晶片的設計。最重要的，是設計者可以充分享受到毫微米製程技術所帶來的高效能，以及更小的晶片尺寸等利益。

在資訊應用IC分佈上，主機板仍佔最大宗比例，但未來數年其應用比例將持平甚至呈現衰退；而CD ROM光碟機應用則因市場飽和且系統產品單價大幅下滑影響下，設計業在DVD/CD ROM的應用比重將緩步下滑。至於資訊類IC所佔比例呈現成長趨勢則包括筆記型電腦和LCD監視器，其中，筆記型電腦取代桌上型電腦成為PC主要成長力道，故其應用比例將緩步上揚；此外，LCD監視器取代CRT監視器效應持續發酵，2005年LCD監視器應用比例估計將達近3%比重。

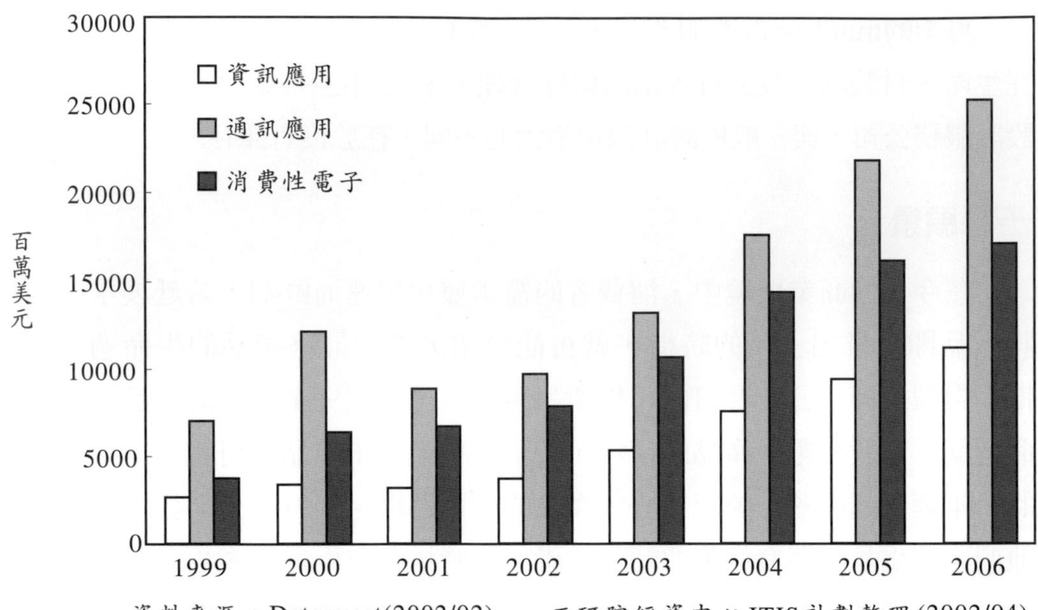

圖6.16　各應用領域的市場值

資料來源：Dataquest（2002/02），工研院經資中心ITIS計劃整理（2002/04）

在通訊應用IC領域方面，台灣設計業者向以區域網路（LAN）應用IC爲大宗，包括網路卡晶片、交換器晶片和記憶體晶片等，尤其隨著全球無線區域網路卡和高階交換器市場快速起飛下，網路卡和交換器將持續扮演通訊應用IC要角；2003年台灣業者紛紛進入晶片量產交貨階段將使網路卡和交換器應用IC比例依序上揚至4.9%和3.1%比重。至於行動電話和數位無線電話產品應用IC亦將隨著通訊應用市場擺脫2001年景氣陰霾而持續成長；其中，2003年下半年以後，台灣設計業者在行動電話用記憶體、基頻以及數位無線電話等晶片領域可見度預料將持續上升。

至於消費性應用IC領域，未來數年內台灣業者在DVD Player、DSC和PDA等數位消費性電子應用IC將呈現快速成長趨勢，2004年將各達9.3%、2.1%和1.2%的消費性IC應用比例。至於位居第二大的玩具IC（含禮品和語音產品）應用仍穩定成長，2002年至2005年間約略維持在7.4%至8.5%的消費性IC應用比重。此外，其他類（包含電子字典、家電等）消費性IC市場亦因大陸市場潛力驚人，台灣業者亦將持續投入而有穩定之發展。

6.6.3 競爭優勢來源

一 生產要素

在產品生產過程中所遭遇最大的問題是產能、交期、良率的無法掌握，這會對經營者與客戶造成莫大的困擾，因此，爲確實掌握生產產能，並提高IC的生產良率，以有效控制生產成本與交期時程，建立與晶圓代工廠長期且穩定的合作關係實屬必要。

為確實掌握生產產能，並提高IC的生產良率，以有效控制生產成本與交期時程，建立與晶圓代工廠長期且穩定的合作關係實屬必要。

Infineon執行長Ulrich Schumacher認爲，新一代SOC將新增微機電系統（MEMS）及光電功能，然現階段SOC技術已超出晶圓代工廠商的代工範圍。無論晶圓代工廠商是否具備先進CMOS邏輯製程技術，技術領先或落後IDM3個月，問題是SOC並非是主要邏輯製程技術，而是射頻及其他技術，不能期待晶圓代工廠提供這些技術。

雖然業者均看好SOC的前景，但在技術方面，Shlapak表示，除支援運算引擎、記憶體、混訊及類比元件等各項技術外，SOC必須配合架構革新，才能讓數以百萬的閘極發揮作用，而在工程人員方面，如何善用目前工程資源，實爲一大挑戰。

台積電認爲，電子商務絕對是未來B2B間的最佳運作模式，這種虛擬再整合的成效，有時並無法直接以財務上的量化數據衡量。對於Foundry而言，創造未來適於SOC趨勢的組織環境，以及實現虛擬晶圓廠的策略目標，才是當初在建置運籌體系時，難以量化卻有無比重要性的效益。

所以，台積電的運籌體系規劃，是著眼長期趨勢而主動爲之，而非因環境壓迫而被動採行，也因此，並未積極以總體財務指標、關鍵績效因子（Key Performance Index，簡稱KPI）作衡量控制。然而，在導入的過程中，量化指標仍可看出改善的端倪，如接單確認的週期（Cycle Time），就由先前的3天降爲1～1.5天。

二 市場層面（市場需求、與顧客的關係）

如何掌握客戶來源、建立與客戶長期合作關係是在市場層面最大的挑戰，因此加強技術能力、掌握關鍵IP、開發市場需求大的技術，以高附加價值的服務來擴大市場、吸引客戶、並建立長期合作關係，達成與客戶雙贏的局面。

過去設計公司講究的是time-to-market，希望產品（晶片）愈早交給客戶愈好。現在講的是time-to-design，希望把準備工作縮短，收集IP的時間減少，從過去三到六個月，減至二到一個月內，以此掌握交貨期。

三 技術或研發（創新、研發技術、製程技術）

設計技術是設計服務業的核心競爭力所在，因此提高技術掌握能力，積極獲得先進IC製程與設計流程，以及掌握關鍵IP來源及相關技術，以拉大與競爭者之間技術能力之差距是降低技術風險的不二法門。

另外在材料和封裝技術上也必須作更進一步的改善，尤其封裝測試技術更是一個關鍵點。原因是目前晶圓是以批式生產的，未來進入十二吋世代後，每片晶圓將可產出高達上萬顆的IC，但是目前封裝和測試工作仍是逐顆進行，屆時將成爲整個流程中的瓶頸。

對於SOC的測試問題，業者認爲，SOC在一開始設計時，就必須將測試條件考慮進去。若不在設計時就將測試考慮進去，則偵錯的涵蓋率（fault coverage）可能只達到30～40%，若遇到問題，到閘層級（Gate level）才改就太慢。

ITRS的預測中，自2002年起，SOC晶片中記憶體佔的面積會達50%以上，以後更會逐年提高至90%。即使記憶體廠商佔SOC中如此高的份量，也很難獨立完成一個SOC，因爲其餘的10%，雖然是較小的百分比，但卻是要緊的高性能邏輯線路，在目前記憶體與與邏輯廠商涇渭分明的產業生態下，協力或者是策略聯盟是唯一的解決方案。

廠商之間的策略聯盟是產業常態，但是常見的是上下游的垂直聯盟；同質性的廠商最多也只是在技術研發、規格制訂、產能保留等環節來結盟；兩個在市場上於相同產品區隔中直接競爭的廠商，對系統廠商的需求合作爭取訂單則極爲少見，但是在系統廠商要求兩個以上供應商的策略下，競爭的零件廠商在最重要的商業環節上 — 客戶爭取上（account acquisition）也被迫合作。

長遠來看，虛擬事業體由於完全針對新興市場而設，將有可能取代個別參與廠商而成爲營業主體，此時就可以將虛擬事業體更進一步轉化成眞實的事業體。而此事業體也有向一前系統廠商的採購行爲，只不過採購的不是硬體的成分零件，而是向各零件廠商採購其核心的技術能力。

包括如何避免雜訊、驗證、設計時就考慮到可製造、可測試的問題等，都是EDA工具的嚴格挑戰。

四 產業結構組成(上下游廠商的關係、相關支援廠商的配合)

在材料和封裝技術上也必須作更進一步的改善，尤其封裝測試技術更是一個關鍵點。原因是目前晶圓是以批式生產的，未來進入12吋世代後，每片晶圓將可產出高達上萬顆的IC，但是目前封裝和測試工作仍是逐顆進行，屆時將成爲整個流程中的瓶頸。

五 基礎建設（研發機構、科學園區）

過去台灣的半導體產業是建立在成功的上中下游產業鏈整合，再配合系統產品開發，爲台灣電子產業奠下成功基礎。而台灣半導體產業也以具彈性的商品應用及具競爭的成本結構優勢，爲台灣在全球半導體產業中找到很好的利基。但面對SOC世代，這種優勢可能會失去，包括系統廠商已將生產基地移往中國大陸、完整的上中下游半導體產業鏈也可能變得不具意義，低成本結構也會因此降低，這些對台灣半導體產業會是很大的衝擊。

工研院矽晶中心副主任林清祥以「經濟部半導體產業推動辦公室」主任的身分出席「兩兆產業高峰論壇」的會前記者會表示，2002年初發表的「矽導計畫」，其實就是政府決定讓台灣8吋晶圓廠西移的同時，同時啓動的後續對應政策。

林清祥說，政府打算在三年內投入新台幣77億元讓台灣發展出兼有半導體製造和SOC設計的雙軸心，但目前最大的問題還是出在人才不足，光是SOC的相關業界，台灣每年至少缺額達1,000人以上。目前半導體產業推動辦公室打算讓部分非SOC專精但具有潛力轉型的物理或化學界人才，能透過第二專長訓練轉入SOC界。

此外，政府也擬設立「半導體學院」培植人才，實際執行相關政策的經濟部工業局電子資訊組組長沈榮津表示，未來這個學院究竟是由民間單一的企業承辦，藉其硬體設備訓練人才以及學院的制度和學員來源等問題尚在研究中，但沈榮津表示，目前就連「海外人才來台駐台時間放寬，甚至包括大陸人才的部分」都已經考慮進去，希望能儘快補足半導體人才荒。

由於IDM大廠挾帶其優秀的開發能力、製程技術及豐富的IP，進入SOC門檻相對低很多，相較於台灣IC設計公司IP數量不多、晶圓代工廠經驗不足，嚴重危及台灣進入SOC進度。如何因應就成爲現階段台灣廠商最重要的課題。他呼籲，產官學界三方須出面早日解決此事，建立一完整SOC產業架構，發展SOC共用平台、訂出設計標準產品及程序、整合製造商及後段封測技術，一起爲台灣開出另一條路來。

六 行銷方式、通路

製造業在七〇年代是美國最強，八〇年代則由日本取代，之後則是韓國、台灣當道。這個時期可說是台灣的第一次產業革命，台灣的成功是在於管理、事業模式（如晶圓代工）等的創新，尤其是將垂直分工整合的模式發揮到極致。 我們現在不應滿足只是作ODM、OEM或晶圓代工，下一步，也就是台灣的第二次產業革命應該是「創新與智慧的產品與品牌」（Innovative Intelligent Product and brand）。他說，台灣現在是製造強、產品較少，至於品牌則更是小小的，只有宏碁、捷安特等幾家，形成一個不穩定的倒三角。而這種狀況是先進國家中少見的，就連芬蘭、韓國等都有不少知名品牌。他認爲，台灣應該加重提昇產品與品牌。

七 法令

台灣的獎勵投資制度必須調整，因爲投資獎勵規定需將軟體與硬體分開處理，只有硬體部分才能抵稅，但是SIP本身性質特殊，在軟硬體上難以歸類，獎勵政策若能調整將有助於產業發展與推動；台灣在系統單晶片（SOC）上應該很有機會，做SOC、系統設計的能力很強，僅次於美國，雖然它的未來路還很漫長，但是台灣的價值就在於整體的價值（the value is in the whole），台灣業者應該更清楚自己的優勢何在，而更集中資源（focus）去發展，去建立自己產品的差異化，以求在SIP產業中有自己的一席國際地位，並且帶動SOC以及IC設計業的再升級。

SIP本身性質特殊，在軟硬體上難以歸類，獎勵政策若能調整將有助於產業發展與推動。

八 企業定位

在電子產品輕薄短小的發展趨勢下，系統單晶片已成爲未來IC設計的發展方向，而它除了獲得設計業者的青睞外，也吸引了包括晶圓代工、封裝測試等相關業者紛紛投入推出相關的服務，而台灣未來要如何在全球SOC市場上取得一席之地，工業技術研究院產業經濟與資訊服務中心產業分析師吳欣怡建議，產業界應加強系統與IC設計廠商之連結，並擷取國家型半導體發展計畫，同時增加全球廠商的合作關係，以強化台灣SOC之競爭力。

因台灣專長於晶圓代工，所以台灣業者多是以設計服務業來切入此一市場，不像其他地區的發展，多半是以提供各式各樣的矽智權爲主。例如，目前營收居台灣設計服務業者中之冠的智原，與聯電的合作關係密切，而其推出的套裝服務可讓客戶獲得完整的服務。綜觀台灣的SOC產業，由於產業的進入技術門檻不高，因此吸引了許多業者的進入，也造就了大小規模互見的不同公司，而由於它們本身具有的核心矽智權產品較少，因此，多半採取與明星級IP大廠聯盟的策略，而業者也由於因產業的晶圓代工特性使然，所以這些設計服務業者多半與代工業者具有密切配合的關係。

九 產業產品標準的制訂

目前系統單晶片的運算引擎單元是以使用32位元、精簡指令（RISC）的嵌入式微處理器爲大宗，其中又以使用ARM core的數量最多，第二是MIPS core。ARM core的優點是處理器的效能高，並且晶粒小，而其所內嵌的軟體程式密度高（tight code density），並且有多家Third party支援相關的硬體與軟體，使得ARM core在使用上具有相當大的便利性，也因此擁有最大的市場。因爲ARM core目前的市場佔有率最大，特別是在通訊市場，其中無線通訊產品更有超過一半以上的佔有率，因此，ARM所採用的一些規格也廣泛爲業界所採用，例如AMBA即爲一例。

AMBA（Advanced Microcontroller Bus Architecture）是由ARM所開發且免費授權使用的開放架構規格，由於有愈來愈多的IC設計公司採用AMBA，因此已逐漸成爲建構系統單晶片與開發IP的重要產業標準。AMBA爲一開放型匯流排標準，它對系統單晶片上不同功能模組間的連線與管理規則做了詳細的描述，並且明確定義了系統單晶片模組間的骨幹架構，如此便可讓包含多個CPU與周邊模組的嵌入式微處理器更容易開發，並使設計重複使用的設計方法會更容易。AMBA提供結合各種IP之數位連接平台，因此是促成IP重複使用的重要推手。經由標準AMBA介面，不需知道IP模組最後組成之系統功能便可做IP之設計與測試。

所謂平台，乃是包含特定的微元件、匯流排結構、嵌入式軟體介面、即時作業系統（RTOS），因爲可使用同一經過驗證的架構、相容的功能模組、以及目標製程，因此就如同電路板一般，晶片的設計也可以組合不同的IP插入虛擬插座而構成一個可支援完整系統功能的設計。平台式設計方法可有效縮短產品開發時間，對於生命週期趨短的系統產品來說這是相當大的突破。

因此，政府應扮演媒合角色，讓SOC業者坐下來取得共識，並與大陸合作發展平台技術，讓台灣從跟隨者（follower）進階成標準制定者（standarder），掌握研發的先機。

十 企業營運管理能力

智原在美國已經有2家客戶採用0.13微米製程，一旦設計完成，聯電良率是否令人安心，將是智原能不能順利敲下訂單的重大挑戰。而聯電在SOC製程方面，尤其是嵌入式記憶體的時程，也是受矚目的焦點。

與ARM談下來的合作關係，對智原來說，目前僅是打開很好的商機，而敲下需要先進技術的客戶，也僅是商機的醞釀。智原能否將商機變爲業績，聯電的製程能力、管理與良率等要素，才是最重要的成功關鍵。如果智原已經握有各種IP、聯盟伙伴與客戶，在完成設計時卻因後段製造不能讓客戶滿意，或者是晶圓廠的SOC製程還沒有齊備，那好比是菜已經準備下鍋，油卻還沒熱，除非改爐換灶，否則就只能等待。

十 其它

一般而言，完整的SOC代表在單一顆IC上，完整整合包括處理器、記憶體、混合訊號IC、視訊或音訊的多媒體IC、網路IC及各種周邊IC。創意電子成立以來，在各種IP上進行驗證，目的是讓客戶的TTD時間縮短到2個星期以內。

如果沒有把各種IP事先準備好，面對客戶上門要做SOC，很可能就會因爲缺少某一個IP，而將開始設計的時間嚴重延遲下來。舉例說，有的IP原來是在日本或美國的晶圓廠，以0.35微米的製程技術生產，設計服務公司在取得IP技術後，不但要花時間重新設計線路，同時還要到晶圓廠去試產，才能驗證這個IP在台灣的晶圓廠以0.25微米的製程生產沒有問題，這些動作如果不是預先準備好，等到客戶上門才做，很可能就得讓客戶等上6個月，整個設計工作才能開始。

台灣的半導體產業架構完整，從前段的晶圓代工到後段的封裝測試都相當成熟，所以很有機會發展成全球的SOC設計服務中心，吸引全世界客戶來台灣做SOC的IC設計。而想成爲SOC設計服務公司的先決條件在於，先將各種IP準備妥當，才能在客戶上門時，以最快速度開始設計。

想成為SOC設計服務公司的先決條件在於，先將各種IP準備妥當，才能在客戶上門時，以最快速度開始設計。

6.6.4 全球SIP區域市場分析

主要的SIP供應商均爲美國與歐洲廠商(如表6.4)，美國地區更是爲SIP的主要市場(如圖6.17)，其1999年與2000年的市場規模比例均高達45%以上，主要廠商有MIPS、Rambus、Mentor Graphics、Synopsys、Insilicon等Star IP vendor。ARM（UK）、MIPS（US）與Rambus（US）三家公司的市場佔有率就超過40%。而日本市場所佔的百分比有下滑趨勢，亞太與歐洲市場規模則日益提昇。

表6.4 主要SIP供應商　　單位：百萬美元 / %

排名	公司	2000年營收	2001年營收	2001年成長率(%)	市場佔有率(%)
1	ARM	130.1	179.0	37.6	20.1
2	Rambus	95.1	107.3	12.8	12.0
3	MIPS Tech.	88.5	70.2	-20.7	7.9
	Industry Total	713.5	891.6	25.0	40

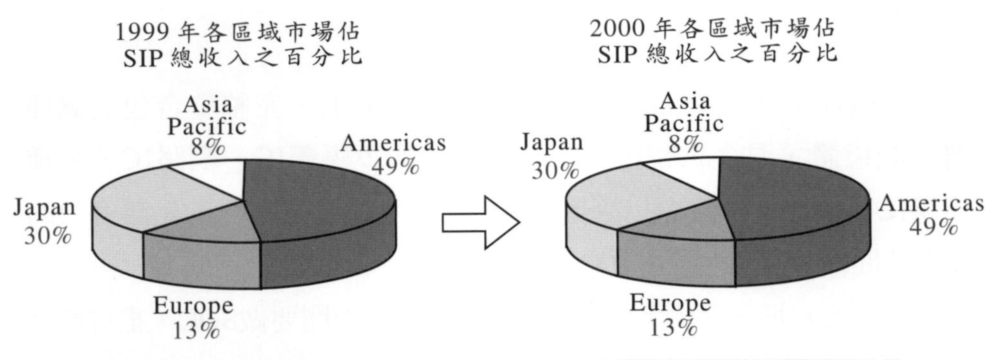

圖6.17 全球SIP區域市場

若比較SIP各地區的成長幅度，2001年美洲地區仍爲SIP最大的市場，但未來成長幅度亦有趨緩的情形，其佔全球SIP產值的比例將呈現略爲下滑的趨勢，工研院經資中心預估至2004年美洲地區的市場佔有率爲45%。2001年日本地區成長幅度較其他地區爲低，僅有6%的成長，而佔有率亦由1999年的30.3%，降至2001年的21%，預估2003年其市佔率將再降至19%。在歐洲半導體大廠與主要SIP廠商合作的趨勢漸增下，預估歐洲地區在2003年將超越日本地區，達到21%的佔有率。

工研院經資中心分析目前亞太地區（台灣、新加坡、南韓等）SIP的市場規模尚小，但觀察近期台灣地區的「IC設計公司」與「設計服務業」的蓬勃發展，以及國外SIP明星級廠商（如ARM、MIPS與Tensilica等公司）紛紛在台灣地區授權新的設計服務中心趨勢，預估主要SIP廠商在授權費與權利金在亞太地區將會有增加的趨勢。若依數字來看，2001年亞太地區的市場值爲1.06億美金，亦較2000年成長43.7%，佔全球的11.8%；預估至2004年之市佔率將達到16.8%，如圖6.18。

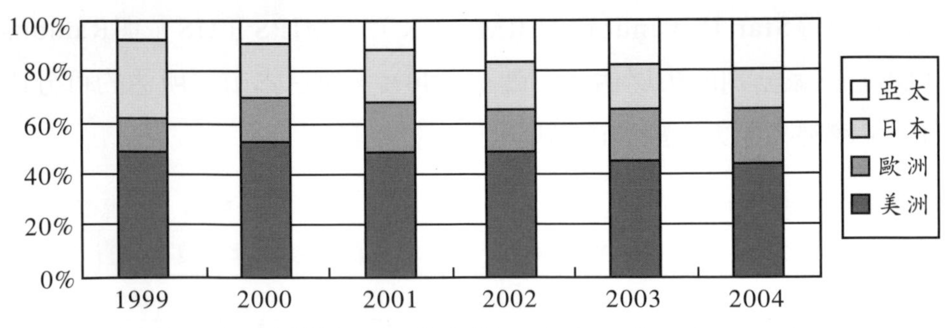

圖 6.18 主要SIP廠商在授權費與權利金的市佔率

資料來源：Dataquest；工研院經資中心ITIS計劃整理（2002/10）

6.6.5 台灣SIP產業之主要廠商

台灣的SIP廠商，如圖6.19，均源自於設計服務業者，並無僅提供SIP的供應商，其營收來源仍側重於後段設計服務與Turnkey服務，主要的原因在於台灣目前自行研發的IP以週邊IP或簡單的I/O cell爲主。

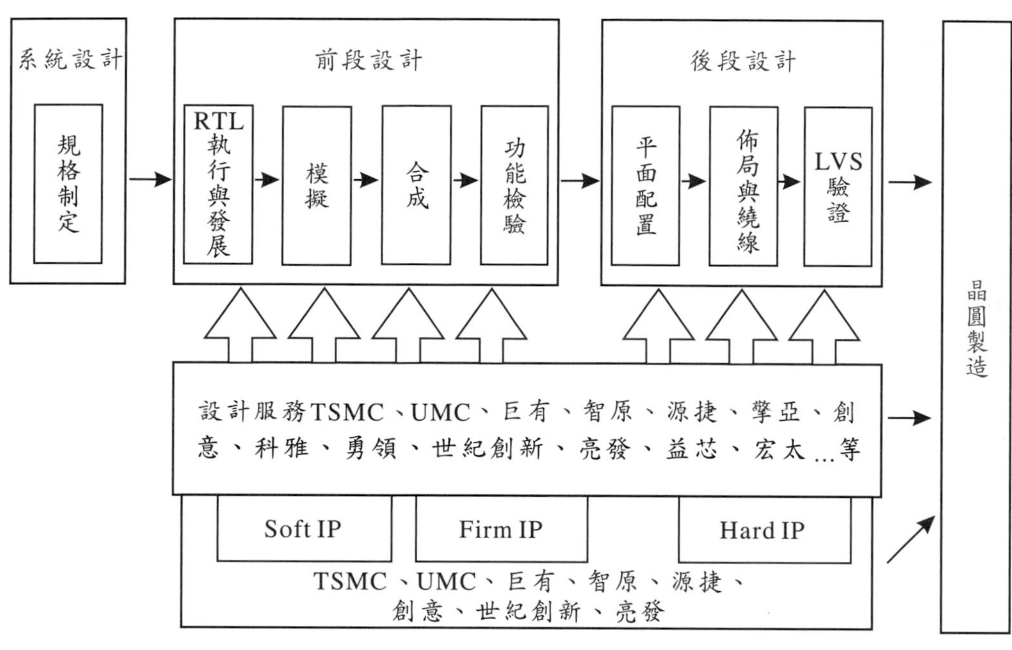

圖6.19 台灣的SIP廠商

由於目前台灣設計服務公司所提供的IP多屬標準型的IP，相較於明星級IP而言，其價值較低，因此無法爲公司帶來大量的收入；根據工研院經資中心統計，如圖6.20，台灣設計服務公司IP的營收佔公司總營收的比重皆在10%以下，而主要的來源還是在於Layout Service與Turn-Key Service兩方面，但隨著源捷、創意與亮發等公司相繼獲得國外ARM與Tensilica等公司的授權，再加上客戶的需求，將會有愈來愈多台灣的設計服務業者也將扮演「提供IP」的角色。

在「IP與設計服務」的總產值方面，台灣產業的情形與全球SIP產業相仿，2001年的不景氣並未對此一產業帶來太大的影響，台灣「IP與設計服務」產業在去年仍有18%的成長，而未來的兩年間，其成長約在20%上下，堪稱穩定。

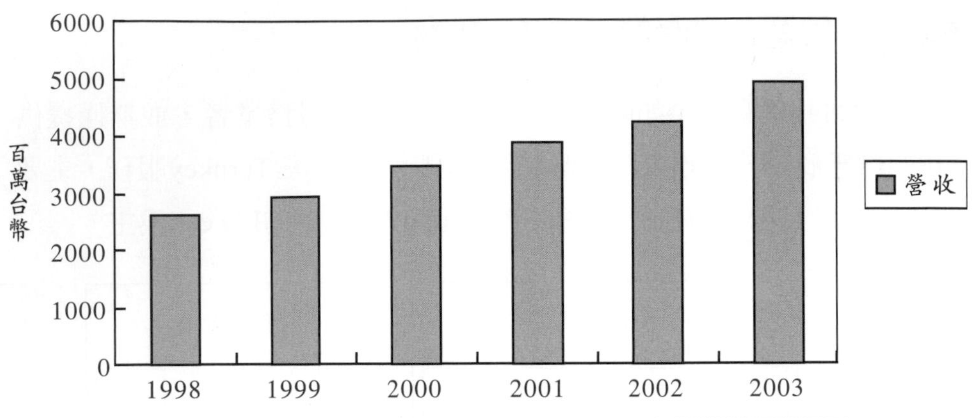

▌圖6.20 台灣設計服務（包含IP的提供與設計服務）產業產值

資料來源：工研院經資中心ITIS計劃（2002/06）

6.6.6 全球IC設計產業產值分佈

將2000年全球IC設計產值，依國家分佈來分析，美國佔52%，台灣佔21%，加拿大、英國及以色列則分別有4%、4%、3%的佔有率。台灣的IC設計產業在2000年產值達36.7億美金，成爲全世界僅次於美國的第二大IC設計國家。到了2001年亦高達36.2億美元，佔全球市場佔有率的25.9%，配合並強化現有Foundry的技術基礎，台灣則擁有發展SOC產業的相對優勢。

6.6.7 台灣SOC產業SWOT分析

▌表6.5 SWOT分析

優勢（Strengths）	劣勢（Weaknesses）
廠商技術合作關係的掌握能力 顧客關係的建立能力與顧客導向之營運能力 資金的籌措能力	研發人員素質的掌握及培育能力 顧客教育能力與市場領導優勢 元件設計與核心IP開發之創新能力
機會（Opportunities）	**威脅（Threats）**
策略聯盟的靈活運用能力 IP取得能力 研發資料庫完整的掌握能力	製程能力的掌握與效率優勢 研發團隊的整合能力 IP資料庫完整性的掌握能力 元件設計與核心IP開發之創新能力

一 台灣發展IP Mall & Star IP Provider的競爭優勢

由於台灣半導體產業體系完整、分工細密，產業群聚明顯，廠商技術合作關係密切，加上晶圓廠龍頭台積電所建立的 Virtual Fab 營運模式對開發新客戶及既有客戶關係的維持上成效卓著，更加強了台灣在發展IP Mall與Star IP Provider的優勢。除此之外，台灣亦具有健全的高科技資本市場，使得企業籌資管道選擇多且自由。

二 台灣發展IP Mall & Star IP Provider的競爭劣勢

台灣在研發人員素質的掌握及培育能力仍欠佳：缺乏長期培養人才的決心與耐心、缺乏基礎研究人員、缺乏大量應用研發人員、缺乏智產管理人員與挖角風氣盛行，導致研發人員的素質一直無法有效的精進，關鍵元件之設計能力亦顯不足。在品牌的建立上亦屬困難，Time to Market 難以掌握，無法與歐美跨國大型企業競爭，而新進市場的小型公司創新能力、彈性不足、與風險承擔能力不足，在加上國際大廠壟斷而缺乏制定系統規格的機會與能力。

三 台灣發展IP Mall & Star IP Provider的競爭機會

由於台灣擁有最龐大且細分的IC、半導體產業陣容，並有最先進的IC服務業，可以靈活運用策略聯盟，加上台灣現階段取得國外IP大廠的認證與授權能力，與研發資料庫完整的掌握能力，更可提昇台灣在國際上的競爭力。

四 台灣發展IP Mall & Star IP Provider的競爭威脅

相關分析有十六個要點；首先，台灣相關業者能有效掌握製程能力與效率優勢。製造成本太高；其次，小型業者負擔不起或風險過高（如光罩成本高達兩千多萬）。產品測試不易；第三，測試標準尚未訂定，測試難度提昇與認定錯誤困難，測試的成本與品質難以取捨。第四，研發團隊的整合能力有加強空間。第五，設計整合困難；隨著矽晶體電路佈局與設計方式的複雜程度升高，以及軟硬體間的整合不易，產生研發與生產製造困難度加大。第六，臺灣現存半導體產業著重於垂直分工，對於跨領域技術整合較不成熟。第七，元件設計與核心IP開發之創新能力有加強空間。第八，設計流程尚未標準化；業界尚無統一標準。（Platform or Derivative Design Methodology）。第九，設計方法的取捨：建立IP（成本較高且較費時；殘餘價值論）或直接套用現有設計。第十，國外廠商掌控設計工具；設計程式、儀器、偵錯程式等均由國外廠商掌控。第十一，系統整合能力不足；台灣廠商對於類比與數位訊號混合設計、混合測試等高難度問題尚無法有效克服。第十二，IP資料庫完整性的掌握能力不足。第十三，安全問題；競爭武器拱手讓人。第十四，法律問題；智慧財產權管理。第十五，品質問題；IP品質與效能是否適用、價格是否合理。第十六，服務問題，只買IP或連同產品設計服務的選擇。

6.7 產業組合模式分析

6.7.1 產業提昇競爭優勢關鍵條件

台灣需朝向多元化的經營方式：掌握多元化的技術、具備市場的領導優勢、完善的法規與管理能力、掌握完整的智財權資料庫等。於產品領導方面需具備：元件設計的創新能力、製程創新能力、研發人員素質的掌握及培育能力、研發團隊的整合能力、研發資料庫完整性的掌握能力、顧客教育能力、核心IP設計能力、快速設計反應能力。於營運效能方便須具備：製程掌握能力、規模經濟優勢、產品良率的控制能力、製造週期的降低能力、全面成本的控制能力、資金籌措能力、交貨穩定度的控制能力、廠商技術合作關係的掌握能力、開發新製程能力、IP研發及取得能力。於客戶服務方面需具備：顧客長期關係的建立能力、顧客導向的產品設計與製造能力、與顧客溝通網路的建立、與顧客建立互信基礎的能力、建立BTO生產體制能力、策略聯盟的靈活運作能力。

6.7.2 產業所需之政策類型

台灣需朝向多元化的經營方式：掌握多元化的技術、具備市場的領導優勢、完善的法規與管理能力、掌握完整的智財權資料庫等。於產品領導方面需具備：元件設計的創新能力、製程創新能力、研發人員素質的掌握及培育能力、研發團隊的整合能力、研發資料庫完整性的掌握能力、顧客教育能力、核心IP設計能力、快速設計反應能力。於營運效能方便需具備：製程掌握能力、規模經濟優勢、產品良率的控制能力、製造週期的降低能力、全面成本的控制能力、資金籌措能力、交貨穩定度的控制能力、廠商技術合作關係的掌握能力、開發新製程能力、IP研發及取得能力。於客戶服務方面需具備：顧客長期關係的建立能力、顧客導向的產品設計與製造能力、與顧客溝通網路的建立、與顧客建立互信基礎的能力、建立BTO生產體制能力、策略聯盟的靈活運作能力。

表6.6　SOC產業所需政策類型

創新需求類型	產業所需政策類型（創新需求要素， or IIRs）
研究發展	元件設計與核心IP開發之創新能力
	製程創新能力
	快速設計反應能力
研究環境	廠商技術合作關係的掌握能力
	IP取得能力
	建立BTO生產體制能力
技術知識	製程能力的掌握與效率優勢
	多元技術的掌握能力
市場資訊	IP資料庫完整性的掌握能力
	研發資料庫完整性的掌握能力
市場態勢	規模經濟與範疇經濟優勢
	顧客教育能力與市場領導優勢
	策略聯盟的靈活運作能力
市場環境	法規與管理能力
	顧客長期的建立能力與顧客導向之營運能力
人力資源	研發人員素質的掌握及培育能力
	研發團隊的整合能力
財務資源	資金的籌措能力

6.7.3 產業之具體推動策略

▌表6.7 SOC產業所需政策類型與產業具體推動策略

創新需求類型	產業需政策類型（創新需求要素，or IIRs）	具體推動策略
研究發展	元件設計與核心IP開發之創新能力	成立晶片設計中心（科學與技術開發） 提供研發經費（財務金融） 加強創新獎勵，重視專利的質量提昇（政策性措施） 建立綜合管道，學術研發成果應能支持產業發展（科學與技術開發） 於研究機構建立設計平台，協助產學計畫之設計、測試與驗證（政策性措施） 長期建立RF、類比、混合訊號之核心設計技術（科學與技術開發）
	製程創新能力	加強與設備廠商技術交流，促進上游產業資訊透明化，主動提供相關資訊（資訊服務） 晶圓代工業加強重要IP驗證和持續開發12吋廠先進製程技術（科學與技術開發）
	快速設計反應能力	建立IP reuse之環境與制度（政策性措施）
研究環境	廠商技術合作關係的掌握能力	設立SOC設計園區，發揮群聚效應（政策性措施） 訂定優惠條件，吸引台灣與國外優秀單位加入群聚的活動（政策性措施）
	IP取得能力	提供獎勵措施，贊助與國外廠商之交流合作（財務金融）
	建立BTO生產體制能力	經濟部應有專責單位負責多元技術的引進、移轉與擴散（公營事業） 建立技術交流機制，透過網路交流訊息（政策性措施） 政府贊助研發成果之移轉，並考慮市場機制的運作（資訊服務）
技術知識	製程能力的掌握與效率優勢	鼓勵與上游設備廠商合作，促進供應鍊之透明化，以縮短主流製程與特殊製程之時間落差（科學與技術開發） 測試業結合DFT和BIST設計技術，並加強混合訊號、RF、嵌入式記憶體等產品之測試能力（科學與技術開發） 封裝業發展CSP、Flip Chip、BGA等技術，以因應可攜式產品和散熱需求（科學與技術開發） 發揮Foundry優勢，彙集台灣與國外IP資源，建立設計重複使用（Design Reuse）技術（科學與技術開發） 發展低成本SOC製造技術，鼓勵SOC與IC設計服務產業，使台灣成為高附加價值之SOC設計與製造中心（科學與技術開發） 建立前瞻性系統應用環境，帶動設計、製造、封裝與測試技術發展（政策性措施）
	多元技術的掌握能力	建構發展SOC之創新環境，帶動自有品牌及創新產品之系統產業（包括網路、資訊、通訊IA等）發展（政策性措施）
市場資訊	IP資料庫完整性的掌握能力	鼓勵發明專利的提出（法規及管制） 由政府出面成立（公營事業）或輔導標竿性公司，主導IP之交流整合（政策性措施） 國家提撥基金以專案審查方式補助專利申請（科學與技術開發） 大學教師應可考慮以專利與學術期刊發表並重（法規與管制）

▌表6.7　SOC產業所需政策類型與產業具體推動策略(續)

創新需求類型	產業需政策類型（創新需求要素，or IIRs）	具體推動策略
市場資訊	研發資料庫完整性的掌握能力	利用電腦網路提供相關產業界搜尋資訊或提供合作訊息（資訊服務） 提供相關資訊，建立企業技術地圖及資料庫（資訊服務） 建立晶片設計發展資訊中心（資訊服務） 透過國際研討會及歸國留學生掌握最新技術發展（政策性措施）
市場態勢	規模經濟與範疇經濟優勢	由顧問單位統一辦理採購（政府採購） 制定海外市場發展策略與產品競爭研究機構（海外機構） 建立市場研究分析機構，以內需市場輔導產業成長（公營事業） 由顧問單位統一辦理收集及管理資訊，探索多元應用市場（資訊服務） 設立機構協助全球各應用市場的發展（海外機構）
	顧客教育能力與市場領導優勢	成立單一IP資料庫或圖書館，縮短教導顧客認識各式IP之時程（公營事業） 選拔創新有市場潛力的產品，專案配套贊助，並主動聯繫相關週邊產學單位，建立產業規模（政策性措施） 規劃市場機制，鋪設營運管道（政策性措施） 以貿易協定保護台灣廠商，並協助海外市場之開拓（貿易管制）
	策略聯盟的靈活運作能力	設計業應積極培養SOC設計能力並與系統廠商合作，參與規格訂立；並善用IP，以提昇市場競爭力（政策性措施） IC設計分別要與系統、IP、晶圓代工及EDA廠商合作（政策性措施）
市場環境	法規與管理能力	由國科會協助，加速專利審查制度（法規與管制） 簡化專利的申請與審查（法規與管制） 加強專利認證與重視專利及智慧財產權（法規與管制）
	顧客長期的建立能力與顧客導向之營運能力	協助產業尋找顧客（資訊服務） 延攬國際人才，培養市場開發人員（教育與訓練） 補助學術界從事研究，並整合資源，以產品市場為導向，產官學界各司其職，合作支援（財務金融） 加強IT基礎建設（公共服務） 鼓勵 Virtual Fab 之營運模式（政策性措施） 建立政府機構撮合台灣與國外廠商合作，扮演溝通、協調與仲裁之角色（公營事業）
人力資源	研發人員素質的掌握及培育能力	訂立共同研發產品或應用（政策性措施）技術與人才之培育（教育與訓練） 增加並培訓師資、種子人才、學生，增加國防役名額（政策性措施） 引進國外及大陸優秀科技人才（教育與訓練） 放寬學界與研究人員參予企業營運之限制（政策性措施） 培養IP驗證、測試、計價、應用推廣、專利申請（迴避）等等後端之技術服務人員（教育與訓練） 鼓勵基礎研究，獎勵相關領域優秀學生出國學習最新技術（政策性措施） 鼓勵跨領域學程的課程規劃（教育與訓練）
	研發團隊的整合能力	國立大學及公立研究機構具公職人員身份的研究人員應能與產業界有良性溝通交流的管道（資訊服務） 成立跨領域研究團隊與計劃（科學與技術開發） 鼓勵研究人員跨領域之整合（科學與技術開發）
財務資源	資金的籌措能力	設立風險基金（財務金融） 對SOC產業實施投資抵免（租稅優惠） 政府協助增進資本市場自由化（政策性措施）

6.7.4 產業定位與未來發展方向

台灣IC產業垂直分工體系細密且完整，而在產業價值鍊中各個廠商所採取的競爭策略亦有所不同，因此我們採用「產業價值鍊」與「策略群組」爲橫縱軸，以綜觀全局的角度，來描述台灣IC廠商在發展SOC產業的過程中目前所處的定位與未來努力的方向。在「產業價值鍊」從「製造/代工」走向「設計/創新」領域，「策略群組」構面從「營運效能領導」走向「產品與技術領導」。其所需之創新需求要素如圖6.22所示。

		產業價值鏈		
		設計/創新	製造/代工	行銷/服務
策略群組	產品與技術領導者	元件設計與核心IP開發之創新能力 制程創新的能力 研發人員素質的掌握及培育能力 研發團隊的整合能力 研發資料庫完整性的掌握能力 顧客教育能力與市場領導優勢 快速設計反應能力		
	營運效能領導者	研發資料庫完整性的掌握能力 元件設計與核心IP開發之創新能力 廠商技術合作關係的掌握能力 快速設計反應能力 制程能力的掌握與效率優勢 IP取得能力 IP資料庫完整性的掌握能力	制程能力的掌握與效率優勢 規模經濟與範疇經濟優勢 資金的籌措能力	
	親密顧客服務導向	顧客關係的建立能力與顧客導向之營運能力 建立BTO生產體制能力 策略聯盟的靈活運作能力 IP取得能力 IP資料庫完整性的掌握能力	規模經濟與範疇經濟優勢 顧客關係的建立能力與顧客導向之營運能力 策略聯盟的靈活運作能力	

圖6.22 產業定位與未來方向

6.8 結論

台灣SIP發展可從IP相關技術及經營管理、IP價值認知、專業人力教育、規格及技術掌握能力等構面來探討，所發生的問題各有不同，如要解決所運用的方法也各異，經過歸納整理分類說明如表6.8所示。

表6.8 台灣發展SIP的問題與解決之道

	面臨問題	解決之道
IP相關技術及經營管理	本土之EDA廠商規模太小 IP研發缺乏長期規劃能力 台灣IP Provider規模仍小 欠缺IP整體產業加強競爭力之計劃（如5年or10年）	策略聯盟，或產官學合力組EDA研發中心 IP規劃必須先從"趨勢性"符合應用需求 政策性focus特定領域，先求專精再擴大 政府應深入了解IP產業重要性及技術趨勢，並提出有利IP競爭之提昇計劃
IP價值認知	一般對IP價值認知有限致使 IP收費機制不易建立	增強各相關法令規範與宣導外，推動以權利金方式收取 IP 費用
專業人力教育	缺乏類比元件及IP reuse和系統整合之工程人才	建置台灣外人才庫及籌設人才培育中心 建立吸引國外專業人員的環境與法規
規格及技術掌握能力	無法即時掌握規格更新資料 不同功能之IC製程整合能力不足（如mix mode，embedded memory…）	由政府機構or工研院積極主動參與世界各種標準協會，並與產學良好互動 學校教育應以多樣性人才培育，加強Analog、RF、通信、Memory。Foundry廠亦必須加強SOC Embedded 製程能力。

台灣SOC發展可從設計環境、品牌及形象、產業發展定位、標準及規格、系統及IC整合能力等幾個構面來探討，所發生的問題各有不同，如要解決所運用的方法也各異，經過歸納整理分類說明如表6.9所示。

▌表6.9　台灣發展SOC的問題與解決之道

	面臨問題	解決之道
SOC設計環境	EDA tool及重要IP全賴國外廠商，且購置費用昂貴 Design 環境整合花費時間 （EDA/ Library/ Design Rule） 專業人才不足	應由政府補助購買讓廠商得以低價使用。IC CAD 亦應由學校及產業合作加速紮根。 成立IC設計/ SOC設計園區，促使設計支援體系集中（如Foundry Support， EDA Support， 儀器統租，ID Provider…） 政府或學校開立專業課程及在職訓練，課程以SOC所需技術分類，積極培育人才
TWN SOC品牌及形象	TWN SOC品牌不易建立（連帶影響忠誠度） TWN SOC 設計王國形象待建立	TWN SOC定位在高附加價值且創新SOC設計代工，與‘應用’知名品牌定義特殊界面/規格 政府成立定期之SOC外貿訪問團，並且在日本、USA、歐洲、舉辦台灣SOC產業Seminar.
SOC產業發展定位	產業定位不清礎，產品發展方向不明，整體競爭力待加強	TWN SOC定位在‘設計’ 服務業’並且以Specific App及Custom Design為主，並由政府主導有利產業發展之環境，延續IC代工及IC設計之另一波TWN高科技服務業 選擇性重點領域發展SOC
標準及規格方面	極少參 與‘標準及架構’訂定，以致開發時程落後 標準/ 規格化之IP不足且開發速度不夠快	結合知名之系統廠商以達垂直整合之效，參與各種協會或聯盟，政府權責機構注意全世界各種‘標準’發展，並訂定產業策略。 因IP有時效性，先由政府開發或獎勵民間開發，如複雜性高則向國外license （或共同license） 。並且建立IP Mall達易買且low cost.
系統及IC整合能力	SOC的發展應由Application著手，並且以platform為based 之SOC Design平台不健全 測試及驗證環境不完整	與台灣外系統大廠或工研院聯盟，共同開發或作長期合作 結合國外標準or協會在台成立測試及驗證中心，並吸取Know how

個案分析

聯詠科技

聯詠科技公司是聯華電子公司的子公司，公司創立於1997年，總部設立於新竹科學園區。創業之初公司營業項目以電腦週邊控制IC和消費性IC爲主，曾是全世界鍵盤微控制器及滑鼠微控制器最大的供應商。由於，消費性電子產品，進入門檻不高，獲利有限；目前，聯詠科技公司將經營目標轉向LCD驅動IC領域。

由於，公司投入LCD驅動IC的時間較早，且設計能力優異；因此，聯詠是台灣能同時提供Source IC及Gate IC的IC設計公司。此外，更將推出LCD控制IC，是全球極少數同時能供應LCD控制IC與驅動IC的廠商。聯詠科技的員工中，研發人員約佔百分之54，十年以上工作經驗者有百分之36，而六到十年者佔百分之23，公司人力素質相當高。

聯詠科技公司成功的另外一個重要推手是來自聯電公司。聯電公司是一以生產晶圓及代工爲主的科技公司；由於聯電公司旗下除IC設計公司之外，也擁有封裝測試公司，使聯詠科技公司掌握生產流程，有效控制交貨時間及生產成本。

台灣TFT-LCD大廠，友達、華映、瀚宇彩晶等均爲聯詠的客戶。其中，友達的訂單約佔聯詠整體出貨量的六成，華映及瀚宇彩晶合計約佔三成多。在未來發展而言，全球第一大驅動IC供應商德州儀器，已逐漸淡出驅動IC市場，聯詠極有機會，進軍國際市場。(資料來源：聯詠科技公司及其相關網站)

Chapter 7

半導體產業

7.1 產業定義

7.1.1 前言

半導體為現今所有電子工業的基礎。其中，積體電路更被稱為電子工業之母。

半導體爲現今所有電子工業的基礎。其中，積體電路更被稱爲電子工業之母；從個人電腦的興起、網際網路革命、行動通訊的發展，乃至數據語音通訊的結合，半導體技術與產品均扮演著最爲關鍵的角色；Intel創辦人高登摩爾(1965)曾預言：「積體電路的影響將會非常深遠，整個人類的社會都能普遍享受到電子技術所帶來的福祉……。」；因此，半導體產業發的興衰將影響電子產業的發展。又由於，半導體產業是技術密集、資本密集及人力資源密集的產業，產業發展需要政府支持；當前，美、日、韓、及歐洲工業化國家政府，莫不全力支援其台灣半導體產業研發；而台灣電子產業在政府長期支持及業者努力下，已成爲臺灣最重要的產業之一。

7.1.2 產業定義

半導體主要可分爲分離式（Discrete）元件、光電（Optoelectronic）半導體及積體電路（IC）等三大類。分離式元件包括二極體、電晶體、Thyristor等早期發展出來的半導體產品。光電元件包括LED、影像感應器、雷射二極體與光感應器等。而積體電路則是整合各式半導體元件在同一基底上的電路元件，產品主要有數爲雙載子（Bipolar）、記憶體、微元件、邏輯、類比等五項。其中，積體電路產品佔市場的九成以上。

IC（積體電路）是最基本的電子元件。將電晶體、二極體、電阻器等電元聚集在矽晶片上，形成一個完整的邏輯通路，以達控制、計算或記憶等功能。

本章以積體電路生產價值鏈之主要活動爲產業狹義之定義，則半導體產業包含：設計、晶圓製造、封裝、測試及銷售。若加入主要供應商及其他主要支援業者，則爲廣義的半導體產業定義；如圖7.1。

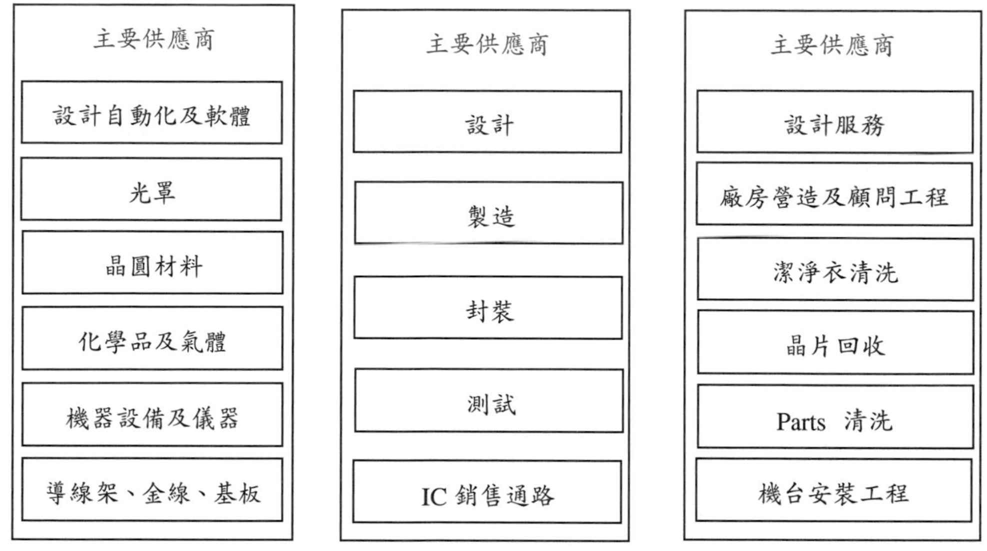

圖7.1 半導體產業領域範圍

7.2 市場區隔

市場區隔可以產品作爲區隔，而IC產品可分爲四個種類，可細分爲許多子產品（如圖7.2所示），分述如下：

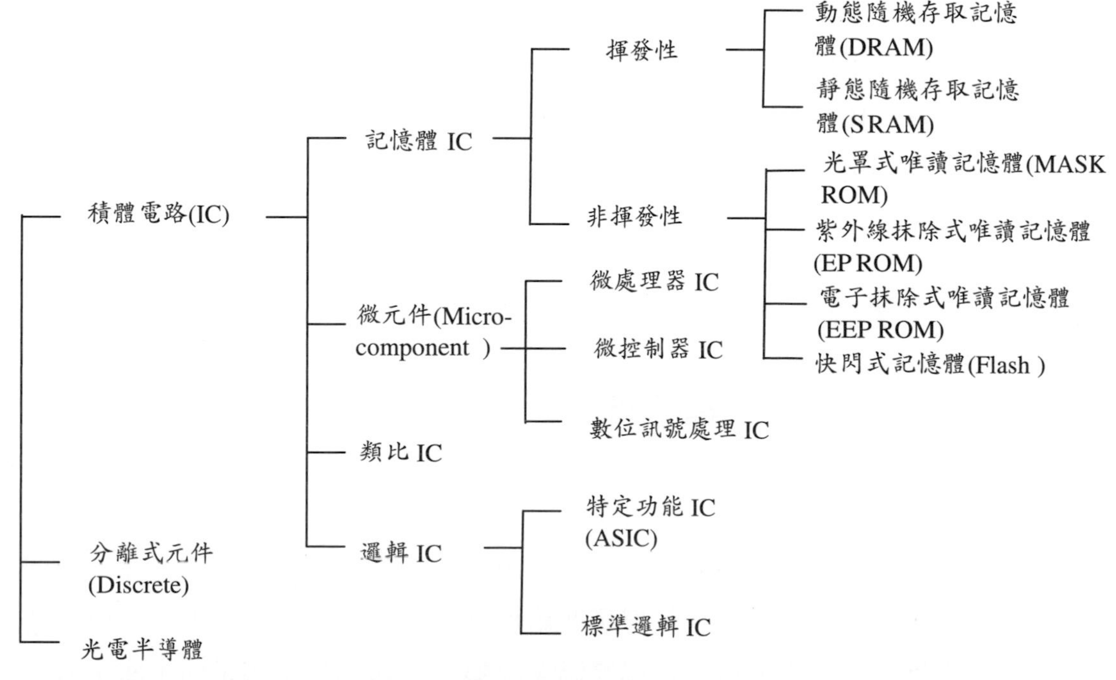

圖7.2 半導體產品類別

一 記憶體IC

記憶體IC是用來儲存資料的元件。

顧名思義，記憶體IC是用來儲存資料的元件，通常用在電腦、電視遊樂器、電子詞典上。依照其資料的持久性（電源關閉後資料是否消失）可再分為揮發性、非揮發性記憶體；揮發性記憶體包括DRAM、SRAM，非揮發性記憶體則大致分為Mask ROM、EPROM、EEPROM、Flash Memory四種。

二 微元件IC

指有特殊的資料運算處理功能的元件：微處理器；微控制器；數位訊號處理。

指有特殊的資料運算處理功能的元件；有三種主要產品：微處理器指微電子計算機中的運算元件，如電腦的CPU；微控制器是電腦中主機與界面中的控制系統，如音效卡、影視卡等的控制元件；數位訊號處理IC可將類比訊號轉為數位訊號，通常用於語音及通訊系統。

三 類比IC

低複雜性、應用面積大、整合性低、流通性高是此類產品的特色，通常用來作為通訊IC、電源管理與處理以及安全監測等的元件。

四 邏輯IC

為了特殊資訊處理功能（不同於其他IC用在某些固定的範疇）而設計的IC，目前較常用在電子相機、3D Game、Multi-Communicator（如FAX-MODEN的功能模擬、筆式輸入的辨認）等。

7.3 全球產業結構

7.3.1 產業結構分析

一 市場面

在個別區域的表現上，雖然1986～1992年美國曾痛失全球半導體龍頭地位達七年之久，但是憑藉卓越、優秀的的研發能力，雄厚的資金投注，龐大的內需市場等過人優勢，於1993年美國重回王座，直到二十一世紀之初仍維持全球半導體需求市場三分之一強。日本曾經在

1986～1992年蟬聯全球半導體盟主長達7年，但是進入90年代，日本半導體市場佔有率呈現逐年下滑的趨勢，再加上90年代開始台灣經濟泡沫化效應的發酵，需求萎靡不振等負面因素的影響，近年來大致維持略高於20%的比重，昔日鋒芒已不復見。歐洲半導體市場除了1998年曾達到較高的23.4%佔有率外，近年來維持在20%上下徘徊，維持穩定的佔有比重。基於分散風險、成本降低的考量，亞太地區已成爲其他地區策略聯盟、擴展版圖的最佳標的，再加上近年來台灣、韓國、中國大陸積極扶植半導體產業，自然帶動了半導體整體產業鏈蓬勃發展。90年代亞太地區的市場佔有率呈現逐年增加的上升趨勢，1999年開始更進一步超過日本、歐洲成爲全球第二大的半導體市場。1991至2000年全球半導體市場佔有率區域分佈情形如圖7.3所示。

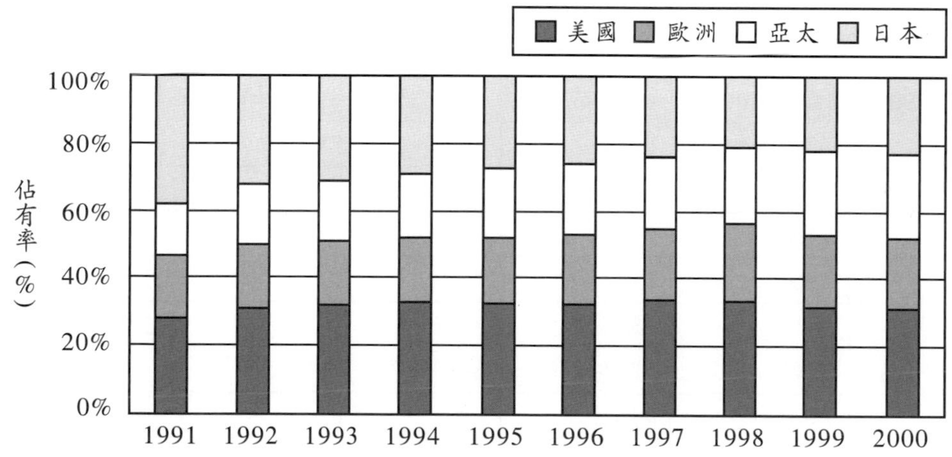

圖7.3　1991～2000年全球半導體市場佔有率區域分佈情形

資料來源：WSTS（2000/12）；工研院經資中心ITIS計畫（2001/04）

另外，在產品結構的組合上，2000年微元件仍屬最大宗（佔全球半導體市場規模的30.2%）產品，其中以微控制器（MCU）的成長較爲可觀（30.9%）。邏輯IC因網際網路風潮的帶動下，成長幅度達36.3%。集三千寵愛於一身的Flash Memory，在手機、數位相機、數位Set-Top Box強勁需求的拉抬下，成爲2000年最熱門的半導體產品，產值成長率狂飆至133.3%，平均銷售價格上揚的幅度也有52.4%的突出表現，是目前各家積極搶進的重要標的；由於業者相繼退出Mask ROM市場，穩定的供需關係使Mask ROM價格不致大起大落，產值成長率也有40.8%的不錯表現；SRAM因手機提供了穩定的貨源消化途徑成長率也將近四成，上述因素促使記憶體市場的佔有比重微幅上升至24.1%，其市場規模較1999年成長52.5%。展望未來，在資訊產品應用市場成長漸趨成熟，網際網路與通訊應用相關產品的日益普及將逐漸拉近與資訊應用市場佔有率的差距，除了Bipolar產品市場將持續萎縮外，預料各項產品都仍會呈現成長的趨勢，其中Flash Memory、DRAM、高階MCU、DSP的成長性都頗被看好。

近期就需求面的角度而言，經過2001年一整年的調整，美國整體製造業之存貨已回復至1999年之水準，而電腦、通訊相關廠商的存貨亦回到正常狀態，對半導市場為正面效應，但在實質需求尚未出現明顯增溫訊號下，2003年半導體市場將出現緩步回穩之情形。台灣在2000年IC產業的產值如表7.1所示。

表7.1　台灣2000年IC產業產值

單位：新台幣億元

	西元1999	西元2000	00/99成長率	全球佔有率	全球排名	領先國順序
產業產值	4,235	7,114	68.7 %	5.1%	4	美、日、韓
IC設計	742	1,152	55.3 %	20.7%	2	美
IC製造	2,649	4,686	76.9 %	7.8%	4	美、日、韓
IC代工	1,404	2,966	110.8 %	76.8%	1	台
IC封裝	659	978	48.4 %	34.1%	1	台
IC測試	185	328	77.3 %	34.6%	----	----
產品產值	1,987	2,872	44.5 %	----	----	----
內銷比例	54.7%	53.9 %	----	----	----	----

資料來源：工研院經資中心（2002/03）

台灣發展IC產業已超過20年，早期產業由IC設計和製造為發展核心並強調專業分工模式，形成異於其他IC先進國的特色和獨特的優勢。近年來，台灣產業受到台灣外廠商間合作案件增多和產業規模擴大後造成數量及樣式需求增加的影響，使得IC設計和製造以外的產業內活動漸漸受到重視，這些活動領域包括IC生產用原材料、IC設計軟體、光罩製作、封裝、測試及生產流程等所需的設備。未來，台灣IC產業將隨著IC設計/製造及週邊支援產業活動共生共榮條件之逐漸成熟而更緊密結合。

記憶體和晶圓代工曾是IC產業中高獲利的指標產品，也因此成為業者競相投入的標的。為了產業永續發展，多元化技術發展環境必需建立。也就是結合設計、製程、封裝及測試等技術開發更多樣化產品，以滿足系統設計需求，應是選擇開發技術項目的主要考量因素。

IC產業產品的發展重點與下游市場的需求息息相關。圖7.4是全球與台灣IC產品的產值分佈狀況，其中記憶體的需求比重高反應出下游應用市場的特色。

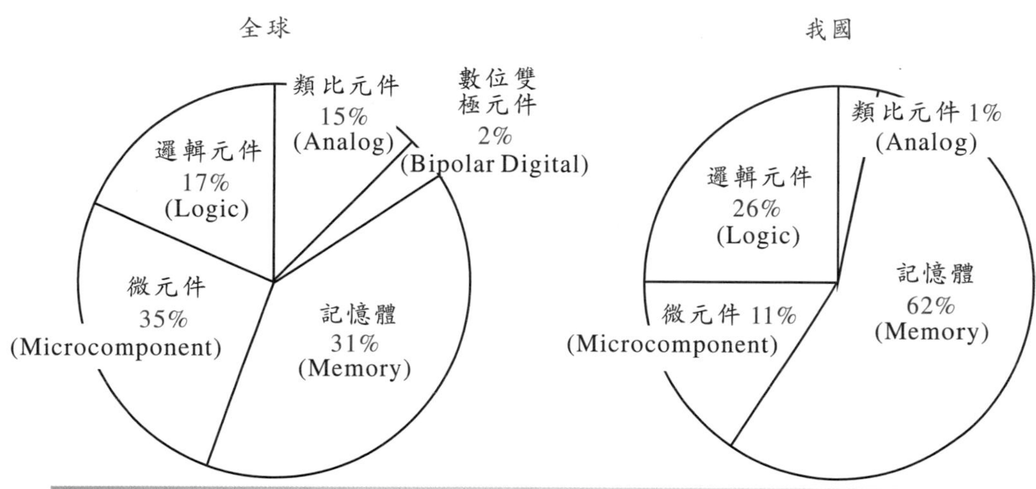

▌圖7.4　全球與台灣IC產品及產值分佈

資料來源：WSTS，工研院電子所IT IS計畫整理

二　供給面

根據Dataquest統計結果，2000年全球前二十大半導體公司約佔全球半導體銷售總額的70%，其中包括七家美國公司、八家日本公司、三家歐洲公司及兩家韓國公司。獨佔鰲頭的Intel，2000年的營收衝破3,000億，雖然只有13.0%的成長率，在前二十大半導體廠商敬陪末座，但是與排名第二的Toshiba仍有200億美元的巨幅差距，霸主地位仍是難以撼動。Toshiba多年來置力分散對DRAM的倚賴比重，朝向其他具潛力的市場發展，終於在2000年開花結果，擠下同袍NEC成爲世界第二。此外生產記憶體較多的業者仍在前二十大中佔有重要的席次，Samsung 2000年營收一舉跨越100億美元的門檻，仍是DRAM市場中的佼佼者；Micron由於購併了TI的DRAM部門2000年營收成長率進一步躍升至85.16%，繼1998年由第20名晉升至第16名之後，一舉躍升至前十大，並超越Hyundai成爲DRAM第二大供應商；Hyundai 2000年的產值約72.9億，排名仍爲第十一。拜PSII全球熱賣之賜，Sony營收成長了70%，上升了三個名次而再度擠入前二十大。

就供給面而言，2001年在半導體廠商大舉縮減資本支出的效應下，IC Insights估計2001年全球半導體廠商之資本支出成長率爲-37.6%，預計2002年市場尚未出現明顯回溫之情形下，估計全球半導體廠商之資本支出將持續衰退，衰退的幅度則爲22.2%。就產能的部分來說，2001年全球IC晶圓廠產能增加的幅度爲9.1%，預估在2002年資本支出持續下滑的影響下，全球IC晶圓廠產能將僅有2%。因此，供給面在資本支出下滑及產能增加趨緩的控制下，有助於2002年半導體市場之回穩，最近20年全球IC產值及需求量成長率如圖7.5所示。

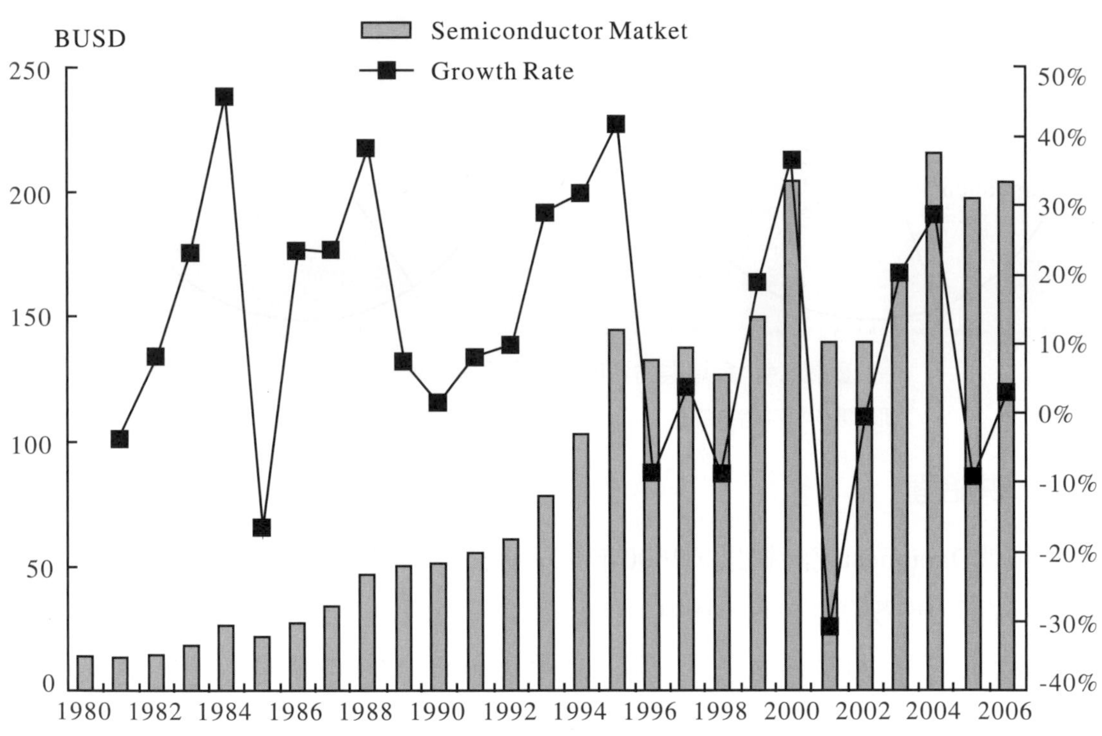

▌圖7.5　最近20年全球IC產值及需求量成長率

資料來源：WSTS，IC Insights，工研院經資中心（2002/03）

7.3.2　價値鏈

企業的價値鏈同時會和供應商、通路和顧客的價値鏈相連，構成一個產業的價値鏈。任何一個企業都可以價値鏈爲分析的架構，思考如何在每一個企業價値活動上，尋找降低成本或創造差異的策略作爲，同時進一步分析供應商、廠商與顧客三個價値鏈之間的聯結關係，尋找可能的發展機會。

以IC產業而言，最終使用者所得到的產品，從縱斷面係由上、中、下游所構成其附加價值鏈；若從橫斷面觀察，以產業中游爲例，係由元件設計、晶片製造、產品行銷、及顧客服務等形成其附加價值鏈（如圖7.6、圖7.7）。

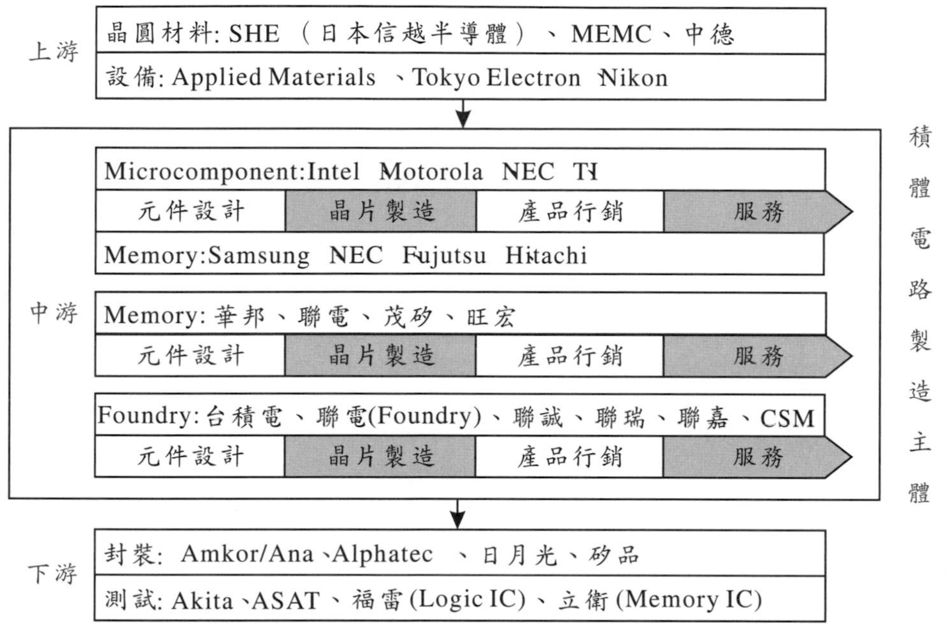

▌圖7.6　IC產業附加價值鏈結構

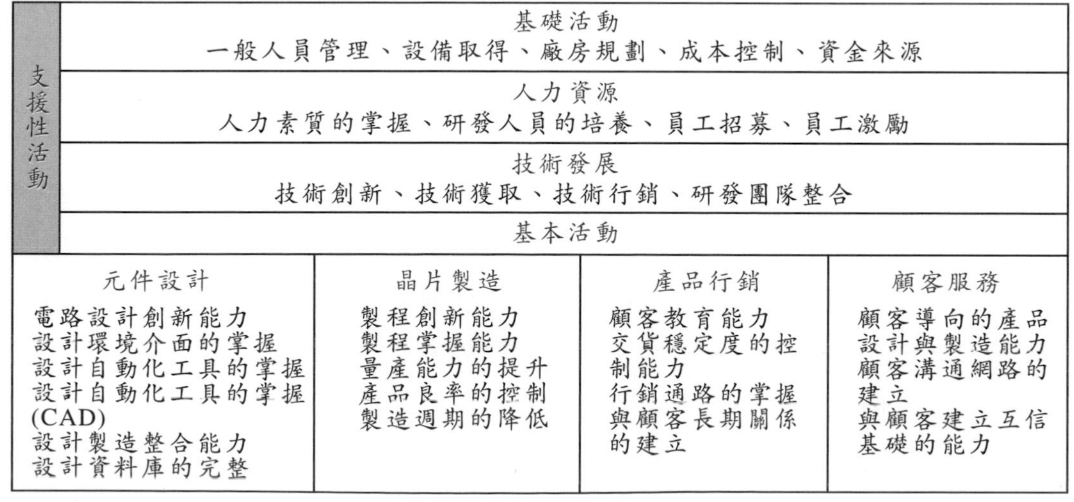

▌圖7.7　IC產業企業價值鏈活動分析

資料來源：SIA，1997；半導體工業年鑑，工研院電子所ITIS計畫

7.3.3 魚骨圖

魚骨圖是產業分析最常被使用的工具之一，藉以表達產業與其子領域之系統關係，並將各領域相關技術發展之輪廓作完整的表達。半導體產業大致可區分爲半導體材料、光罩、設計、製程、封裝、測試及設備等七個子領域如圖7.8所示。

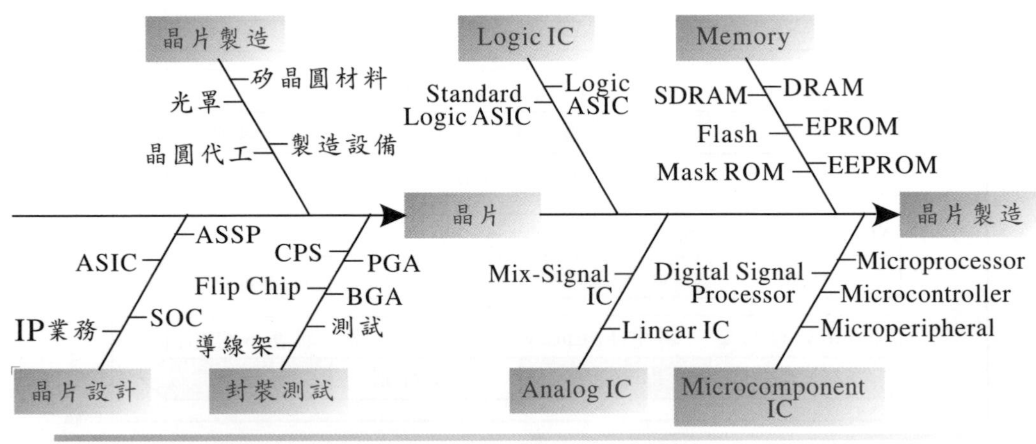

圖7.8 IC產業之魚骨圖

7.3.4 產品應用的層面

半導體產品可分爲消費性IC、記憶體IC、資訊用IC及通訊用IC四大類，分述如後。

一 消費性IC走低價市場

台灣目前約有25家消費性IC設計公司，包括太欣、其朋、洛高、普誠、通泰、巨盛、詮華、群立、華麥、一華、大智、前磊、勁傑、飛虹、明谷、民生、巨有、沛亨、巨華、冠林、祥采、華矽、凌陽、亞全以及義隆等，雖然公司家數眾多，不過因主要生產之消費性IC屬於低價產品，因此不易創造較高之產值，以1997年預估產值來看，規模較大之公司爲凌陽與義隆，產值在15億台幣以上，中型規模公司，如太欣在10億至15億台幣之間，民生與普誠在5億台幣上下，剩下之公司產值有一半介在1億至3億台幣之間，另一半在1億台幣以下。

消費性IC屬於低價產品，因此不易創造較高之產值。

目前小規模公司主力仍在低價消費性電子市場，不過一些中大型規模公司，爲突破營運規模，已陸續投入不同產品研發，例如凌陽、義隆、大智、民生等，不但仍保有消費性IC產品，另投入通訊IC開發，產品包括電話用IC、Pager IC、以及網路IC等。

在技術方面，大部分消費性IC設計公司擁有之核心技術爲微控制器與類比技術，在微控制器方面，以8 Bit以下居多，技術層次與美、日相比較仍有段距離，尤其近來晶圓廠轉戰此市場，競爭更加激烈，尤其具價格導向之產品，成本幾乎是唯一之競爭優勢，因此，對設計公司而言，如何利用本身在IC設計上所累積之經驗與客戶配合，爲客戶量身訂做一顆微控制器，利用附加功能來創造附加價值似乎是一個必走之趨勢，同時也是一個挑戰。在類比技術方面，台灣除了沛亨專攻此領域外，其他公司大概只有有限少量技術，且技術層次不高。另外，台灣類比IC不但是技術層次落差大，且就連需配合之前段與後段製程技術與設備，也無法支援。

二 記憶體IC走利基市場

設計公司專攻記憶體IC領域似乎只發生在美國與台灣兩地，台灣記憶體IC設計公司包括矽成台灣、鈺創、宇慶、台晶、連邦、矽基、吉聯台灣、長憶、羅沐開發、聯笙等，若觀察其背景則不難發現原因。台灣主要記憶體IC設計公司之設立，幾乎是留美華人之貢獻，有些是先在美國設立公司再移轉至台灣，有的是國外記憶體公司於台灣設立轉投資公司。

早先設立之記憶體IC設計公司，如台灣矽成、鈺創、宇慶、台晶、台灣吉聯等，初期產品著重在SRAM，擁有之技術層次與國外水準落差不至太大。在SRAM產品奠定基礎後，接下來即跨入DRAM之研發與生產，由於標準DRAM之特色是規模經濟化、具價格導向，對IC設計公司而言，價格競爭壓力相對較高，因此台灣IC設計公司之DRAM規格大多專攻利基產品。

除既有之SRAM與DRAM外，新公司之加入帶來產品線多樣化，產品線繼續擴增至非揮發性記憶體領域，包括Flash、EEPROM等，另外因應SOC發展趨勢，大部分公司也嘗試投入Embedded Memory產品研發。

三 資訊用IC倚賴電腦與其週邊產品

資訊用IC是台灣最重要的應用領域，主要設計公司包括矽統、偉詮、威盛、揚智、微驅、合邦、聯陽、致新、宜霖、聯發、泰鼎、茂達、益詮、點晶、正一、凌越等。資訊用IC產值佔整體產業產值比重最高，有七成是來自系統核心邏輯晶片組（System Core-Logic Chipset）之貢獻。事實上，1995年前以資訊用IC設計爲主之公司只有矽統、偉詮、威盛、揚智四家公司，除偉詮以監視器IC爲主力外，其他三家皆專攻系統核心邏輯晶片組，且居台灣IC設計公司前三位，也因其產值規模大、成長率高，帶給台灣設計業好光景。

四 通訊用IC是新興領域

通訊用IC是台灣相關弱勢之一個領域，不但是技術薄弱，就連需配合之相關製程與設備幾乎都無法供應。

通訊用IC是台灣相關弱勢之一個領域，不但是技術薄弱，就連需配合之相關製程與設備幾乎都無法供應，對台灣業者而言，通訊IC不但是一個新興之應用領域，且其技術困難度與進入障礙也是相當高。儘管面對高進入障礙，但鑑於網際網路市場之高度成長與必要趨勢，以及台灣下游市場之建立，除設立較早之瑞昱，已有消費性IC設計公司如民生，及資訊IC設計公司如威盛進入網路IC市場。1996下半年後，陸續更有新經營團隊加入網路與通訊用IC領域，包括天鈺、亞信、聯傑、上元、聿勤、聯穎、國鼎、長茂、宏三以及和茂等。

新加入團隊計畫投入之產品，包括網路與無線通訊IC，產品線包括Ethernet高速網路卡IC、交換式集線器IC、ISDN Chipset、ATM IC、Modem Chipset，另外尚包括Videoconference用之通訊IC，蜂巢式行動電話用IC，核心技術涵蓋DSP、RF、Anolog、Mixed-Signal、Coding & Decoding等。然而，建立此些技術，是需投入相當時間與心力在研發上，目前台灣幾乎無任何基礎，因此，要有所成績，還有一段長路要走。

總而言之，我們可以就台灣晶圓代工業務之應用型態分佈來看IC產品應用領域而言，在2000年市場景氣熱絡時，通訊相關應用之產值持續成長，2000年第四季更超越資訊應用之產值而成爲台灣晶圓代工業務最大的應用領域，由於2000年在通訊領域上的斬獲（通訊應用較1999年成長200%），使得台灣晶圓代工業務在2000年能有高達111%之亮麗成長的表現。

而2001年市場反轉，通訊應用產品的存貨高居不下，由於2000年通訊應用比重大幅提昇，使得台灣晶圓代工業者在此波不景氣中受影響相對較爲嚴重，2001年第二季台灣晶圓代工業務應用於通訊領域的產值大幅減少51%，2001年第三季亦持續衰退43%，2000年成長的助力在2001年反倒成爲最大之阻力，而在資訊應用穩定步伐的帶領下，台灣晶圓代工業務方不致持續走低，也由於通訊、資訊應用此消彼長的起伏下，亦對台灣兩大晶圓代工龍頭產生不同的影響。

7.4 全球產業特性

7.4.1 IC產業特性分析

一 IC產業發展的支援要素

(一) 供給面

1. 財務支援

   由於半導體生產與研發需要大量資金，因此政府的各項財務支援便變得十分重要，故政府之補助、融資與創業基金都是相當重要的。

2. 人力支援

   除了資金之外，半導體在生產與研發上也須相當的知識與技術，故教育與訓練相當重要。

3. 技術支援

   由於半導體領域變化相當迅速，領域也相當廣闊，以民間的資金，難以兼顧各方面的發展，因此，需要政府成立國家級研發中心，另外資訊的流通也相當重要。

(二) 需求面

1. 創造需求

   在建立基本支援產業的要素後，創造需求便成政府的下一個目標。半導體產業需要投入相當大的資金，因此創造需求可彌補其研發的投入，也可使得其有後續資金做更深入的研究。政府可以促進產業與大學的研究，並增加政府採購。此外，政府也可以開發部分同屬半導體內的各種上游或下游產業，以促進台灣的需求。

2. 干預市場

除了積極創造需求，政府也可以以制定規格及幫廠商代理出口的干預市場方式，帶動台灣半導體產業的需求。其中，制定規格對半導體產業尤其重要。

(三) 環境面

1. 建立產業基礎結構

政府除了提供供給，創造需求之外，改善研發環境，對於半導體產業來說也是相當重要的。其中包括建立基本的公共服務設施，或建立科技園區。

2. 激勵創新意願

除基礎結構外，對於研發爲重的半導體產業，租稅的獎勵可以有效降低研發的成本，另外專利與獎勵制度的建立，可以促使各企業更加投入研發。

3. 導引創新

最後，由於半導體技術日新月異，因此適度地引入國外的研發成果便相當重要，可以促進台灣技術的發展。所以，政府應該以其國家級研究單位來引進新的技術，並加以改良及發展後，再將成果移轉予民間單位。

二 IC產業群聚情形

因IC產業趨勢爲分工，故群聚扮演一重要的地位，IC產業群聚狀況可大致依照IC之製造流程分類。以下就各國的IC產業群聚情形作一介紹：

(一) 台灣

垂直分工之產業結構是台灣IC產業與國外最大的不同點。

台灣IC工業發展自1969年引進IC封裝迄今已有三十多年歷史，在政府有計畫的輔導、推動，以及業界多年來的辛苦經營，從上游晶圓材料到IC設計業、製造業、封裝業、測試業等，產業結構可謂相當完整，綜觀園區半導體產業之發展，垂直分工之產業結構是台灣IC產業與國外最大的不同點。在IC產業環境快速變遷日益擴大資本設備投資下，台灣獨特之專業分工模式，確實符合了產業趨勢需求。國際大廠多以設計、製造、封裝、測試，甚至系統產品等上下游垂直整合方式經營，而台灣上、下游水平分工的經營型態，在集中資源於單一產業領域之術業專攻模式下，這幾年確實獲得了相當好的成效。

就台灣積體電路產業的專業分工體系觀之，截至2001年底爲止，共計有180家IC設計公司、8家晶圓材料業者、4家光罩公司、15家晶圓製造公司、45家封裝公司、36家測試公司、15家基板廠商、19家化學品廠商、4家導線架生產廠商。以下再就晶片製造、設計、封裝及測試等分項詳述如下：

1. 晶圓製造

整體而言，晶圓代工與記憶體這兩部分，此兩大業務佔台灣IC製造業營收比重達92%，是台灣晶圓製造的兩大主要項目。

晶圓代工與記憶體這兩部份，此兩大業務佔台灣IC製造業營收比重達92%。

記憶體方面，DRAM仍是台灣記憶體業務的大宗，比重高達71%，其次爲Mask ROM，比重爲17%；晶圓代工方面，由於在2001年時許多新的晶圓競爭者投入市場，因此使得全球晶圓代工產能過剩，導致價格下跌，也造成台灣晶圓代工的市佔率下滑，目前的市佔率爲72.9%，較2000年小幅下滑3.9%。

2. IC設計

2001年台灣IC設計業年產值爲1220億台幣，較2000年成長5.9%，是2001年台灣IC業唯一仍維持正成長的產業別。此外，台灣IC設計業在全球的市佔率也有所突破，從2000年的22%，提高到2001年的25.9%，仍僅次於美國。

以應用領域來說，台灣IC設計業以標準產品（ASSP）爲主，佔總產出的88%，至於特定客戶產品（ASIC），則僅只12%；在產品型態方面，則以微元件最多，其次爲記憶體IC、邏輯IC與類比IC。

3. 封裝與測試

封裝方面，2001年台灣封裝廠因全球半導體景氣欠佳，加上某些台灣封裝被併購或結束營業，因此廠商僅剩40家，年產值衰退21.2%，爲660億；目前產業的主要投資爲高精度打線機、

Flip Chip與凸塊等高階封裝設備爲重點，並將晶圓代工廠爲主的客源型態，逐步向IDM廠擴展，以接收因景氣而減少高階封裝投資之IDM的訂單。

封裝與測試一元化將成為未來主要的發展態勢。

至於測試方面，2001年台灣測試廠商家數爲36家，產值較前一年衰退22.9%，爲253億；目前該產業接單以IC製造業與IC設計公司爲主，其中記憶體是主要測試項目。至於發展趨勢方面，封裝與測試一元化將成爲未來主要的發展態勢，2001年台灣封測一元化的接單比重已經高達52.2%，較前一年13.1%之多。

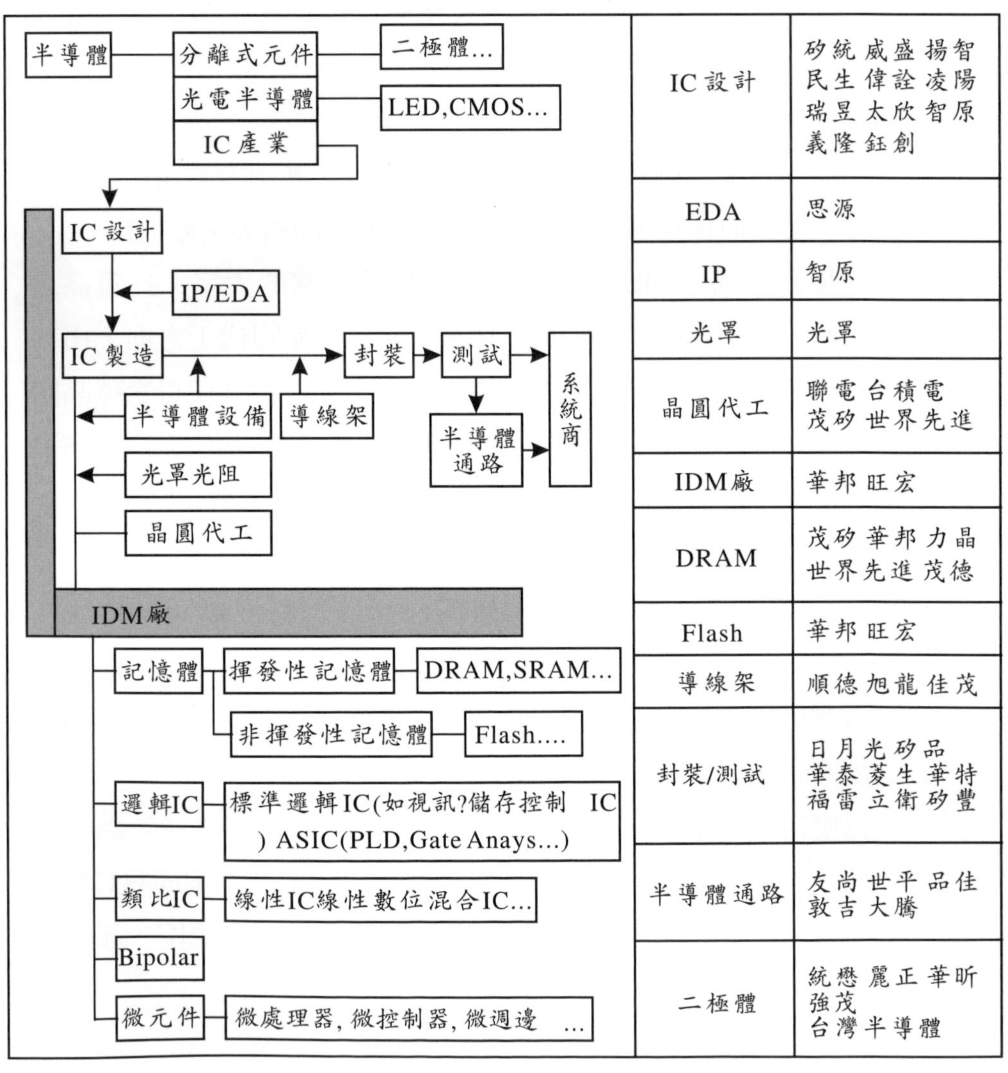

IC設計	矽統 威盛 揚智 民生 偉詮 凌陽 瑞昱 太欣 智原 義隆 鈺創
EDA	思源
IP	智原
光罩	光罩
晶圓代工	聯電 台積電 茂矽 世界先進
IDM廠	華邦 旺宏
DRAM	茂矽 華邦 力晶 世界先進 茂德
Flash	華邦 旺宏
導線架	順德 旭龍 佳茂
封裝/測試	日月光 矽品 華泰 菱生 華特 福雷 立衛 矽豐
半導體通路	友尚 世平 品佳 敦吉 大騰
二極體	統懋 麗正 華昕 強茂 台灣半導體

圖7.9 台灣IC產業廠商市場分工與群聚圖

(二) 美國

美國為全世界最大之半導體市場與生產國，與台灣半導體產業不同的是，由於美國半導體產業發展多年，因此主要以IDM廠為發展重心。此外，美國的IC設備及IC設計業也是執全球之牛耳，唯後段晶圓代工及封測代工方面仍不盛行，因此美國IC設計業多半與台灣之晶圓與封測代工廠有密切的關係。

雖然垂直分工在全球半導體產業越趨盛行，但美國IDM廠的製程技術不但領先全球，並且也是全球許多半導體製造廠的主要技術來源，因此短時間內，美國以IDM廠為主的發展形態並不會被晶圓代工模式瓦解。不過在後段封測的部分則非美國IDM廠發展的重心，在半導體不景氣的這幾年，部分美國IDM廠減少在封測設備的投資，也使得本身封裝技術已大幅落後，因此開始將部分產品委外生產。

最後在設備方面，美商應用材料（Applied Materials）為全球最大的設備供應商，目前的發展策略朝擴展產品線、產品向下整合，並強調產品的晶圓製程前後段Total Solution。當初AMAT主要發展蝕刻、沉積設備，而後漸次拓展至CMP與濕式清洗設備。近來AMAT看好未來ALD設備市場，因此AMAT已正式宣佈進入該設備市場。

(三) 中國大陸

隨著大陸於2001年年底加入WTO，2002年大陸的IC市場在政府政策的推動、市場需求的拉動、海外歸國學人的參與下，成為全球最具潛力、發展最快的市場；相較於台灣半導體產業由晶圓代工帶領IC設計公司成長的發展的模式，大陸半導體發展卻是由IC設計公司的設立，來帶領大陸半導體晶圓製造業的成長。目前大陸的半導體產業已經形成200多家設計業、20多家製造業以及40多家封裝測試業、關鍵材料及專用設備製造廠的產業聚集；大陸半導體設計、製造與封裝測試專業分工的模式已具雛型。以下再就晶片製造、設計、封裝及測試等分項詳述如下：

1. 晶圓製造

大陸半導體製造業，目前的晶圓尺寸主要為5-6吋，製程技術為0.8-1微米，製程技術仍屬於落後，其中較具規模的晶圓製造廠包括中國華晶、華越、上海貝嶺、上海先進、首鋼NEC、上海華虹NEC、天津摩托羅拉、上海中芯等八個主要企業生產線，而上海中芯第一座8吋晶圓廠已開始量產，製程技術最高為0.25微米，並於2002年3月宣佈與新加坡特許半導體策略聯盟以移轉其製程技術。整體來看，大陸半導體製造業在產品線創新不足、製程技術落後，加上大陸本土IC設計能力低，導致無單可接窘境下，有逐漸轉做代工趨勢。

2. IC設計

大陸半導體設計業在大陸政策的扶植、資金吸引留美學人歸國下，家數成長快速，但是大部分仍以學校和研究機構居多，分佈地區主要為北京、上海、深圳；而在技術能力上，設計線寬可達0.25微米，設計規模可達200萬閘，主流技術仍在0.8-1.5微米之間，以從事反向工程居多，整體設計能力仍低。而外商和台灣設計業在大陸的據點大多從事產品修改與銷售、程式編碼、電路佈局，駐大陸人員則負責市場開拓與技術支援為主。整體來看，大陸半導體設計業技術層次仍不高。

3. 封裝與測試

大陸擁有廉價與充沛的勞力資源，而且只要在大陸封裝IC系統產品並內銷大陸，就可以享有減免增值稅的優惠，對於人力與資金需求較高和技術門檻較低的封裝測試業，已經吸引許多外商進入大陸設立工廠封裝測試自有產品，這使得大陸前十大半導體廠商中，較具規模的仍以封裝測試業為主，佔大陸半導體產值達到七成以上；而大陸的封裝技術仍為直插式塑膠封裝（PDIP），生產100腳以下的低階產品為主；整體來看，大陸半導體封裝測試業產值大、技術層次低。

(四) 日本

日本為全球第二大半導體製造國，主要發展也是以IDM廠為主，主要是由Toshiba、NEC、Hitachi、Mitsubishi與Fujitsu五家半導體廠商為發展重心，垂直分工在日本並不盛行。此外，日本的半導體設備業也有不錯的發展，東京電子（Tokyo Electron）就是全球半導體設備第二大廠。

受到全球不景氣的影響，日本半導體廠近年來也開始專注於某些特定領域發展，並減少DRAM生產的比重。另外日本五大半導體公司也開始聯手開發奈米製程，以減少各自開發的經費，進而縮小與美國製程技術的差距。

最後在設備廠方面，與美國設備業不同的是，日本業者專精於微影顯示（Lithography）、介電質蝕刻（Dielectric Etch）等利基型設備，而爲了與美系設備供應商抗衡，日本同業間開始透過合作開發新製程設備方式，增加前後段製程設備的整合性，藉以提高各廠商生產設備的相容性，使生產線能夠達到更高的生產效率。

綜觀來說，日本半導體設備業的強項在於光阻塗佈、清洗、微影顯示等製程，與美國業者的強項——蝕刻、沉積、晶圓檢測等製程，有很大的區隔。

(五) 歐洲

歐洲半導體產業在全球半導體產業的發展史上一直佔有很重要的地位，不過因爲一些政治及市場的原因，使得歐洲半導體產業的發展反而不若美日兩國；近年來歐洲半導體主要以通訊產品爲主，另外，記憶體也是其發展的重點之一。

歐洲半導體產業主要以IDM廠爲主，主要爲三大半導體製造商Infineon、Philips與STMicroelectronics爲發展重心。Infineon主要發展記憶體，而後兩家則以類比、邏輯產品爲主。

最後在IC設計方面，歐洲的IC設計業是以通訊產品爲主力，其次爲繪圖、軟體及視訊IC。其中通訊IC已具相當規模，英國便是行動電話IC的主要設計國。

歐洲的IC設計業是以通訊產品為主力，其次為繪圖、軟體及視訊IC。

(六) 韓國

由於韓國政策性鼓勵開發半導體設備，因此韓國在DRAM與SRAM方面，目前皆爲全球市佔率的領先者。此外，韓國目前也積極發展半導體設備及晶圓代工，而這兩個領域在政府的支持下，也逐漸展露頭角。

韓國的半導體產業在1983年跨入記憶體產業以後，至今以DRAM和SRAM爲主力。不過由於DRAM價格波動太大，因此2001年的半導體產業不景氣，便造成三星和Hynix等廠商嚴重虧損，重挫韓國半導體產業，也使得韓國半導體產業開始重視IC設計這塊領域。

至於設備方面，根據日本VLSI 2002報告指出，2000年韓國半導體市場韓國設備佔有率約為15%，在韓國市場已經佔有一定的市場比例，再加上2001年半導體市場衰退廠商縮減資本支出，對於價位較低的韓製設備來說，市場佔有率應能再向上攀升。目前韓國生產的前段設備約佔整體前段生產設備的6%至7%，隨著多家業者陸續切入，廠商預估2003年將有機會攀升至10%的水準。

最後在晶圓代工方面，目前韓國最大的晶圓代工廠為甫於2002年十月與安南電子合併之東部電子，月產能為四萬五千片。此外，兩大DRAM廠商三星與Hynix，也使用其老舊DRAM設備來做些兼差性質的晶圓代工。不過整體而言，韓國半導體產業的發展仍是以垂直整合為主，垂直分工仍未見雛型。

韓國半導體產業的發展仍是以垂直整合為主，垂直分工仍未見雛型。

(七) 東南亞

東南亞的半導體產業主要以新加坡為發展重心，新加坡也是全球晶圓代工的重鎮之一，目前包括規劃中新建的三座12吋廠外，另外還有九座8吋廠，以及6吋及5吋廠各四座。此外，新加坡的封測廠也發展多年，不過缺少IC設計大廠，使得新加坡的半導體垂直分工鍊並不完整。

東南亞的半導體產業主要以新加坡為發展重心。

其他國家方面，馬來西亞近年來專注於晶圓代工的發展，目前已有兩座晶圓廠，分別為1st Silicon及Silterra，最大產能皆為三萬片；菲律賓的發展以外資的封測廠為主，當地目前還未有晶圓廠的設立。

三 IC產業技術發展狀況

(一) 晶圓製造

表7.2 晶圓製造技術比較表

項目	台灣水準	技術領先國	先進國水準
CMOS（Logic）	0.13微米	美、日	0.13微米
CMOS（RF）	0.18微米	歐、美	0.13微米
BiCMOS	0.35微米	美、日、歐	0.25微米
Bipolar	0.8微米	美、日、歐	0.35微米
GaAs MESFET	0.7微米	美、日	0.5微米
GaAs HBT	2.0微米	美、日	1.0微米

SiGe技術主要應用於無線通訊產品和光纖通訊爲主，產品包括行動電話、基地台、無線區域網路、藍芽、全球定位系統與高速光纖網路系統。相較於以往的GaAs技術，SiGe技術不但兼具GaAs高頻、低消耗功率的優點，此外在成本、技術、製程與良率上也優於GaAs。不過GaAs的電能轉換率較高，並且技術發展多年，因此目前仍爲市場上的主力製程技術。

SiGe技術主要應用於無線通訊產品和光纖通訊為主。

SiGe目前應用頻段範圍在5.0GHz以下，而在較高頻段20GHz以上，目前仍爲GaAs的天下，不過SiGe成本遠低於GaAS技術，且具有高整合度，因此未來發展空間仍大。

就產品區隔方面，GaAs目前多運用於功率放大器（Power Amplifier，PA）、高速網路和光通訊產品上；SiGe則多應用在手機、無線區域網路的RF，或需整合的RF產品上；CMOS/BiCMOS使用於短距離、低頻率（2.5GHz以下）。目前已分別有IBM、TriQuint與Atmel開發出SiGe技術的手機功率放大器，但受限於SiGe製程崩潰電壓（Breakdown Voltage）不夠高的影響，目前尚未開發出適合發射功率較大的GSM和CDMA手機所需之功率放大器。另外，SiGe在原本GaAs的高速網路及光通訊產品上，也逐漸有產品推出。

就材料特性而言，SiGe高頻特性良好，材料安全性佳，導熱性好。在性能上，SiGe亦符合省電、高截止頻率、晶料面積較小之特性。就集積度而言，CMOS微細化的製程技術使得與其相容的SiGe技術亦具有相當高的集積度與整合性。而SiGe技術最大的優點在於擁有高度的整合性，並且不需追加龐大的投資費用於現有的矽晶圓生產線，因此發展空間仍相當寬廣。

(二) 封測

晶片的封裝技術已經歷了好幾代的變遷，從DIP、QFP、PGA、BGA到CSP再到MCM，技術指標一代比一代先進，包括晶片面積與封裝面積之比越來越接近於1，適用頻率越來越高，耐溫性能越來越好，引腳數增多，引腳間距減小，重量減小，可靠性提高，使用更加方便等等。下面將對具體的封裝形式作詳細說明。

1. **DIP封裝**

70年代流行的是雙列直插封裝，簡稱DIP（Dual In-line Package）。DIP封裝結構形式有：多層陶瓷雙列直插式DIP，單層陶瓷雙列直插式DIP，引線框架式DIP（含玻璃陶瓷封接式，塑膠包封結構式，陶瓷低熔玻璃封裝式）。DIP封裝結構具有以下特點：

(1) 適合PCB的穿孔安裝；

(2) 比TO型封裝易於對PCB佈線；

(3) 操作方便。

2. **晶片載體封裝**

80年代出現了晶片載體封裝，其中有陶瓷無引線晶片載體LCCC（Leadless Ceramic Chip Carrier）、塑膠有引線晶片載體PLCC（Plastic Leaded Chip Carrier）、小尺寸封裝SOP（Small Outline Package）、塑膠四邊引出扁平封裝PQFP（Plastic Quad Flat Package）。QFP的特點是：

(1) 適合用SMT表面安裝技術在PCB上安裝佈線；

(2) 封裝外形尺寸小，寄生參數減小，適合高頻應用；

(3) 操作方便；

(4) 可靠性高。

3. **BGA封裝**

90年代隨著晶圓技術的進步、設備的改進和微米技術的使用，LSI、VLSI、ULSI相繼出現，單晶片整合度不斷提高，對IC封裝要求更加嚴格，I/O引腳數急劇增加，功耗也隨之增大。為滿足發展的需要，在原有封裝品種基礎上，又增添了新的品種--球柵陣列封裝，簡稱BGA（Ball Grid Array Package）。其特點有：

(1) I/O引腳數雖然增多，但引腳間距遠大於QFP，從而提高了組裝成品率；

(2) 雖然它的功耗增加，但BGA能用可控塌陷晶片法焊接，簡稱C4焊接，從而可以改善它的電熱性能；

(3) 厚度比QFP減少1/2以上，重量減輕3/4以上；

(4) 寄生參數減小，信號傳輸延遲小，使用頻率大大提高；

(5) 組裝可用共面焊接，可靠性高；

(6) BGA封裝仍與QFP、PGA一樣，佔用基板面積過大；

4. CSP封裝

BGA封裝比QFP先進，更比PGA好，但其晶片面積/封裝面積的比值仍很低。1994年9月日本三菱電氣研究出一種晶片面積/封裝面積=1：1.1的封裝結構，其封裝外形尺寸只比裸晶片大一點，命名爲晶片尺寸封裝，簡稱CSP（Chip Size Package或Chip Scale Package）。CSP封裝具有以下特點：

(1) 滿足了LSI晶片引出腳不斷增加的需要；

(2) 解決了IC裸晶片不能進行交流參數測試和老化篩選的問題；

(3) 封裝面積縮小到BGA的1/4至1/10，延遲時間縮小到極短。

5. MCM封裝

MCM（Multi Chip Model）是將高整合度、高性能、高可靠的CSP晶片（用LSI或IC）和客製特殊應用積體電路晶片（ASIC）在高密度多層互聯基板上用表面安裝技術（SMT）組裝成爲多種多樣電子元件、子系統或系統。其特點有：

(1) 封裝延遲時間縮小，易於實現組件高速化；

(2) 縮小整機/元件封裝尺寸和重量，一般體積減小1/4，重量減輕1/3；

(3) 可靠性大大提高。

6. SIP封裝

SIP（System in Package）是將多顆IC甚至被動元件封裝於基板上形成單顆IC，堆疊（stacked）封裝亦可視爲是SiP的一種型態，後者較適用記憶體之整合。SIP之特點：

(1) 適不同材質間的整合；

(2) 利於封裝SOC類之產品。

7.4.2 生命週期

一 生命週期

IC產業生命週期依發展可分為導入期、成長期、成熟期及衰退期，如圖7.10所示：

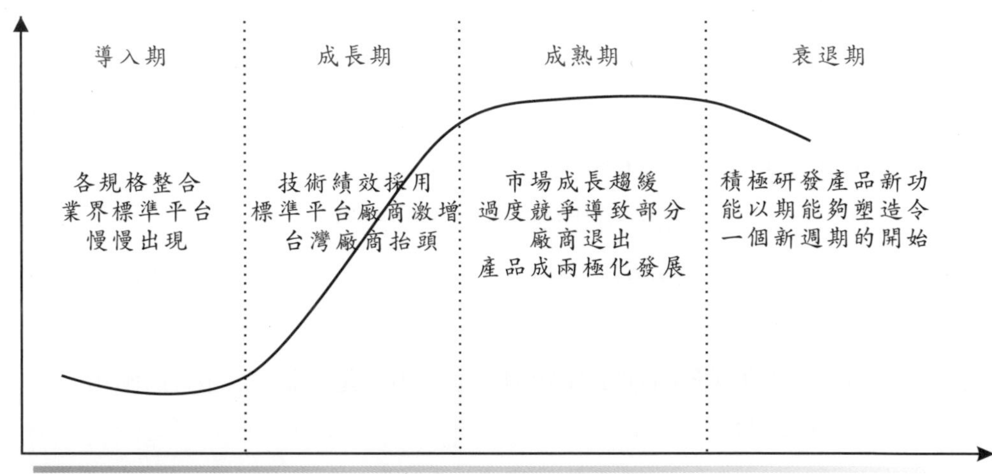

圖7.10 產業生命週期

若從製程技術與應用產品構面觀察，如圖7.11所示：

(一)DRAM部分，由最早的64K發展到目前的1G；(二)設計規則的技術由3.0 μ m進展到0.18 μ m；(三)控制電壓的技術由0.15V發展到1.8V；(四)晶片技術由4inch進展到12inch。

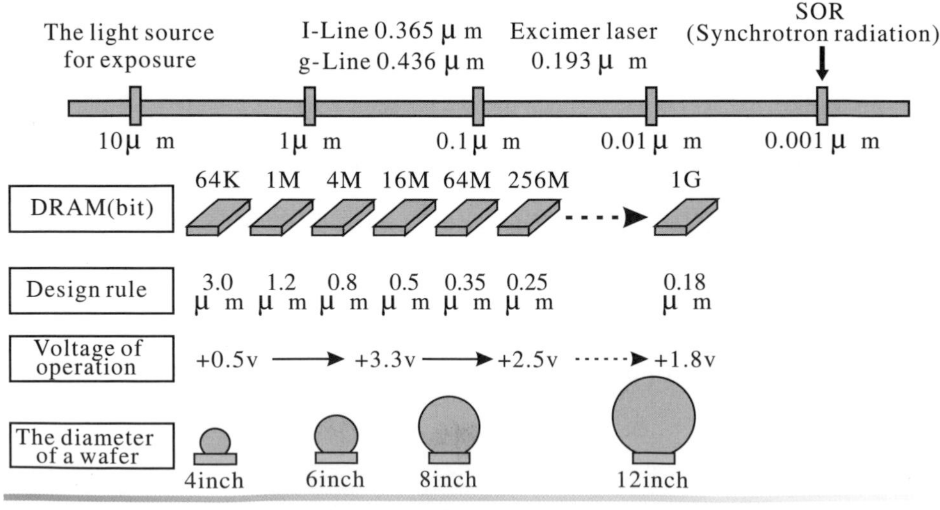

圖7.11 半導體製程技術之發展歷程

資料來源：NikkeiBP Digital Great dictionary

從應用產品生命週期觀察，可得製程發展與投入資金如圖7.12所示。

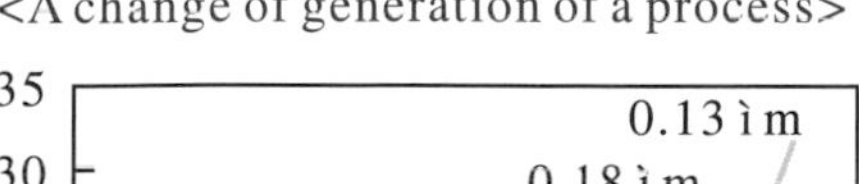

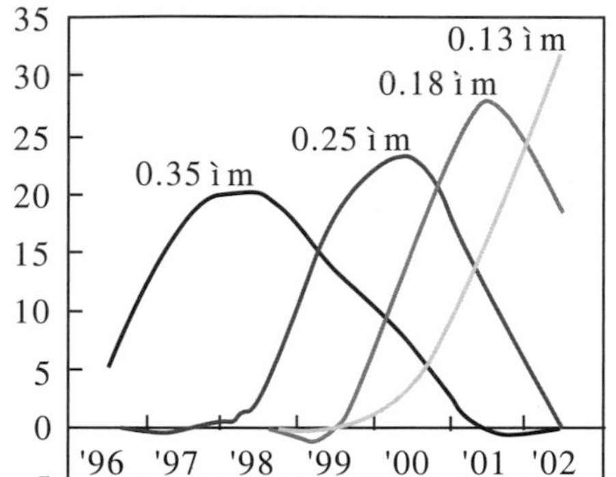

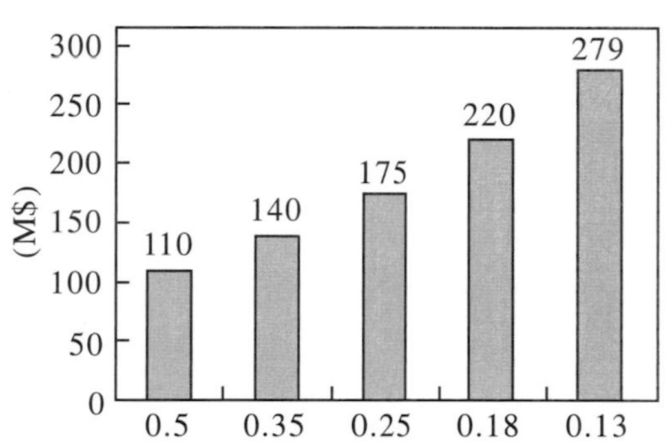

▌圖7.12　半導體製程發展與投入資金

目前半導體產業其產業競爭力高，且已脫離快速發展的階段，因此定義爲成熟期產業，如圖7.3所示。

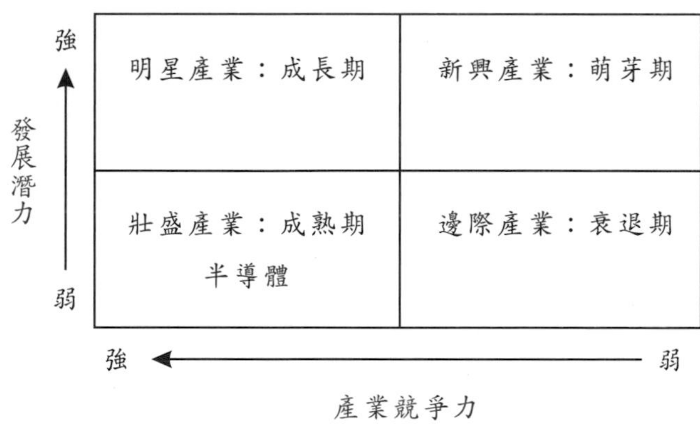

▌圖7.13　半導體產業生命週期定位

二　產品生命週期

(一) 資訊應用IC

1. 微處理器

微處理器主要分爲8位元、16位元、32位元三類，前兩者大多用於嵌入式系統，而32位元則分別用於嵌入式及計算型兩種系統。計算型系統主要應用於個人電腦、伺服器與工作站等CPU，其產值遠大於嵌入式系統。

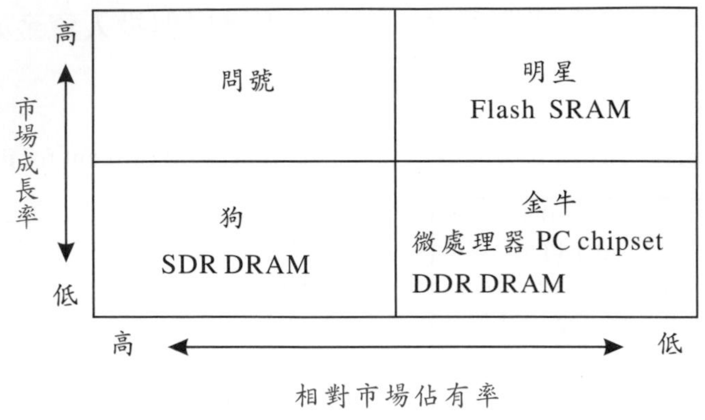

圖7.14　資訊應用IC產品生命週期

由於個人電腦逐漸普及，未來幾年內成長有限，連帶使得以計算式系統爲大宗的微處理器市場成長也逐漸趨緩（如圖7.15），因此屬市場成長率低的類別；此外，微處理器並無替代性產品，因此屬相對市場佔有率高的類別；綜合上述，微處理器屬BCG矩陣之「金牛」類別。

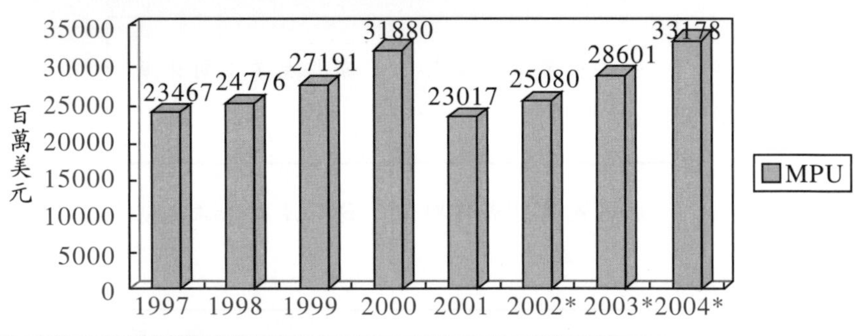

圖7.15　微處理器市場趨勢圖

2. DRAM

DRAM主要用於微處理器與硬碟之間，爲緩衝其運算速度之差距。目前電腦用DRAM主要分爲SDR DRAM與DDR SDRAM，DDR DRAM爲新一代DRAM產品，而SDR DRAM即將退出主流市場。

DRAM最主要運用於計算式系統市場，因此近年來個人電腦市場趨於飽和對其成長影響甚鉅，連帶使得DRAM市場也面對成長逐漸趨緩的壓力（如圖7.16）；此外，目前替代DRAM的SRAM價格仍遠高於DRAM，因此短期間相對市佔率仍高；綜合上述，SDR DRAM爲BCG矩陣之「狗」類別，DDR DRAM爲BCG矩陣之「金牛」類別。

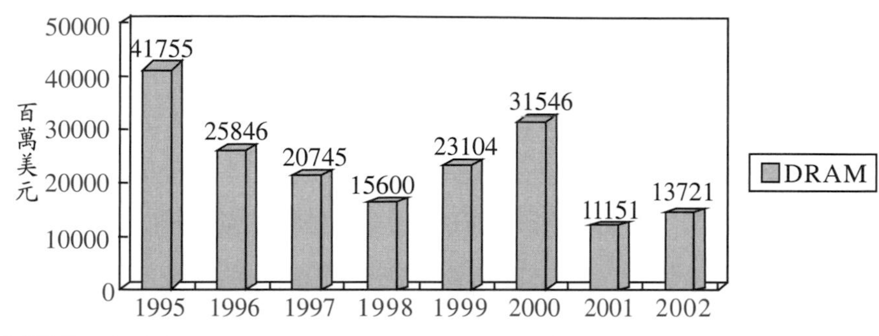

圖7.16 DRAM市場趨勢圖

3. **PC chipset**

PC chipset（個人電腦IC）主要用於電腦中處理器與南橋北橋資料的溝通，因此也深受個人電腦市場的影響；除此之外，個人電腦IC也沒有替代產品，故其相對市場佔有率也相當高；綜合上述，個人電腦IC爲BCG矩陣中之「金牛」類別。

4. **SRAM**

SRAM原本主要用於個人電腦市場，作爲DRAM與處理器緩衝之用，不過近年來隨著手提式產品的普及，SRAM也大幅運用在PDA或手機之上，並且甚至出現SRAM與NOR Flash一起構成的MCM（Multi-Chip Module），有可能成爲未來手機記憶體的主流。因此即使個人電腦與手機皆出現飽和的情況，SRAM未來仍有其發展的空間（如圖7.17）；至於相對市佔率方面，SRAM的替代產品爲Flash，不過目前Flash價位相當高，短時間內仍無法取代SRAM，且MCM的出現也使得SRAM與Flash可能成爲互補性產品，因此SRAM仍有其市場；綜合上述，SRAM爲BCG矩陣中之「明星」類別。

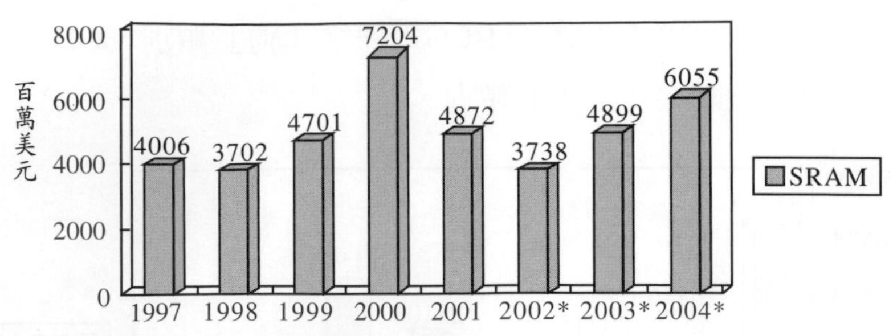

圖7.17 SRAM市場趨勢圖

5. **Flash**

Flash是一種非揮發性的記憶體，主要分爲NOR與NAND兩種。其中NOR Flash主要運用在PDA、手機、DVD player與工作站的方面，至於NAND則以Flash Card爲主。在這其中，某些產品是初步開始運用，因此雖然也許該產品成長性不高，但Flash未來的成長性仍然可期（如圖7.18）；此外，Flash目前運用領域逐漸明確，因此有其一定的市佔率；綜合上述，Flash爲BCG矩陣中之「明星」類別。

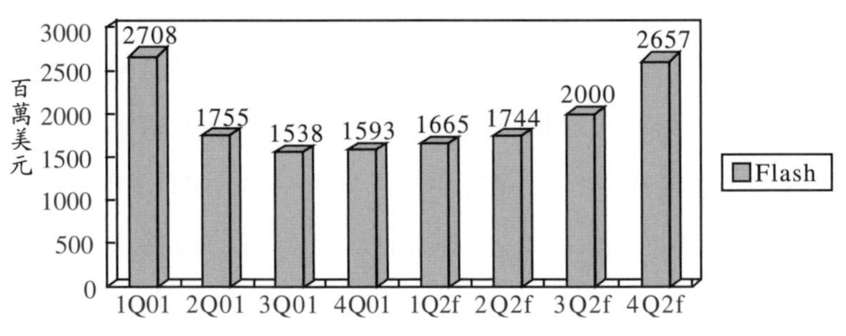

圖7.18 Flash市場趨勢圖

(二) 通訊應用IC

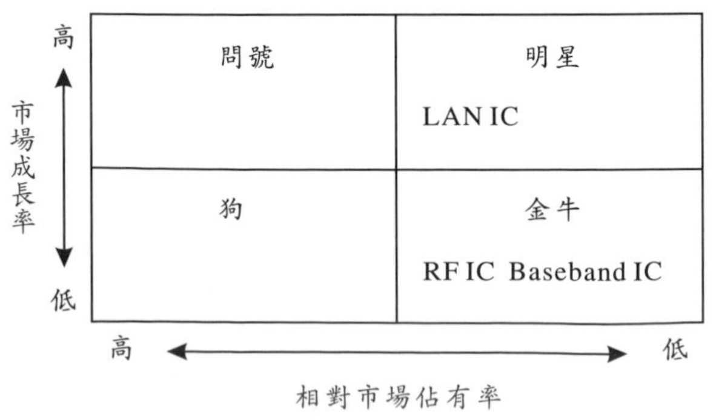

圖7.19 通訊應用IC產品生命週期

通訊應用IC大略分爲RF IC、Baseband IC與LAN IC三類。運用方面，RF主要能夠讓該通訊產品以射頻頻帶（900Hz~3GHz）傳輸和接收數據或語音等資訊。在接收上，射/中頻IC將來自天線的訊號，經過放大、濾波、合成等功能步驟，使接收到的射頻訊號，經過兩次降頻程序變成基頻訊號。發射時，射/中頻IC將上述過程反向運用，即將20KHz以下的基頻訊號，經過兩次升頻之後，轉換成射頻的頻率，再經由天線發射出去。

通訊應用IC大略分為RF IC、Baseband IC與LAN IC三類。

Baseband方面，基頻分類比基頻與數位基頻，目前此兩者封裝在同一模組內。類比基頻主要將射頻端接收到的類比訊號轉換成數位訊號，調變訊號、數位訊號轉變成類比訊號傳至射頻端。數位基頻則比較複雜，內含一數位訊號處理器（DSP）與微控制器（MCU），前者專責通訊處理部分，後者專司系統控制和人機介面。此兩者皆以手機爲主要市場，因此手機市場成長趨於飽和，使得這兩類IC皆面臨市場成長率趨於和緩的情形；此外，目前這兩種IC爲手機的主要元件，唯一能取代此兩種產品的爲SOC，不過這也是此兩產品的整合，因此RF與Baseband IC之相對市佔率皆相當高；綜合上述，此兩IC爲BCG矩陣之「金牛」類別。

至於網路IC方面，目前大約有網路卡IC、交換器IC與Gigabit Ethernet等方面。此市場成長可期，不過市佔率仍不夠高，因此爲BCG矩陣之「明星」類別。

(三) 其他半導體產品

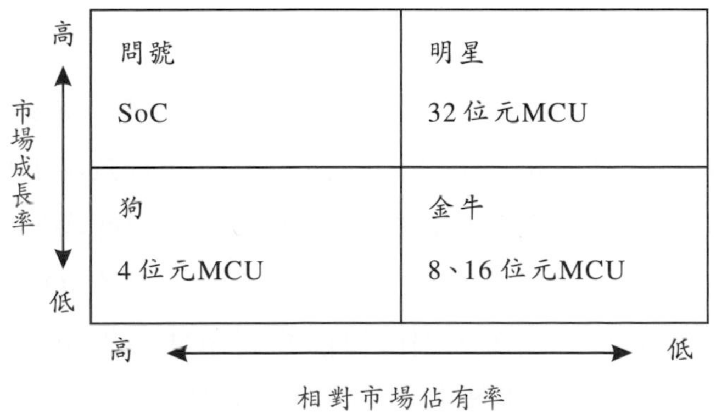

圖7.20 其他半導體產品生命週期

1. MCU

微控制器（MCU）目前有四種產品：四、八、十六與三十二位元微控制器，其中，四位元微控制器已逐漸面臨淘汰的命運，而八位元微控制器則是目前使用量最大的微控制器，因爲其價格低廉，並且具有簡潔的程式碼（code size），設計人員可以使用C語言來做設計等多項優點，使得其市場需求始終維持不墜。至於十六位元微控制器方面，目前主要用在通訊、車用與工業用的市場，不過隱憂爲其架構與八位元微控制器不同，需要重新設計，因此很有可能被更新的三十二位元微控制器所取代。

微控制器應用層面相當廣，從資訊市場、通訊市場，到消費性市場皆有運用，因此需求量相當大，也深具成長性；綜合上述，四、八、十六與三十二位元之微控制器分別爲BCG矩陣中之「狗」、「金牛」、「金牛」與「明星」類別。

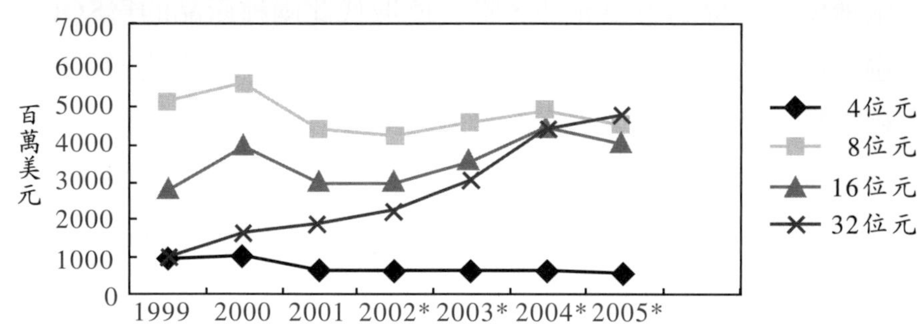

圖7.21 微控制器市場趨勢圖

2. SOC

系統單晶片爲將各種功能之晶片整合之技術，如果整合成功，能有效提高各組件彼此間的綜效，也能有效減低組件成本。SOC的主要市場爲以往的各種IC市場，因此發展的機會十分多，成長性也相當可期（如圖7.22）；由於SOC爲一新興領域，發展時間仍短，因此目前相對市佔率仍相當低；綜合上述，SOC爲BCG矩陣中之「問題」類別。

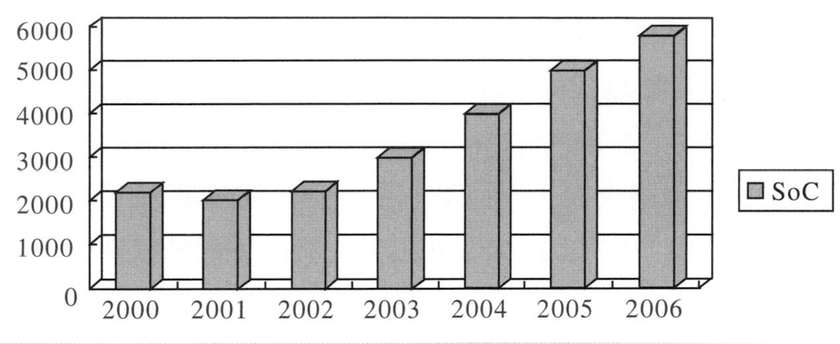

圖7.22　SOC市場趨勢圖

7.5　全球產業技術特性

7.5.1　IC產業在S-Curve的位置

從IC產業過去發展歷程（如圖7.23）觀知，由電晶體漸漸進展為積體電路（小型、中型、大型、超大型），進而發展出SOC。

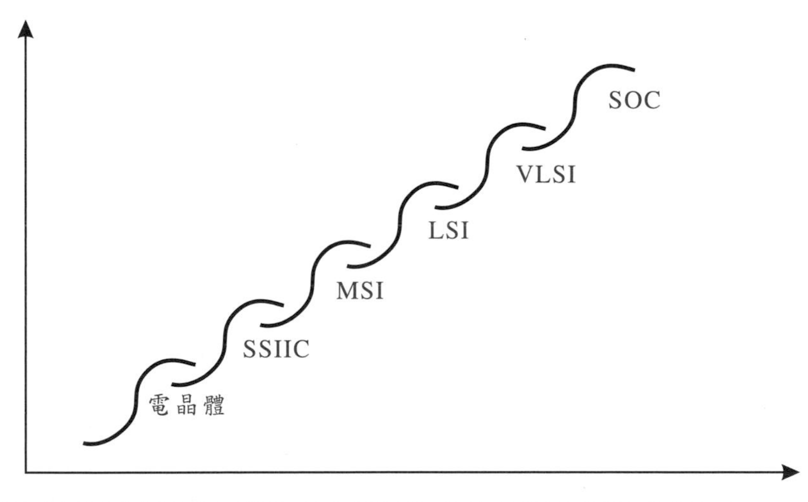

圖7.23　IC產業過去發展歷程

7.5.2　IP發展的情形

矽智財（Silicon Intellectual Property，SIP）是一種事先定義、經驗證、可以重複使用的功能組塊。隨著IC內部的電晶體集密度越大，線路複雜，使IC設計越來越困難，因而有IP的出現。若將IC想像為最終希望的圖像，那IP （Intellectual Property） 則是組合過程中各種造型的積木。IC設計業者可以運用功能元件資料庫中的IP，做適當組合而成爲一顆IC。使用IP可以加快IC設計的速度，未來IP使用率大增，成長潛力雄厚。

IP大致可分爲兩大類，一爲基本型，由工業標準所形成的功能元件。如PCI、USB、IEEE1394與MPEG等。另一種屬於特殊應用型IP，其複雜度高，不易開發，而且具有專利權的保護，是屬於明星級，無論是在產品生命週期、附加價值均較基本行IP高。隨著技術的進步，現代多數的IC晶片如CPU、系統晶片組等等，多包含了一種以上的功能，而不同的功能，便需要由晶片內部不同的電路模組來負責，這些各司其職的模組，便是我們所謂的 IP，因此，IC設計人員可以自由選擇合適的IP，如同積木一般組合出理想的IC產品。

隨著晶片設計的複雜化與晶片整合的快速發展，益發凸顯設計生產力的重要性，使事先定義、驗證且可重複使用的矽智財，成爲縮短產品開發時間的最佳選擇，而運用矽智財於單晶片系統設計，將是無法阻擋的趨勢。IP之所以具有其關鍵性，主要便是在單晶片系統（SOC）趨勢下，晶片中的電晶體數量未來將以倍數成長，如果一切從頭開發勢將耗掉極爲可觀的人力資源，但IC設計公司若透過購買或授權的方式取得全部或部分IP元件，加以組合，就可以大幅縮減產品開發時間，也降低設計人員的負擔。

除了設計生產力的考量之外，設計成功率也是不得不運用矽智財的另一主要原因。假設一個經由多次重複使用及驗證的矽智財，其再使用的成功率爲99%，而第一次全新設計的功能方塊，其使用的成功率爲90%，設若一個晶片設計使用了九個功能方塊，則使用矽智財的首次成功率爲（0.99）9=0.91，而全新設計功能方塊的首次成功率則將僅剩爲（0.9）9=0.39，由此例可知多次重複使用及驗證的矽智財對於確保設計首次成功率，及縮短產品上市時間是何等的重要。

根據Dataquest 發表的報告指出，2000年全球矽智財元件（SIP）市場產值達6.9億美元，較1999年成長40%，預估至2004年市場產值將達29.4億美元，年複合成長率CAGR約達44%，如圖7.24所示。

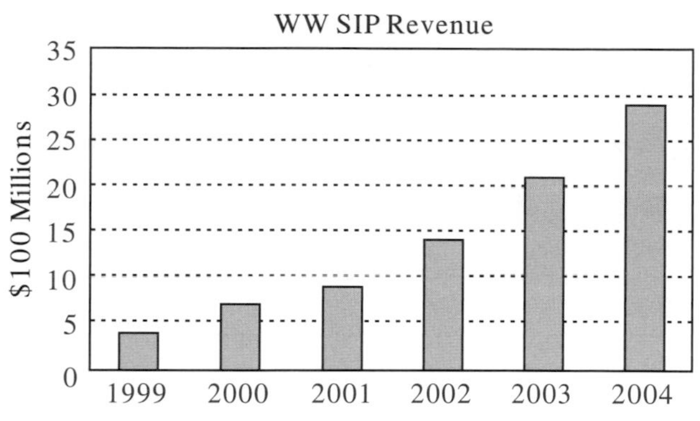

▍圖7.24　SIP市場產值預測

資料來源：Gartner Dataquest （May 2001）

7.6　全球產業競爭情勢

7.6.1　產值、產品市場比率

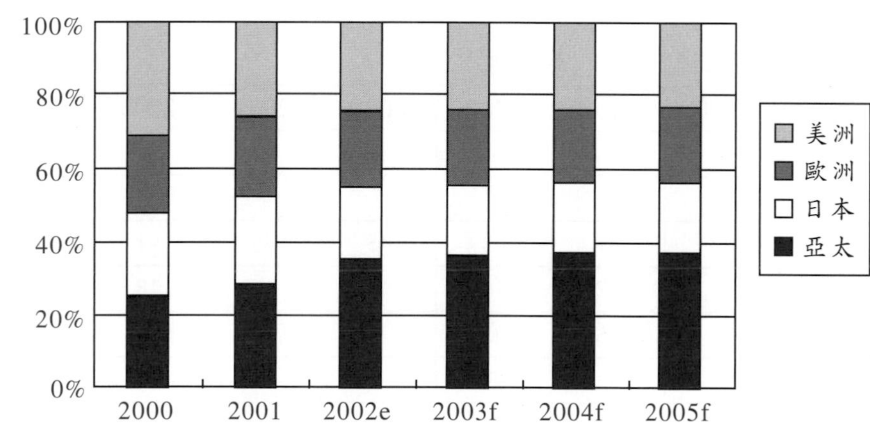

▍圖7.25　半導體產值（地區別）

▍表7.3　半導體產值比例表（地區別）

單位：%	2000	2001	2002	2003	2004	2005
亞太	25	28	35	36	37	38
日本	23	24	20	19	19	18
歐洲	21	22	21	21	20	20
美洲	31	26	24	24	24	24

目前全球半導體產業的分佈狀況已不同於以往，市場分佈不再集中於美國，且歐美逐漸穩定市場一定佔有率。而未來若日本經濟體系無有效改善，日本無不有逐漸淡出半導體產業的趨勢，其市場將會移轉至具潛在競爭優勢之中國大陸市場及東南亞地區。

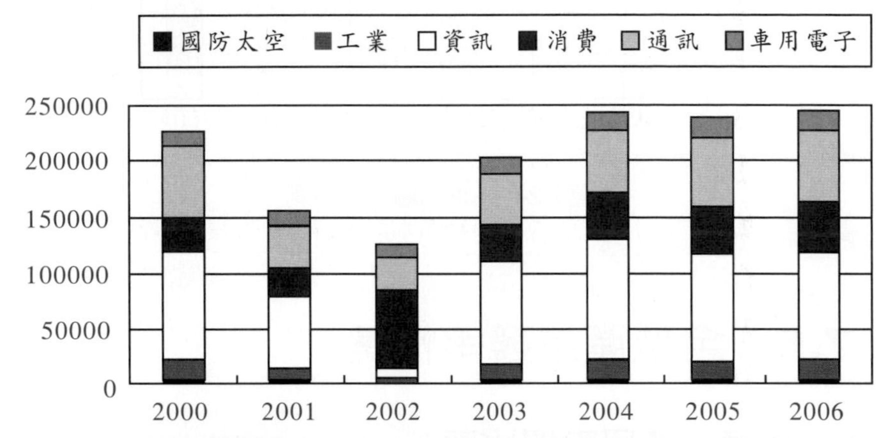

圖7.26 半導體市場規模（應用別）

表7.4 半導體產值比例表（應用別）

單位：%	2000	2001	2002	2003	2004	2005	2006
國防太空	1	2	2	2	1	1	1
工　業	8	7	7	7	7	7	7
資　訊	43	41	43	45	45	41	40
消　費	14	17	18	17	17	18	19
通　訊	28	25	22	22	23	25	26
車用電子	6	8	8	7	7	8	7

綜合以上應用市場圖表分析，半導體產品市場規模逐步成長，顯然產品市場都已達一穩定比率。

7.6.2 市場產品的應用範疇

市場產品應用範疇，依產品類別有所不同，可分爲揮發性記憶體IC、非揮發性記憶體IC、類比IC以及邏輯IC和微元件等四類。如表7.5所示。

▌表7.5　半導體產品應用範疇

產品類別	產品項目	重要用途及功能
揮發性記憶體IC（Volatile Memory IC）	動態記憶體（Dynamic RAM）	主要應用於電腦主機板雷射、印表機、傳真機、影印機、交換機和記憶卡
	靜態記憶體（Static RAM）	主要應用於電腦之週邊、通訊、消費性產品上
非揮發性記憶體IC（Non-Volatile Memory IC）	光罩式唯讀記憶體（Mask ROM）	主要應用於電腦主機板、電動遊戲卡匣、電子字典、傳真機、印表機、IC記憶卡等
	紫外線抹除式唯讀記憶體（EPROM）	主要應用於電腦主機卡、影像卡、傳真機、數據機、電動遊戲卡匣、筆記型電腦、IC記憶卡、行動電話等
	快閃式記憶體（Flash Memory）	主要應用於IC記憶卡、矽碟機、筆記型電腦、數位電話答錄機等
類比IC	電源管理（switch regulator）	應用在3C產品之電源開關設定
	通訊（CAN physical interface）	主要應用於行動電話、數據機
	安全檢測（DSI）	應用在監測器或是安全系統
邏輯IC和微元件	時序產生器IC（Clock Generator）	應用於電腦時序控制
	視訊處理IC（Video IC）	應用於電腦繪圖卡
	電腦網路IC（LAN）	應用於網路介面卡
	數位訊號處理器相關產品（DSP）	應用於數位答錄機、數位訊號處理機、影像處理
	嵌入式控制IC（Embedder Controller）	應用於雷射印表機、個人數位輔助器（PAD）等產品

7.6.3　影響市場主要因素

半導體爲市場需求導向之產品，故市場主要受電子產品需求的影響，分析IC下游應用電子產品各大領域可知，資訊用與通訊用的比重佔了將近六成，電子產業的景氣脈動可以說與這兩大領域息息相關。

資訊產品可以說是電子應用產品中的主力產品，雖然資訊產品市場已進入了相對成熟的階段，市場成長率也漸趨穩定，不復往年具有爆炸性的成長。然其產值至今仍屬最大宗，未來的幾年亦無其他領域可取代其地位。2001年在沒有新的殺手級應用與景氣不佳雙重打擊下，經歷了半導體產業有史以來最慘淡的一年，PC市場亦呈現20年來首度的衰退。

至於通訊產品，拜電信自由化之賜，無線通訊、寬頻資訊接取的需求帶動了通訊市場的急速成長，亦促使台灣通訊產業無論是電信服務或通訊設備業表現亮麗。就整體產業的發展分析，台灣通訊產業自1999年開始，整體產業就開始邁入高度成長階段，2001年仍持續高度成長的態勢，其中諸多新興產品如行動電話、寬頻接取產品等均是促進成長的重要產品。

近年來，消費性產品推出了許多的明星級產品，不論是數位相機、MP3 Player、資訊家電或電視遊樂器等。這些產品目前產值不大但潛力無窮，共通的特色就是易於使用，消費者可以不用在乎枯燥無趣的位元數、兆赫、隨機存取記憶體等數字或涵意，對一般消費者而言，簡單、易於使用、單一或整合功能的產品，才能符合眞正的需要。由表7.6可以得知歷年來全球電子產品市場產值之產品分布成長率，著眼於全球市場，各大領域中若以長期觀察（2001年至2006年），其年復合成長率都在4～7%之間，看似差異不大，但是細究各項產品表現的卻大不相同，資訊與通訊可說是起伏最大的領域，在不景氣時可以衰退10～20%，但同樣的在景氣好轉時也可以成長10～20%。而消費性市場有著小量多樣的特性，加上一些明星產品的盛起，如（DVD撥放機、數位相機（DSC）、智慧卡（Smart Card）與遊戲機等，因此相對其他領域要來的穩定。另一個較穩定的市場是車用市場，雖說2001年的不景氣也造成了汽車市場的低潮期，但是汽車中電子化的程度也較以往來的更高。除了傳統的引擎控制、安全氣囊、防煞車鎖死系統（ABS）等，近年來新興的電子晶片鎖、全球衛星定位器（GPS）、定速駕駛控制、電動窗、恆溫空調與電動按摩椅等舒適控制都增加了電子產品的使用量。

表7.6　歷年全球市場電子產品市場產值之產品分佈　　單位：億美元

	1999	2000	2001	2002	2003	2004	2005	2006	01-06 CAGR
資訊	3210	3740	3240	3370	3630	4060	4090	4210	5%
通訊	2210	2650	2240	2300	2490	2830	2900	3060	6%
工業	1300	1360	1370	1400	1450	1550	1580	1630	4%
消費性	900	980	930	960	1040	1160	1180	1240	6%
車用	530	600	610	630	680	750	770	810	6%
軍用	380	390	400	430	460	490	520	550	7%
總額	8530	9720	8790	9090	9750	10840	11040	11500	6%

7.6.4 進入障礙與模仿障礙

一 資本密集

在半導體製造產業中，不管是DRAM製造、IDM、晶圓代工或是封裝廠，均是屬於高科技與高資本密集的產業。而此種資本密集的特性有二：第一是廠商的固定成本極高，所以產品的生產須達經濟規模並且於每一世代產品的生命週期內，增加最多的產出，才能快速地降低單位固定成本，增加公司的利潤，因此，每一座半導體晶圓廠建廠完成後，廠商莫不希望盡量提高產能利用率。第二個特性爲半導體廠的建廠規模浩大且耗時較久，建廠時間除了建築物本身外，主要在於昂貴的機器設備裝機過程，因此晶圓廠的投資效益並非立即可以顯現，因此是屬於極費時的資本遞延效應。

二 技術密集

半導體爲高度技術密集產業，自從1947年電晶體發明以來，整個半導體的製造技術都是不斷的更新，不斷地向前演進，因此研究與發展對於半導體產業具有絕對的重要性。因爲投入研發，才能持續的推出下一世代的產品與技術，降低單位生產成本，在短期內，雖然會因爲龐大的資本支出或是利息與折舊費用而侵蝕企業獲利，但因爲其最終產品爲電子相關產品，在講究技術與速度的高科技產業裡，唯有具有新技術的廠商才能競逐下一世代的戰場，以更低廉的價格與成本，搶得市佔率與獲取利潤。況且目前之12吋晶圓製程趨向奈米化，新式製程的研發不僅要考量良率及成本，更要兼顧對環境的衝擊及資源的節用。

7.6.5 市場競爭分析

一 主要競爭者的成本結構與重要策略

(一) 美國

依據美國許多學者的觀察研究指出，美國半導體工業體質中，肇因於缺乏大型垂直合作的業者所引發的結構性缺點。美國由於開放的環境以及重視IP的概念，使得產業結構較為偏向網絡式或是扁平式。如此一來對於設計研發，也就是產業的浮動期時會具有相當的優勢，但是一旦技術成熟進入專業期之後，鬆散的結構容易被專注的攻擊策略所擊倒。這些學者認為，由於美國業者沒有大量生產商品晶片所帶來的獨占性利潤來支持長期的發展，會顯得十分不利。在經過許多專家的驗證之後，認為持續性的觀察研究並改善供需權力架構的情況，依照觀測的結果施以適當的策略（例如現階段的全球性分工，將優勢的設計留在本土等），會使得產業結構相對出現適應性的改變，以自由市場的角度來看，長期就會改善其競爭優勢。而這和管理學中駁斥過度去極化及權力下放的理論一致，如此才能適應多變的產業環境。

(二) 日本

前面提到，美國在遭遇到焦點化產業的攻勢時會受到傷害，這裡所說的焦點化攻勢就在而言指的就是日本。日本以其國家人文文化環境的特性，組成了許多大型的企業，並且這些企業在面對全球性的市場競爭時，經常會攜手聯盟，構成強大的力量。在美國居於產業龍頭的環境之下，集中資源的日本採用的焦點化的策略（DRAM、CMOS），對美國造成很大的壓力。當然，過度的集中產業焦點可能會造成未來風險的提高（尤以老師上課經常提到的韓國為之），並且可能會有因產業結構過於龐大造成結構僵化的困擾，因此目前處在產業衰退期的日本，除了考量要如何振興之外，也要對其產業結構多下苦心。

二 產業發展中的基礎研究與應用研究

產品開發之競爭優勢主要在於應用科技、製造以及銷售能力。

在積體電路的製造業中，其基礎科學（固態物理）的成熟度較高，可提供產品設計上理論的依據，也因基礎科學之成熟度高，故產品開發之競爭優勢主要在於應用科技、製造以及銷售能力。

三 市場需求情形

由一之討論可知，半導體產品市場規模逐步成長，產品市場達一穩定比率，其中以資訊產品為大宗，通訊市場次之，消費市場第三，其中就單一市場成長而言，消費性市場之成長率為最高，2006年相對於2000年約成長45%。

7.6.6 產業現存競爭者分析

目前排名於台灣之前的國家有：美、日、韓，另外歐洲雖排名於台灣之後，對於目前的產業競爭情勢仍有影響力，以下概述之：

一 美國─半導體業的龍頭

2001年在美國為首的全球經濟體疲軟下，美國半導體市場值衰退幅度高達44%，為美國，歡洲，日本和亞太四個區域市場之最，使美國首度退居為全球第二大IC市場，市場佔有率由2000年的31.3%大幅滑落至25.8%。儘管美國引領風騷多年的龍頭地位已被亞太市場微幅領先趕上，但因為美國擁有產業群聚和接近市場優勢，再加上歷年美國業者在微元件（微處理器、DSP，邏輯IC）和創新取向的IC設計業等的表現優異，美國半導體大廠主導先進技術規格與標準制定，因此美國地區業者的動態變化，產品發展趨勢，對全球生導體產業的影響相當深遠。美國地區是全球最主要的半導體市場與生產地區，儘管美國市場的第一大地位在2001年已正式被亞太市場取代，然而，美國無論在供給面或需求面都居全球主導地位，不僅在產品創新程度和先進技術領域領先全球，完整的基礎架構，鼓勵創新的企業文化以及龐大的內需市場等優勢，都是其他競爭國家所難望其項背的；因此，美國市場的變化或美國前幾大IDM和設計業者的動態，在在牽動全球半導體業者的經營佈局。

展望未來，全球半導體產業某專業分工已是大勢所趨，美國業者勢必繼續朝向高附加價值產品研發，以持續拉大後進者的差距，並且順應半導體產業專業分工的趨勢，透過委外代工以降低製造成本與投資風險。

二 日本

2001年的不景氣造成全球各地經濟的負成長，而日本更是深受打擊，根據SIA 2002年2月的報告顯示，2001年第四季亞太、美洲與歐洲的半導體銷售額皆出現正成長，唯獨日本似乎尚未脫離景氣衰退之害，衰退達11.8%。日本整個九0年代都承受泡沫經濟之苦，許多改革的聲音不斷，然而時至2001年，情況仍未見明顯改善，在2001年秋季，日本的失業率更是創下歷史新高達到5.8%。然而日本企業仍在不斷裁員，甚至連核心組織的成員亦受到波及，日本銀行受到嚴重債務閬題所擾，壞帳比例相當高，此外許多製造業者更是深受來自大陸等廉價勞力成本地區的威脅。

日本半導體業者遭受經濟不景氣的影響，連帶使得半導體市場也出現較長的跌落。許多主要的日本廠商，包括Fujitsu、NEC、Toshiba等都有組織重建與縮減的計畫進行。整體來說，日本仍深受巨大債務與經濟成長停滯之苦，而且仍未有明顯的改善，此外日幣兌美元貶值了12.6%，因此以美元的基準比較各國產出時，日本的產值就更小了，日幣貶值與全球不景氣使得日本2001年的半導體產出更加萎縮。

而在整個半導體市場中，記憶體部分已由日本手裡流失到南韓，而微處理器與通訊用的邏輯晶片和DSP等產品也都由美國主導，日本所剩的就是根基於其穩固的消費性電子下游產業所需的ASIC產品。儘管日本漸漸退出DRAM市場，但是對Flash仍採相當積極的態度，除了擴產與轉移DRAM生產線至Flash，在對海外的技術移轉與授權更是採相當保留的態度，以免技術快速流至韓國與台灣。

2001年日本降低其資本支出，並且藉由聯盟的方式將大部分的投資集中在0.13微米高階製程與12吋晶圓技術發展。基本上日本半導體廠商正積極地朝Foundry/Outsourcing的模式前進，並且將生產移轉海外，與專業代工廠形成聯盟的結合，以此方式降低日本晶圓廠的資本支出，並且使得未來四年日本的資本支出成長成爲全球最低。不過另一方面，日本業者在面對財務結構不健全，成長停滯的日本經濟，儘管政府改革不斷，但卻也對日本產業界帶來更多的不確定性。2001年日本遭遇八年來第三次的經濟衰退，但央行已無法由降息並且消緩台灣通貨緊縮的壓力，此外因爲日本出口佔其GDP的比重僅10至15%，且日本出口彈性低，因此日本想藉由日幣貶值來提昇出口產值的能力非常有限，如上在日本資產縮減和國際資金撤出的憂慮下，未來日本經濟是否能夠回升，仍將面臨相當的挑戰。

三 韓國—記憶體IC王國

韓國的半導體產業在1983年跨入記憶體產業以後，至今仍以DRAM和SRAM爲其半導體主力產品。1999年拜DRAM景氣復甦所賜，全球半導體成長率只有18%的情況下，韓國半導體產值成長率卻高達46%，2000年韓國半導體成長率爲44.5%，也比全球平均36.8%來得好。但2001年全球經濟不景氣，DRAM價格低靡不振，三星和Hynix等廠商嚴重虧損，重挫韓國半導體產業，因此2001年產值規模衰退45.8%，比全球平均衰退32%還糟。Hynix公司也因財務危機面臨賣廠，甚至被購併的命運。

2000年韓國半導體產值達176.7億美元的規模，產值佔全球半導體比重爲8.14%.，2001年韓國半導體產值規模只有98.8億美元，佔全球半導體比重爲6.89%。不景氣也影響韓國半導體廠商的資本投支的能力，2001年韓國整體半導體資本支出只有25.5億美元，較2000年衰退49%。

韓國半導體產業數十年的努力下，在全球記憶體產業中已扮演著舉足輕重的角色，但從Hynix的教訓中得知偏重DRAM不再是隱憂，而是明顯的問題，唯有配合深根非記憶體領域的設計技術，未來韓國半導體產業才有更多的發展機會。

四 歐洲—通訊IC為主

歐洲的半導體業在全球半導體的發展史上一直佔有重要地位，不過相較於美國、日本兩強長居半導體牛耳的強勢表現，歐洲業者還得再加把勁。第二次世界大戰的蹂躪，使得歐洲國家沒有餘力投注於新興的半導體工業。加上沒有像美國擁有如此廣大的內需市場吸收從業者釋出的產能，也不比日本半導體業者可在政府的父蔭下盡情揮灑，歐洲半導體產業的發展條件相較於美國、日本有著明顯的差距。

與美國主導資訊電子市場、日本專注消費電子市場不同，歐洲一向在通訊電子市場中求生存，90年代後半期，通訊電子產品市場佔有率開始擴大，同時，歐洲三大半導體製造商亦採掌握通訊用IC市場霸權之策略前進，以強化通訊用IC之供給能力爲主要目標。歐洲半導體產業分散在各國發展，除了台灣市場之外，並沒有更大的舞台供其擴展，加上美國、日本業者的滲透，使得開拓市場更加不易。眾所皆知，要投入瞬息萬變的半導體競局，從研發、製造、行銷、上市…每個環節都得倚賴雄厚的資金作後盾，歐洲各國政府在財務上的支援主要都流向公立或是私營研究機構，對於生產實績上的助益非常有限，導致歐洲廠商即使在某些先進產品上表現出色，但是在導入實際生產線時，無法進一步壓低成本，成本無法降低，價格就不具競爭力，市場上的反應也直接受到考驗，這也是歐洲業者無法進一步擴張事業版圖的重要原因。

由於全球半導體市場的不景氣，使得2001年歐洲半導體市場較2000年衰退了28.6%，就應用面而言，除了資訊、通訊相關應用之外，歐洲車用IC的重要性亦增加。就歐洲三大半導體廠的產品內容分析，Analog產品皆爲歐洲三大半導體廠的重要收入來源，STMicro更因爲在Analog產品的斬獲使其成爲2001年全球最大的Analog供應商，並名列2001年全球第3大半導體廠，在網路通訊相關應用日益重要的趨勢下，歐洲三大半導體廠的地位將益形穩固。面對全球半導體市場回溫的動向不甚明朗的局勢之下，歐洲半導體廠商持續縮減資本支出，根據IC Insights的估計，2002年歐洲半導體廠商的資本支出將削減至26億美元，較2001年下滑47%，在供給面適當節制後，期盼需求面能有實質的提昇，以早日度過此波不景氣的低潮。

7.6.7 產業領導廠商

一 英特爾（Intel）

1968年8月成立的英特爾可說是半導體業界的傳奇性公司，其CPU獨佔全球八成以上的市場，若以1999年全球半導體產值來看，英特爾單一家公司便可佔15.8%，其中1999年半導體營收達268億美元，是第二大半導體公司NEC的2.9倍之多。

英特爾過去的豐功偉業與PC業的發展沒不可分，然而近年網際網路與通訊應用崛起，PC成長率漸趨緩和，向來以PC市場爲營運主軸的英特爾開始大舉轉型，自1999年起迄今已收購十餘家IC系統公司，全數位於通訊網路領域。

而在另一方面，自1997年起低價電腦波濤以來，英特爾於PC市場的發展卻較過去承受更大壓力，超微Athlon的揚眉吐氣使其能與英特爾在各產品線區隔全面開打，威勝跨入CPU市場與Transmeta的出現，則使英特爾在低價與筆記型電腦區隔再遭挑戰。

二 德州儀器、摩托羅拉與朗訊

德州儀器、摩托羅拉與朗訊乃是通訊應用高速成長下的受益者，以99年營收來看，三家公司分別爲全球第五、第六與第十四大半導體公司。DSP可說是通訊應用最爲重要的核心技術，這三家公司再加上同爲美商的亞德諾正好位居DSP市場的前四位，1999年市場佔有率分別達48%、25%、11%與10%，合計拿下高達94%的市場。

德儀近年歷經大轉型，將非核心事業全數割捨，僅專注在DSP與類比元件市場，且均取得領導地位，競爭力持續提昇。朗訊則爲通訊設備大廠，亦爲全球第二大光纖元件供應商，在半導體部門計畫獨立後，預計將能於資本市場取得更多資源。至於摩托羅拉則仍維持龐大的企業集團，除通訊領域爲其強項外，包括CPU與微控制器亦爲重要產品線，近來PDA處理器市場興起，摩托羅拉的Dragon Ball乃是市場佔有率最高的產品。

三 IBM

IBM雖僅排名全球第十五大的半導體廠商，但影響力卻遠勝於此，主因在於IBM乃是半導體業界先進製程技術的標竿，包括銅製程/Low-K、絕緣層上覆矽（SOI）與矽鍺（SiGe）技術均較同業領先一截。

7.7 產業結構與競爭情勢

7.7.1 產業競爭優勢關鍵條件

在創新需求要素的分類上，可分爲研究發展、研究環境、技術知識、市場資訊、市場情勢、市場環境、人力資源、財務資源等八大項，其實這也與競爭優勢來源的四項因素有異曲同工之妙。而搭配的政策類型則可分爲十二種，可以依產業特性的供給、需求、環境三軸向概分爲公營事業、科學與技術開發、教育訓練、資訊、財務金融、租稅優惠、法規管制、政策性、政府採購、公共服務、貿易管制、海外機構等。從上面兩項分類概念來看，自始至終這項政策與策略規劃工具還是能夠與當初產業的結構與特性首尾呼應，環環相扣。

▌表7.7　政策工具和創新需求類型的相關性

		創新政策工具											
		公營	科學	教育	資訊	財務	租稅	法規	政策	政府	公共	貿易	海外
創新需求類型	研究	●	⊙	⊙	⊙	⊙	⊙						
	研究					●	●	●	●				
	技術		●	●	●								
	市場			●	●								
	市場									●	●	●	●
	市場					●	●	●	●				
	人力		●	●	●								
	財務					●	●						

7.7.2　產業所需之政策類型

經分析整理之後，將產業定位與創新需求要素之關係詳列如下：

▌表7.8　半導體產業創新需求要素（設計）

		產業價值鏈		
		設計/創新	製造/代工	行銷/服務
策略群組	產品與技術領導者			
	營運效能領導者	技術合作網路 上游產業支援 技術擴散機制 高等教育人力 提供長期資金的銀行體系	技術移轉機制 顧問諮詢與服務 與上下游關係 專門領域工程師 提供資金的銀行體系 產品技術與規格的規範	
	親密顧客服務導向			

■ 表7.9　半導體產業創新需求要素（製造）

		產業價值鏈		
		設計/創新	製造/代工	行銷/服務
策略群組	產品與技術領導者			
	營運效能領導者			
	親密顧客服務導向		製程技術的改進 專業技術人員 提供資金的銀行體系 產品技術與規格的規範	

■ 表7.10　半導體產業創新需求要素（封測）

		產業價值鏈		
		設計/創新	製造/代工	行銷/服務
策略群組	產品與技術領導者			
	營運效能領導者		技術移轉機制 顧問諮詢與服務 與上下游關係 專門領域工程師 提供資金的銀行體系 產品技術與規格的規範	
	親密顧客服務導向			

根據上面的分析，可歸納對目前半導體產業的政策與策略結論如下：

▌表7.11　半導體產業發展政策（設計）

		產業價值鏈		
策略群組		設計/創新	製造/代工	行銷/服務
	產品與技術領導者			
	營運效能領導者	成立IP資料圖書館 匯集台灣與國外IP資源建立設計重複技術 建立晶片設計發展中心 技術與人才之培育 贊助與國外廠商之交流合作	建立管道以學術技術支持產業 持續開發12吋晶圓廠先進製程技術 國家提撥基金以專案審查方式補助技術開發 提供研發經費	
	親密顧客服務導向			

▌表7.12　半導體產業發展政策（製造）

		產業價值鏈		
策略群組		設計/創新	製造/代工	行銷/服務
	產品與技術領導者			
	營運效能領導者			
	親密顧客服務導向		建立管道以學術技術支持產業 建立企業技術地圖及資料庫 鼓勵與設備廠商合作 延攬國際人才 提供研發經費	

表7.13　半導體產業發展政策（封測）

		產業價值鏈		
		設計/創新	製造/代工	行銷/服務
策略群組	產品與技術領導者			
	營運效能領導者		建立管道以學術技術支持產業 持續開發12吋晶圓廠先進製程技術 國家提撥基金以專案審查方式補助技術開發 提供研發經費	
	親密顧客服務導向			

7.7.3　產業之具體推動策略

一　生產要素

(一) 資本

在半導體產業的萌芽時期，資本是相當重要的生產因素。一般而言，高科技產品的生產，在發展出其總是呈現高風險性，但卻又不一定伴隨著高利潤，因此，資本往往不容易流入產業內，所以高科技產業的萌發，在新興工業國家中（如台灣、南韓），通常是國家機關介入的結果，台灣的半導體產業發展過程即是最好的例子。

1980年代聯華電子成立，成爲台灣半導體成長的先端，之後的產業發展逐漸需求大量資金的挹注，這些資金的需求缺口，主要由台灣的資本市場（如股市）與金融體系的發展以及政府相關政策效果所填補，台灣股市的成長與產業的形成，對半導體產業發展，具有極重要的影響，廠商資本的主要來源包括內部所產生的資金、資本市場以及銀行貸款。

近年來由於台灣對IC工業不斷投資，連帶對資金的需求也呈現相當龐大的成長，而銀行貸款是一主要來源。基於銀行對單一產業的授信比率有所限制的規定下，不可能無限制增加對半導體業者的授信額度。因此，銀行在提供資金方面逐漸有聯合貸款的趨勢。

台灣半導體業者在資金投入上，另一種具有關鍵影像要素爲創業投資。創業投資即所謂風險性投資（venture capital），這種公司提供高風險的產業成長所需的資金，以獲得高額利潤，早期美國的高科技代表地區矽谷即是創投的主要活動中心。台灣的創投業是開始於1983年，早期的創投業者在政府的嚴格管制之下，只能投資高科技產業，使的創投基金幾乎集中在未上市高科技公司，不過這樣的結果，卻也使得包括半導體業在內的高科技產業能獲得充分資金挹注。

總而言之，台灣半導體產業在形成過程中，資本扮演著不可獲缺的角色，未來台灣在面對產業快速的擴張時，必須不斷地改善廠商取得資金的效率，以提供廠商更進一步所需之資本。

(二) 人才

由於半導體產業具有高度技術密集性，使得人才資源的需求也相對較爲專業。1968年台灣實施九年國民義務教育，勞力素質明顯提昇，提供了產業對於一般型人力生產要素的需求，從策略的角度來看，除了一般型人力生產要素之外，更具競爭意義的是專業型的生產因素。對半導體產業需求而言，需要大量的電子、電機等專業背景的人力投入，台灣大專院校廣設電子電機學系，爲半導體產業提供人才資源。

不過隨著半導體產業的迅速擴張，已逐漸造成高級工程師以及管理人才供應不足的窘境，以目前教育體系的供給狀況，供需失調的狀況將成爲台灣半導體產業未來發展的障礙。聯電集團董事長曹興成也指出科技事業的決勝點不在資金與產能，而是在人才，因此就目前台灣人才供應狀需狀況而言，必須對教育制度作一些改變，以提供未來所需之人才。

即使有相對充沛的人才資源，在高科技產業的快速發展下，也同樣供不應求。在自由化與全球化的趨勢下，人才與資本相同，可以具有高度的流動性。由於生產要素中，人才是屬於相對較爲稀少的資源，尤其以高度專業化的科技產業爲然，台灣在產業發展上的最大課題之一，不只是持續的改革教育，提昇人才的技術而已，更重要的是如何吸引不同國界的人才流入，換言之，以台灣一己之力發展高科技，的確需要一些外來人口的助力，政府實應建構更爲便利的法令，以吸引外來高級人力，如此不失爲提高台灣科技水平的良方，美國矽谷能如此蓬勃，主要是因爲吸引來自全球的菁英份子，才造就今日矽谷成爲全球高科技的研發中心。

二 市場層面

台灣IC產業內銷比重較高，除與半導體業垂直整合完整有關，亦與下由個人電腦的成功發展有關。

三 技術或研發

與先進國家相較之下，台灣在技術能力以及技術創新上，仍相當缺乏。早期美國是台灣半導體技術提供來源，隨後經過工研院電子所數期科技專案的進行，台灣逐漸跟上先進國家的步伐，但始終不是走在最前端，以台灣IC產業的相關技術和國外比較而言，在製程技術方面，台灣平均落後先進國家1至2個世代；在封裝方面，台灣在先進的封裝技術與美、日相較，也仍有一段差距；在記憶體方面，除了世界先進是自有的開發技術之外，其餘廠商多自國外引進人才與技術，就現階段市場主流產品的量產技術來看，台灣廠商雖大致與先進廠商同步，但在產品的研發上，台灣廠商仍落後1至2世代以上。換言之，台灣尚未有任何一項處於技術領先。這對於一心想成爲科技大國的台灣，的確是項警訊，因此仍有待加強的研發水準與投入，以達成技術領先。

四 產業結構組成

台灣半導體產業結構完整，上、中、下游產業涵蓋範圍如圖7.27所示：

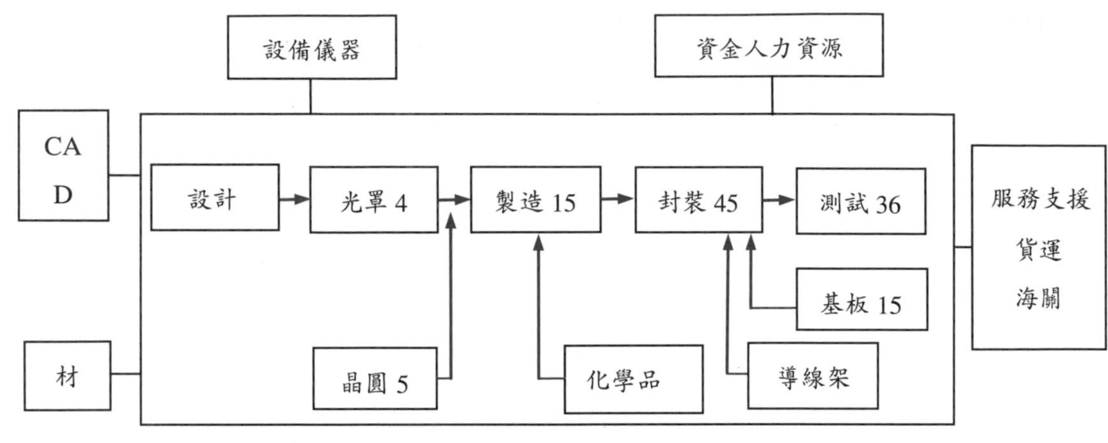

▌圖7.27　台灣半導體分工圖

台灣IC產業獨特的垂直分工結構已漸成爲全球半導體產業發展的趨勢，此獨特結構異於IDM廠由設計、製造、封裝、測試甚至系統產品一手包辦的經營模式，使得各業別能更專注於自身領域，開發出更優良、快速的產品，也使得台灣在全球的地位愈形重要。隨著台灣IC產值規模愈來愈大，台灣與全球景氣的連動性也更加密切，例如過去台灣IC產業的成長率皆可高出全球約15%至20%，但2001年台灣IC產業與全球衰退已趨同步，IC製造業甚至已與全球衰退幅度相當。

以台灣的專業分工體系而言，截至2001年底爲止，台灣計有180家的IC設計公司、8家晶圓材料業者、4家光罩公司、15家晶圓製造公司、45家封裝公司、36家測試業者、15家基板廠商、19家化學品廠商。4家導線架生產廠商…等等。如此龐大且綿密之週邊相互支援體系，特別是製造業代工模式的成功，已成爲亞太地區眾多新興國家競而仿效的對象，但台灣仍以完整的產業鏈與先進優異的製造實力遙遙領先，未來期能在創新能力上有更大的突破，使得此獨特的產業結構能發揮更大的成效。

五　基礎建設

(一) 新竹科學園區

新竹科學園區裡的高科技廠商能迅速發展，園區完善的基礎建設是主要因素之一。由於台灣自然資源的相對缺乏，廠商在尋求合適的生產用地，往往需耗費許多不必要的資源。科學園區的設立對於產業的效益包括用地的取得、良好的園區管理、單一窗口的流程簡化、租稅的優惠以及地理上與諸多研究機構相近的效益，這些對於產業的發展均有莫大幫助。因此，政府運用竹科模式，複製到台南科學園區，即是想以完善的基礎建設與優惠措施，吸引更多的高科技產業發展。

不過科學園區能涵蓋的範圍中就有其限度，因此，國家整體的基礎建設仍必須不斷的投資與改善，才能促進產業的發展。在歷次瑞士洛桑管理學院所做的競爭力調查中，台灣在基礎建設方面一直是表現最差的項目之一，事實上，連基礎建設最完善的竹科，也都面臨著水電不足的問題，往往一次跳電，即造成IC製造廠上億元的損失，由此可見得台灣基礎建設不完善之處，因此，政府在建設科技島的同時，也必須讓台灣每個地方都具備完善基礎設施來配合，才不致使得科技島空談。

(二) 工研院

台灣的半導體產業在20年的光景裡，從無到有，科技專案計畫和工研院電子所均有不可抹煞的貢獻。從1974年工研院電子工業研究中心和美國RCA公司合作，引進IC製程技術，並自美國IMR取得光罩製作技術：1980年工研院電子所主導所衍生的聯華電子公司成立，使台灣擁有第一家可自力生產4吋晶圓IC製程技術的民間公司；1987年再度衍生的超大型積體電路製造公司「台灣積體電路製造公司」；到1990年的「次微米計畫」，最後衍生出「世界先進積體電路公司」，並縮短台灣與先進國家在半導體技術的差距，也使台灣擠身於世界半導體大國的行列。因此，台灣半導體工業能蓬勃發展，工研院可說是功不可沒。

六 行銷方式、通路

半導體通路商的興起，與台灣電子產業的發展息息相關。台灣資訊工業的競爭優勢在於製造，惟在生產過程中，核心零組件需求方面仍有不少需自國外進口。伴隨著零組件的快速發展，居間仲介的通路業者，也由早期的純貿易商，轉型成爲具有附加價值的專業技術服務性質。

通路商所代理的半導體零組件可分爲基礎元件及核心元件兩大類別。基礎元件的接腳數（PIN）大致相容，如分散式元件、線性元件、邏輯元件、被動元件等，具有單價低、價格波動性小的優勢，毛利率較高。核心元件則包括晶組片、特定應用IC、中央處理器及微電腦控制器、記憶體DRAM、NON-DRAM/SRAM/FLASH等，主要由少數台灣大廠供應，單價高、波動性大，故而毛利率較低。

展望未來，在台灣高科技電子業製造規模越來越大之下，對電子零組件的需求也將增加，且零組件種類日益繁複，因此零組件供應商與需求者之間也越來越仰賴通路商調節供需。此外，由於中國大陸生產成本較低，電子業紛紛西進設廠，大型半導體通路商也配合客戶需求到大陸設立倉儲配銷中心。

七 法令

目前台灣政府針對高科技產業現行的租稅減免如圖7.28：

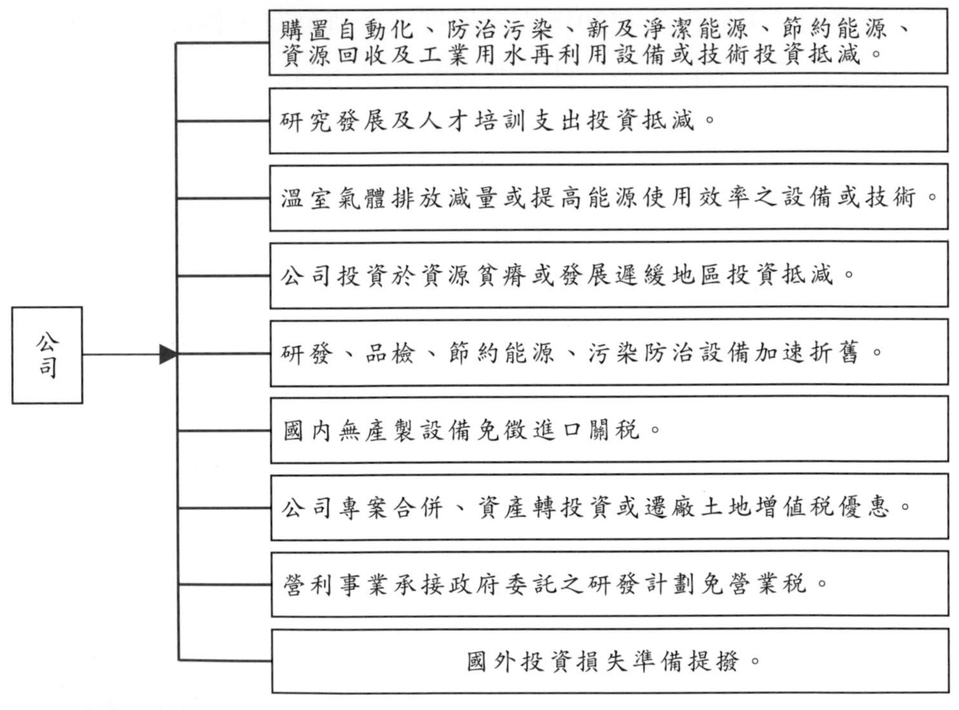

圖7.28 高科技產業租稅減免圖

資料來源：工研院經資中心IT IS計劃（2001/03）

八 相關扶植政策

(一) 矽導計畫

矽導計畫之主要目的在於落實科技整合、創造新的產業，而具體目標為建立完整之設計環境，包括扶持新的服務公司、進而開闢設計特區，使台灣成為國際晶片設計中心。因此，計畫之規劃必須兼顧深度與廣度，必須凝聚產官學研之整體力量始以奏功。晶片系統國家型科技計畫之範圍應包括下列項目：

1. **技術發展與人才培育**：因應未來晶片系統產業發展趨勢，結合產官學界規劃發展矽智財與 EDA flow設計及服務相關之研究、產業生根及人才培訓。為求分工合作以期有效執行，本計畫共分為五個分項計畫，分別為：多元化人才培育計畫、前瞻產品設計計畫、前瞻平台開發計畫、前瞻智財開發計畫、新興產業技術開發計畫。
2. **設置國家設計特區**：協助 SIP公司、整合 EDA Flow與服務的公司、Fabless 設計公司進駐，建構寬頻網路與同步設計的環境，達到異地同步設計，縮短設計時間。
3. **分工與合作**：探討晶片系統科技計畫在各相關部會及產業界之定位及相互之關係，藉以規劃分工以求績效、合作以達共同目標。

矽導計畫為晶片系統國家行科技計畫，目的就是在未來3至5年間為台灣建立豐富的矽智財（SIP）、整合電子設計自動化軟體（EDA）、提供優良的設計環境，供全球系統設計廠商使用。使台灣能在製造利基上繼續做強有力的發揮，同時再開創出新的設計優勢，達到垂直整合的效果，從而在世界半導體、資訊與電子業扮演舉足輕重的角色。

九 企業定位

台灣半導體產業內的企業形成高度分工的狀態，產業上、中、下游分工明顯，因此台灣廠商能將資源集中於單一產業領域的專業分工。在快速變遷之產業環境，以及日益擴大之資本設備投資額下，由於專業分工具有術業專攻與效率的優勢與符合了產業趨勢需求，這幾年也確實獲得了相當好的成效。

十 產業產品標準的制訂

由於IC產品生命週期短及技術變化快，競爭不單只是產品市場的競爭，也有著不同規格間的競爭，如果廠商本身所支持的產品規格獲得市場的接受，則可享受較大的市場規模。Intel在策略上一直以掌握規格架構，席捲全球資訊市場。

由於IC產品生命週期短及技術變化快，競爭不單只是產品市場的競爭，也有著不同規格間的競爭。

而台灣專長在於晶圓代工，IC設計業尚未成熟，主攻ASIC沒有標準的產品較為有利。

7.7.4 產業定位與未來發展方向

Portfolio analysis的意義為分析現階段產業之定位，並規劃未來產業發展發展方向。根據Portfolio分析結果，我們規劃出各階段發展所需之創新需求類型與產業提昇競爭優勢關鍵條件（創新需求要素，IIRs），並藉此設計相關政策與推動策略。其本質為利用產業供需的配合與競爭優勢之間的關係，檢定並劃分出分別能足以代表供給面與需求面的兩軸向的矩陣。而在矩陣軸向的選取，必須考慮到產業的特性，以本報告而言，由於半導體產業大致屬於需求導向的產業，因此橫軸的選取上，產業價值鏈的代表性要高於產業供應鏈。另一方面，由於半導體產業在高科技環境中已經有穩定的產業結構，而且在台灣IC產業可說是進入了壯盛成熟的生命週期，因此縱軸採用策略群組的解釋力將會比一般的市場成長曲線來的高。

決定了產業組合分析的軸向與定位之後，接下來就是要將這兩個軸向的資料作出交集，以藉此決定產業定位中的創新需求要素。這裡本報告所採用的工具是國家創新系統（NIS），這項工具可以藉由分析國家產業在生命週期與技術而得出的創新需求要素，投入產業競爭策略群組中，而使的每個已被定義的策略群組中，都有其創新需求要素。之後再將這些帶著創新需求要素的策略群組，帶進產業價值鏈中，與價值鏈中每個階段的資源和優勢來源做結合，並且以創新政策工具的關聯性相連接，歸納出適合在每個位置的IIRs，依據每個產業的定位（產業的定位則是藉由分析前面結果）以及創新需求分類與政策工具分類的關連性討論後，就能決定產業在政策與策略方面作有效的制訂。

茲將國家產業生命週期矩陣，產業定位，策略群組與創新需求要素，以及創新政策與創新需求要素分類之關聯等分析流程詳列如下：

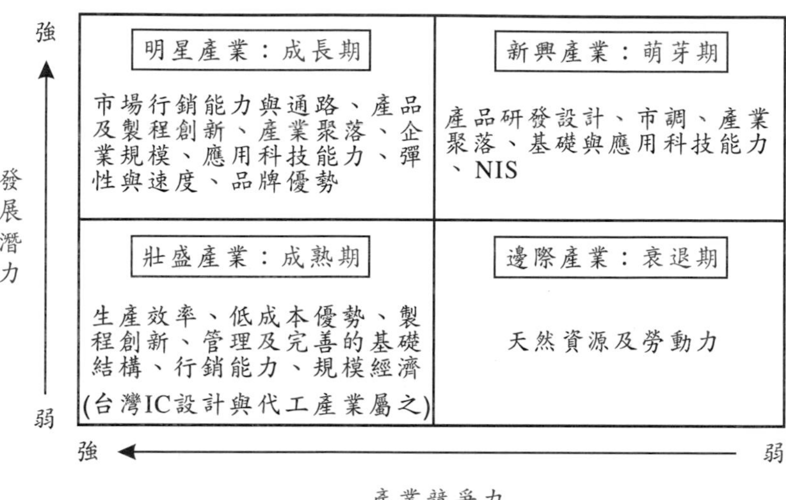

▌圖7.29　國家產業分析組合（包含KSF）

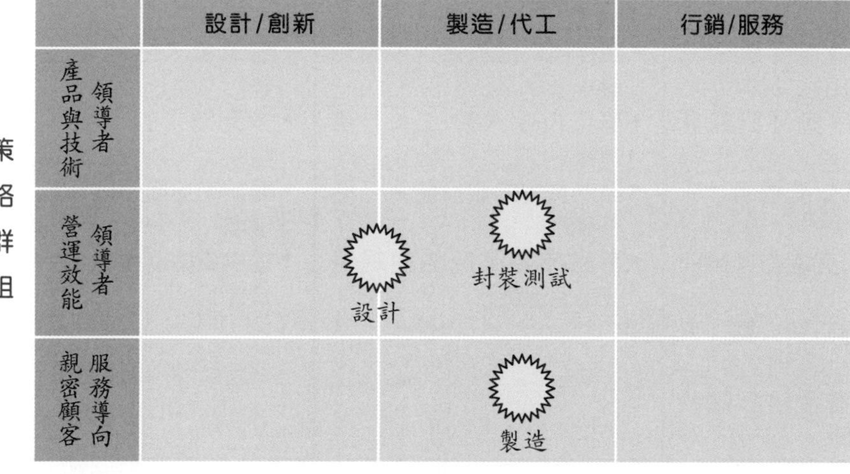

▌圖7.30　半導體產業定位圖

■ 表7.14　IIRs與產業週期技術關聯

		設計/創新	製造/代工	行銷/服務
產業發展策略	親密顧客服務導向	•專利制度（研究環境） •技術資料庫的建立（技術知識） •高等教育人力（人力資源） •提供長期資金的金融體系（財務資源）	•產業群聚（技術知識） •先進與專業的資訊傳播媒介（市場資訊） •高等教育人力（人力資源） •提供資金的金融體系（財務資源） •產品技術與規格的規範（市場資訊）	•國家文化與價值觀（市場） •先進與專業的資訊傳播媒介（市場資訊） •高等教育人力（人力資源） •提供資金的金融體系（財務資源）
	營運績效領導者	•技術合作網路（研究發展） •上游產業的支援（研究發展） •技術擴散機制（技術知識） •高等教育人力（人力資源） •提供長期資金的銀行體系（財務資源）	•技術移轉機制（技術知識） •顧問諮詢與服務（技術知識） •與上下游的關係（市場資訊） •專門領域的工程師（人力資源） •提供資金的銀行體系（財務資源） •產品技術與規格的規範（市場資訊）	•與上下游的關係（市場資訊） •顧問諮詢與服務（技術知識） •專業經理人（人力資源） •提供資金的金融體系（財務資源）
	產品與技術領導者	•企業創新精神（研究發展） •政府合約研究（研究發展） •專門領域的研究機構（研究環境） •國家基礎研究能力（研究發展） •專門領域的研究人員（人力資源） •提供長期資金銀行體系（財務資源）	•製程技術的改進（技術知識） •專業技術人員（人力資源） •提供資金的銀行體系（財務資源） •產品技術與規格的規範（市場資訊）	•需求量大的市場（市場情勢） •多元需求的市場（市場情勢） •對於市場競爭的規範（市場環境） •提供資金的銀行體系（財務資源）

7.8 結論

台灣半導體產業未來發展方向，具體可以由國家、產業及廠商等三種層級分別討論。以國家層級而言，國家應提供基礎建設、人才培養、政策支援、法令修訂等措施。由於目前SOC的架構與規格尚未統一，台灣在此新一波的趨勢中，仍有參與架構與規格制定的機會；利用國家的政策工具創造有利垂直整合的環境，是未來政策發展方向。

以產業層級而言，半導體產業發展應朝橫向整合；同時，建立產業平臺，有助於異業結合；同時，整合設計、測試、自動化工具以及SOC設計相關之EDA、測試、及驗證關鍵技術，建立競爭優勢。以廠商層級而言，由於SOC未來將朝向產品客製化發展，廠商將需與上、下游廠商更緊密的結合，才能有發展的空間。

自1993年新經濟時代開始，電腦聯通的網際網路已跨越時空的障礙，成為人類在廿世紀最重要的產品之一，而此類產品生產的基礎在於半導體產業的發展。過去，全球化效應的結果，台灣成為全球生產鏈的一環；台灣半導體產業在國家政策的帶動，以及產業間形成群聚效應的推動下，加上市場需求暢旺，創造台灣自90年代後期的新一波經濟成長。然而，未來台灣半導體產業發展的動向，應朝向更緊密結合國家、產業及廠商等三種層級的優勢，建構生產客製化產品及服務體系，以面對全球性競爭挑戰。

個案分析

台灣積體電路公司

台灣積體電路製造股份有限公司(以下簡稱台積電)是財團法人工業研究院所屬的電子工業研究中心和美國RCA公司合作，引進IC製程技術，並自美國IMR取得光罩製作技術後，所衍生的第二家超大型積體電路製造公司。

台積電成立於民國七十六年，公司總部位於新竹科學工業園區。目前，爲世界上最大的獨立半導體晶圓代工(foundry)服務公司，擁有六吋晶圓廠一座，八吋晶圓廠五座，十二吋晶圓廠兩座；此外，台積電亦有來自其轉投資子公司美國WaferTech公司、台積電(上海)有限公司以及新加坡合資SSMC公司充沛的產能支援。根據IC Insight在民國九十七年三月發表的報告，台積電在民國九十六年是全球第六大半導體公司。

公司營運策略以提供客戶最先進的技術，不生產自有品牌產品；同時，致力成爲同業間的忠實夥伴，此種營運模式創立新的積體電路產業的分工方式。在全球晶圓代工技術方面，台積電擁有領先全球的0.18微米互補金氧半導體邏輯製程、0.35微米雙層矽晶、四層金屬的類比/數位訊號製程、0.25微米靜態隨機存取記憶體及嵌入式靜態隨機存取記憶體製程、0.35微米動態隨機存取記憶體及嵌入式動態隨機存取記憶體製程、0.35微米快閃記憶體及嵌入式快閃記憶體製程、12GHz雙載子互補式金氧半導體製程；此外，也提供客戶設計支援服務。目前，公司僱用人員超過20,000人，包含博士約480人。2006年6月台積電市值爲465億8千萬美金。(資料來源：工研院網站、台積電公司網站及維基百科網站)

Chapter 8

平面顯示器產業

8.1 產業定義

8.1.1 前言

數位時來臨已成爲不可避免的趨勢，配合電子產品輕、薄、短、小及省電的發展需求，與及消費者對顯示畫質的期待，平面顯示器將成爲21世紀顯示器的發展主流，並有機會逐步取代傳統CRT的市場地位及開創新應用領域；影響所及，勢必對我們未來的生活及工作型態造成某種程度的改變與衝擊，尤其進入知識經濟時代，強調個性化及專業化已成爲時下時尚的工作風潮，未來在貿易無國界的國際化推動下，「行動辦公室」的概念將悄悄地在一些積極拓展國際化的企業間展開，可攜式資訊產品及行動電話，將日益普及，加上網路及多媒體的蓬勃發展，對顯示器的特性需求也必朝向彩色化及高畫質化；此外，在數位電視陸續開播及網路家庭化開始盛行後，對一般家用顯示器的特性需求，將不再只侷限動畫影像的呈現，而是必須兼具接收數位資訊情報的功能，因此一個強調接近自然色彩及高畫質，又能滿足多媒體及結合PC的網路功能，將是未來數位電視用顯示器的必然發展趨勢。

面對此一趨勢，台灣的平面顯示器產業，在安然度過驚心動魄的九七亞洲金融風暴，紛紛在1998年開始展開跨世紀的瘋狂投資，一年間共有七家廠商宣布投入大型TFT-LCD生產行列，投入金額超過1,000億台幣，並帶動上游零組件及其他平面顯示器產品的跟進，而1999年正是驗收投資成果的時刻，台灣廠商也展現令日韓業者訝異的成績，除了可就近供應台灣日益蓬勃發展的筆記型電腦及液晶監視器之面板需求，尚可少部分回銷日本；此外，由於手機需求暢旺及相關IA產品蓬勃發展帶動下，台灣在中小型TFT-LCD擴產及STN-LCD生產線投資，也非常熱絡，可預見21世紀台灣將有機會成爲全球平面顯示器產業產品的生產重鎮，而LCD產品也將成爲台灣重要的對外貿易順超來源之一，值得國人密切留意其相關產業發展動向及潛在商機。

因應數位時代資訊化社會的來臨及顯示器平面化的發展趨勢，台灣已積極爲發展成爲21世紀平面顯示器生產重鎮展開佈局，未來榮景應是可期，只是在台灣廠商全面投入生產行列的同時，我們也不免提醒台灣廠商注意日韓動向，盡快彌補因快速擴產所帶來的人才、技術及經營層面的產業斷層，加強生產管理來降低生產成本及擴展國際視野；此外，掌握LTPS大型化、PDP、OLED及次世代量產技術的研發與規劃，並積極開發新應用領域及擴展新市場，如LCD-TV、Web-Monitor、E-Book、Personal Navigator及HDTV都是值得台灣下游業者留意的相關應用產品。

掌握LTPS大型化、PDP、OLED及次世代量產技術的研發與規劃，並積極開發新應用領域及擴展新市場都是值得台灣下游業者留意的。

8.1.2 平面顯示器的定義

平面顯示器廣義的定義是泛指非映像管式（CRT）之其他顯示器。而狹義的定義，可用驅動方式分類成主動（包含有PDP、LCD、OLED、VFD、FED以及Micro-Display。其中LCD有可區分爲主TFT、LTPS等）與被動（TN/STN）；或是以面板大小與應用方式分爲視訊用（30吋到300吋）、資訊用（10吋到30吋）、可攜式（10吋以下）。其發展歷程如圖8.1。

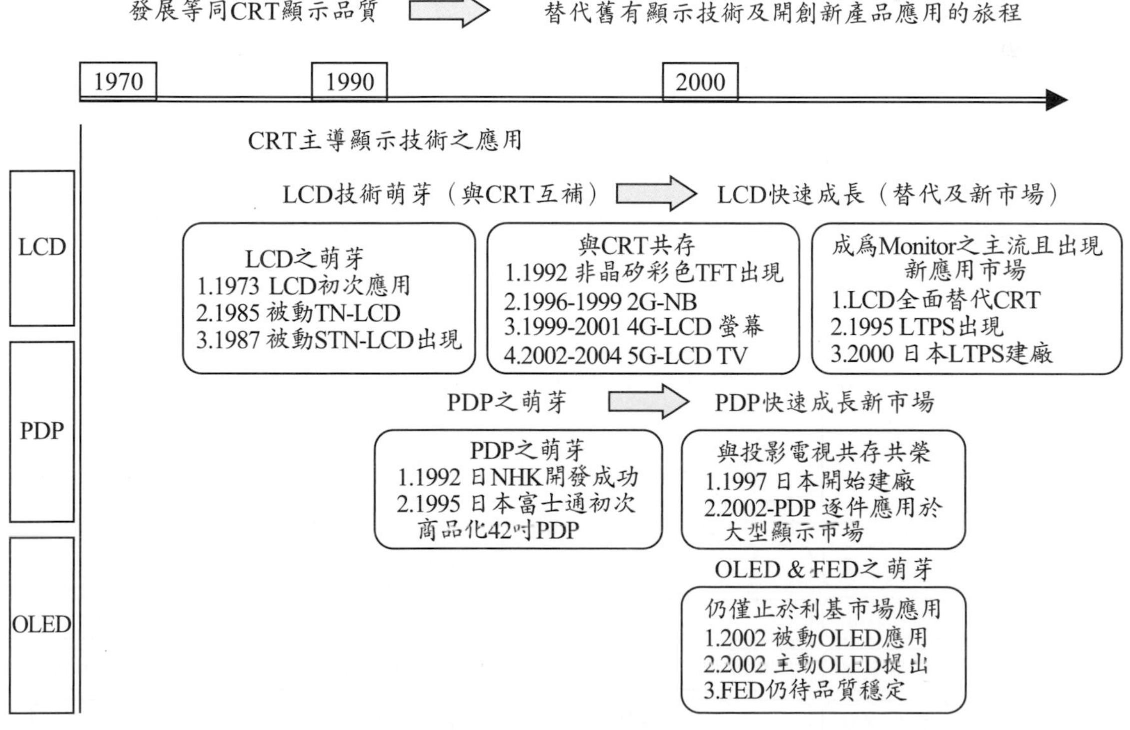

▌圖8.1　平面顯示器歷史發展過程

8.2 市場區隔

面板尺寸的大小是市場產品分類的主要方式，可區隔小、中、大型面板的應用。首先，小型面板（12inch以下），畫素間距爲120um以下之區塊；應用層面在於手錶，行動電話，PDA，電子書，平板/筆記型電腦等。應用需求是超低耗電、超薄化、重量輕爲主，而對視角要求不高。應用技術是利用舊有STN-LCD技術，競爭主流爲a-SiTFT，OLED。其次，中型面板爲主（8inch~35inch），畫素間距爲100um至500um之區塊；應用層面在於電腦螢幕及電視等。應用需求是對耗電、重量輕爲要求不高，而對視角較爲要求。應用技術在於利用舊有技術爲CRT爲主，競爭主流爲a-SiTFT，FED。第三，以大型面板爲主（30inch以上），畫素間距爲400um以上之區塊；應用層面在於家庭劇院，會議顯示等。應用需求是對耗電、重量輕爲要求不高，而對視角較爲多人用途爲主。應用技術是利用舊有技術爲PROJECTION爲主，競爭主流爲主PDP，PALC，若更大型的面板仍需PROJECTION的技術。

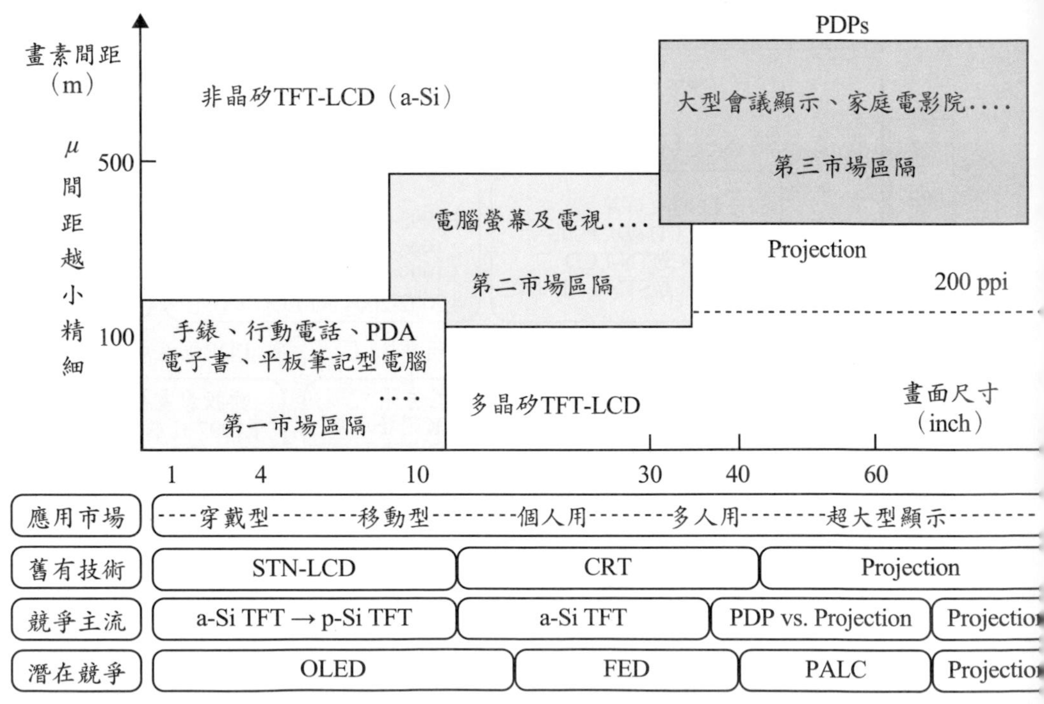

圖8.2 平面顯示器種類

8.3 全球產業結構

8.3.1 產業結構分析

表8.1 產業上中下游結構

上游產業	中游產業	下游產業	應用領域
驅動IC	PDP	PDP/TV-Monitor	視訊領域
玻璃基版	MD ： LCOS/DMD	Projector	
偏光片	A-TFT LCD	Notebook	視訊領域
背光模組	TN/STN LCD	LCD-Monitor/TV	
濾光片	LPTS TFT LCD	Hand-Held PC	可攜式元件
配向模	OLED	PDA/Mobile-Phone	
有機材料	VFD	DSC/Cam-coder	
其它材料	FED	Car-TC/AV-Product	
		GPS	

台灣廠商對市場主流產品具有相當敏銳度，當平面顯示器（FPD）逐漸成為眾多資訊產品及電子產品必備元件，業者投入的企圖心與所展現的生產實力相當可觀，舉凡TN/STN、TFT已在世界平面顯示器產業結構中，佔有一席之地，在新興顯示器領域如PDP、OLED/PLED的投入也不亞於先進國家，平面顯示器產業將成為台灣相當重要的主力科技產業。

台灣LCD顯示器產業，從小尺寸、中尺寸，一直到大尺寸均有生產，產業結構相當健全，應該比鄰近的日本、韓國更具市場競爭力。再加上、下游的系統廠商，如手機、PDA等製造廠商均在台灣，在在都強化台灣業者站穩平面顯示器主要供應商的優勢，台灣LCD產業結構如表8.2。

■ 表8.2　台灣LCD產業結構

製造項目與分類		現有廠商	新進入廠商	潛在進入廠商
上游材料、設備	設備	友大、亞智、大晉、敘豐、瑞川、仲興、大震、日清、億尚	志聖、台灣日真	均豪
	液晶	默克百成		
	光罩	台灣光罩		
	玻璃基板		康寧、碧悠國際光電	台灣玻璃、旭硝子、華宇、鉅晶、中晶、台灣科技玻璃
	ITO導電玻璃	默克百成、勝華、錸德、劍度		正太
	Color Filter	奇美、世界巔峰	和鑫、劍度、展茂、勝華	東賢科技、倫飛、華新麗華、宏東洋、大同、昌益、華榮
	位相差板	台灣汎納克		
	偏光板	力特光電、協臻	日東	源資、華新麗華、激態、台肥
	驅動IC		華邦、盛群、聯詠、合邦、所羅門、民生、義隆、太欣、敦茂、凌陽、聯電、漢陽、台積電、茂矽、矽豐、矽品、南茂、旺宏、茂達、新茂、慎利、福葆、 亞洲微電、飛信、天下、晶捷、宏宇	立生、致新
	背光模組	瑞儀、先益、輔祥、中強、元津、威力盟、康峻	大億	華新麗華、寰宇、福華、達碁、奈普
中游LCD LCM製造	TFT	聯電、元太、華映、達碁、奇晶、瀚宇、廣輝	統寶	燿華、宏東洋、和鑫、達威
	TN/STN	碧悠、勝華、光聯、南亞、富相、美相、揚暉、捷華、喬富、裕順、高雄日立、愛普生、達威、所羅門、久正、台灣夏普、國喬、凌巨、華象、訊倉、中日新科技、都美、黑田、影泰、偉聯、晶采、興益、中華晶電、昌益	正崴、全台晶像、久立、勁佳、華生	

8.3.2 水平分工與垂直整合

自過去3、4年前平面顯示器產業開始在台灣生根以來，今年更是掀起蓬勃發展的熱潮，尤其在今年初政府揭櫫「兩兆雙星」產業政策下，將平面顯示器產業納入重點扶植產業，可說已預先描繪了台灣平面顯示器產業燦爛的遠景。

但另一方面，隨著大尺寸TFT-LCD面板生產線朝向第5代，甚至第6代的大型化趨勢下，台灣TFT-LCD廠商未來將面臨更沈重的資金壓力與市場競爭，而平面顯示器產業能否建立起上游關鍵零組件的供應鏈體系，更是決定平面顯示器產業未來勝敗的重要關鍵。

平面顯示器產業能否建立起上游關鍵零組件的供應鏈體系，更是決定平面顯示器產業未來勝敗的重要關鍵。

在全球FPD市場快速成長下，今年更是台灣TFT-LCD產業呈飛躍成長的關鍵年份，根據經濟部統計，去年台灣在大尺寸TFT-LCD面板的出貨量達到1172萬片，TFT-LCD產品產值達25.32億美元，在全球市場的佔有率為26%，僅次於韓國的40.5%及日本的33.5%，位居第3位；預估今年在TFT-LCD面板廠商產能及銷售量同步成長下，全年面板出貨量將達到2458萬片，較去年成長倍，產品產值預估成長至67.8億元，全球市佔率提昇至38.3%，將首度超越日本居全球第二大TFT-LCD面板產地。

台灣過去10年來在個人電腦（PC）產業及半導體產業完善的發展環境下，迅速將TFT-LCD產業與個人電腦產業利基結合，同時，配合密集且大量的產業投資，使相關的人力資源與技術經驗快速結合，順利將TFT-LCD產業導入至世界級的競爭舞台上。

以及為取得市場競爭優勢的考量，台灣的 TFT-LCD廠商紛紛在今年提出投資額更高、更大玻璃基板尺寸的第5代TFT-LCD生產線，再度掀起廠商間產能擴張與資金籌措的激烈競賽；而第 5代生產線龐大的生產設備，以及5代線對上游零組件自主供應能力要求較以往更殷切下，又徹底地將台灣的TFT-LCD產業架構進行一番重組。

第5代生產線的龐大投資，激起台灣 TFT-LCD產業發展的兩大效應，一是產業垂直整合及上游材料本土化供應效應，二是形成龍潭、南科兩地的產業群聚效應；這兩大效應都是配合第 5代面板生產線龐大的產能而產生的現象，因面板上、下游廠商透過策略聯盟形成緊密的供應鏈關係，並可藉此降低營運成本。

台灣的TFT-LCD廠明顯群聚情形，在桃園龍潭方面，龍潭的第5代面板廠有友達、華映兩家廠商，週邊相關零組件廠商有生產彩色濾光片的凸版、和鑫光電，及生產玻璃基板的日本電氣硝子，以及生產背光模組的科橋、輔祥等；在南科方面，第5代面板廠有奇美電子、瀚宇彩晶，及其他的材料廠商如生產彩色濾光片的和鑫光電，生產玻璃基板的康寧，生產偏光板的協臻，及生產驅動IC的奇景、生產背光模組的中強光電等。

據工研院經資中心（IEK）指出，在第5代TFT-LCD面板生產線投資下產生顯著的產業群聚效應，顯示出台灣的TFT-LCD產業自此進入以分工合作方式取代過去單打獨鬥的型態，與其他國家競爭。

在第5代生產線龐大的投資及產能競賽下，IEK指出，TFT-LCD產業已進入第四波景氣循環期，在面對經濟不景氣及面板產能巨幅供過於求的情勢下，如何降低生產成本以增強競爭力，爲台灣TFT-LCD廠商共同面對的課題，其中關於提高上游材料自主性議題，更是攸關台灣TFT-LCD產業永續發展的重要關鍵。

在第5代面板生產線加入市場戰局後，明年的TFT-LCD 產業勢將面臨更嚴峻的競爭局面，面板價格大幅下滑結果，也可加速刺激TFT-LCD監視器取代CRT監視器的速度，並將平面顯示器推向21世紀的新興科技主流地位，尤其在LCD TV（液晶電視）興起後，人類未來的視覺顯像介面必將掀起新一波改革潮流，平面顯示器產業未來亮麗的發展遠景已是無庸置疑，台灣如何藉由兩兆雙星的產業政策，把握21世紀初這波顯示器科技革新潮流，並建立起上、下游垂直分工的供應鏈體系，將是奠定平面顯示器產業長期發展的重要根基。

8.3.3 價值鏈

台灣在平面顯示器的價值鏈中，扮演以生產製造爲主；生產的技術來源均來自美、日大廠的技術轉移。生產的利基爲技術突破、成本降低以及達到經濟規模生產爲主。美日大廠均掌握了技術，產品設計與品牌通路的區塊，在較具有利潤的區塊均被美日大廠所掌握。產業價值鏈如圖8.3。

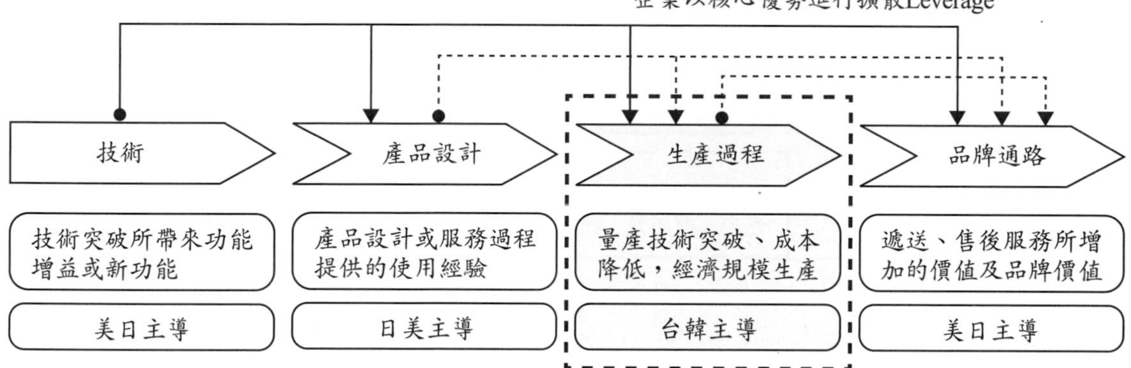

- ♠ 全球產業價值鏈主要核心
- ♠ 「美日技術／日美產品設計／台韓生產／美日通路品牌」
- ♠ 美日主導全球產業開端之技術發展環節
- ♠ 日本在產品設計上更勝一籌
- ♠ 台灣擁有主導全球產業生產環節的優勢

▌圖8.3　產業價值鏈

8.3.4　魚骨圖

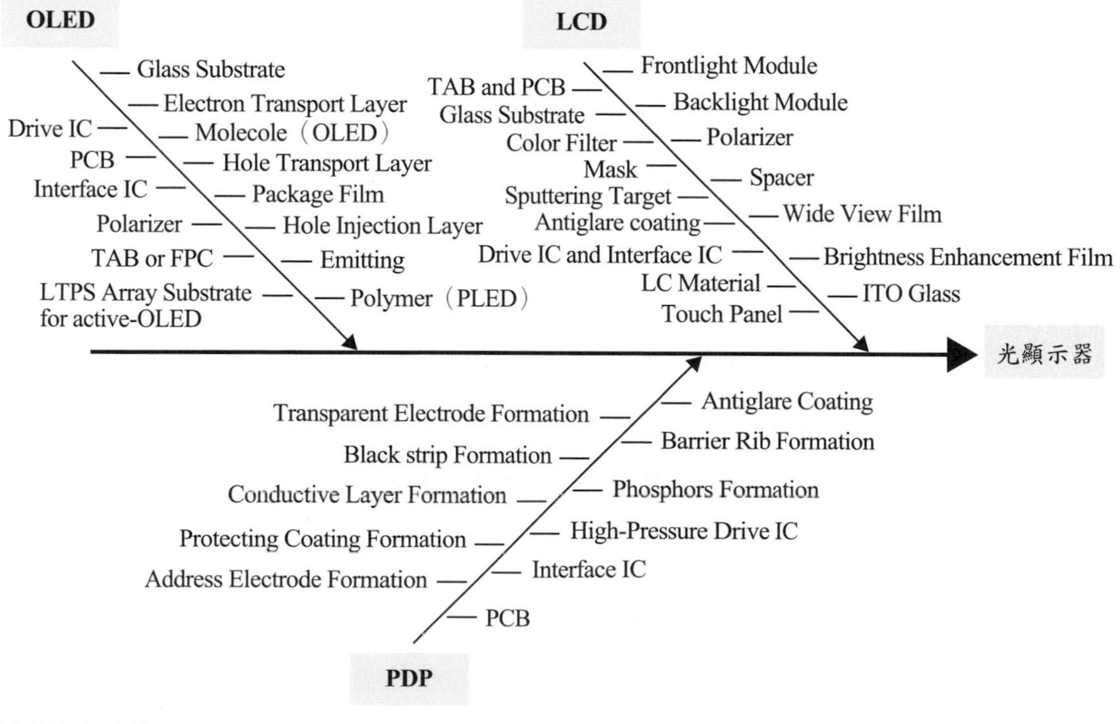

▌圖8.4　產業魚骨圖

8.3.5 產品的應用層面

主要應用市場		顯示品質							商業化特性	
		色彩	解析度	視角	反應速度	畫面更新	亮度	對比	厚度	省電
穿戴型顯示 Wearable use（1~4 inch）	多功能手錶顯示行動電話	全彩或高彩以上	點距小 ↓ 點距大	視角窄 ↓ 視角寬	高反應速度（動態影像需求）	速度慢 ↓ 速度快	亮度低 ↓ 亮度高	高對比	超薄化 ↑ 薄型化	超高省電要求 ↑ 高省電要求
攜帶型顯示 Portable use（2~14 inch）	個人資訊產品 數位相機 數位錄影機 電子書／平板電腦 筆記型電腦									
個人使用顯示 Personal use（10~25 inch）	車用顯示裝置 影像電話 個人電腦監視器									
多人使用顯示 Public use（15~40 inch）	家庭電視 公司會議顯示									
超大型顯示 Super large use（30~60 inch）	電影院使用 戶外顯示裝置									

▌圖8.5　產品應用領域

一　LTPS TFT

由於擁有重量輕、低耗電、高亮度特性，因此符合可攜式產品需求。目前在DSC、PDA、手機等中小尺寸面板產品運用廣泛，隨著LTPS TFT技術成熟，此一價差將逐漸縮小，預估LTPS TFT市場佔有率將從2002年22％成長至2003年的49％。因此IEK及富士總研的預估，LTPS TFT LCD至2004年其年複合成長率都在25%以上。

二　LCD

小尺吋超扭轉向列薄膜液晶顯示器（STN-LCD）是手機顯示器的主流，在數位個人處理器（PDA）的產品應用上，STN-LCD也有相關主流的應用。至於筆記型電腦（NB）、桌上型電腦、工作站等，甚至未來的LCD液晶電視使用的顯示器，便以大尺吋平面薄膜液晶顯示器（TFT-LCD）為主。

三 PDP

PDP模組相關產品事實上所預定的最大目標市場是30至70吋的PDP TV產品應用範圍，然此一市場範圍與傳統CRT TV以及MD的應用領域有所重疊，加上目前PDP模組相關售價仍然過高，是目前PDP相關產品所面臨的重大議題。

四 TN/STN

在2002年台灣成長率達25%以上，總產值可達370億台幣，在2003年成長率亦達20%，總產值可達450億台幣。同時應加強開發驅動IC等上游關鍵零組件的生產。

五 OLED

台灣錸寶等廠商已投入研發，未來應朝向全彩OLED發展，並積極發展主動式OLED，同時開發量產製程。

六 小尺寸平面顯示器

主要爲a-TFT LCD、LTPS-TFT LCD、STN /TN LCD、OLED、VFD、FED等技術應用之市場。相關應用產品包含手機、PDA、DSC、DVD、Car TV等等。就各技術而言，現階段可攜式顯示器產品，約有90%爲LCD相關產品，其中STN /TN LCD即佔約53.8%的市場，其次爲TFT LCD約佔37.6%。然隨者LTPS與OLED的相關技術之發展，預期STN/TN LCD銷售比例，將會逐年下滑。而預期未來最大之市場應用產品，將會是手機與PDA之相關應用。

8.4 全球產業特性

表8.3 平面顯示器產業各階段特性

階段	特性
Phase 1	技術萌芽、產品導入、廠商少、產量小、產品單價高
Phase 2	技術逐漸成熟，步入成長期，應用領域增加，第一次供不應求
Phase 3	投入廠商增加，面板價格下滑
Phase 4	應用增加，擴大面版尺寸需求，供不應求
Phase 5	企業大幅擴廠，資本支出增加，聚落形成，價格下滑，供過於求
Phase 6	企業進行整合，垂直分工，垂直整合，大者恒大
Phase 7	市場與應用持續擴大，產業步入成熟期
Phase 8	產品價格持續下跌，企業獲利隨景氣及企業績效而定

8.4.1 產業生命週期

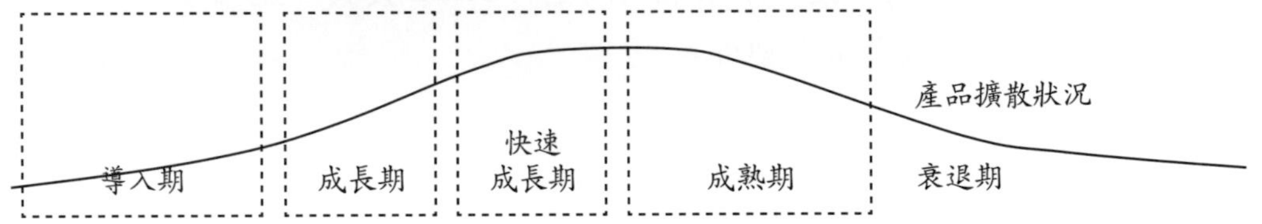

美、日、台、韓在產品擴散中，產業價值鏈主導地位之轉移

產品擴散階段	I導入期	II成長期	III快速成長期	IV成熟期
目標市場	功能使用者	初期採用者	早期使用主流	晚期使用主流
技術創新	產品創新爲主	製成創新爲主	創新速率衰退	創新過程停滯
利潤狀況	毛利率高，量少	毛利率仍高、量急速上揚		毛利率續降，量成長萎縮
價值鏈掌握	由掌握技術或產品設計之企業掌握全部價值鏈	爲應付產品標準及主流競爭，快速產品滲透爲首要之務，生產環節外包，但技術擁有者透過掌握零組件或權利金，擷取部分生產增值		由能夠掌握品牌通路及垂直整合生產的廠商掌握
生產環節說明	由技術擁有者同時擁有	由技術擁有者掌握零組件並移轉生產技術－OEM代工模式	零組件體系逐漸成型，成本進一步降低，主流產品也出現	技術成熟，由垂直整合之企業勝出
主導廠商	美、日	美、日（品牌），台、韓（製造）		

圖8.6 美、日、台、韓在產品生命週期地位的改變

▌表8.4　台灣發展平面顯示器歷程

平面顯示（FPD）裝置產業			
	導入期	成長期	快速成長期
年代	~1994	1994~2002	現在
發展	日本大廠主導	台灣OEM代工FPD裝置	台灣零組件產業成型
產品	NB	NB+LCD	NB+LCD+LCD TV+新資訊產品
重要記事	1. 1990~1993日本LCD-1G生產 2. 1993~1997日本LCD-2G生產	1. 1994~1997美國NB訂單 2. 1995韓國跨入此產業 3. 1997日本技轉台灣開始 4. 1999~2000台灣進入3G-面板零組件來自國外 5. 2001~2002台灣進入4G-台灣零組件產業出現	1. 2003~2004-台灣5G可趕上韓國 2. 2002年零組件體系成型 3. 2001-日本LTPS開始生產，2005年是否可完成技轉將是台灣發展LTPS的關鍵
台灣廠商		1. 1994~1999台灣廠商引進進國外面板生產NB等 2. 1999~2000台灣廠商開始生產面板-用國外零組件	台灣LCD面板生產體系成型（含中游面板及上游零組件）

8.4.2 BCG 矩陣

BCG（Boston Consulting Group Model）模式就是依據市場成長率的高低，及相對於最大競爭對手之市場佔有率高低將SBU區分成四種。首先是明星產業；明星產業是指市場成長率高且相對於最大競爭對手之市場佔有率高的行業。在明星產業中通常會有適度的正向或負向的現金流量。其次為金牛產業；金牛產業是指相對於最大競爭對手之市場佔有率高但市場成長率低的行業。在金牛產業中，通常會有大量正向的現金流量。第三是問題產業；所謂問題產業是指市場成長率高，但相對於最大競爭對手市場佔有率低的行業。在問題產業中通常會有大量負的現金流量。最後，則為明日黃花（狗）產業；所謂明日黃花產業是指市場成長率低，且相對於最大競爭對手的市場佔有率低的行業，在明日黃花產業中通常會有適度的正向或負向的現金流量。

BCG矩陣劃分了四個象限，橫縱坐標分別代表該企業佔據的市場份額和該市場的成長性：高市場份額和高成長性的區域被叫做「明星」（Star），如果產品處在這個區域就應該加大投資；而低市場成長率且企業的市場份額也很低的區域，叫做「狗」（Dog），建議今天晚上就可以把它吃了！高市場份額和低成長性的區域被稱作「現金牛」

（Cash cow）該產品仍是利潤的主要來源；市場高成長性而企業佔有率較低的區域，被稱爲「問號」（Question mark）。

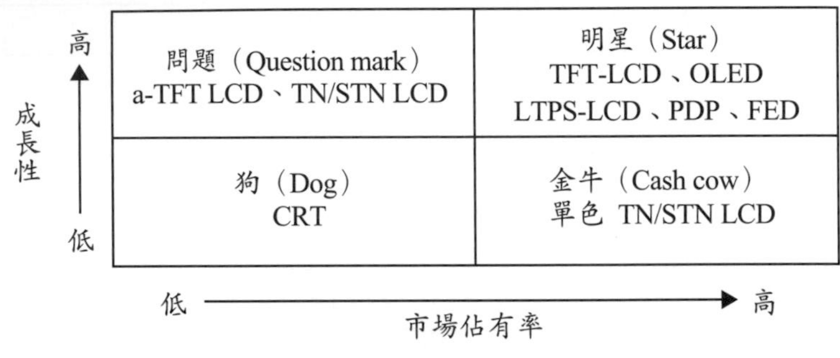

圖8.7 平面顯示器產品於BCG矩陣上之分佈

美國在20世紀60至70年代，產業界也曾出現過企業多元化經營的潮流，非常類似於中國目前的狀況，企業經營缺少專注度。BCG矩陣的出現迎合了當時美國經濟發展的需要。但到了20世紀80年代，多元化開始退潮。發展到現在，美國只剩下通用電氣（GE）、歐洲只有西門子這兩家成功的多元化經營的企業存在了。分析其原因，企業多元化經營實際上是資本市場欠發達的產物，投資者押寶在一家企業，企業只有多元化經營，才能分散風險。

企業多元化經營實際上是資本市場欠發達的產物，投資者押寶在一家企業，企業只有多元化經營，才能分散風險。

8.5 全球產業技術特性

8.5.1 產業技術

台灣業者在1998年起大舉投入平面顯示器產業及技術建立，2000年整體FPD產值爲968億台幣，2001年產值爲1,215億台幣，在全球佔有率爲17.3%，2003年隨著TFT LCD第五代線產能陸續開出，及PDP與OLED產能增加下，占有率將達24.6%，產值爲2890億台幣。預估2002年台灣大型TFT-LCD的產值及產量之全球佔有率可「坐二望一」，分別達到34.3%及36%。（2002年第一季大尺寸TFT面板佔有率已成爲全球第一）。但要如何維持台灣競爭優勢是眾所關切的問題，不僅在現行技術下強化成本控制，在未來10年，台灣平面顯示器產業技術更要持續朝創新及高附加價值產品技術開發，未來欲掌握 LCD及OLED在大型化、低成本化、 輕型化及高畫質化的關鍵點，尤其在創新材料技術方向上更是不可或缺的一環。

因此LCD零組件及材料在近程發展重點以廣視角材料、偏光膜材料、增亮膜材料、可撓式塑膠基板材料等爲主，未來朝向大面積視訊發展，如多功能廣視角材料、高應答速度材料、高亮度材料及高彩域材料等的需求殷切，期符合目前及未來應用產品之需求，同時亦應適時導入奈米科技以解決關鍵材料之瓶頸，朝高附加價值創新材料開發，如多功能整合性光學基板、配向材料技術及導光板材料等。在OLED技術方面，由於業者大部分投入中游面板製造，工研院材料所致力於材料及元件技術之開發，已擁有紅光、藍光及其他關鍵材料專利，並完成 3.1吋被動式全彩OLED顯示器及與電子所合作完成低溫多晶矽驅動全彩OLED顯示器技術，未來將積極朝高亮度及大面積OLED材料及元件技術開發，以期擴展全方位應用領域。

平面顯示器材料技術將是維繫「兩兆雙星策略」平面顯示器發展重要關鍵產業，工研院材料所在經濟部科技專案大力支持下，從民國83年起即從事關鍵材料開發，如配向材料、彩色濾光片材料、光學膜材料及有機發光二極体材料與元件技術等已落實產業界，促進相關材料產業投資，未來五年將積極進行前瞻創新材料技術開發，以建立下世代平面顯示器技術，並期能結合面板及系統業者合作共創雙贏的局面。

隨著數位時代來臨及網際網路化的普及，平面顯示器應用領域從可攜式中小型產品邁向資訊用的大型面板，更擴展到超大型視訊應用。有機發光二極體（OLED）顯示器材料於近年之研發中因充份應用奈米材料科技而使得技術有驚人的突破，多彩OLED顯示器已商品化，正邁向全彩OLED量產技術開發中。液晶顯示器及場發射顯示器相關材料領域將因奈米科技之應用而產生更多的技術突破，材料趨勢朝複合化、輕型化、薄型化、大型化、可撓式及低成本發展，以提昇LCD及FED產業之創新性及競爭力。

隨著數位時代來臨及網際網路化的普及，平面顯示器應用領域從可攜式中小型產品邁向資訊用的大型面板，更擴展到超大型視訊應用。

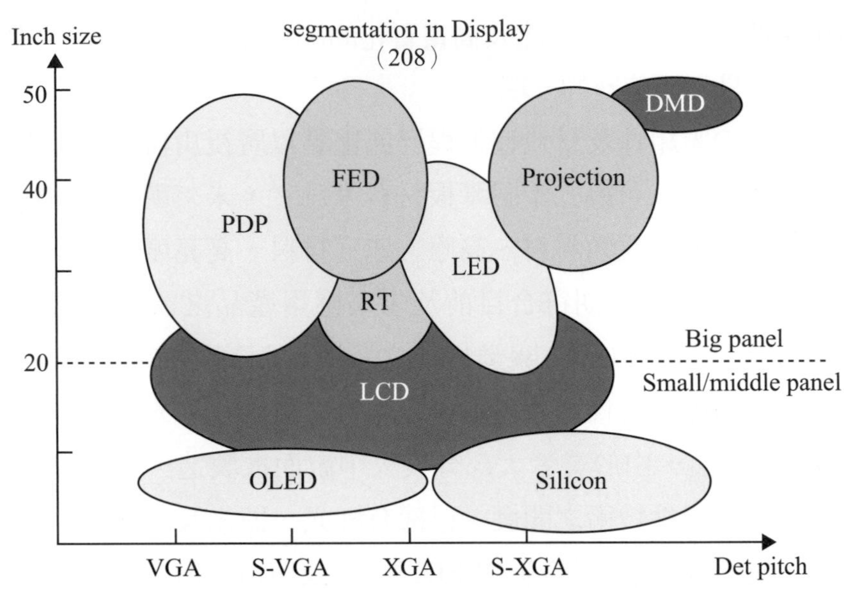

圖8.8 大面積厚膜場發射顯示器（Thick Film Field Emission Display）

利用厚膜網印製程及FED技術讓CRT得以平面化，不僅保留了CRT的影像品質，並具有省電及體積薄小的好處；同時結合奈米碳管或具奈米結構新穎模板場發射源材料的低導通電場、高發射電流密度以及高穩定特性，製造出大尺寸、低成本的全新平面顯示器，兼具低驅動電壓、高發光效率、無視角問題及省電的優點。因此能夠開發出一個全新的自發光場發射顯示器，使其不僅保有薄膜式FED的低驅動電壓、高發光效率、高亮度及驅動系統簡單的特性，同時使用全厚膜網印製程，又可輕易達到大尺寸及低成本的製程優勢，將可造成顯示器發展的另一波重大突破。

平面顯示器產業是挑戰2008國家發展重點計畫兩兆雙星計畫中的一兆，但台灣平面顯示器產業的技術主要來自日本，一旦日本減少研發，將造成嚴重影響，因此行政院政務委員蔡清彥研擬國家型科技計畫，從產業、學術、人才、技術等方向，為下世代平面顯示器做出前瞻規畫，維持競爭力。

政府對平面顯示器產業的發展早在84年已有經濟部科技專案的投入，為產業建立初步的基礎能量，到86年中華映管公司投入大型液晶顯示器量產後，台灣的企業有感於平面顯示器產業的重要性與日俱增而大舉投入，目前已有友達、奇美、瀚宇彩晶、廣輝、統寶等六家加入生產，短短5年已投資新台幣2718億元。另外，全球TFT-LCD產業正在醞釀「第四波的投資循環」，積極拓展液晶電視市場，並布局第六代生產線，今後在拓展家用市場的商機龐大。

由於平面顯示器是政府兩兆雙星產業之一，今年產值預估達美金79億8000萬元，居全球第二，依計畫未來這個產業的年產值將達新台幣一兆元以上。自今年到2006年爲止，不含第六代平面顯示器的投資金額高達3765億元，從研發佔營收5%的比例來看，若產值數以兆記，研發經費應有500百億元，但台灣每年在這個產業的研發經費不足百億，比例上仍有成長的空間。

全球平面顯示器技術主要被日本、南韓、歐美所掌握，台灣的技術來自日本，但日本近年將生產基地移至台灣，若是日本減少平面顯示器的研發投資，台灣新技術來源會受影響。所以台灣未來必需大舉投入研發，否則全球市場將受制於南韓而無法在國際上競爭。

爲了解決這個問題，政府今年五月提出成立國家型科技計畫構想，從產業發展、學術研究、人才培育、技術研發等方面規畫，整個計畫架構分成前瞻性顯示器開發、關鍵材料與設備開發、產業發展環境建構、前瞻研究與人才培育等，最終是要發展環保型、省能源、高效率、前瞻性顯示器材料、製程、元件、設備及零組件技術，並建構高自主性的平面顯示器產業技術發展環境。

目前政府一年投入平面顯示器研發的經費只有10億元，企業投注約90億元左右，未來政府在這項國家型科技計畫會投入20億至30億元，相對的會帶動更多民間企業投資。另外，台灣生產平面顯示器的大廠奇美公司打算從日本挖角300位研發人員，爲下一代更新的平面顯示器而努力，奇美甚至要爲這些日籍研發人員蓋一座日本村，可見得台灣企業非常有心在這個產業上求發展。

8.5.2 發展承擔的風險

一 技術人才供給與需求失衡

根據行政院國家科學委員會專題研究計劃「光電產業技術人才之供需與培訓調查」（88年9月20日）的推估，台灣光電產業人力供給增量之年成長率僅約爲0.365%，而1998年至2003年台灣光電產業之人力需求增量將尚有5萬至7萬人的需求增量無法塡平，如此的人力供需失調若未能適時塡補，則將造成台灣光電產業未來快速成長的一大阻力。以TFT -LCD生產線三段製程所需求的人力爲例，Array製程段，需要有經驗的資深工程師約20人至30人；Cell製程段，需要有經驗的資深工程師約10人左右；Module製程段，需要有經驗的資深工程師約50人以上，要讓一條TFT LCD生產線運作順利，所需要的工程師人數估計也要200人至300人。台灣已投入量產的7家TFT- LCD廠商，在第一條TFT- LCD生產線逐漸上軌道後，目前正著手規劃第二條、第三條，甚至第四條的TFT- LCD生產線。可見未來的幾年內，單單TFT- LCD廠商擴廠所需的技術人才，就可能高達5000人至6000人以上。

二 專利權量與值不足

台灣的光電廠商在全球供應價值鏈上是以製造能力見長，廠商多以承接國外客戶的OEM或ODM訂單爲主，廠商生產產品所需的技術，不是來自於國外廠商的技術移轉，就是即將進入成熟階段的技術。在台灣光電廠商羽翼未豐時，國外光電廠商尙不會來台灣索取專利權利金或進行專利侵權訴訟。然一旦廠商逐漸茁壯、樹大招風後，接踵而來的即可能是要面對棘手的專利權糾紛問題。以LCD顯示器相關專利的件數爲例，1990年至1999年之間，台灣LCD產業所累積的專利件數約81件，然同一時期，南韓業者累積達1267件、日本業者則累積超過13萬件。台灣LCD業界在專利技術的耕耘上明顯落後日本與韓國，此項競爭力指標已成爲台灣LCD產業中長期發展的一大隱憂，廠商應在LCD相關專利申請的量與值積極地迎頭趕上，否則恐將遭受國際LCD廠商的專利權攻擊，而無保護、反擊的能力。

三 競爭激烈

經濟部技術處ITIS針對LCD相關產業趨勢作出預測，明年面對韓國五代廠產能大幅開出的威脅，低價化競爭及以17吋壓縮台灣15吋的生存空間，ITIS並以「苦日子即將來臨」形容TFT-LCD面板產業。

ITIS展望2003年，韓國兩座五代廠雖然在今年第三季及第四季量產，但全產能開出將在明年上半年，台灣廠商包括友達、廣輝各有一座五代廠，及華映 一座4.5代廠將在明年第二季投產，明年下半年大量出貨，供過於求的情形將更爲嚴重。

隨著TFT-LCD面板價格大跌，日本廠商由於製造成本較高，相繼退出市場，加上液晶監視器需求旺季可望延續至明年第一季，預估明年面板出現短暫缺貨的可能性高，面板價格有機會出現小幅反彈。15吋面板價格將維持在170美元左右，價格差距約在上下10美元，但台灣廠商生產成本較高，此價格低於台灣主要廠商的生產成本，但韓國廠商由於五代廠生產成本較低，仍處於獲利狀態。

雖然TFT-LCD產業的「苦日子將來臨」將來臨，但是台灣業者可從加速關鍵零組件內製化，及兩岸的產業分工模式運作，來降低成本與分散風險，同時開拓20吋級以上的家用LCD-TV市場，並往第六代生產生產線的佈局建置實力。

台灣業者可從加速關鍵零組件內製化，及兩岸的產業分工模式運作，來降低成本與分散風險。

8.6 全球競爭情勢

8.6.1 產值、產品市場比率

ITIS分析，2002年平面顯示器產值的年成長率，仍超過30%、約達268億美元的規模，台灣產值可望呈倍數成長達67億美元，其中，大型TFT-LCD的佔有率，由2001年的74.5%提高到86.9%，佔全球的產值達34.6%，超越日本成爲「全球第二大TFT-LCD生產國」。

平面顯示器產業發展十分快速，舉凡TN/STN、TFT LCD已經在世界光電顯示器產業結構中，以後起之姿佔有一席之地，然而投入光電顯示器產業不僅需要龐大之資本，其技術動態進展以及國際市場競爭，也與台灣產業發展息息相關，回顧在1998年到2001年之間，台灣投入廠商數目增加四倍，生產線數目增加6倍，產值暴量成長14倍。2000年台灣LCD產業經過廠商財力及人力的投入後，六家TFT LCD面板廠陸續量產創造610億台幣產值，加以轉型後的STN LCD面板量產實力，整體光電顯示器產值達到千億台幣，並創下250%的歷年最高成長紀錄，在新興顯示器領域如PDP、OLED的投入上也不亞於先進國家，光電顯示器產業可望成爲台灣相當重要的主力科技產業。

平面顯示器產業為台灣當前重點發展的科技產業之一，就其表現也可反映在產值的快速成長上。

宏觀而論，平面顯示器產業爲台灣當前重點發展的科技產業之一，就其表現也可反映在產值的快速成長上，平面顯示器在年度成長率位居各分項光電產業之首。主要的成長動力來自於大尺寸TFT-LCD

面板廠陸續量產，2001年第3季各第一條大尺寸生產線可投入生產行列，且加碼投資第二條生產線，並依據發展策略的不同，有進入不同尺寸的規劃。不過，增產過速也衍生若干問題，包括受到來自日本與韓國廠商的競爭壓力，面板報價頻頻破底，加以PC市場景氣下滑，依賴PC周邊爲主的市場也受到波及，供需問題造成廠商經營上的壓力，普遍也反映在獲利的不如預期，以及增資案的進行困難度加大。

相對的，在通訊類與攜帶型資訊產品產品市況大好下，TN、STN面板的訂單也大幅增加，雖受驅動IC零組件供貨短缺影響，出貨量仍創新高。而投影機則是台灣廠商積極投入的領域，不過受限於高溫多晶矽面板貨源不易取得，廠商仍難突破瓶頸，年來廠商尋求包含LCOS、CGS、DLP等替代性元件已經見到若干成效。

台灣整體光電市場規模，其中以光電顯示器市場規模爲最大，以2，210億佔整體市場的77.6%，涵蓋市場之大半，且對應台灣產出情形，可看出仍有相當的供給量需要來自國外。若分別就產品來區分，TFT-LCD仍以PC周邊爲主，至於手機代工訂單的增加，也對台灣STN產業有正面的貢獻。

根據日本三菱研究所預測，2005年全球LCD面板市場規模將達445億美金。經濟部表示，在LCD產業逐漸成熟後，台灣2001年總產值有42億美金，全球佔有率超過1/4，達全球25.3%。

爲提昇整體產業繼續發展，廠商認爲台灣LCD生產技術已經進入中年期，未來相關系統應用還有待發展。而隨著LCD技術逐漸成熟後，美國、日本也來台灣推廣新的顯示器技術，包括：OLED、PLED、塑膠基板顯示器等，爲推廣小分子有機電激發光顯示（OLED）技術，美國柯達顯示器事業處擬與經濟部簽訂合作備忘錄，並來台設置器研發中心，找出OLED關鍵應用領域，協助台灣廠商規劃生產線，量產新產品，進軍國際市場。

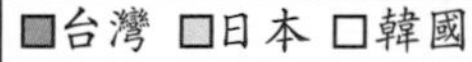

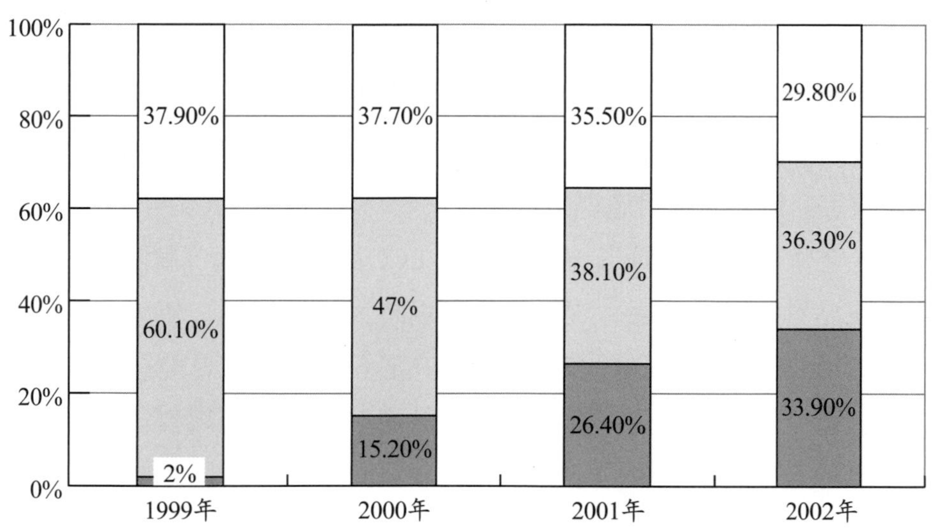

圖8.9　台灣大型TFT-LCD產值之全球佔有率變化

表8.5　全球平面顯示器產品產值統計　　單位：百萬美元

類型	1999年	2000年	2001年	2002年（F）
PDP	335	526	1217	1812
TFT LCD（>10”）	10456	12996	10415	13215
TFT LCD（<10”）	1865	2568	3156	3660
TN/STN LCD	4465	5327	4532	4780
OLED	17	32	44	79
Microdisplay	726	1041	972	1095
VFD	648	713	601	626
Others	10	26	75	126
Total FPD	18524	23231	21014	25396

8.6.2　市場產品應用範疇

表8.6　產品應用領域

應用領域	市場產品
視訊領域	PDP/TV-Monitor；Projector
視訊領域	Notebook；LCD-Monitor/TV
可攜式元件	Hand-Held PC；PDA/Mobile-Phone；DSC/Cam-coder；Car-TC/AV-Product；GPS

8.6.3 影響市場主要因素

面對大尺寸TFT 面板廠商迅速跨足五代廠建廠量產的趨勢，工研院經資中心研究指出，從1990年開始的TFT 大型化元年，至今已經渡過三波的液晶景氣循環（Crystal Cycle ），第四波的循環即將開始，液晶電視等新領域的應用值得市場注意。

從全球TFT產業的景氣循環來看，LCD從1995年起，就開始出現所謂的液晶景氣循環，每一次景氣循環爲時大約二年到二年半左右，第一波的景氣谷底出現在1995年，原因在於日本廠商（當時韓商才剛剛加入生產）對於筆記型電腦的市場估計過於樂觀，市場無法接受高價的 TFT作爲筆記型電腦顯示面板，幾家日商 TFT產能不斷開出，自然造成價格大跌。

到了在1997年第一季左右，因爲價格低、需求大好，日、韓廠商開始加碼投資，尤其是南韓三星電子與LG（當時仍稱LG，後來才與飛利浦合資，改稱LG. Philips LCD）二家公司，認爲可以依循過去南韓半導體成功經驗，以政府獎勵投資做後盾，持續擴產一舉超越日本，成爲全球 TFT龍頭，也因此在1997年第二季左右，市場開始出現廠商已經過度投資的疑慮。

果然在1997年第四季起，面板價格就因需求減緩、導致售價下滑，甚至低於製造成本，當時因爲正逢全球金融風暴，韓元大貶，韓商先前擴產所增加產能，只能認賠殺出。到1998年初時，TFT 產業景氣盪到最谷底，所有設備資本支出也都暫緩甚至停擺，此時受傷最重的莫過於日商，也就是在這時候，日本開始興起「固定成本變動化」概念，決定將TFT 技術轉移給台灣，由台灣來打這場抗韓硬仗，而自己卻可在不持續投資情況下，由台灣供給產能。

到了下半年，因爲 TFT價格低、刺激買氣回升，又使得全球TFT產能供應吃緊，面板價格一路攀升，這一漲，就足足漲了1999一整年，先前日韓廠商在上一波、甚至先前TFT 低潮時所賠的錢，一鼓作氣地都賺了回來。此時，台灣一口氣加入了六、七家TFT 新廠，所規劃的產能也相當驚人，因此2000年又再度成爲TFT 的過度投資年，面板價格也從該年第一季以後開始下滑，且價格一路跌到2001年10月才眞正止跌回穩。

五代生產線投片量提昇速度超出預期。如同半導體產業藉由採用面積較大的晶圓，而獲得更多的晶粒產出一般，面板廠商亦不斷擴大生產設備的處理面積，期能達到降低製造成本的目的。當台灣廠商友達及華映680mm x 880mm的第四代生產線量產剛近一年時，韓國LG 1000mm x 1200mm 的第五代生產線即已於2002年3月宣布正式開始啓用。事實上，根據來自韓國玻璃供應商所取得的訊息，LG 於2002年三月時的投片量便約在2萬片，而四月時更再增加至3萬片，此一數量乃其Phase I 所規劃的滿載產能，投片量提昇的速度遠超出各界原先預期。

爲加速取得市場佔有率龍頭的地位，LG Phase II 另30,000 片的產能，則將提前於2002年第四季開出。即使改善良率所需耗用的時間預期將甚於以往，但若僅以50%的良率計算，當LG第五代生產線滿載生產時，單月將可增加36萬片15吋面板的產出，約等同於友達目前總產出的一半，則仍將對整體產業形成去化產能的壓力。

除LG 的第五代生產線外，韓國的Samsung 及台灣的友達、廣輝、奇美與瀚宇彩晶，在確保產業影響力的考量下，亦分別投入第五代生產線的規劃，量產的時點主要則落在2002年第三季與2003年的第二季後，與LG 第五代生產線啓用的時間落差，平均尚在一年以內，故幾可確定明年大尺寸TFT-LCD 面板的供給將明顯增加。華映730mm x 920mm 的第四代生產線將於2003年第三季時開始投入生產，而LG公開表示，將在2003年年中設立玻璃基板尺寸爲1100mm x 1250mm 的第二條五代生產線，亦皆增加供過於求狀況發生的可能性。

8.6.4 進入障礙與模仿障礙

一 資金障礙

平面顯示器產業就是一場經濟規模的競賽，TFT-LCD產業未來將朝「大者恆大」方向發展。過去三年台灣業者投資在TFT LCD產業的資金已超過3000億新台幣，在整體LCD產業價值鏈中，面板廠具有龐大資金進入障礙。TFT/LCD產業是高度資金密集與技術密集的產業，和半導體（Semiconductor）、記憶體（DRAM）一樣。

二 技術障礙

台灣興起之TFT型LCD製造商大多以跨國技術移轉方式，追趕參與TFT- LCD技術的持續發展。台灣的光電廠商在全球供應價值鏈上是以製造能力見長，廠商多以承接國外客戶的OEM或ODM訂單爲主，廠商生產產品所需的技術，不是來自於國外廠商的技術移轉，就是即將進入成熟階段的技術。在台灣光電廠商羽翼未豐時，國外光電廠商尙不會來台灣索取專利權利金或進行專利侵權訴訟。然一旦廠商逐漸茁壯、樹大招風後，接踵而來的即可能是要面對棘手的專利權糾紛問題。以LCD顯示器相關專利的件數爲例，1990年至1999年之間，台灣LCD產業所累積的專利件數約81件，然同一時期，南韓業者累積達1,267件、日本業者則累積超過13萬件。台灣相關TFT LCD周邊與關鍵技術仍掌握在日商手裡，LCD業界在專利技術的耕耘上明顯落後日本與韓國，此項競爭力指標已成爲台灣LCD產業中長期發展的一大隱憂。

經濟部資訊推動小組指出，設計新的顯示面板，原材料是最重要的，台灣本土如果不能充分支援原材料與元件的供應，就等於被國外廠商限制，無法達成平面顯示器產業產値達 1兆元的目標，過去台灣很多產業的元件都受到日本與南韓的主宰，而現在國外大廠有意願釋出智慧財產權（IP），因此台灣可好好把握。

8.6.5 市場競爭分析

TFT-LCD是一個兼具資本密集、技術密集，且景氣循環變化迅速的產業。台灣雖自1994年才開始投入中小尺寸生產，並於1997年引進第三代生產設備切入大型TFT LCD產業，腳步略有落後於日本、韓國。爲因應後PC時代來臨，及看好LCD產品五大應用市場（筆記型電腦、監視器、可攜式產品、行動電話、液晶電視）的未來市場發展，近二、三年來已吸引財團大力投入高達2000億以上的資金，以整廠輸出的技術轉移方式，來跳過漫長的學習曲線，並直接切入較爲先進的製程，造就了全球大三生產國之一，並引發一波相關投資熱潮。

一 供需變化與面板價格

過去LCD產業有著與半導體產業相似的「暴起暴落」景氣循環（二至三年），連帶使得面板價格與業者獲利亦隨之起伏。因影響供需的因素錯綜複雜，且彼此間亦具動態的關聯性，所以欲判定景氣狀況，除需考量產能與銷售預估外，尚須留意相關訊息（如其他替代技術發展、上游供應鏈、政府法令等）。

表8.7　全球TFT-LCD生產線

世代	尺寸	日本	韓國	台灣	廠商
第1代	270*320	1			HAPD
	300*400	4			三洋電機、富士通、ADI、NEC
	320*400	2		1	SHARP、松下、聯友
第2代	360*465	3			SHARP、DTI、NEC
	370*470	7	3	1	SHARP、NEC、ADI、日立、松下、CASIO、現代、三星、元太
第2.5代	400*500	5			SHARP、HAPD、富士通、DTI、EPSON
	410*520	1			ADI
第3代	550*650	3	2	2	SHARP、DTI、NEC、三星、現代、瀚宇*2、元太
	550*670	5		1	松下*2、鳥取三洋、DTI、東芝、華映
	590*670		1		LG
第3.5代	600*720	1	1	3	ST-LCD、三星、達碁、聯友*2
	620*720		1		現代
	620*750			3	奇晶、廣輝、統寶
	650*830	1			日立
第4代	680*880	4	1	3	LG、SHARP*2、鳥取三洋、NEC、華映、達碁、奇晶
	720*930	1	1	2	三星、日立、聯友、廣輝
第5代	1000*1200		2		三星、LG
	合計	39	12	17	68

資料來源：PIDA

8.6.6 產業現存競爭者分析

以PIDA的統計資料，根據各家廠商生產線產能現況及未來規劃統計估算，2000年全球生產線基板投入量爲1279萬片，其中第2代生產線佔49%、第3代生產線佔33%、第3.5代佔17%，如以NB主流14.1吋面板換算，面板產能已達3150萬片，而各廠商去年於NB面板及監視器面板的市佔率參考下圖。2001今年基板投入量成長31.9%達1687萬片（其中第3.5代佔30%），以14.1吋換算將增加60%達5100萬片，至明年基板產量將達2042萬片，面板產量6780萬片。而在需求方面，2001年NB與LCD監視器最大需求量爲3060萬台，LCD-TV數量僅40萬台，所以大尺寸需求量合計3100萬台（超額供給125萬片），以今年每季產量成長幅度13.8%，但大尺寸需求成長10.4%，預期超額供給達540萬片（過剩率10%）。

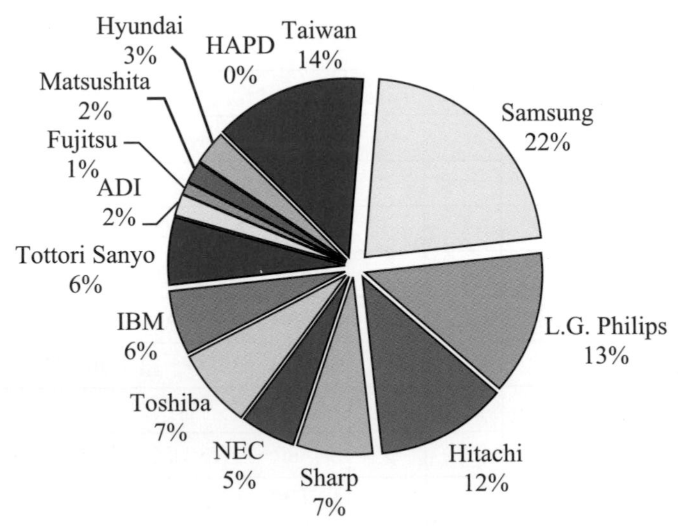

圖8.10　NB面板市佔率

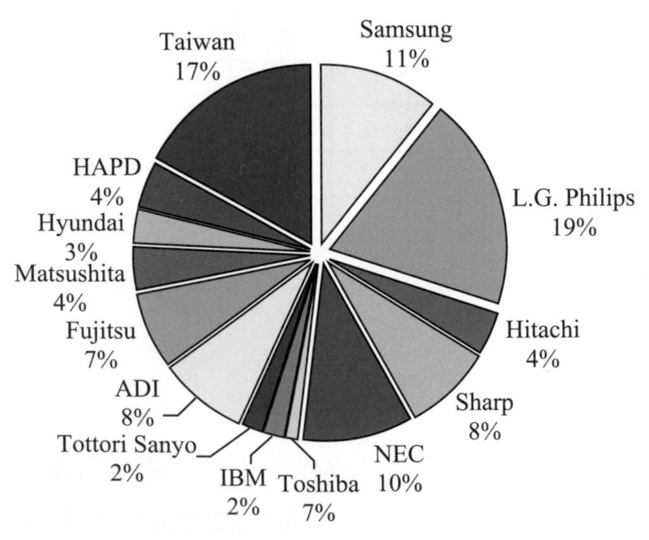

圖8.11　LCD監視器市佔率

一 降低製造成本當務之急

由上述供需資料可知，2003年下半年之前，產業仍舊可能處於供過於求的買方市場，因此面板價格不易大幅回升。此外，以往TFT-LCD面板由相對團結且具備默契的日本廠商掌握時，確實能夠在一定限度內展現調高或調降價格的威力，現在的TFT -LCD面板市場主要由團結力較差的韓商掌握，再加上台灣廠商習慣以殺價競爭搶佔市場，調漲價格將是高難度的挑戰。面對此一劣勢，台灣業者當務之急應從成本面著手。

二 大尺吋TFT-LCD之成本結構

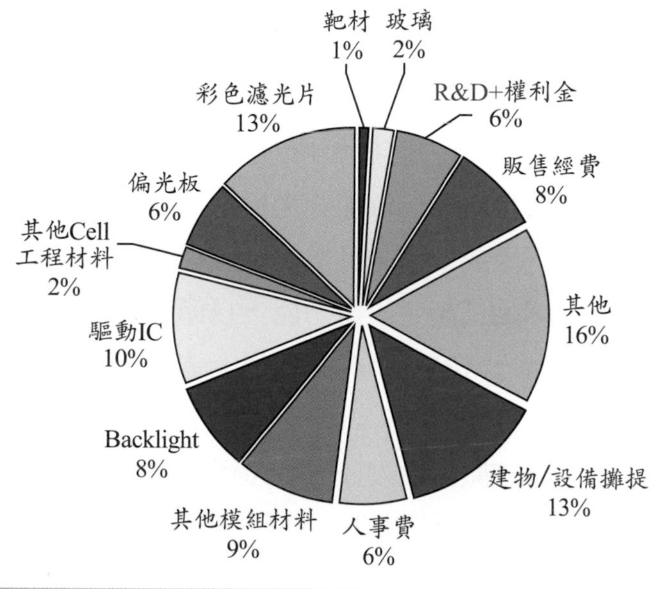

圖8.12 大尺寸TFT-LCD成本結構

至於如何降低面板成本，如上圖的成本結構所示，材料約佔50%，廠房、設備與權利金約佔20%，其他人事與行銷費用等約佔30%，其中可降低成本最速最簡單的方法即是將後段製程轉移至人工成本的地方（如大陸），惟在法令（戒急用忍政策）與人工成本僅佔全部成本的6~10%，所以其可達成的效益仍相當有限，因此降低成本的重點依舊得從成本比重高達50%的材料著手。

然而如何減少材料成本，又可分成原物料採購及製程的改善兩方面，其中原物料採購的效益將視業者本身產能是否已達經濟規模（一般需兩個廠以上的產能，且持續投資爲增強競爭力之必要手段）以及其與上游供應廠的關係如何而定，估計在今年台灣在玻璃基板、彩色濾光片、背光模組和驅動IC的本土供給率約各爲65%、20%、50%、30%，2003年時可提高至70%、55%、70%和50%，但仍低於南韓的（100%、80%、80%、60%），加上在競爭日益激烈之廠商彼此間能產生多少差異有待商確，且以目前台灣上游自給率、品質甚至技術能力能否滿足亦有待觀察，因此，就現況而言台灣業者其降低成本的重點在於製程的改善。

依TFT面板製造流程可分爲ARRAY、CELL及模組等三階段，其中第一段的TFT ARRAY製程，其成本關鍵雖在於設備及製程本身，一般可藉由減少光罩數目及減少曝光步驟，縮短製程時間增加產出，從而降低每片面板所負擔的成本；而第二段CELL製程，因其製程良率較不穩定，因此其成本決定於良率高低，而此尙需透過學習曲線的培養，因此易成爲廠商提昇競爭力之瓶頸所在；至於第三段的後段模組部分，背光模組是關鍵材料，但目前背光模組以導光方式形成光源，需要眾多光學元件，不僅成本高，且增加重量與空間，因此未來新技術是將導光板進行微細加工產生稜鏡功能，以節省光學膜，減化結構。根據三菱總合研究所（MRI）研究，透過上述三階段製程的改善，預估將可生產成本減少36~46%。

另外，一座4代TFT廠需投入150~200億資金，其機器折舊費用約全部成本佔15%，因此在相同設備下，利用縮短每個製程TACT TIME以提昇產量，或是採用新製程，將CF、驅動IC整合做在TFT基板上，以減少材料成本，預期可再減低成本22%。總之，廠商目標2003年成本能降60%，實現LCD面板價格爲CRT之1.5倍的目標，並因此可望取代40%CRT監視器市場。

8.6.7 產業領導廠商

▌表8.8 2000及2001年全球前十大光顯示器廠商競爭概況 單位：千片

業　者	2000年				2001年		
	第一季	第二季	第三季	第四季	第一季	第二季	第三季
三星電子	1,386	1,527	1,608	1,815	1,830	2,124	2,382
LG. Philips LCD	990	1,161	1,224	1,038	1,389	1,857	2,064
友達光電	30	30	147	246	603	957	1,068
Sharp	585	579	588	642	663	807	1,005
Hitachi	735	780	738	792	780	780	846
瀚宇彩晶	0	0	120	210	255	510	600
奇美	6	6	120	240	399	519	540
中華映管	180	210	228	255	291	399	519
Toshiba	573	585	804	666	624	468	504
Hydis	84	156	186	300	204	282	468
其他	2,193	2,232	2,499	2,409	1,704	1,575	1,533
總計	6,762	7,286	8,262	8,613	8,742	10,278	11,529

資料來源：IDC，2000.10

8.6.8 五力分析

影響產業競爭態勢的因素有五項，分別是「新加入者的威脅」、「購買者的議價力量」、「替代品的威脅」、「供應商的議價力量」及「既有競爭者之對抗態勢」。透過這五方面的分析，可以測知該產業的競爭強度與獲利潛力，而平面顯示器產業的分析如下表：

▌表8.9 五力之影響

新加入者的威脅	相對較低
購買者的議價力量	相對較高，因目前供給大於需求
替代品的威脅	相對較低
供應商的議價力量	相對較低，因目前供給大於需求
既有競爭者之對抗態勢	競爭激烈，包括日韓台灣三國多家廠商。

8.7 產業結構與競爭情勢

8.7.1 產業競爭優勢關鍵條件

(一) TFT-LCD產業的關鍵條件

表8.10 TFT-LCD產業的關鍵條件

提昇競爭優勢之關鍵條件(創新需求要素or IIRs)	具體推動策略
製程研發與成本監控	成立支援研究單位；籌組光顯示器「研發聯盟」，以研究機構作為共同合作研發場所。推動國家大型研究計畫。
專門領域工程師	大學成立光電系所，以培養微機電及光電相關人才。協助產業進行員工在職訓練。
先進與專業資訊的流通與取得	資訊網路與中心建構，建立資料庫。 政府提供產業相關資訊的諮詢服務。 廣設圖書館並充實產業相關藏書資料。
多元需求的市場	訂定貿易協定、合理之關稅政策以及貨幣政策調節。 建立海外貿易組織、收集海外產業情報。

(二) TN/STN產業的關鍵條件

表8.11 TN/STN產業的關鍵條件

提昇競爭優勢之關鍵條件(創新需求要素or IIRs)	具體推動策略
先進與專業資訊的流通與取得	資訊網路與中心建構，建立資料庫 政府提供產業相關資訊的諮詢服務。 廣設圖書館並充實產業相關藏書資料。
國際市場拓展人員	協助產業進行員工的在職訓練，培養國際行銷人才。

(三) PDP/FED產業的關鍵條件

表8.12 PDP/FED產業的關鍵條件

提昇競爭優勢之關鍵條件(創新需求要素or IIRs)	具體推動策略
產業群聚	進行工業科學園區規劃，成立光電園區，並訂定適當區域政策。 建設大眾運輸系統以及完整之電信網路。
製程研發與成本監控	成立支援研究單位；籌組光顯示器「研發聯盟」，以研究機構作為共同合作研發場所。推動國家大型研究計畫。

(四) OLED/PLED/LTPS-TFT-LCD產業的關鍵條件

表8.13 OLED/PLED/LTPS-TFT-LCD產業的關鍵條件

提昇競爭優勢之關鍵條件(創新需求要素or IIRs)	具體推動策略
國家整體對產業創新的支持	發展新興產業，鼓勵OLED、PLED等新興技術與產品的投入研發。 大學成立光電系建立延續與高深教育體系，培養研發人才。 協助產業進行人員再訓練，培養上游關鍵零組件的技術人才。 公司及個人稅減免、間接與薪資稅減免以及租稅抵扣。
政府的相關優惠制度	政府提供貸款保證。 提供補助金；政府未來仍應維持提供經費促進OLED/PLED發展。

(五) LCOS產業的關鍵條件

表8.14 LCOS產業的關鍵條件

提昇競爭優勢之關鍵條件(創新需求要素or IIRs)	具體推動策略
國家整體對產業創新的支持	發展新興產業，鼓勵LCOS技術與產品的投入研發。 大學成立光電系建立延續與高深教育體系，培養研發人才。 協助產業進行人員再訓練，培養上游關鍵零組件的技術人才。 公司及個人稅減免、間接與薪資稅減免以及租稅抵扣。
產業群聚	進行工業科學園區規劃，成立光電園區，並訂定適當區域政策。 建設大眾運輸系統以及完整之電信網路。
製程研發與成本監控	成立支援研究單位：籌組光顯示器「研發聯盟」，以研究機構作為共同合作研發場所。 推動國家大型研究計畫。

(六) MEMS DISPLAY產業的關鍵條件

表8.15 MEMS DISPLAY產業的關鍵條件

提昇競爭優勢之關鍵條件(創新需求要素or IIRs)	具體推動策略
專利制度	訂定完善專利權制度以及對於獨佔競爭的規範。
技術資訊中心	成立支援研究單位：籌組平面顯示器「研發聯盟」，以研究機構作為共同合作研發場所。 研究特許，鼓勵對於上游關鍵零組件如彩色濾光片、驅動IC、背光模組等技術開發。 資訊網路與中心建構，政府提供產業相關資訊的諮詢服務。

8.7.2 產業所需之政策類型

(一) 關鍵條件與政策類型

表8.16 關鍵條件與類型

創新需求類型	提昇競爭優勢之關鍵條件(創新需求要素)	所需之政策類型
研究發展	國家對產業創新的支持	公營事業、教育與訓練、租稅優惠
	技術合作網路	科學與技術開發
	企業創新精神	財務金融、租稅優惠、政策性措施
	產官學研的合作	公營事業、政府採購
	國家基礎研究能力	科學與技術開發
	上游產業的支援	科學與技術開發
研究環境	專利制度	法規及管制
	專門領域的研究機構	科學與技術開發、租稅優惠
	創新育成體制	科學與技術開發、資訊服務
技術知識	技術資訊中心	科學與技術開發、資訊服務
	產業群聚	政策性措施、公共服務
	製程研發及成本監控	科學與技術開發
	技術移轉機制	教育與訓練
	技術擴散機制	財務金融、法規及管制
市場資訊	顧問與諮詢服務	資訊服務
	先進與專業知識的流通與取得	資訊服務

(二) 關鍵條件與所需具體方案

表8.17 關鍵條件與所需具體方案

創新需求類型	提昇競爭優勢之關鍵條件(創新需求要素or IIRs)	所需之具體推動方案(政策類型)
市場情勢	需求量大的市場	貿易協定、關稅政策、貨幣調節(貿易管制) 建立海外貿易組織、情報收集(海外機構)
	多元需求的市場	貿易協定、關稅政策、貨幣調節(貿易管制) 建立海外貿易組織、情報收集(海外機構)
市場環境	國家基礎建設	成立支援研究單位、研究特許(科學與技術開發) 大學成立光電系所、在職訓練(教育與訓練) 健全的大衆運輸系統、電信網路(公共服務)
	政府的相關優惠制度	政府提供貸款保證、補助金、設備提供(財務金融) 公司及個人稅、間接與薪資稅減免、租稅抵扣(租稅優惠)
	國家文化與價值觀	政府首倡引進新技術(公營事業)
	產業技術與產品規格的規範	政府首倡引進新技術(公營事業) 成立支援研究單位、推動國家大型研究計畫(科學與技術開發)
	市場競爭的規範	專利權制度、獨佔規範(法規及管制)

表8.17 關鍵條件與所需具體方案(續)

人力資源	專門領域工程師	大學成立光電系所、在職訓練(教育與訓練)
	專門領域的研究人員	大學成立光電系所、在職訓練(教育與訓練)
	國際市場拓展人員	在職訓練(教育與訓練)
	高等教育人力	大學成立光電系所、在職訓練(教育與訓練)
財務資源	完善的資本市場機制	政府提供貸款保證、補助金、設備提供（財務金融）
	風險性資金	公司及個人稅、間接與薪資稅減免、租稅抵扣（租稅優惠）
	提供長期資金的銀行或金融體系	政府提供貸款保證、補助金、設備提供（財務金融）
	提供短期資金的銀行或金融體系	政府提供貸款保證、補助金、設備提供（財務金融）

8.7.3 產業所需之具體推動策略

(一) 公營事業

發展新興產業，協助PDP、OLED、LTPS TFT-LCD等新興技術與產品的投入研發。

(二) 科學與技術的開發

成立支援研究單位；籌組平面顯示器「研發聯盟」，以研究機構作爲共同合作研發場所；研究特許，鼓勵對於上游關鍵零組件如彩色濾光片、驅動IC、背光模組等技術開發。

(三) 教育與訓練

大學成立光電系，建立完整教育體系，在職訓練，培養上游關鍵零組件的技術研發人才。

(四) 資訊服務

資訊網路與中心建構；建立資料庫；政府提供顧問服務，協助廠商成本控制及生產技術的發展。

(五) 財務金融

政府提供貸款保證，提供補助金；政府未來仍應維持每年提供一億四千萬美元的經費促進TFT-LCD發展；設備的提供。

(六) 租稅優惠

在公司及個人的租稅減免，間接與薪資稅減免及租稅抵扣。

(七) 法規與管制

訂定完善專利權制度，建立獨佔的規範。

(八) 政策性措施

進行工業科學園區規劃，成立光電園區；訂定適當區域政策，公共諮詢及輔導。

(九) 政府採購

促進公營事業進行採購。

(十) 公共服務

健全的大眾運輸系統，架構良好的電信網路。

(十一) 貿易管制

訂定貿易協定，訂定合理關稅政策；貨幣調節，協助產業發展。

(十二) 海外機構

建立海外貿易組織，協助產業進行商業情報收集。

8.7.4 產業的定位與未來發展方向

台灣平面顯示器產業的產業定位與未來走向，首先從產業供應鏈與市場成長曲線兩個構面進行定位分析，得知產業目前所處之區位與未來發展方向。然後從其中探討出產業關鍵成功要素與創新需求要素，以下分別對不同類別進行分析。

(一) TFT-LCD產業

		產業供應鏈			
市場成長曲線		基礎研究	應用研究	量產	行銷
	成熟期				資訊服務（市場資訊） 海外機構、貿易管制（市場情勢） 法規及管制（市場環境） 政策性措施(市場環境) 公共服務（市場環境） 教育與訓練（人力資源） 財務金融（財務資源）
	成長期			政策性措施（技術知識）□ 資訊服務（技術知識） 教育與訓練（人力資源） 財務金融(財務資源)	資訊服務（市場資訊） 公共服務（市場情勢） 法規及管制（市場環境） 政策性措施（市場型態） 國家基礎建設（市場環境） 教育與訓練（人力資源） 財務金融（財務資源）
	萌芽期				

□:TFT-LCD

箭頭代表systems products 之發展方向，其中component technology優先發展之項目由企業策略決定。

圖8.13 TFT-LCD產業定位及走向

(二) PDP/FED產業

	產業供應鏈				
		基礎研究	應用研究	量產	行銷
市場成長曲線	成熟期				
	成長期			政策性措施（技術知識） 資訊服務（技術知識） 教育與訓練（人力資源） 財務金融(財務資源) △ ◇	
	萌芽期			政策性措施(技術知識) 資訊服務(技術知識) 財務金融、租稅優惠(財務資源)	

△ :PDP ◇ :FED

箭頭代表systems products 之發展方向， 其中component technology優先發展之項目由企業策略決定。

圖8.14 PDP/FED產業定位及走向

(三) TN/STN產業

	產業供應鏈				
		基礎研究	應用研究	量產	行銷
市場成長曲線	成熟期				資訊服務（市場資訊） 海外機構、貿易管制（市場情勢）○ 法規及管制（市場環境） 政策性措施(市場環境) 公共服務（市場環境） 教育與訓練（人力資源） 財務金融（財務資源）
	成長期				
	萌芽期				

○ : TN/STN

箭頭代表systems products 之發展方向， 其中component technology優先發展之項目由企業策略決定。

圖8.15 TN/STN產業定位及走向

(四) OLED/PLED/LTPS產業

		產業供應鏈			
		基礎研究	應用研究	量產	行銷
市場成長曲線	成熟期				
	成長期			政策性措施（技術知識） 資訊服務（技術知識） 教育與訓練（人力資源） 財務金融(財務資源)	
	萌芽期		公營事業、教育與訓練、租稅優惠(研究發展) 科學與技術開發、教育與訓練(研究發展) 政策性措施(技術知識) 資訊服務(市場資訊) 租稅優惠(市場環境)		

⬡ :OLED/PLED ✚ : LTPS

箭頭代表systems products 之發展方向，其中component technology優先發展之項目由企業策略決定。

圖8.16　OLED/PLED/LTPS產業定位及走向

(五) LCOS產業

		產業供應鏈			
		基礎研究	應用研究	量產	行銷
市場成長曲線	成熟期				
	成長期			政策性措施（技術知識） 資訊服務（技術知識） 教育與訓練（人力資源） 財務金融(財務資源)	
	萌芽期		公營事業、教育與訓練、租稅優惠(研究發展) 科學與技術開發、教育與訓練(研究發展) 政策性措施(技術知識) 資訊服務(市場資訊) 租稅優惠(市場環境)	政策性措施(技術知識) 資訊服務(技術知識) 財務金融、租稅優惠(財務資源)	

⬠ : LCOS

箭頭代表systems products 之發展方向，其中component technology優先發展之項目由企業策略決定。

圖8.17　LCOS產業定位及走向

(六) MEMS display產業

	產業供應鏈				
		基礎研究	應用研究	量產	行銷
市場成長曲線	成熟期				
	成長期			政策性措施（技術知識） 資訊服務（技術知識） 教育與訓練（人力資源） 財務金融(財務資源)	
	萌芽期	公營事業、教育與訓練、租稅優惠(研究發展) 科學與技術開發、教育與訓練(研究發展) 法規及管制(研究環境) 科學與技術開發、資訊服務(研究環境) ○ 資訊服務(技術知識) 教育與訓練(人力資源) 財務金融(財務資源)			

○：MEMS display

箭頭代表systems products 之發展方向，其中component technology優先發展之項目由企業策略決定。

圖8.18 MEMS display產業定位及走向

8.8 結論

8.8.1 供給面觀察重點

1. 韓商第五代生產線建設進度（良率）
2. 日商逐漸退出大尺寸標準面板，朝兩極化發展的趨勢（中小尺寸：反射式TFT面板，低溫多晶矽面板大尺寸：LCD-TV，Multimedia Monitor）
3. 新技術的威脅（Toshiba & Panasonic 投資第四代LTPS生產線，剛起步的OLED & PLED）

8.8.2 需求面觀察重點

1. LCD監視器的出貨加速的趨勢（APPLE宣佈未來其PC的出貨都將bundle LCD Monitor）
2. Notebook的大尺寸化（14.1吋/15吋）是否已到了頂點
3. LCD-TV的降價速度與需求的變化
4. IA（Cellular phone，PDA）產品使用TFT-LCD的趨勢

8.8.3 總結

1. 在PC大廠積極提高搭售率的情況下，2003年全液晶監視器的銷量將再創新高。韓國三星第五代廠 2002第三季開始投產，台灣五代廠產能也將於2003第二季陸續開出，預期面板價格將持續走低，獲利率將進一步探底，所以唯有強化自有技術能力，著重於產品創新研發及市場行銷，才能在競爭激烈的環境中生存發展。
2. 由於全球五代廠的規格多跟隨三星標準，中、大尺寸LCD銷售量將大幅提昇，下一波大尺寸電視及監視器的時代有崛起趨勢，值得注意。
3. 在競爭與成本壓力下，平面顯示器廠商的合併與策略合作的消息將隨處可見，台灣廠商應善用產業的垂直分工和垂直整合，並運用大陸的製造及市場優勢，以取得生存之契機。
4. 爲求在顯示器產業中獲利，平面顯示器相關廠商必須開始投資更深度的工業設計及系統整合技術，以求在未來的產業發展中獲得先機。
5. 大尺寸TFT-LCD價格驟降，已使日韓台廠商均陷入虧損壓力，但低價化爲刺激需求最重要動力，因此未來對於價格的回升速度與幅度不宜過度期待，Cost down將是廠商能否獲利的關鍵因素。
6. TFT-LCD面板上游關鍵零組件自給率快速提高中，使材料成本仍有下降空間。
7. 投入TFT產業已是一條不歸路（資本密集的高退出障礙），長期而言，健全的財務結構與朝更大尺寸生產線擴產仍是降低成本與維持競爭力的必要條件。

個案分析

友達公司

友達光電原名爲達碁科技，成立於1996年8月，2001年與聯友光電合併後更名爲友達光電，2006年再度與廣輝電子合併。友達經過與兩家公司的合併，大尺寸面板全球市佔率超過19%，六代線總產能成爲全球第一。友達光電亦是全球第一家於紐約證交所(NYSE)股票公開上市之TFT-LCD製造公司。

友達光電系列產品涵蓋1.5吋至65吋TFT-LCD面板，應用領域包含桌上型顯示器、筆記型電腦、液晶電視、車用顯示器、工業用電腦、數位相機、數位攝錄機、手持DVD、掌上遊戲機、手機等全系列應用，亦是全球少數供應大、中、小完整尺寸產品線之廠商。2007年友達光電創造了新台幣4802億的營業額，現全球員工人數超過42000人，分佈於台灣、美國、日本、韓國、新加坡、荷蘭、捷克及中國等世界營運據點。

友達光電大尺寸TFT-LCD面板之全球市佔率達19.0 % (註a)，位居全球第三；其中桌上型顯示器應用市佔率居世界第四、筆記型電腦居世界第三、電視應用面板排名世界第三。在中小尺寸面板方面，數位相機全球市佔率居世界第二、數位攝錄機與數位相框居世界第四，手機應用居世界第五 (註b)，顯示友達於各尺寸的面板市場皆達到均衡佈局發展。

友達除了佈局全球市場，更深耕於技術與研發。2002年11月成立之「友達科技中心」，是台灣最大之光電研發中心，研發技術包括TFT-LCD與LTPS等顯示技術，2005年底友達科技中心更前進中科，成爲中台灣的第一座高科技研發基地。友達光電投入研究發展之經費居台灣光電之首，研發專利成果豐碩。據美國商業專利資料庫報告，友達名列2004年美國專利成長速度最快的十大公司，以成長率98%名列第五；而台灣商業週刊公佈2006年之台灣專利100強，友達亦排名第六；2007年友達在美國IPO(Intellectual Property Owners Association)之 Top 300 Organizations Granted US Patents名列第108名；2008 Business InfoTech100 排名中，友達則名列全球第53名。

友達光電是台灣首家量產3.5代、4代及5代、6代及7.5代生產線的廠商，興建中的8.5代線，預計於2009年下半年量產。友達的競爭優勢在於各世代生產線的完整佈局，能彈性調整並支援各種應用產品，進一步掌握市場先機，取得綜效之利基。

Chapter 9

風力發電產業

9.1 產業定義

9.1.1 前言

由於地球暖化對環境造成衝擊，隨著世界石化燃料逐漸短缺，產生各種環境負面影響，具有低排碳性的替代能源因此越來越重要，在各個國家都可看到將風力發電設為重點發展之跡象。由於每年對於能源的需求逐漸攀升，因此各類型的再生能源和替代能源也蘊藏了很龐大的商業潛能。

風力發電已成為世界注目的焦點。原因包括：全球暖化，溫室氣體商品化，石化能源價格持續攀升，風力發電成本下降，技術成熟等等。因此，全世界各國風力發電機組設備的設置也逐年在增加。從早期就很重視風力發電的歐洲國家，到近幾年美國，中國，以及印度等國家也逐步加強風力發電在國家能源策略規劃裡的份量。尤其對台灣這樣一個海島型國家，一是可減低仰賴外國進口之能源，二是利用海島型季節與海風的可能性，三是可減低二氧化碳的排放達到環境提昇的效果。目前世界上已經有超過四十多個國家擁有風力發電廠。德國，芬蘭，美國等都是相當著名的例子，也由於這些國家發展較早，技術跟設備也相對的佔有優勢。而近年來風力發電市場持續成長，中國大陸，英國，法國，葡萄牙等地，也都積極發展風力能源，也因為需求的持續上升，風力發電的配備生產與相關技術研發也益發顯得重要。

能源策略對於每個國家都是百年長久大計，其重用性對於台灣需要仰賴國外能源進口的海島不言可喻。台灣90%以上依賴進口能源，並且以石化煤炭佔據重要來源。化石能源一方面要仰賴外國的鼻息，另一方面又造成環境嚴重污染。因此，乾淨能源的發展，可望帶來相當的助益。

由於風機的技術越趨成熟，風力發電的效益增加，成本也持續降低。

風力發電是目前可行的乾淨能源選項。近年來，由於風機的技術越趨成熟，風力發電的效益增加，成本也持續降低。台灣海洋型的風力資源或許可為國家能源自主增添籌碼，另外在風力發電的研發，生產，維修等產業發展也由於近年世界各國相繼投入風能市場增加需求的緣故，有著更多的機會。舉例而言，風力發電這一方面的工業技術在丹麥已經取代傳統的漁業成爲第二大出口業，延伸出更多的產値與工作機會。

9.1.2 風力發電產業定義

風力是太陽輻射下，空氣流動所形成的一種能源。風力發電顧名思義就是利用風力產生電力。風力發電與其他新興能源比較，具有明顯的優勢；因爲風力資源蘊藏量巨大，是目前所知道水力發電量的10倍，而且分佈地區廣泛。對於交通不便或是人煙罕至的島嶼及邊遠地區，風力發電提供重要的動力來源。1973年起發生過三次石油危機，與使用石化能源產生的地球暖化及氣候異常現象，使人類尋求石化能源的替代能源變得更加迫切；而風力發電是可再生能源中技術較成熟，且具有大規模開發條件和商業化發展前景的發電方式。

風力是太陽輻射下，空氣流動所形成的一種能源。風力發電顧名思義就是利用風力產生電力。

目前，風力發電產業大致可分爲八項主要零組件系統；分別是風輪、軸承、偏航系統、電力電子系統、控制系統、升速箱、發電機、搭架系統。這八大系統組合成風力發電機組，並且連結城市基礎電網提供電力動能。

9.2 市場區隔

9.2.1 產品應用範圍

風力發電的原理，是利用風力帶動葉片旋轉，再透過升速(齒輪)箱將旋轉的速度加快，來帶動發電機發電。目前，風力發電機組發電的技術，運轉的風速在每秒3公尺，就可以開始發電；當風速達每秒14至16公尺時，即達滿載發電，當風速超過每秒20到25公尺時，爲避免過高的風速損壞機組，採取旋角節制或失速節制方式來調節，使風力發電機暫停運作。所以；選擇好的風場，對風力發電產業相當重要；不但要四季起風的日子多，風速的大小和穩定也很關鍵。其次，風力發電機組以主軸與水平面相對位置的分類方式，可分爲垂直軸式與水準軸式兩種。由於，水準軸式機組目前是市場上的主力產品；故本章所指的風力發電是指水準軸式機組的發電方式。

風力發電的原理，是利用風力帶動葉片旋轉，再透過升速(齒輪)箱將旋轉的速度加快，來帶動發電機發電。

9.2.2 產品應用範圍分析

風力發電隨著由石油價格的逐年上升而備受重視。風力發電的風能來源，可簡單的區分成陸地與離岸兩種。陸地的風能常受地形地物以及靠近人類居住環境等諸多因素影響，風力機組發展受到限制；但是，目前大多的風力機組都設在陸地上。離岸風能因爲沒有地形地物障礙，風能品質較爲穩定；目前，離岸風力機組的開發尚在起步階段。

事實上，風力發電機並不能完全將所有的風力能源轉換成電力，理論上最高轉換效率約爲59%。實際上，大多數的葉片轉換風能效率約介於30%到50%之間，經過機電設備轉換成電能後的總輸出效率，約爲20%至45%；過去，丹麥與美國裝製風力機組的經驗發現，風力發電效率並非很高；丹麥的經驗是發電量爲裝機容量的70%。而美國的經驗是發電量爲裝機容量的37%到零。

所以，風場的選取至爲重要。丹麥是沿海國家，國土面積較小，日夜海水及陸地的溫差影響風能產生，所以發電效率較高。而美國選擇的風場地點在內陸，風能受季節轉換及日照影響較大，風能在豐富與缺乏的月份，所產生的發電效率，就有很大的差異。此外，進行風場選取時，風場離地10公尺高的年平均風速，必需達到每秒5到6公尺以上，才有開發的價值。在發電機組的部分；葉片的數目及直徑也決定發電的效率。首先，二到三葉風機效率較高，力矩較低，適用於發電。其次，葉片從風的流動獲得的能量與風速的三次方成正比。第三，擷取風能的多寡，與葉輪直徑平方成正比。

此外，提昇風力發電運轉效率，降低運轉時產生的噪音及避免影響鳥類生態，是業者未來在推廣風力發電產業時重要的課題。

9.3 全球產業結構

9.3.1 全球發展現況

風機的發明始於19世紀末，但是產業的發展卻遲至1930之後。當時，丹麥、瑞典、蘇聯和美國應用航空工業的旋翼技術，成功地研製小型風力發電裝置；這種小型風力發電機，在多風的海島和偏僻的鄉村廣泛使用。不過，當時的發電量大都在5千瓦以下。

從1996年起，全球累計風電機組裝機率連續十二年成長超過百分之廿，平均複合成長率達到28%。全球風能協會(Global Wind Energy Council ，GWEC)公佈2007年全球新增風電裝機容量爲93,864MW，較2006年成長27%；其中，裝機最大的前五名爲德國(22,247MW)、美國(16,818MW)、西班牙 (15,145MW)、印度(7,845MW)及大陸(5,906MW)。而台灣裝機容量爲282 MW，位居全球裝機量的24名。

以地區別分析，歐洲是風電最普及的區域；2007年歐洲各國裝機容量佔全球裝機容量的43%。未來，亞洲及美國的裝機容量則是市場成長主要的來源。其中，大陸於2007年風電總裝機容量及新增裝機容量較2006年成長一倍；目前，大陸在政策支持下，風力發電產業正蓬勃發展。未來，在風力發電技術深化及民生市場對電力需求的推波助瀾下，大陸風力發電設備的市場大有可爲。

9.3.2 產業價值鏈

風力發電機組設備產業鏈主要包含三大項：原材料、關鍵零組件、以及系統商。目前系統商多半掌握在歐洲大國手上，而許多國際大廠也一致性的包含了關鍵零組件串聯上下游加強規模優勢。

風力發電機組設備產業鏈主要包含三大項：原材料、關鍵零組件、以及系統商。

原材料 → 關鍵零組件 → 系統商

原材料	關鍵性零組件		系統商
CarbonFiber	葉片	塔架	系統
Toray	Gamesa	Vestas	Vestas
Toho	Siemens	Gamesa	GE Wind
Tenax	Nordex	Misubishi	Gamesa
Misubishi	Mitsubishi	軸承	Enercon
Zoltek	齒輪箱	SKF	Siemens
High-tensilesteel	GE	Schaeffler	Suzlon
SKF	Winergy	FAG/INA	Repower
	Bosch Rexroth	Timken	Nordex
	Eikhoff	控制系統	Ecotecnia
	Echesa	Vestas	Mitsubishi
	發電機	NEG	GoldWind
	Vestas	GE	
	Enercon	Ingelectric	
	Siemens	Enercon	
	Winergy	Siemens	
		Misubishi	

圖9.1　風力發電產業價值鏈

資料來源：BTM(2007/03):工研院IEK, 2007

9.3.3　產業魚骨圖

風力發電產業，包含八種主要系統。分別是風輪、軸承系統、偏航系統、電力電子系統、控制系統、齒輪箱系統、發電機系統、搭架系統。其子系統分述如下：

1. 風輪系統：包含風輪、葉片及輪轂。
2. 軸承系統：包含主軸承、變槳軸承及偏航軸承。
3. 偏航系統：包含風向傳感器、風速傳感器、方向舵輪及伺服機構。
4. 電力電子系統：電力的轉換系統。
5. 控制系統：包含近端控制系統及遠端控制系統。
6. 齒輪箱系統：包含一級斜齒(牛驅式)升速箱、行星斜齒(高速)升速箱。
7. 發電機系統：包含同步發電機、非同步發電機。
8. 搭架系統：包括鋼構件及法蘭(作用類似壓片)裝置。

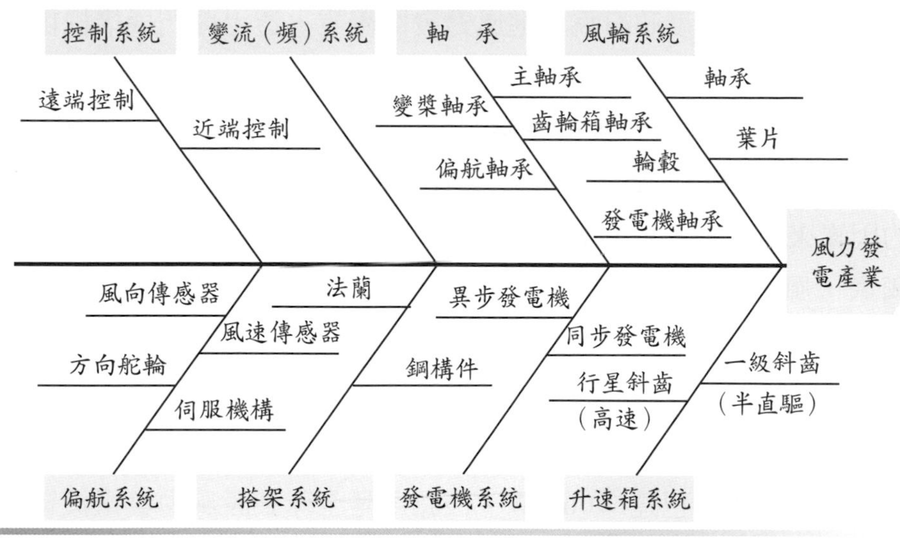

圖9.2 魚骨圖

資料來源：本研究整理

9.4 全球產業特性

9.4.1 全球風力發電產業的特色

風力發電是一種技術日漸成熟，資源採之不盡用之不竭的乾淨能源，世界各國均大力推動此項產業。但是，發展風力發電產業主要有兩個障礙。首先，由於風力發電的發電量有不定時不定量的問題，這將嚴重損壞電網材料；目前，這種問題已經可以透過電壓諧波及限流技術控制併網送電；此外，控制電壓的箱式分壓頭技術及斷路截流技術也日臻成熟，問題可以有效解決。其次，風力發電成本較水電或火電高，對於使用者必須付擔較高的經濟代價；對於這個問題，世界各國均採取政府補貼電價的政策。

在歐洲部分；德國早在1980年代，藉由訂定相關法律與政策推動風力發電產業；德國饋電法的實施，補助企業開發風力發電產業；2004年推行再生能源法案，強迫電力公司全額吸收綠色能源電價，帶動風力發電市場快速成長。2006年底，德國已擁有18685座風力發電站，總裝機容量爲20600兆瓦，發電比例已經佔該國總發電量的百分之廿；德國除藉此取得便宜的替代能源外，還得以出口風力發電科技，風能產業領先全球。在德國風力發電產業從業人員約有一百萬人，每年創造的經濟利益達百億歐元以上。

亞洲部分；印度政府爲促進風力發電產業，透過專門機構提供技術及企業融資，鼓勵企業從事風力發電產業。此外，政府還制定許多財政政策，推動風力發電產業的發展，促進良性競爭，引進國外技術的開發和應用。風力發電產業在印度能迅速蓬勃的發展，最重要的因素來自內需市場的需求。目前，印度是亞洲最大的風力發電裝機國家，風力發電設備一半以上都可自行生產。2007年裝機容量爲7845MW，年增率百分之八點四。

大陸是另一個在亞洲的風力發電設備使用大國；大陸自1985年引進首座丹麥VISTA公司的55KW並網型風電機組，至2007年累計風力發電機組總裝設容量已達5906MW，被認爲是全球裝設風力發電機組成長最快的國家。在政策上，大陸風力發電產業的推動肇始於2006年實施的可再生能源法，及可再生能源中長期發展規劃；當中，明確提出可再生能源中長期發展目標的實行目標；此外，政策配套措施方面，提出加強對相關產業投資的計畫和企業稅賦減免方案；在國家層級的科技專案如科技攻關計畫、863計畫、973計畫和產業化計畫，共預計投資10億元人民幣以上，推動可再生能源相關產業發展。

風力發電產業目前正處於快速發展的階段，國家政策的支持是風力發電產業重要的支撐。

由上述可知，風力發電產業目前正處於快速發展的階段，國家政策的支持是風力發電產業重要的支撐。

9.4.2 產業發展的支援要素

一 與研究發展有關的產業創新需求要素

(一) 國家整體對於產業創新的支持

所謂國家整體包過政府以及民間對於整個產業發展的認知與支持。國家的支持對於產業創新有著重要的因素，尤其當產業發產於起步階段或者是國際競爭力偏弱的時候，可能應用政策輔助擴大產業內需市場或者是加強本國產業在國際競爭力的產業優勢。另一方面，民間對於產業的支持可吸引更多人才投注於此產業創新，也可能引發更多投資資金挹注，以增加產也發展成功性與可能性。

(二) 技術合作網路

在產業初期或者是產業尚缺國際競爭力的時候，技術力以及研究開發資源與其他國家相比都處於相對弱勢。因此可透過技術合作，尤其以長期合作使技術力提昇。 而技術合作最主要目的是要爲合作的兩方或是多方創造雙贏，共同分擔風險與分享所得利益。在這裡，相同產業間的技術合作特別能夠各取所需，並且藉由互相拉抬方式進行成長。而產官學研的複合技術合作，則主要以互相彌補爲主，例如學術單位可彌補產業界所缺的基礎研究之後再轉移爲商業使用。

吳思華（1993）主張產業合作網路可以帶來的優勢主要有四：

1. 降低成本
   (1) 規模經濟利益與學習效果的發揮：由專業分工來發展
   (2) 範疇經濟利益的擴大：成員間存在共同的核心技術
   (3) 交易成本的降低：經由彼此的瞭解與信任
   (4) 網路經濟利益的實現：當網路體系形成後，任一個加入網路體系的成員只須付出少許的成本，便可得到全部的網路經濟利益
2. 分散風險
   (1) 企業個體仍是獨立營運，保有相當大的彈性，可迅速調整營運範疇，重組資源。基於成員問長期合作的信念，彼此能有良好的配合。
   (2) 有效取得關鍵資源。
   (3) 因彼此建立互動，並且瞭解與信任，以取對方的專業知識與關鍵資源。
   (4) 提高競爭地位。
   (5) 透過網路連結行程集體力量並掌握市場先機。

(三) 上游產業的支援

對於許多的產業，如果擁有上游產業的支質與奧援，對下游產業可產生許多正面的影響。例如較容易在快速變動的產業中作出快速反應，降低成本與提昇效能等等。也在物料需求不虞匱乏。這種合作模式需要上下游的長期合作帶動競爭優勢與創新，發展產品研發的環境與技術。

(四) 企業創新精神

新的企業家加入產業可帶來新的動力與動能。新的企業家可望帶來新的競爭模式進而帶動創新，而走出不同或更好的獲利模式促進產業成長。因此企業創新精神是提昇產業競爭力不可或缺之因素。開拓出新的領域與方式給予廠商新的發展空間或是刺激競爭環境與創造力，也因此，這種產業動力通常屬於良性的。然在產業中需要有創業家精神跟能力的人才，而他們也需要仰賴各種輔助工具才有機會帶領企業茁壯與成長。

(五) 國家基礎研究能力

許多產業本身發展有著國家與環境的優勢，這裡面包括了先天資源的優勢，如天然資源，又或者是長期的技術開發，例如強力的學術研究機構。國家基礎研究能力主要指的就是國家長期的人才與技術培養。這對於高技術能力需求的產業有著決定性的影響。

一般所謂基礎研究能力，主要指在基礎研究科學與相關專業領域的潛力，如德國在傳統光學科技的基礎研究能力上的領先，創造出強大的光學科技產業。美國在生技醫療產業的領先更是成爲全世界生物醫療產業的標竿。這些都是由於國家基礎研究能力長期培養出的優勢。

(六) 政府合約研究

政府可利用國家資源協助產業推動研究開發的工作。例如以政府委外成立專案與研究者，或者給予適當的技術輔助與指導。

(七) 國外技術引進

有時候產業發展會因爲台灣技術能力不足而受阻，這時候就可能轉向過外尋求支援或者技術轉移。然而天下沒有白吃的午餐，國外技術也通常不會簡單的就贈與企業做爲發展。技術轉移需要其誘因基礎跟談判能力。企業對於爭取所需的技術有時候也需要長期關係的培養。這方面政府也同時具有協調者以及推動者的腳色，可做爲輔助產業獲取技術的來源，以促進產業提昇。

二 與研究環境有關的產業創新需求要素

(一) 專利制度

專利制度在產業競爭中有著重要的地位。專利的用意在於讓辛苦研發創新的個人或是團隊有著可信賴的依據，使其辛苦開發的成果不會因爲他方的複製拷貝而喪失。其中，尤其以技術或設計的產業可依據專利制度保護本身利益的維持。其中，專利制度必須能夠維持公平的衡量，制度的完善可以鼓勵創新的動能，並且維護其商業化後所應得之利益。

(二) 專門領域的研究機構

產業發展尤其在進階後更需要特定與專業的考量。專業的研究機構也能因爲集中相關人才而加速技術的研發。產業界可透過與專業的研究機構合作的方式提昇本身技術能力。也或者自行發展自己的專門研究機構提昇競爭力。加深技術的能力提昇本身優勢也增加後來者的進入門檻。如果可以有此良性循環也可促使政府或是業界投資。

(三) 創新育成體制

育成中心的功能在於連結學術與商業，目的是能夠讓產品或是服務商業化。育成中心主要提供管道、知識與輔助，引導業者或個人能夠取得各項所需資源或是建議，藉由成功的經驗，往正確方向發展。育成中心不單只是提供技術也提共各項產業經營與管理的技巧及經驗，以加速企業發展與商品化的速度，也增加企業成功的機會。

(四) 國際級認證中心

在許多產業，產品或服務與客戶之間最重要的是信賴感。 如何產生絕對的信賴感其中認證中心佔有重要角色。認證中心主要以專業的測試平臺提供產業界做爲確認產品或是服務品質的依據。認證中心本身等於是一個衡量規範，而國際級的認證中心更是成爲國際間各個國家所認同的標準。許多國家在購買或是允許販售產品或者是服務時候會規定必須要通過某些認證中心的標準，以確保產品或是服務的可靠性以及安全性。因此，如有國際認證中心的認證經驗或是當地機構可供測試認可，有助於產業打入市場。

(五) 測試場地

測試場地在於提供產業適當的環境做完研發測試或者是產品品質檢驗。如能配合國際級認證標準設立，可有助於產業獲得國際級認證水準。並且提供產業相關測試經驗可做爲產品研發與服務的設計參考。

(六) 產業群聚

產業群聚指的是相同產業能夠有著相近的地理位置能夠加強運輸或者溝通的便利性。Porter (1998)對於產業群聚定義爲：當某一特定產業上下游間的發展有著地域性的關連傾向，並逐漸演化成具有經濟效益的結構，彼此競爭卻又相互依賴。而張順教（民89）則在新經濟環境下產業群聚效果分析表示，群聚效應有兩種。一爲產業虛擬化，意指群聚中的資訊流較現有的物流更能創造出競爭優勢和利潤。一爲群聚會對其他相關產業產生良性影響，使產業延伸或建立更加快速。以此，主要意義在於聚集的力量能夠同時省下層本以及增加效率。另外在市場上而言也能更有效運用各種資源包括宣傳廣告等等。

三 與技術知識有關的產業創新需求要素

(一) 技術知識中心

做爲技術創新，常需要擔負很高的風險，因爲很難預期結果。 這裡包含技術上是否實際可成，是否可以轉移到市場上，而後到市場上後是否還具有正確的時機。 技術知識中心，又或者作研發時候的相關資訊分析，可測探市場水溫，由此可減少技術開發的風險，並且隨時調整研究開發時候所須注意事項。因此，技術知識中心在此包含了產業研究，技術諮詢以及技術服務。

(二) 製程研發

製程研發最主要用作於產品量產階段，從實驗室走到工廠後，各項實際生產操作。 主要有兩項工作，減少成本以及加強品質。由製程研發減少的成本包括實際使用原料量，產出所需時間等等。另外就是控制量產後產品的品質不會因爲數量的增加而下降，也常常需要能夠及時調整當時在設計研發時候可能未能發現的問題。由於台灣許多產業以OEM、ODM爲主，因此製程研發有著相當的經驗以及成績。

(三) 成本監控

成本監控這裡主要指的是公司營運方面成本控制各項需求，尤其未能包含在製程管控中。公司在運作中，有著各項的支出，需要有良好的成本監控系統以確保利潤空間，更甚者，確保收入大於支出。這裡包含了薪資，研發開銷，行銷資金，以及現金流量等等。

(四) 資料庫系統

風力相較於石油或者天然氣而言，屬於比較不穩定的能源來源。因此，建立風場資料庫有著相對的重要性。風場記錄著各個地區或是地域性風力能源所提供的量。例如風力大小，風向，或是依季節有著不同的屬性，最主要能夠更有效率截取風力所提供的能源。另外，在研究開發階段，需要良好的知識管理逐步的加強本身技術競爭優勢。

(五) 技術轉移機制

技術很多時候不是來自企業本身，或甚至非本國技術。而獲取技術對於策略有一定的重要性。各項技術可以滿足企業或是產業在發展時候的策略企圖，進行攻擊或是防禦等等動作。主要目的通常是爲了增加本身競爭能力，提昇品質，減少成本，或是擴大獲利空間。而當需要獲取外部的技術時候，常常需要有相對應的機制以提供技術擁有者足夠的誘因。

(六) 技術擴散機制

技術獲得之後如能加以運用及擴散可以加倍技術獲得後的效益。這可以透過企業本身運作或是與其他企業或者機構合作作爲連結，也或者需要在技術轉移時候先行約定擴散方法以免觸碰相關法令或是商業道德。

(七) 系統整合能力

系統整合包含了各項零組件整合，或者是各種網路的結合。例如，組成風力發電機需要各項零組件，包含了有發電機、葉片、結構等等，這些零組件由供應商提供的時候雖然會盡力做到完整，但是由於包含了各項技術的相容性問題，所以無法像玩具積木一樣簡單兜合在一起。越多零組件所形成的相容性問題可能越多。

因此，系統整合能力會影響實際產品生產後的成敗。這裡面必須包含專業的測試與品質管控，也需要確定符合國際標準。另外，由於風力發電需要結合基礎設置電網，這裡面還包含了各項技術管控問題。相關聯結的作業，上下連結、各項軟硬體系統的互相配合、標準的規格、流暢性與相容性等等，皆依賴專業的管理與溝通。

(八) 客製化能力

客製化能力在於能夠隨時因應客戶需求對於產品或是服務做調整，包含了設計研發，甚至於運輸等等。在不影響成本結構以及獲利空間，客製化能力爲盈核客戶需求的重要競爭優勢。由於風場具有不同的地域特性，在風力發電產業尤其需要小心考量。因爲風力機技術需求可能會因此不同。許多時候必須爲了當地氣候狀況特別在設計研發的時候就加入考量，以追求最大的效益。

(九) 品質技術能力

品質技術能力指的是開發階段時候對於產品或是服務的品質掌控水準。這在對於設計時候是否有足夠技術能力還有經驗有著絕對影響力。品質可靠性的相關技術影響最後產出品質層面。在風力發電需考量許多不可靠因素，包括海鹽侵蝕，需要能夠長期抗強風或是強震的能力。其效能也不會在短時間下降。設計階段的問題許多時候無法依靠後端生產製程時候去改善。因此，品質技術能力在前端有其重要性。

(十) 環境保護

環境保護在這世紀起尤其因爲環保意識抬頭，有著更爲顯著的重要性。其中，許多國家對於產品有其規範，必須要能夠符合環境保護原則，例如無鉛製程的零組件等等。 其中，風力發電機的設立更廣，牽涉到候鳥遷途等因素。另外，風力發電經常需要考量的是風力機所產生的風切噪音。由於許多國家對於環境保護要求不盡相同，但又有諸多規範，違者會影響其輸出或是銷售能力，因此環境保護因素須在設計階段小心考量。

(十一) 零組件開發能力

零組件開發能力在於對於系統大廠提供關鍵性零組件。能夠對於客戶需求快速作爲調整。客製化的技術、大量的製程，以及壓低的成本作爲其核心競爭力。

四 與市場資訊有關的產業創新需求要素

(一) 顧問與諮詢服務

企業需要擬定各種策略追求成長並且滿足客戶的不同需求，因此，企業需要不斷的創新，保持高度的彈性，以跟上市場趨勢的腳步。而在各方面，包含管理面、製造與生產、研究與開發等等創新要素可能需要專家顧問給予適當的建議。可透過分析預測減避風險，或者經由專家經驗學習更適當的方法創造更高的效率。透過諮詢服務和市場與技術的資訊管理可減少不必要的浪費(Poter, M. E,1999)。

(二) 與上下游的關係

產業上下游如果關係良好，可以透過互相合作彼此提昇各自的競爭力。當此現象產生的時候，由產業競爭觀點可稱爲pull-through effect。因此，透過知識分享、技術、製程、銷售、市場、服務等相關競合，互相學習加快競爭力的成長。 因此，本國的相進產業的成長也可帶動週遭產業的進步。尤其如果有廠商具有國際水準，其產業資訊以及經驗的價值又更高了。

(三) 先進與專業的資訊取得

任何產業的發展，資訊是必須的資源，而資訊的獲得考驗著企業的競爭力。因此，產業內的資訊是否可以確切而廣泛的流通影響產業發展。因此如何取的先進與專業資訊便是舉足輕重的課題，而先進與專業的資訊傳播媒體在此扮演重要腳色。例如日本台灣的重要產業及產品的相關資料透過傳播媒體，同業公會或是合作夥伴，還有政府機構等等架構的流通網路，有效地增強日本產業與世界競爭的優勢。

五 與市場情勢有關的產業創新需求要素

需求量的市場對於產業發展是有著絕對的重要性，畢竟，有需求產品或是服務才有存在的必要，商業行爲才會產生。而需求量大的市場理所當然的是產業成長的關鍵因素之一。需求量大會鼓勵廠商更大規模的生產並且促進研發做爲吸引消費者的誘因。有時候政府會透過政策保護內部產業的需求市場，或者擴大內需，以阻隔外來競爭者或者是加強台灣廠商的競爭力，除此之外，由於自由市場的特性，很難成就產業本身特有的競爭優勢。因此在企業發展時候需考慮本台灣需市場大小，因爲一般企業發展出其多是從台灣市場開始成長而後才往國際發展。

(一) 風力發電需求量大的內需市場

內需市場可依靠政府對於產業的寶庫及擴展加強內需市場大小。這對於產業發展初期，還未能依靠技術與能力獲得國外訂單前，是一個至關緊要的生存要件。

(二) 風力發電需求量大的外需市場

外需市場，尤其以全世界爲目標，可提供內需市場更大也更長期的發展機會。

(三) 國家文化與價值

國家文化與價值屬於每個國家特有因素，牽涉範圍廣泛而且難以衡量其標準。 這跟國家的地理位置，人種文化，教育水準等等都有相關。對於產業而言也屬於無形的競爭優劣勢。不過，當產業的發展成爲國家與文化上的目標，並且成爲國家代表或是驕傲的時候，可加強國家產業推動的容易度。尤其產業的成功配合人民對產業發展的認同可促進良好的循環迴圈，使產業發展更爲積極，創新動能也更強，也可能再產品或是服務推動的時候可以更有效率。而基於認同感而促使國家資源集中更可加強產業發展的成功率。

六 與市場環境有關的產業創新需求要素

(一) 天然風力資源

由於風力發電是使用天然風力做為資源產生電力，因此受到各地區地理環境還有天然風力資源所影響。每個區域風力會因應地形而有所不同，例如山區或者海邊的風力條件不一樣，另外南半球與北半球風力強弱也會有季節性的差異。風力發電屬於純淨的天然再生資源，也因此需要配合當地的風力條件才能做為發展。

(二) 電網基礎設施

基礎電力網路包含了，電力網規劃以及組成，用電量預測，供應電力穩定度等等，是由各級電壓的電力網路所組成，建構現在城市所需能源。主要組成要件包含了輸電網、供電網，還有配電等網路的目的在於提供區域性輸電，以及電力分配的工作。其中細項包含了電壓網路、變電站、電網接線等選擇以及佈置。電力網要能滿足供電可靠性、安全性、經濟能力、負載量等控制，以提供能源給予工業、商業、住家等不同需求。風力發電需要連結到基礎電力網才能提供能源服務，因此，國家的基礎電力網對於風力發電產業為不可或缺。

(三) 政府的相關優惠政策

產業在剛開始發展的時候，政府如能提供各項優惠政策，例如減稅、減免租金、提供進出口補助，或是技術資源等等，有助於促進產業發展，加強投資與研究意願。對外，可以增加關稅或是進口條件以加強本國產業在當地的競爭優勢並且保護其發展。

(四) 產品技術及規格的規範

產品技術及規格的規範影響著各個零組件組合成系統階段的相容性，品質還有設計階段的難易度。當產業尚沒有固定規格時，表示許多客製化需求產生，而越多的客製化可能所需要的技術難度更高，所需要的成本也更高，而製造效率則會偏低。缺乏規格化的零組件廠商則仰賴系統廠商的分享與溝通，而減少自主性。當實際產品發生問題時，所要解決的問題可能更形複雜。因此產品技術及規格的規範可簡化許多流程、技術複雜度，使產業成長加速。

(五) 對於市場競爭的規範

市場競爭的規範起始最主要的目的在於提供合理公平的市場競爭，促進產業多方健康成長。政府可透過各項工具影響企業在產業市場的競爭模式，其規範內容大致上分爲兩部分：

1. 對企業獨占、結合、聯合等「限制競爭行爲」的管理。
2. 對市場如有不公平競爭行爲的規範。

政府可針對市場佔有率，市場力量評析做爲判斷市場獨占行爲是否來自排除行爲或是自然發生。可藉此對企業或者產業進行抑制或是輔導以確保市場公平與發展。對於市場競爭的規範其目的在於確保資訊在競爭者之間分享，並且維持市場開放性與競爭性。

(六) 法規制度的完整與彈性

法規制度的完整性塑造市場與投資環境的穩定性與安全性。其中政府可針對不同時期的產業發展訂定適當的措施。例如，新興市場的政府常會對企業的營運做些干預，尤其是外來企業。例如合約保障本國企業發展，又或者要求外國企業需要跟本國企業做爲合資或技術分享。而成熟市場則是因爲有了較完整的法律與會計機制，因應完備的基礎建設，轉而傾向監督者的腳色而不是之前類似保母的腳色。因爲成熟市場的企業已經具備相當的價值才能在這樣的環境生存下來。

(七) 全球溫室氣體交易制度

自從京都會議之後，二氧化碳等溫室氣體排放量成爲了國與國之間可交易的商品。 目的是爲了減低溫室氣體的排放量，還有鼓勵使用環保科技，包含再生能源。這對於已開發國家尤其重要，因爲這些溫室氣體大部分是由這些以開發國家產生的。而風力發電等再生能源產業受惠於此項制度因爲再生能源是減少溫室氣體排放的好方法。

(八) 能源定價策略

能源政策是國家重點政策，基於能源直接影響國力以及產業發展。因此政府常採用不同定價策略以提供資源鼓勵高效率能源產品或是技術加速進入市場。因此能源定價及量測策略能有效強化開發再生能源的動機。例如政府給予再生能源固定電價以及購電固定額度鼓勵再生能源開發及對於其他能源的相對競爭優勢。

七 與人力資源有關的產業創新需求要素

(一) 專業生產人員

專業生產人員指的是有能力操作、測試、維護生產機器，並且維持產品量產品質的相關工作人員。

(二) 專業研究與開發人員

可針對專門領域產業進行設計以及新產品開發的相關人才。通常經過長期專業訓練或是在產業上有著相當經驗的人才。

(三) 高等教育人才

高等教育人才指的是接受過大學以上層級教育的能力。不單指在某個單一產業的高等教育人才，而能夠提供更多元的知識應用。

(四) 銷售與市場開發人員

銷售與市場開發人員負責專門產業的產品銷售。需要瞭解當地或是國際的市場需求，也因此對於各種語言、文化、溝通以及專業知識需要有一定程度瞭解，才有助於產業競爭力。

(五) 經營與管理人員

如何經營與管理企業需要領導人的特質也需要管理與經營方面的長才。以提供企業正確的方向與策略，並且恰當的分配資源以及調整組織結構以加強企業的彈性與活力才能在產業有持續成長的競爭力。

(六) 基礎建設人員

基礎建設人員負責各項非專業技術性相關的元件設置。例如設立風力發電機組的時候，架設平臺、底座，或是連結電網等基礎設施。

(七) 測試認證人員

測試認證人員負責測試與協助通過相關國際、當地與政府所要求的規範。尤其對於協助設計端開發產品有相當的助益。

(八) 跨領域的人才

許多時候產業發展需要透過其他產業人才的協助與經驗，才有利於解決非單一專業上的問題。並且可藉由不同背景的經驗發展創新模式。

八 與財務資源有關的產業創新需求要素

(一) 完善的資本市場機制

資本市場的機制包含各項政府法規或是政策輔導，以公平的方式使產業可藉由民間資金市場，如証券、外匯等等市場，獲得產業成長及營運所需的資金。

(二) 提供長短期融資的銀行或是金融體系

透過國家或是民間提供長短期產業發展所需要的資金，而在鼓勵產業成長的因素下，可提供相關優惠的投資減免或是優惠利息方案促進企業投入。

(三) 創投機制

創業投資通常爲民間投資單位，主要找尋可獲利的新興企業或是創業家，提供開創企業與成長的資金。創投可有效鼓勵有技術與能力者的投入與開發，也鼓勵產業創新的發展。

(四) 政府融資法令制度

政府可對於企業提供相關金融輔助，並且可以靠建立的制度決定企業募集資金的困難。

9.5 全球產業技術特性

9.5.1 全球風力發電產業的技術特色

風力發電的動能來源於冷熱空氣對流產生的壓力循環。風的能量依據風的速度快慢而有差異，風速越快，風力越強。風速大小也常以每秒幾公尺表示。又或者以蒲福式風級來定義。以中央氣象局的資料顯示，目前國際通用之風力估計，係以蒲福風級爲標準。蒲福氏爲英國海軍上將，於 1805年首創風力分級標準。先僅用於海上，後亦用於陸上，並屢經修訂，乃成今日通用之風級。實際風速與蒲福風級之經驗關係式爲：

$$V=0.836\times B^{3/2}$$

B爲蒲福風級數　　V爲風速（單位：公尺／秒）

表9.1　風力等級

蒲福風級	風之稱謂	一般敘述	每秒公尺 m/s	每時浬 kts
0	無風calm	煙直上	不足0.3	不足1
1	軟風light air	僅煙能表示風向，但不能轉動風標。	0.3-1.5	1-3
2	輕風slight breeze	人面感覺有風，樹葉搖動，普通之風標轉動。	1.6-3.3	4-7
3	微風gentle breeze	樹葉及小枝搖動不息，旌旗飄展。	3.4-5.4	8-12
4	和風moderate breeze	塵土及碎紙被風吹揚，樹之分枝搖動。	5.5-7.9	13-16
5	清風fresh breeze	有葉之小樹開始搖擺。	8.0-10.7	17-21
6	強風strong breeze	樹之木枝搖動，電線發出呼呼嘯聲，張傘困難。	10.8-13.8	22-27
7	疾風near gale	全樹搖動，逆風行走感困難。	13.9-17.1	28-33
8	大風gale	小樹枝被吹折，步行不能前進。	17.2-20.7	34-40
9	烈風strong gale	建築物有損壞，煙囪被吹倒。	20.8-24.4	41-47
10	狂風storm	樹被風拔起，建築物有相當破壞。	24.5-28.4	48-55
11	暴風violent storm	極少見，如出現必有重大災害。	28.5-32.6	56-63
12	颶風hurricane		32.7-36.9	64-71
13	—		37.0-41.4	72-80
14	—		41.5-46.1	81-89
15	—		46.2-50.9	90-99
16	—		51.0-56.0	100-108

資料來源：台灣氣象局, 2007.

而在台灣，夏秋之際的颱風，氣象報導就是以蒲福式風的等級來表示，例如東北海上現在是十級風。

當風速在3~5(m/s)左右時，風力機才會開始發電，而開始發電之風速C V稱爲切入風速(Cut-in speed)；當風速達到12~15(m/s)左右時，風力機即進入額定操作轉速，此時風速rV 稱爲額定風速(Rated speed)；當風速達到25~40(m/s)左右時，風力機爲避免損害即進入停機狀態，而此風速f V 稱爲切出風速 (Cut-out speed)。在切入風速到額定風速其間，風力機的輸出正比於風速的三次方，而從額定風速到切出風速的操作範圍內，風力機的輸出為一定值亦即為額定輸出，當超過切出風速時，風力機停機則無輸出功率。

風力發電基本技術其實在遠久時代就開始發展了。千年以前的古中國人與波斯人就已經有利用風力耕種與汲水的紀錄。從1229年起，荷蘭人也以風車灌溉農作、輾磨穀物等，都是利用天然風力產生動力與動能，更因為歐洲風力豐沛穩定，風力運用也在歐洲發揚光大。

在十九世紀末，丹麥的氣象學家P．L．Cour製造出第一部風力發電機，但當時由於經濟效益過低，風力發電機並沒有受到重視。因為相比之下燃煤與石油所產生的能源更廉價也更穩定。直到最近幾年，能源危機與環保意識抬頭帶動了風力發電機的發展，1980年代有55瓩的風機，到了1985年則開發出110瓩，到了1990年代，發展到了250瓩，1990年代中期有600瓩，2000年後則有2000瓩以上等級的風機出現。目前，全球安裝的風力發電機組超過了6萬部以上，機組容量大多為600至3000瓩不等，目前主流機組為2000瓩，最大機組為5000瓩。

風力發電機主要是以風的流動推動葉片、轉動輪軸，帶動發電機，進而產生電源。從無形的風能，轉換成機械能，再轉換成電能。近年來風力發電受惠於航太技術的精進，材料更輕，機組產生的電力更有效率，使得風力發電已經幾乎接近於日常生活所用的核能與火力發電。

現今的風力發電機也使用微電腦控制，可因應風力大小的改變與方向而自動開啓或是關閉，也可以跟著風向自由轉動。 在遠距控制與自動化的科技加持下，風力發電機並不需要人員就近照顧。

風會因為障礙物的影響而減弱，例如颱風經過台灣的時候，風力會因為中央山脈而迅速減弱。而離開地面越高風速愈大，這我們可在高樓或是高山巔峰處得到感受。因此為擷取更多風能，風力發電機就開始越長越高也越來越大。塔越高能夠獲得更高的風速，而增大葉片面積以擷取更多的風力，因此風力機持續地朝巨型化發展。也因此，風力發電相當仰賴各地風場的天然特性，通常會設置於開闊區域，如海濱、防風林、田埂、漁塭、河海堤、山脊等。

9.5.2 產業技術發展

世界各地越來越重視離岸風力發電機組設備所帶來之效益，其中主要原因是離岸風速比陸上潛在風速來得高，能產生較多的電力。再者，比陸基風力發電機來說，離岸風力發電不會佔用到人們使用土地，也比較不會影響景觀，因爲遠離人類居住與視線。而在理論上，每增加10%的風速，會增加30%電力的產出。但是離岸風力發電設備所需之安裝及支撐結構費用都會比陸上風力發電設備來得昂貴。

首先，運輸電力成本相當高，因爲遠裡城市電網要另外架設，而距離越遠電力傳送耗損越大。 再者，在海上因爲沒有實質土地可供建設與架構，又會受到強力海浪侵襲，所以架設的成本跟技術都相對較高。

其他再生能源，如太陽能或是生物能源都同樣受到關注。因此，世界各國也在積極發展各項再生能源的整合。再生能源的整合最主要的原因在於再生能源本質，如風力發電或是太陽能容易受到到氣候，季節，地區的限制，導致能源供應不穩定，將彼此結合可以提供穩定而更有效率的電源。

9.6 全球產業競爭情勢

9.6.1 全球風力發電產業的產値

風力發電的市場持續增加。過去，歐洲各國風力發電產業技術及需求是風力發電產業重要的動力；但是，石油價格逐年成長及對能源掌握、環境保護的議題帶動下，風力發電產業正迅速成長。2006年，全球新增裝置容量爲15,016MW，較2005年成長30.3%；依據BTM顧問公司的研究，預估 2006年至2011年新增裝置容量複合成長率爲17.4%。其中，美國、中國與印度是幾個新興風力發電設備市場。而歐洲以英國與法國未來市場潛力較大。

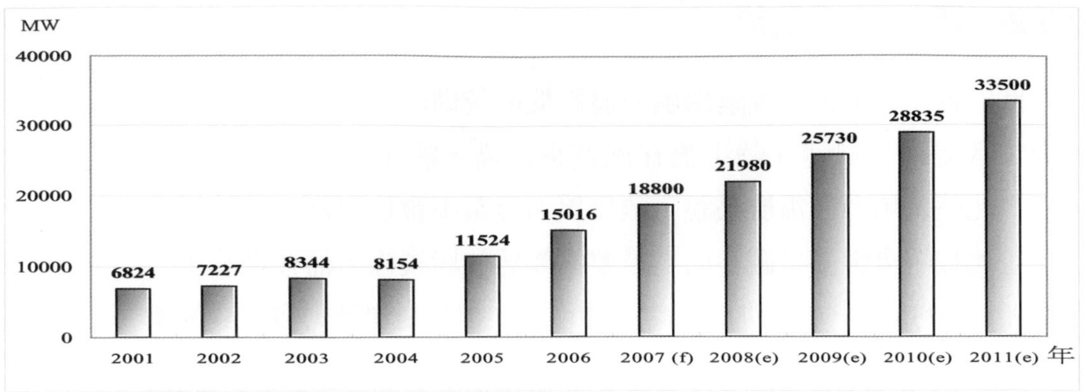

圖9.3 風力發電全球裝置量

資料來源：BTM (2007/03) ,工研院IEK

在風力發電需求量預估；全球2006年全球累計裝置容量為74,306MW，預估2011年全球累計裝置容量為203,151MW。2006年至2011年風力發電累計裝置容量將以22.2%的幅度成長。

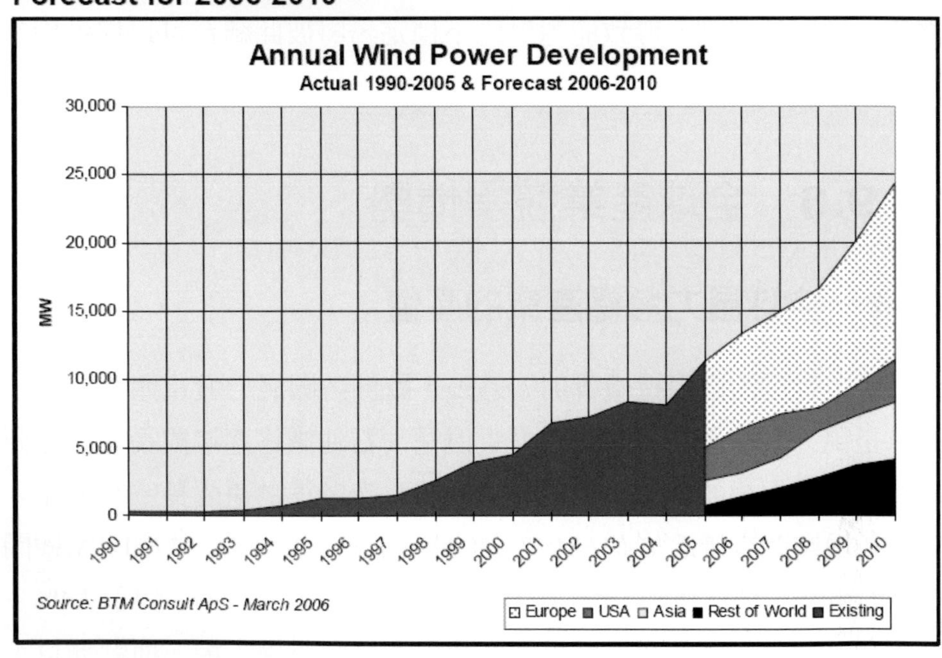

圖9.4 2006年至2010年 全球風力發電裝置量預估

資料來源截取自：BTM, 2007

9.6.2 市場產品技術

風力機的種類相當多，依結構式樣可分類爲：

1. 按主軸與地面的相對位置，可分爲水準軸與垂直軸式。
2. 按轉子相對於風向的位置，可分爲上風式與下風式。
3. 按轉子葉片工作原理可分爲升力型與阻力型。
4. 按轉子葉片數量，可分爲單葉型，雙葉型，三葉型，荷蘭型，美國多葉型。

風力發電機組主要可依基本結構分爲水準軸承跟垂直軸承。水準軸承式的依受風方式不同再分爲升力型與阻力型，而升力型因爲速度較快，輸出功率與重量的比例，以及成本考量都優於阻力型。另外，水準軸承設計上需要考量到風向的改變。而依風向相對的位置的話，也可分爲上風式與下風式。垂直軸承的風力發電機比之水準軸承式的優點在於不需要因爲風向的改變而調整風力機的方向，因此可簡化設計與結構的複雜度。

另外，葉片數量也有所不同，可分爲單葉型、雙葉型、三葉型、荷蘭型、美國農村多葉型。 現在最常見爲二葉，或是三葉式的風力發電機。

爲追求高轉速與發電效率，現在常見的大型風力發電機爲二葉或是三葉型的水準軸承風力機。且此一種類受惠於航太科技的發達，而在成本與發電效率上有著長足的進步。

9.6.3 產業領導廠商

目前世界領先的風力發電廠商多爲歐洲國家例如德國、西班牙以及丹麥，且以系統廠商具有相當規模與優勢。美國GE Wind公司、印度Suzlon公司，還有大陸金風公司則藉由政府輔助積極發展風力發電機組技術與能力。受惠於租稅激勵政策以及政府龐大研究發展的投入，美國、印度以及中國的風力發電機組設備產業快速成長。

▌表9.2　風力發電機組設備世界主要廠商

國家	丹麥	美國	德國	西班牙	印度	日本	中國
主要系統廠商(註1)	•**Vestas** (3,186/20,766/1)	•**GE WIND** (2,025/7,370/2)	•**Enercon** (1,505/8,550/3) •**Siemens** (629/4,502/6) •**Repower** (353/1,522/7) •**Nodex** (298/2,704/8)	•**Gamesa** (1,474/7,912/4) •**Ecotecnia** (239/983/9)	•**Suzlon** (700/1,485/5)	•**Mitsubishi** (233/1,252/10)	•**GoldWind** (132.5/222/14)
廠商發展策略	■ 購併策略 ■ 高度垂直整合 ■ 外銷導向	■ 國內市場佔有率超過50% ■ 購併策略 ■ 高度垂直整合	■逐步導入新產品與新市場 ■高度垂直整合	■ 2002年前以國內市場為主 ■ 2005年後積極開拓海外市場	■ 逐步導入新產品與新市場 ■ 高度垂直整合	■由國外市場轉進國內市場開發 ■運用先進技術維持市場競爭力	■由國外引進整機設計技術資料 ■配合中國十·五計畫建立國產風力機技術

資料來源：資料來源：BTM Consult ApS(2006/03)；工研院(2006/08)

一 德國

德國是全球裝置風力發電設備容量最大的國家，截至2007年底已裝置風力發電設備22,247MW。德國自1990年起推動風力發電產業，近10 年來，風力發電裝置容量成長達60倍。德國自1991年起，定訂饋電法（Electricity Feed Law，EFL），強制電力公司以固定價格購買再生能源產生的電力。1989年起實施100 MW 風能計畫（100 MW Wind Programme），由於計劃執行成功，此計劃自 1991年將目標調整爲250 MW。2000年，政府制定再生能源優先權法案(The Renewable Energy Sources Act；Erneuerbare-Energien-Gesetz/EEG)，這個法案明定風力發電策略，每四年修訂一次；由此得知，德國將風力發電視爲長期發展之策略，長期培養幫助風力發電產業。在風力發電裝機成效上；2001年，德國新裝設備的發電容量首度超過2,000 MW；同年，德國擁有一萬五百部風力發電機組，總發電量達7,500MW。2003年，新增的風電裝機容量爲3,247MW，陸上風力發電已經達到飽和。2004年，新增裝機容量下降爲2,019MW；但是，累計裝置容量達16,629 MW，爲第二名西班牙8,263 MW之兩倍。未來，將朝離岸風力發電的方式增加風力發電量。未來預計到2020年，風力發電占全國發電比例達到全國發電總量的20%。德國最終的目標是達到全國的用電都由再生能源提供。

德國風力發電廠商以Enercon GmbH、Siemens Wind Power GmbH、REpower Systems AG、Nordex Energy AG爲風力發電產業領導廠商，介紹如下：

(一) Enercon GmbH

德國Enercon GmbH成立於1984年，是全球兆瓦級風力發電機組的領導廠商，雇用員工人數超過8000人。產品銷售主要市場在歐洲；尤其是，德國與法國是Enercon GmbH產品最大的買主；2007年該公司在德國市場佔有率爲50.3%，在法國市場佔有率爲20.2%，是這兩國最大的風力機組供應商；該公司在全球30多個國家安裝超過11000部風力發電機組。

(二) Siemens Wind Power GmbH

德國Siemens Wind Power GmbH是德國西門子集團旗下的子公司，公司成立於1980年，總部設於德國Bremen市，公司僱員超過3500人。主要營業項目是陸上及山區風力發電機組的販售；自公司成立以來，已銷售出6600部機組。2004年收購丹麥Bonus Energy A/S公司，並領先研發出三點六兆瓦的發電機組；同時，也提供業主跨領域系統整合的服務。

(三) REpower Systems AG

REpower Systems AG創立於2001年，公司總部位於德國Hamburg市，僱用員工人數共1300人，2007年，營業額爲5.9億美元。主要營業項目是研發及生產兆瓦級風力發電機組；自2001年起，公司所生產的1.5兆瓦級的風力發電機組，共賣出1400部，該機組是業界性能最好的機種之一。2002年，又開發出性能更好的2兆瓦級風力發電機組。2004年，在德國Schleswig-Holstein省Brunsbüttel地區，裝置首座自行研發生產的5兆瓦級離岸風力發電機組，這種機組的葉片直徑有126.5公尺，是目前發電功率的風力發電機組。公司主要的業務範圍在歐洲；產品也行銷至日本、中國、印度和澳洲等地。

(四) Nordex Energy AG

Nordex Energy AG 成立於1985年，是德國Babcock-Borsig AG集團旗下Borsig Energy公司的子公司，原先是一家丹麥公司。總部在德國北部的Norderstedt市。營業項目為大功率的風力機組；1995年，開發出兆瓦級風力發電機組。並在2000年成功研發全球第一部2.5兆瓦功率的風力機組。目前，產品以行銷中國大陸為主；此外，在英、法、義大利、美國、伊伯利亞半島都有子公司。

二 丹麥

丹麥是全球發展風力發電產業的先驅。早在1970年代，政府積極推動發展風力發電產業。首先，成立國家級風力機測試中心；負責批准和認證風力機設計。其次，對相關廠商實施擔保專案；提供廠商長期融資和擔保貸款。第三，對進口丹麥風力機組設備的國家，提供專案開發貸款，協助廠商拓展海外市場。第四，保證電力收購；電力供應法規定電力公司必須以固定價格購買可再生能源。第五，實施財政補貼；對風力發電機組安裝補助30%的費用。第六，貼補電費和稅收優惠；明確規定每度電保證0.17克朗的收購價格，以及退還每度電0.1克朗的二氧化碳稅。同時，政府設有電力節約基金；提供對能源效率技術及設備研發的獎勵。最後，實行綠色認證；政府實行綠色標識計畫，鼓勵消費者購買綠色能源。在具體的推動上；1993年，以政策貼補的方式，鼓勵台灣企業研發風力發電技術。1996年，發表電力政策(Energy 21)白皮書，宣示至2000年底，丹麥再生能源所生產的電力，要佔當年總發電量的12%至14%；同時，為了激勵風力發電產業的成長，在白皮書中規畫2005年再生能源的發電量，達到1,500MW，發電量占當年總用電量的10%；預期2030年達到5,500 MW，發電量占當年總用電量的50%。不過，由於計劃的成功，原先規劃在2005年達到的目標，提前六年完成；1999年，丹麥風力發電量為2018 MW，占當年總發電量的12%。至於2030年應達到的發電量目標；目前，丹麥風力發電所提供的發電量已經占全國發電量的20%以上。未來，丹麥計畫將風力發電量從目前的3,000MW成長到6,000MW，並增加500到1000部離岸式風力發電機組，以提供全國住宅區所有民生電力。

丹麥最著名的風力發電公司是Vestas Wind System A/S，該公司是全球排名第一的風力發電設備製造商。

(一) Vestas Wind System A/S

丹麥Vestas Wind System A/S創立於1979年，2007年營業額為72億美元，員工總數為15000人，公司總部在丹麥Randers市，營業項目為風力發電機組設備製造。1979年到1985年Vestas擁有800名員工的企業；1986年，因為加州停止推動風力發電的優惠政策，使Vestas被迫宣告破產。但是，經過公司重整的結果，Vestas在同年底，成為專業生產風力發電機組設備的公司。2004年員工人數成長到9500人；同年，Vestas收購NEG Micon，使Vestas的全球市場占有率達到35%，奠定迄今為此該領域霸主的地位；該公司累計在63個國家，安裝33500部風力發電機組；2007年，裝機容量為4502 MW，佔全球裝機容量的28%。

三 西班牙

在推動風力發電產業政策上，1997 年西班牙制定電力公司投資再生能的電業法（Electricity Sector Act），推動電力市場自由化，訂定 2010 年再生能源發電量，達到全國總發電量12%的目標；同時，也規定本土化企業佔全產業比例。1998年，政府頒定皇家法令（Royal Decree），規定保障投資廠商利潤的優惠收購費率；並以發行債券方式，協助廠商募集資金。快速帶動風力產業的發展。目前，西班牙的風力發電量僅次於德國；2000年，西班牙更超越丹麥成為歐洲第二大裝設風力發電機組的國家，風力發電量占總發電量的6%。1999年，西班牙政府再制定再生能源推廣計畫（Renewable Energy Promotion Plan，1999~2010），規劃2010年風力發電量達到9000MW。2005年，西國風力發電量達到10027MW，比預定的時間提前六年完成預定目標。同年，西班牙政府重新修定2010年風力發電量為20000MW；截至目前為止，2007年西班牙新增風力機裝置容量為3522MW，年增率為17.7%，累計裝置容量為15145 MW，年增率為16.1%；依此裝機速度，西班牙有可能再次修訂發電目標。

西班牙風力發電產業發展蓬勃，帶動相關人口的就業，也造就全球性風力發電設備大廠。2004年，風力發電的從業人員為3萬人；預計到2011年，風力發電的從業人員將成長到6萬人。目前，西班牙共有五百家以上的企業從事與風力發電相關的生產；其中，Gamesa Corporación Tecnológica S.A.與Acciona, S.A.更是全球前十大生產風力發電機組的廠商。

(一) **Gamesa Corporación Tecnológica S.A.**

公司設立時，原有名稱是Grupo Auxiliar Metalúrgico, S.A，2002年改名Gamesa Corporación Tecnológica, S.A. (以下簡稱Gamesa)爲目前全球排名第二廠商，也是西班牙最大最大之風力機製造集團。Gamesa創立於1976年，總部位於西班牙北部Álava省首府Vitoria-Gasteiz市；2007年集團營業額爲33億美元，產品全球市場佔有率爲15%以上，員工總數爲6500人。

過去，Gamesa是丹麥Vestas集團與西班牙合資成立的公司；透過與Vestas集團的結盟，成功將風力發電設備製造技術引進西國。而Vestas集團願意輸出技術，即著眼於西班牙廣大的台灣市場。1994年，Gamesa集團成立子公司Gamesa Eólica專業生產發電機，並於1996年開始量產風力發電機組。目前，Gamesa在二十個國家裝置超過13,000 MW的風力發電機組，主要產品是2兆瓦可變速、轉向控制的發電機組。

(二) **Acciona, S.A.**

Acciona, S.A. (以下簡稱Acciona.)創立於1997年，總部位於西班牙的首都Madrid市；2007年，公司僱員36000人，營業額爲79.52億美元。Acciona是由兩家企業Entrecanales & Tavora 與 Cubiertas & MZOV合併成立的新公司。公司分爲基礎建設、能源、水處理、房地產、環境與都市服務、後勤運輸服務、專案管理七大部門。其中，能源部門隸屬的Acciona Energy是風力發電場最大的開發廠商；該公司自行擁有或替全球九個國家業主，從事開發或管理164座風力發電場，以及超過4,500MW發電量的風力發電機組。

四 美國

美國爲減少對石化能源上的依賴，積極推動再生能源發電政策；1978年，聯邦政府頒佈公共事業管理政策法案（Public Utilities Regulatory Policies Act，PURPA），規定電力公司對再生能源產出的電力聯網與保證收購電力的義務，此法案至1985年結束；同年，實施風能生產稅抵減法案(The Wind Energy Production Tax Credit，PTC)；1992年，頒佈能源政策法案(Energy Policy Act，EPA）並通過新的稅賦抵減法案（Public Utilities Regulatory Policies Act，PTC），此法案規定執行至2003年結束；但是經由布希總統簽署，將法案延長執行至 2005 年底。2005年，新增風力發電機組容量爲2431MW。2006年，新增風力發電機組容量爲2454MW。2006年，新增風力發電機組容量爲11603MW。2007年，新增風力發電機組容量爲5,244MW；同年，累計風力發電總容量爲16,818 MW；超越西班牙累計風力發電總容量15,145MW，成爲裝機容量僅次於德國的國家。美國風能協會持續向國會申請抵稅法案的延期；目前，已成功爭取延至2008年底結束，以推動風力發電快速成長。另外，美國聯邦政府通過再生能源配比(Renewable Portfolio Standard，RPS)，規定各州政府明訂各州的再生能源比例，也有助於美國風力市場發展。在美國，最大的風力發電設備機組生產公司是General Electric Company。

(一) **General Electric Company**

General Electric Company(以下簡稱GE) 1876年，總部位於美國的New York市；2007年營業額爲1727億美元，僱用員工爲32萬7千人。GE擁有六大業務集團，分別是GE商務金融集團 、GE醫療集團、GE工業集團、GE基礎設施集團、GE 金融集團、NBC環球集團。公司業務遍及一百多個國家，是世界上擁有市場資產最多的公司。從事風力發電業務的是GE 能源集團，該集團總部位於美國Atlanta市。2002年，GE收購Enron的風力發電部門；進行整合集團內原有技術與風力發電技術，透過企業品牌優勢行銷相關產品。同年，GE獲得13億美元訂單，並於全球裝設1600部組風力發電機組，佔全球裝機率的第四位。2007年，集團銷售收入爲220億美元；目前，GE在全球已經安裝了6900部風力發電機組，累計發電容量爲1040億瓩。

五 中國大陸

大陸明確用政策推動風力發電是在2005年。2005年，大陸頒定可再生能源法草案，並於2006年正式實施可再生能源法；明確規定推動可再生能源的項目及分區分類上網公告購買電力金額的方式，推動風力發電產業發展。2007年，依據可再生能源法制定可再生能源中長期發展規劃，明確提出發展風力發電等相關產業的步驟；首先，計劃2010年可再生能源消費量，達到能源消費總量的10%；到2020年，可再生能源發電比例在能源結構，達到15%。其次， 2010年之前，加快可再生能源技術發展，擴大可再生能源開發利用的同時，重點完善支持可再生能源發展的政策體系和機構能力建設，初步建立適應可再生能源規模化發展的產業基礎。第三，從2010年到2020年期間，要建立起完備的可再生能源產業體系，大幅降低可再生能源開發利用成本，為大規模開發利用打好基礎；2020年以後，要使可再生能源技術具有明顯的市場競爭力，使可再生能源成為重要能源。第四，對於風力發電產業發展的順序；通過大規模的風電開發和建設，促進風電技術進步和產業發展，實現風電設備製造自主化，儘快使風電具有市場競爭力。在經濟發達的沿海地區，發揮其經濟優勢，在「三北」(西北、華北北部和東北)地區發揮其資源優勢，建設大型和特大型風電場，在其他地區，因地制宜地發展中小型風電場，充分利用各地的風能資源。主要發展目標和建設重點有二；其一，到2010年，全國風電總裝機容量達到5百萬瓩；重點在東部沿海和“三北”地區，建設卅個十萬千瓦等級的大型風電專案，形成江蘇、河北、內蒙古三個100萬瓩級的風電基地。建成一至二個10萬瓩級海上風電試點項目。其二，到2020年，全國風電總裝機容量達到300萬瓩。在廣東、福建、江蘇、山東、河北、內蒙古、遼寧和吉林等具備規模化開發條件的地區，進行集中連片開發，建成若干個總裝機容量200萬瓩以上的風電大省。建成新疆達阪城、甘肅玉門、蘇滬沿海、內蒙古輝騰錫勒、河北張北和吉林白城等六個百萬瓩級大型風電基地，並建成100萬瓩海上風電。第五，對風力發電機組裝設費用的計算；預定裝設2900容量機組，按平均每瓩6500元測算，需要總投資約1900億元。第六，制定電價和費用分攤政策；根據各類可再生能源發電的技術特點和不同地區的情況，按照有利於可再生能源發展和經濟合理的原則，制定和完善可再生能源發電專案的上網電價，並根據可再生能源開發利用技術的發展適時調整；實行招標的可再生能源發電專案的上網電價，按照招標確定的價格執行，並根據市場情況進行合理調整。電網企業收購可再生能源發電量所發生的費用，高於按照常規能源發電平均上網電價計算所發生費用之間的差額，附加在銷售電價中在全社會分攤。第七，加大財政投入和稅收優惠力度；根據可再生能源法的要求，設立可再生能源發展專項資金，根據可再生能源發展需要和國家財力狀況確定資金規模。各級地方財政也要按照可再生能源法的要求，結合本地區實際，安排必要的財政資金支持可再生能源發展。並運用稅收政策可再生能源的開發利用予以支援，對可再生能源技術研發、設備製造等給予適當的企業所得稅優惠。

中國大陸挾帶幅員遼闊，風力資源豐富，部分地區如西北地區、東北地區、華北北部地及農村地區，因民生電力供應不足，已有16個省、市、自治區裝置風力發電機組，提供電力以因應民生用電的需求。因大陸市場開放，生產風力設備機組的大廠，紛紛將產品供應至大陸；在2006年，大陸裝置風力發電的容量爲1,347MW，累計裝機容量 2,604 MW更超越義大利累計裝機容量2,123MW成爲世界第六大風力發電國家。2007年，新裝機容量3,304MW，是2007年新裝機容量全球第三名的國家；同年，累計裝機容量爲5,906 MW，超越丹麥累計裝機容量3,125MW成爲世界第五大風力發電國家。

六 印度

印度由於經濟高速成長，帶動民生電力需求量逐年上升。爲解決電力不足的問題，政府開始風力發電產業。在推動風力發電產業政策上印度政府有三項措施。首先，指定專責部會，提供資金及技術給相關廠商。第二，財政政策配套措施，並以專案方式降低稅率或免除關稅，鼓勵本土企業從事風力發電產業，並吸引外上進入印度台灣市場。 第三，推動認證制度；政府參照國際的測試和驗證標準，實施印度風力機認證，對通過認證的本土企業給予低利率貸款。連串的政策利多，帶動印度風力發電產業的快速發展；印度目前是全球第四大的風力發電國家。2007年，印度增加風力發電容量是1,575MW，成長率是7.9%，累計裝機容量爲7,845 MW，佔全球裝機量的8.4%。未來，幾年印度風力發電市場仍然處於成長階段，預計2011年裝機容量會成長至11800MW，而累計裝機容量達到18028MW。

在印度，名列全球前十大的風力發電設備生產公司是Suzlon Energy Ltd。

(一) Suzlon Energy Ltd.

Suzlon Energy Ltd(以下簡稱Suzlon)公司創立於1995年，是Tulsi R. Tanti 家族創立的企業；營運總部位於印度Maharashtra省Pune市，國際行銷總部位於丹麥Aarhus市，研發機構設在德國和荷蘭。2007年，營業額爲1.5億美元，員工人數14000人。營業項目是包含從風力發電場選址，到建廠營運並提供技術諮詢的統包性服務公司。在製造項目上，該公司主要生產兆瓦級的風力發電設備機組，也是印度最早有能力生產兆瓦級容量風力發電機組的製造商，曾開發裝機總容量爲200MW的亞洲最大的風力發電場。2004年，產品在印度約佔有30%的市場，在國際占有3.9%的市場；是亞洲排名第一，全球第五大風力發電機組設備生產公司。

七 台灣

跟上述國家相比，台灣身爲一個島國，風力有其獨特優勢，西部沿海即離島地區，風速通常在每秒5公尺以上。 但是，目前台灣風力發電產業尚處於萌芽階段；台灣風力發電業主要幾個公司爲台電、英華威與新豐等等。目前，台電已完成風力發電一、二期規劃，並且在2007年進行第三期的招標。過去，已完工的風力發電電力容量爲111.7MW。未來，台灣能源政策規劃2010年風力發電目標爲2,159MW，風力產生的發電量達到全國總供電量的2.5%。爲達到目標，則必須以高倍數的速度成長裝設風力發電機，而這也代表著龐大的商機。 但是，台灣採用個別招標法，與國際間採用的統包姓投標不同，致使國外大廠並未大舉進入台灣風力發電市場。

目前台灣也推出系列性政策帶動風力發電產業發展；首先，固定電價收購方面；政府規定台電必須以每度電以新台幣2元收購。其次，相關企業生產設備購買部分；政府以專案方式提供企業補助。第三，在提供低利貸款方面；政府提出相關產業廠商貸款，以不超過郵政兩年儲蓄利率加2.45%的方式作爲貸款利息。第四，租稅減免部分；企業投資新的再生能源設備，金額在13%內的支出，得以抵減營利事業所得稅。對於投資再生能源產業，其股價的20%以內可抵減所得稅。企業進口再生能源設備，得以免除課徵關稅。企業購進生產風力發電設備等固定資產，得以在申報財務報表內加速折舊計算。

與全球前幾名的風力發電大國，推動其台灣相關產業的政策措施比較；台灣推動風力發電產業的政策，尙有加強的空間。能源產業的發展與能源來源的掌控，攸關國家發展大計。風力發電是目前在技術最成熟的再生能源；從上述的國外經驗得知，風力發電大廠如西班牙Gamesa是依與丹麥Vestas合資方式、德國Siemens採取整廠購買丹麥Bonus公司的方式、大陸金風科技是購買丹麥Vestas整廠技術的方式，快速成爲全球重要的發電設備輸出大廠。與過去發展台灣晶圓產業的模式，有相仿之處。未來，風力發電仍是能源產業發展的重點，臺灣的風力發電產業發展模式，應依國外發展風力發電產業的經驗；採用購買國外大廠系統技術手段，調整政策配套措施。進而帶動相關產業技術升級，形成產業聚落，促進就業人口增加，帶動國家經濟發展。

表9.3　台灣風力發電零組件廠商

主要零組件項目	葉片	齒輪箱	塔架	發電機	控制系統	電力轉換器	軸承	輪轂鑄件
成本比重	20%	10%	20%	5%	12%	5%	5%	4%
台灣廠商	●先進複材 ●漢翔 ○磁震	●金豐重工 ●台塑重工	●中鋼機械 ●政佑 ●力鋼 ●建成鍋爐	●東元電機 ●大同電機	●漢翔 ○研華科技 ○新代科技	●東元電機 ●台達電子	○東培	●中鋼機械 ●源潤豐
2006年技術能力	具一般產業技術能力	具一般產業技術能力	具備圓筒式塔架製造能力	具備750kW設計製造能力	具一般產業技術能力	具一般產業技術能力	具一般產業技術能力	具一般產業技術能力
2010年發展潛力	具備設計製造能力	具備設計製造能力	具備設計製造能力	具備設計製造能力	具備設計製造能力	具備設計製造能力	具一般產業技術能力	具備設計製造能力

資料來源：工研院 (2006/08)

9.7 產業組合模式分析

9.7.1 風力發電產業提昇競爭優勢關鍵條件

風力發電機組設備產業政策組合分析最主要是爲了將政府政策工具與風力發電機組設備產業創新需求要素作爲連結，以具體關聯顯示政府爲有效的促進產業之發展所應推行之政策。從關係連結中可看出產業在不同的定位中政府所應加強之政策或是可有所著力點。

表9.4　創新政策工具與產業創新需求資源關聯表

		創新政策工具											
		公營事業	科學與技術開發	教育與訓練	資訊服務	財務金融	租稅優惠	法規與管制	政策性措施	政府採購	公共服務	貿易管制	海外機構
產業創新需求資源	研究發展	●	●	●			●		●	●			
	研究環境		●	●				●					
	技術知識			●	●								
	市場資訊				●								
	市場情勢								●	●		●	●
	市場環境							●	●		●		
	人力資源		●	●									
	財務資源	●				●		●	●				

●：表示直接影響

資料來源：Rothwell，R., Zegveld, W., Industrial Innovation and Public Policy, Frances Printer, London, 59, 1981.：徐作聖，「國家創新系統與競爭力」，聯經，pp89，1999年

表9.5　產業創新需求要素與所需政策類型關聯表

	創新需求要素	所需政策類型
研究發展	國家整體對產業創新的支持	政策性措施
	技術合作網路	科學與技術開發
	上游產業的支援	公營事業、政策性措施、政府採購
	企業創新精神	教育與訓練
	國家基礎研究能力	科學與技術開發
	政府合約研究	政府採購、公營事業
	國外技術引進	科學與技術開發

■ 表9.5　產業創新需求要素與所需政策類型關聯表(續)

	創新需求要素	所需政策類型
研究環境	專利制度	科學與技術開發、法規與管制
	專門領域的研究機構	科學與技術開發
	創新育成體制	教育與訓練、科學與技術開發
	國際級認證中心	科學與技術開發
	測試場地	科學與技術開發
	產業群聚	科學與技術開發、法規與管制
技術知識	技術資訊中心	教育與訓練、資訊服務
	製程研發	教育與訓練
	成本監控	教育與訓練
	資料庫系統	教育與訓練、資訊服務
	技術移轉機制	教育與訓練、資訊服務
	技術擴散機制	教育與訓練、資訊服務
	系統整合能力	教育與訓練
	客製化能力	教育與訓練
	品質技術能力	教育與訓練
	環境保護	教育與訓練 資訊服務
	零組件開發能力	教育與訓練
市場資訊	顧問及諮詢服務	資訊服務
	與上下游的關係	資訊服務
	先進與專業的資訊流通與取得	資訊服務
	品牌的鑑別度建立	資訊服務
市場情勢	風力發電需求量大的內需市場	政策性措施、政府採購、貿易管制
	風力發電需求量大的外部市場	政策性措施、政府採購、貿易管制、海外機構
	其他替代能源的需求量	政策性措施、政府採購、貿易管制
	國家文化與價值	政策性措施
市場環境	天然風力資源	法規與管制、政策性措施、公共服務
	電網基礎設施	法規與管制、公共服務
	政府的相關優惠政策	法規與管制 政策性措施
	產品技術與規格的規範	法規與管制
	對於市場競爭的規範	法規與管制
	法規上的完整與彈性	法規與管制
	全球溫室氣體交易制度	法規與管制 政策性措施

■ 表9.5 產業創新需求要素與所需政策類型關聯表(續)

	創新需求要素	所需政策類型
人力資源	專業生產人員	科學與技術開發、教育與訓練
	專門研究人員	科學與技術開發、教育與訓練
	高等教育人才	教育與訓練
	銷售與市場開發人員	教育與訓練
	經營管理人員	教育與訓練
	基礎建設人員	科學與技術開發、教育與訓練
	測試認證人員	科學與技術開發、教育與訓練
	跨領域的人才	教育與訓練
財務資源	完善的資本市場機制	財務金融、法規與管制、政策性措施
	提供長短期資金來源	財務金融、法規與管制、政策性措施
	創投機制	財務金融、法規與管制、政策性措施
	政府融資法令制度	財務金融、法規與管制、政策性措施

資料來源：徐作聖、陳仁帥，「產業分析」二版，全華圖書，2006年。

9.7.2 風力發電產業所需之政策類型

一 風力發電機創新需求要素與政府推動策略

由前節中，本研究確立政府欲發展該產業所需的整體推行政策類型，此節進一步根據專家訪談之結果，分別依據硬體設備商、通訊系統商、作業系統及應用軟體目前與未來五年發展中顯著配合不足的創新需求要素，建構其具體政府推動策略。茲分述於下。

■ 表9.6 創新需求要素與實際所需政策的可行政策推論

	產業創新需求要素	具體政府推動策略
研究發展	國家整體對產業創新的支持	政府擬定長期，如十年以上的風力發電投資政策
	上游產業的技援	提供優惠價格的原物料
	國家基礎研究能力	能源局關鍵元件開發投注；
		NT$3.99億／5年
		技術處法人科事鋒利機系統技術研發：
		NT$4億／2.5年
	政府合約研究	持續並且加強政府與業界之間的技術合作，並且以開發台灣特有風力發電機組技術為目標
	國外技術引進	協助台灣廠商獲得國外技術轉移
		協助台灣廠商減低技轉費用

■ 表9.6　創新需求要素與實際所需政策的可行政策推論(續)

	產業創新需求要素	具體政府推動策略
研究環境	專門領域的研究機構	持續發展風能相關研究單位
	國際級認證中心	協助廠商具備國際認證與高使用年限能力
		如透過IE-C 614001, IEC TS 61400-23, and IEC TR 61400-24
	測試場地	開發風力機組測試環境
技術知識	技術移轉及擴散	提供廠商技術交流之平台
	系統整合能力	2008年建立國產風力機組
	客製化能力	加強對於國際大廠關鍵零組件的研究與開發
	品質技術能力	移植高科技經驗提昇生產品質與能力
	零組件開發能力	工業局再生能源設備產業推動計畫
		推動關鍵零組件切入國際供應鏈
市場資訊	顧問及諮詢服務	建立大型資料庫與人才顧問群
		結合大型資料圖書館系統
	與上下游的關係	可由風力發電機組系統角度創造新的上游需求
市場情勢	風力發電需求量大的內需市場	台電風力發電開發計畫時程延後 政府擴大對於風力發電需求的要求
	風力發電需求量大的外部市場	積極爭取國外廠商需求，可由控制零組件方面做為開發點
市場環境	天然風力資源	能源局風能整體開發推動計畫 推動台灣風場之開發與建置
	電網基礎設施	加強風力發電機組與主要城市電力網路的連結
	政府的相關優惠政策	固定電價收購 建立本地畫比率的要求制度 關稅保護
	產品技術與規格的規範	設立國家級風力機組規格
	對於市場競爭的規範	促成主系統與關鍵元件技術相輔相成
	法規上的完整與彈性	對於風場與風力機組設立規範的建立
	全球溫室氣體交易制度	發展台灣未來可能受到全球溫室氣體要求的可行性備案
人力資源	專業生產人員	鼓勵產學界對於風力發電的研究 計畫招攬國外專門人才
	專門研究人員	
	高等教育人才	
	銷售與市場開發人才	
	提供長短期資金來源	電力公司參與投資風力機組或相關零組件 政府投注風力發電能源相關預算
	政府融資法令制度	低利融資

資料來源：本研究整理

▌表9.7　風力發電設備創新需求要素與實際所需政策項目的連結（現在）

	創新需求要素	所需政策類型
研究發展	上游產業的支援	台灣電力設備政策性採購
	政府合約研究	透過產官學研合作發展系統開發能力
	國外技術引進	協助國際系統技術引進談判
研究環境	專門領域的研究機構	持續發展風能相關研究單位
	國際級認證中心	促使國際認證中心在台灣成立
	測試場地	規劃風能相關測試場地並提供與輔導業界發展
技術知識	技術移轉機制	以台灣風能聯盟與專門研究單位協助技術移轉
	技術擴散機制	透過台灣策略聯盟將技術適當擴散
	系統整合能力	以合約研究與技術引進加強系統整合能力
	客製化能力	加強輔導廠商因應國際大廠需求
	品質技術能力	導引IT品質管理技術與風能發展
	零組件開發能力	加強關鍵性元件的創新發展
市場資訊	顧問及諮詢服務	提供產業適當的顧問與諮詢平台
	與上下游的關係	協助廠商連結活動
	先進與專業的資訊流通與取得	加強風能宣導與建立資訊平台
市場情勢	風力發電需求量大的內需市場	台電風力發電開發計畫時程延後 政府擴大對於風力發電需求的要求
	風力發電需求量大的外部市場	積極爭取國外廠商需求，可由控制零組件方面做為開發點
市場環境	天然風力資源	能源局風能整體開發推動計劃 推動台灣風場之開發與建置
	電網基礎設施	加強風力發電機組與主要城市電力網路的連結
	政府的相關優惠政策	固定電價收購 建立本地化比率的要求制度 關稅保護
	產品技術與規格的規範	設立國家級風力機組規格
	法規上的完整與彈性	促成主系統與關鍵元件技術相輔相成
	全球溫室氣體交易制度	對於風場與風力機組設立規範的建立
人力資源	專業生產人員	鼓勵產學界對於風力發電的研究 計劃招攬國外專門人才
	專門研究人員	
財務資源	完善的資本市場機制	加強針對風能產業的輔導與規範
	提供長短期資金來源	電力公司參與投資風力機組或相關零組件 政府投注風力發電能源相關預算
	創投機制	給予投注於風能產業的相關投資優惠的稅率
	政府融資法令制度	低利融資

資料來源：本研究整理

9.7.3 風力發電產業產業之具體推動策略

▌表9.8　風力發電設備創新需求要素與實際所需政策項目的連結（現在）

	創新需求要素	所需政策類型
研究發展	上游產業的支援	台灣電力設備政策性採購
	政府合約研究	透過產官學研合作發展系統開發能力
	國外技術引進	協助國際系統技術引進談判
研究環境	專門領域的研究機構	持續發展風能相關研究單位
	國際級認證中心	促使國際認證中心在台灣成立
	測試場地	規劃風能相關測試場地並提供與輔導業界發展
技術知識	技術移轉機制	以台灣風能聯盟與專門研究單位協助技術移轉
	技術擴散機制	透過台灣策略聯盟將技術適當擴散
	系統整合能力	以合約研究與技術引進加強系統整合能力
	客製化能力	加強輔導廠商因應國際大廠需求
	品質技術能力	導引IT品質管理技術與風能發展
	零組件開發能力	加強關鍵性元件的創新發展
市場資訊	顧問及諮詢服務	提供產業適當的顧問與諮詢平台
	與上下游的關係	協助廠商連結活動
	先進與專業的資訊流通與取得	加強風能宣導與建立資訊平台
市場情勢	風力發電需求量大的內需市場	台電風力發電開發計畫時程延後 政府擴大對於風力發電需求的要求
	風力發電需求量大的外部市場	積極爭取國外廠商需求，可由控制零組件方面做為開發點
市場環境	天然風力資源	能源局風能整體開發推動計畫 推動台灣風場之開發與建置
	電網基礎設施	加強風力發電機組與主要城市電力網路的連結
	政府的相關優惠政策	固定電價收購 建立本地化比率的要求制度 關稅保護
	產品技術與規格的規範	設立國家級風力機組規格
	法規上的完整與彈性	促成主系統與關鍵元件技術相輔相成
	全球溫室氣體交易制度	對於風場與風力機組設立規範的建立
人力資源	專業生產人員	鼓勵產學界對於風力發電的研究 計劃招攬國外專門人才
	專門研究人員	
財務資源	完善的資本市場機制	加強針對風能產業的輔導與規範
	提供長短期資金來源	電力公司參與投資風力機組或相關零組件 政府投注風力發電能源相關預算
	創投機制	給予投注於風能產業的相關投資優惠的稅率
	政府融資法令制度	低利融資

資料來源：本研究整理

9.7.4 產業定位與未來發展方向

本節針對台灣風力發電機組設備產業進行分析，依據專家訪談意見，機組設備商其目前定位與未來發展方向如表5-5所示，圖中之箭頭方向表示該產業未來五年應朝向的發展方向；據此定位，可歸納出臺灣此產業目前及未來定位所需之產業創新需求要素，茲分述如後。

一 風力發電機產業組合定位分析

目前台灣風力發電機組產業位於應用研究的萌芽期，而未來五年則傾向於達到應用研究的成熟期。台灣風力發電機組設備產業現階段有著初步的技術水準，但都偏向於部分零組件的開發能力，但也都未能達到世界頂尖的水準需求。未來五年因該是加強各項技術與實際規範應用，以期能夠發展到產業機組設備的量產以及輸出。

		產業供應鏈			
		基礎研究	應用研究	量產	行銷
技術成長曲線	成熟				
	成長		電網基礎設施 上游產業的支援 產品技術與規格規範 基礎建設人員 測試認證人員	產業群聚 成本監控 品質技術能力 風力外需求量大的市場	
	萌芽				

圖9.5 風力發電機產業發展方向

資料來源：徐作聖、陳仁帥，「產業分析」二版，全華圖書，2006年

由於每個產業定位區塊所需的創新需求要素有所差異，加上各發展階段有不同之需求，產業所應用的資源也大不相同，因此利用表4-2針對台灣風力發電機組設備產業不同發展階段所需的產業創新需求要素，加上表5-5所顯示的產業發展方向，我們可據此得知風力發電機組設備產業要發展，硬體設備商目前與未來之定位中所需的產業創新需求要素爲何，從而可作爲產業規劃與發展上之參考。

現階段顯著而缺乏的項目包括了顧問及諮詢服務、政府的相關優惠政策、法規的完整以及彈性、創投機制，以及政府的融資法令制度。從這裡可以發現，大部分對於政府的協助需求相當顯著，而多與整體市場架構以及需求有關。

而期待五年後朝向應用研究的成熟期，期望具備有系統整合能力、客製化能力、零組件開發能力，以及國際認證中心。這些創新因素將會是這五年間產業特別關注的點。而要能達到應用研究成熟期，產業成長的動力需要電力網路的基礎設施、上游產業的支援，以及產品技術與規格的規範作爲成熟期的來源。產業發展通常不會無中生有，又或者如果未能在基礎時期有良好紮根，也同樣會影響國際產業競爭力。因此，對於未來五年目標的發展，要從現在狀態，應用研究的萌芽期，考量所有未來目標時期的重要因素，也同時需要重新加強在基礎研究的各相缺乏資源。然而，需要特別注意的是，從現在到五年後，雖然環境配合度有所成長，但是都還有待加強資源的投入。

二 風力發電設備產業組合定位分析

		產業供應鏈			
		基礎研究	應用研究	量產	行銷
技術成長曲線	成熟期		系統整合能力 客製化能力 零組件開發能力 國際認證中心		
	成長期				
	萌芽期		企業創新精神 創新育成體制 顧問及諮詢服務 政府的相關優惠政策 法規的完整與彈性 對於市場競爭的規範 創投機制 政府融資法令制度		

▮圖9.6 風力發電設備產業發展方向

資料來源：徐作聖、陳仁帥，「產業分析」二版，全華圖書，2006年

目前台灣風力發電機組設備產業位於應用研究的萌芽期，而未來五年則傾向於達到應用研究的成熟期。台灣風力發電機組設備產業現階段有著初步的技術水準，但都偏向於部分零組件的開發能力，但也都未能達到世界頂尖的水準需求。未來五年因該是加強各項技術與實際規範應用，以期能夠發展到產業機組設備的量產以及輸出。

9.8 結論

台灣風力發電機以東元公司爲例，2006年的時候已經具備750kW的發電機設計與製造能力。2007年發展出1.5MW運轉功率的風力發電機，而2008持續開發2MW運轉功率的風力發電機。目前也已經與金豐機器等公司合作預計在台灣興建約1億瓦的風力發電機。東元公司旗下西屋馬達也與美國Composte Technology Co.（CTC）簽署策略聯盟，替CTC子公司DeWind在當地生產2MW的風力發電機。

由此可見，台灣風力發電機零組件有一定競爭水準，但是依然缺乏大型風力機組系統經驗。現有風力機組系統均購自於國外，缺乏大型風力機組系統整合能力，也缺乏台灣測試與驗證平台，零組件缺乏運轉實績，影響國際大廠引進台灣零組件的意願，也因此減少台灣風力發電機國際競爭能力。

未來五年台灣風力發電機組逐漸追上世界需求主流，如2MW風力發電機的設計與製造能力。台灣風力發電機廠商受惠於台灣本身機電、電控、資訊、鋼鑄元件等相當程度的技術水準，可望持續成長。然而未來如能獲得政府相關的輔助，例如優惠政策、測試場地、認證中心等環境開發，加強系統整合能力，會更有利於產業發展。

在台灣風力發電設備產業目前發展領域中，產業環境配合度顯著不足之產業創新需求資源有研究發展、研究環境、技術知識、市場資訊、市場情勢、市場環境，人力資源與財務資源等八項。基本上對於整個風力發電設備產業的推動各項資源都是屬於嚴重缺乏的狀態。

尤其在各項特別顯著是對於顧問與諮詢服務，政府的相關優惠政策，法規的完整與彈性，以及政府融資的法令制度。在訪談的過程中也不斷收集到呼籲制度協助的聲音。就整體環境面，各項措施與推動還仰賴國家政府協助爲主要訴求。

而在風力發電技術上，目前台灣各個廠商主要還是在研發零組件次系統。而一些大型風力發電機組的關鍵技術或是關鍵元素尚掌握在國外廠商手中。目前除了發電機與塔架以外，其餘包括葉片系統、傳動系統以及控制系統等等，都還需要促進投資。目前台電標案除了塔架以外，機組100%仰賴進口，而塔架本身也還沒有自行設計能力。在此也須透過政府協助業者進行風力機組關鍵元件技術開發。

未來五年，所有八項創新要素的資源配合度都有所提昇，例如工業局正以計劃協助台灣零組件進入國際風力機系統場供應鏈體系，但是提昇程度還未能達到顯著成長，還有許多成長空間。在未來五年內，尤其需要強化各項規格、規範、測試場地、認證中心等環境需求，以利廠商快速成長。

根據本研究之調查，臺灣在發展風力發電機組設備產業之過程中，不論現在或未來五年後，市場資訊、技術知識、市場環境與財務資源四項均爲最缺乏的產業創新需求資源；因此，對政府而言，首要工作應爲針對此四項創新資源所對應的政策工具，而依據該些政策工具下的具體推動策略進行補強，俾提昇台灣生技農業於國際上之競爭力。

個案分析

新疆金風公司

新疆金風公司的前身為國有企業新疆風能公司，自從1980年代即開始研製風力發電機製造技術，1998年正式改組成為股份有限公司，成為中國最早的風力發電機整機製造企業。金風公司位於偏遠人稀的新疆烏魯木齊，工業基礎相對薄弱，形成擅長研發拙於製造的局面，因此採取兩頭在內中間在外的商業模式，亦即一方面重視自主研發、整機組裝與質量控制，另外也推動市場開拓與服務。中間所需要密集勞動力和大量資金成本的零組件製造全都外包。

金風和區外各零組件製造企業合作，例如上海東方電機廠、蘭州電機廠提供配套電機，杭州齒輪箱廠和重慶齒輪箱廠則負責齒輪，1999年底推出第一台國產600KW機組，當時自製率為76%，如今已經超過90%。2000年後，金風產品開始進入市場，此後企業與產值不斷成長，而且開始吸引風機葉片、配套設備等廠商到新疆設廠。目前，該公司產能每年200台，年營業額超過人民幣10億元，在大陸風電市場的佔有率達到20%，國產機組排名第一，而且在今年底股票開始公開上市。

金風公司曾經多次承接國家風機研究計畫，包括863高科技計畫，開發MW級風機研製技術。2005年，金風與德國夥伴合作研發的1.2 MW直驅式永磁風力發電機進行測試運行，成為中國第一台自製的MW級風機。2006年，金風贏得奧運電力的設備供應商合約，將提供33台1.5 MW機組給北京2008奧運工程。(資料來源：金風公司網站)

Chapter 10

燃料電池產業

10.1 產業定義

10.1.1 前言

在1839年，威廉．葛羅夫(William Grove)發明燃料電池以來歷經約一百六十幾年的發展，目前燃料電池依其電解質的種類約可分爲鹼性燃料電池(Alkaline Fuel Cell，簡稱AFC)、磷酸燃料電池(Phosphoric Acid Fuel Cell，稱稱PAFC)、熔融碳酸鹽燃料電池(Molten Carbon Fuel Cell，簡稱MCFC)、質子交換膜燃料電池(Proton Exchange Membrane Fuel Cell，簡稱PEMFC)、固態氧化物燃料電池(Solid Oxide Fuel Cell，簡稱SOFC)以及直接甲醇燃料電池(Direct Methanol Fuel Cell，簡稱DMFC)。

其中，DMFC由於使用甲醇爲燃料在運輸方面的安全考量程度較低且其結構較容易小型化，因此成爲微型燃料電池的主流發展技術，但其能量密度相對較小因此主要是被開發應用於攜帶式電子產品如筆記型電腦、個人數位這助理器、行動電話及MP3撥放器，是目前全世界最熱門的3C產品的替代電源系統，且是被看好可以最早被商品化的燃料電池技術，台灣這波因應3C替代能源技術而產生的 DMFC產業機會中，可以或應該扮演什麼樣的角色是値得深思及關切的議題。

10.1.2 燃料電池產業定義

燃料電池(Fuel Cell)是一種添加燃料即可直接將化學能直接轉變成電能的發電裝置的一次電池，不同於一般鉛酸、鎳氫或鋰電池必是須先經過充電步驟才能使用的二次電池，因此可以隨即添加燃料使用且省卻充電等待時間，又具有較高的能量密度及低污染的特性因此成爲熱門的替代能源技術之一，人們更期待這種綠色能源能早日對民生用途有所貢獻。

10.2 市場區隔

10.2.1 產品應用範圍

燃料電池的發展肇始於航太和國防的應用。但隨著石化能源的缺乏和地球環境保育的需求，清潔的各種替代能源，如燃料電池的合成技術，逐漸被產業界開發並加以廣泛應用；由於燃料電池具有轉換效率高、對環境污染小等優點，受到世界各國的普遍重視。

燃料電池的主要差異在於合成的電解質，而不是在燃料電池的應用面；燃料電池的種類是依不同的電解質而有所不同，可分爲鹼性燃料電池(Alkaline Fuel Cell，簡稱AFC)、磷酸燃料電池(Phosphoric Acid Fuel Cell，簡稱PAFC)、熔融碳酸鹽燃料電池(Molten Carbon Fuel Cell，簡稱MCFC)、質子交換膜燃料電池(Proton Exchange Membrane Fuel Cell，簡稱PEMFC)、固態氧化物燃料電池(Solid Oxide Fuel Cell，簡稱SOFC)以及直接甲醇燃料電池(Direct Methanol Fuel Cell，DMFC)。

(一) **鹼性燃料電池(Alkaline Fuel Cell，簡稱AFC)**

以鹼性溶液做爲電解質，其工作溫度與質子交換膜燃料電池溫度相似，但其電力卻比質子交換膜燃料電池低甚多，故不適合用於汽車動力系統。鹼性燃料電池爲技術發展最快，生產成本最低的一種燃料電池，主要應用於航空電力與水的供應系統。

(二) **磷酸型燃料電池(Phosphoric Acid Fuel Cell，簡稱PAFC)**

以液體磷酸做爲電解質，其工作溫度較質子交換膜燃料電池溫度略高，其具有構造簡單、穩定等優點，但其效率較其他燃料電池低，可做爲定置型發電等用途，此類燃料電池爲當前商業化發展最快的燃料電池。

(三) **熔融碳酸研燃料電池(Molten Carbon Fuel Cell，簡稱MCFC)**

以鋰鉀碳酸鹽或鋰納碳酸鹽做爲電解質，與其他燃料電池差異較大，由於其操作溫度較高，故不適用於交通運輸及家庭用電，但有利於大規模工業加工及發電。

(四) 固體氧化物燃料電池(Solid Oxide Fuel Cell，簡稱SOFC)

以氧化鋯等固態氧化金屬爲電解質，比MCFC 電池更穩定，具有高效率、壽命長的優點，但其電解質及材料成本較高，主要應用於定置型發電。

(五) 質子交換膜燃料電池(Proton Exchange Membrane Fuel Cell，簡稱PEMFC)

使用之電解質爲離子交換膜，具有構造簡單、啓動快、電力密度高等工作優點，故爲汽車與家庭用電應用之理想能源。

(六) 直接甲醇燃料電池(Direct Methanol Fuel Cell，簡稱DMFC)

以甲醇爲燃料，不須重組器，操作溫度與PEMFC相似，爲消費性產品廠商積極開發之產品，被視爲未來及具潛力之可攜式電源之一。

10.2.2 產品應用範圍分析

燃料電池產品具備低污染高效能的特色，被視為新一代能源產品。

燃料電池產品具備低污染高效能的特色，被視爲新一代能源產品，在環境保育意識日漸普及的今日，燃料電池相關產業的蓬勃發展指日可期，燃料電池產品在部分應用領域，已經可以取代原先使用石化能源爲動力來源的產品；雖然目前燃料電池技術發展較過去迅速，各種應用性產品也源源不斷的被開發；但產品生產成本過高，仍是市場接受相關產品的隱憂。目前燃料電池產品可應用於以下領域：

一 家用供電系統

松下電氣產業公司於2008年研發出熱電併聯發電燃料電池，可供普通家庭使用10年以上；該電池可提供750瓦/小時發電功率，預計2009年量產10萬套電池，供應市場銷售。

二 工業供電系統

由於全球經濟的成長，以及人口成長和生活水準的提高，人類對於能源需求倍於以往；但是，經由石化燃料所產生的能源，會產生二氧化碳及廢熱往往對大氣環境及生態帶來很大的衝擊；所以，尋找潔淨的替代能源以取代石化燃料，成爲全球重要的議題。近年來固體氧化物燃料電池的技術不斷進步，加上電力供應的市場結構改變，使得固體氧化物燃料電池有機會取代部分石化燃料發電，固體氧化物燃料電池主要應用於固定式發電站(stationary power plant)，預計2010以後可以進入量產接階段。

三 車用電池系統

傳統汽車的動力來源是汽柴油系統。近年來各大汽車廠基於環境保護的理由，將車用動力系統改爲燃料電池。

目前，Honda公司於2008年6月投產新型燃料電池車FCX Clarity，是屬於質子交換燃燒電池（Proton Exchange Membrane Fuel Cell，簡稱PEMFC）電池車，具有效率高及發動快速的優點。

豐田(Toyota)汽車公司2008年宣佈新一代FCHV-adv將採用全新設計的FC Stack燃料電池組，新車的續航距離由330公里提高到830公里，與過去的FC Stack燃料電池組相較，新電池的效率提高百分之25%；此外，FCHV-adv採用豐田自行開發的高壓氫燃料儲存槽，最大馬力增加到70 Mpa，容量也增加到156公升。新型FC Stack燃料電池組可於零下30度環境下使汽油正常行駛。

四 微型電池系統

微型燃料電池所採用的化學原料是甲醇，直接甲醇燃料電池(DMFC)發電量是同等尺寸其它種類電池的兩倍；具有高能量低危險性，而且低污染性的特色；同時，燃料電池的充電方式加入新燃料，與過去傳統電池的充電方式不同。產品應用範圍可取待所有需求電池用品的民生消費用品之中。

10.3 全球產業結構

10.3.1 全球發展現況

雖然燃料電池不是一項新的技術，但最近全世界對於攜帶式燃料電池的廣泛研究相對提高，甚至許多主要廠商的重要研究結果都是最近五年的成果。

目前全世界主要電子大廠都在爲其消費性電子產品尋找更高功率及能量密度的攜帶電源裝置，無獨有偶的軍方也在積極導入燃料電池的新技術，而雙方面也都認爲燃料電池是個可行的新一代電池技術的解決方案爲這個產業的成功增添更高的希望，無論如何，目前還有愈來愈多的攜帶式燃料電池原型或先期系列產品在設計或製造當中，即便新進入此一研究領域的新公司也愈來愈多，因此就目前的狀況來說可謂前途光明。

全世界目前有超過165家以上的公司或實驗室從事燃料電池相關的研究，而其中直接甲醇燃駛電池約佔四成之強，而且不同區域具有不同的研發目的，是個區域導向的產業，在北美、亞洲與歐洲有其各自不同的目的。

在北美，尤其是美國，可以清楚看出其DMFC的研主要集中在軍事用途。日本是攜帶式電子產品領域的領導者，因此所有日本電子大廠(Toshiba，Hitachi，Sharp，Sony，Sanyo…等)主要集中在研究攜帶式電子產品的新攜帶式電源的開發。另一方面，歐洲相對於北美或亞洲並未有龐大的軍事工業或電子產業，但對於微型直接甲醇燃料電池仍保持高度研發興致，如Nokia專注在燃料電池手機開發，德國的Smart Fuel Cell則甚早切入於商品化的開發，如攜帶式燃料電池充電套匣。

10.3.2 產業價值鏈

燃料電池從上游的燃料及零組件到下游的電池應用，我們用下圖簡單說明DMFC上中下游的產業架構：上游包括燃料供應、原材料供應、零件製造供應；中游包括組件及電池堆製造、電池測試；下游包括系統應用設計及製造。

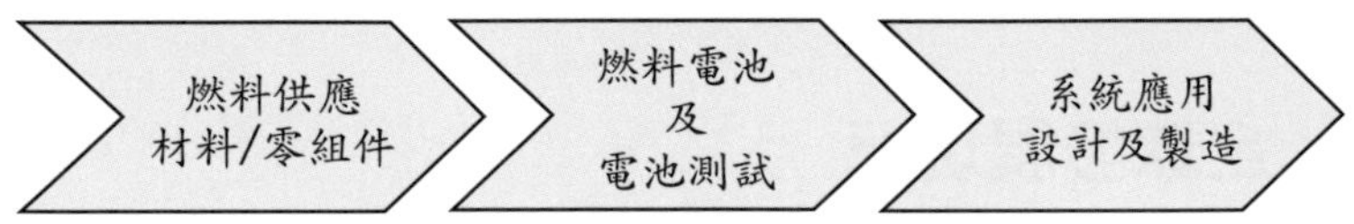

圖10.1 燃料電池產業價值鏈

資料來源：燃料電池協會

10.3.3 產業魚骨圖

由於DMFC的技術還在發展中，從原材料到電池及應用的過程尚未具體化，不過可從DMFC的親戚PEMFC獲得基本的輪廓。從上、中、下游的發展，可區分為關鍵材料零件、關鍵組件及配件、系統整合設計製造。關鍵材料零件包括質子交換膜（PEM）、膠合劑、觸媒、電極、氣體擴散層、雙極板等；關鍵組件包括膜電極組（MEA）、燃料電池堆（Stack）、重組器（fuel processor）等，系統配件包括系統控制器、燃料儲罐、熱交換器、溫溼度控制器、能源轉換器、幫浦等；系統整合設計製造包括以應用對象進行系統整合之設計及製造，如應用於動力系統之自行車、機車、汽車，或應用於可攜式3C電子產品之電源及家用發電機，將依電求選用不同的關鍵材料電件、關鍵組件及配件以達最佳化系統整合設計。

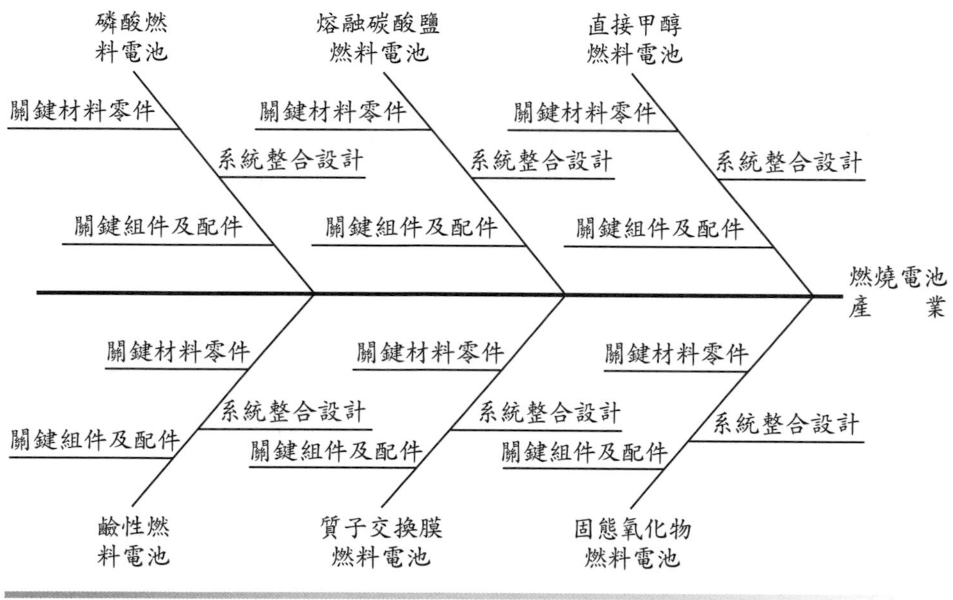

圖10.2 產業魚骨圖

10.4 全球產業特性

10.4.1 全球燃料電池產業的特色

除了上述關鍵技術必須突破外，微小型燃料電池要進入市場尚須面對成本、法規，以及使用者習慣的問題。目前DMFC成本仍非常高，需要在觸媒及相關材料發展上有所突破。而整體系統的體積或週邊輔助元件的大小與成本，均有賴更多的創意與發現，才能使DMFC眞正普及化。

除此之外，甲醇燃料的毒性以及該產品的應用特性，在進入商品化之前均須通過各項測試標準的認證以及相關法律的規範。目前，美國、日本和歐陸許多機構都已積極投入法規制訂及整合的工作，預期DMFC的未來發展將日趨精進。

10.4.2 產業發展的支援要素

一 與研究發展有關的產業創新需求要素

對於產業而言，研究發展能力爲創新的重要因素，有些企業在技術上的研究發展使品質與原有產品不同，有些則是由於改良製程而在品管及生產流程上創新，或對市場反應更爲迅速，這些改變對於競爭而言，都能產生相當的價值，而產業經由研究發展而創新，除了強化與對手的相對競爭力外，也可能產生出新的產業領域或產業環節，對於產業的變遷，也會有延滯的力量。而培養研究發展的能力，除了相關資源的配合之外，還必須考慮到相關需求因素的配合，以下便分別說明之：

(一) 國家基礎研究能力

一般所謂基礎研究能力，主要指在基礎研究科學與相關專業領域的潛力，如丹麥在醱酵科技基礎研究實力上的領先，使得丹麥能發展出堅實的酵素工業。因此，國家基礎研究能力的強弱也決定競爭優勢的品質與創新的潛力。有些產業在特定國家與環境下有發展的優勢，但是只有極少數是先天的條件與優勢，絕大多數必須透過長期的技術開發，而不同產業所需要的投資情況又有極大的差異，對於技術需求不高或技術已經普及的產業而言，基礎研究能力可能在重要性上並不明顯，但如果像產業需要以特殊的產品或創新的技術來取得高層次的競爭優勢，在基礎研究能力上就必須不斷的提昇。

(二) 技術平台的建立

微型直接甲醇燃料電池技術上包含膜電極組製造的材料合成與奈米級材料技術、電池週邊(BOP)、Power IC設計、微型Pump，Fan及Blower、甲醇濃度感測技術與系統模擬…等，須建成一個完整的技術平台才能有利於各項技術的生根與發展。

(三) 政府合約研究

當產業發展的初期，在技術上沒有能力與國外廠商競爭，也沒有足夠的資源與能力從事研究發展，因此合約研究在於利用政府、產業及大學之分工，利用國家與相關環境的資源，支援產業以推動研究發展工作，在施行的類型上，主要有基於某特定研究專案而委託研究者，或依產業的需要使適當的技術輔助與指導，視情況及產業的需求而定。

(四) 製程創新的創新能力

創新產業之新產品可否走出實驗室進入量產端靠相關的製程能否建立及改善達到量產的經濟效益，長期而言製程能否被持續創新也是深切影響競爭能力的主因。

(五) 關鍵材料與零組件的開發與性能提昇

直接甲醇燃料電池(DMFC)的主要構成元件可分爲四大部分，即陽極材料、陰極材料、電解質以及其它附件如集流板、雙極板、這些元件對於燃料電池的效能具關鑑性的影響。目前DMFC普遍面臨的主要問題是甲醇穿透現象、電極觸媒及電解質的成本過高，世界各國的研究機構無不致力於這些元件及材料的開發及性能改進，以期更有效的改善DMFC的效能。

(六) 系統零件微型化的製造能力

預估耗電量在15～200瓦之間的電子裝置會採用主動式DMFC以提昇發電效率，因此主動式DMFC所須之週邊裝置如微型幫浦、風散、溫度與濃度感測器元件之微小化製造能力，薄膜、觸媒層、氣孔流道微加工技術等，會嚴重影響整體燃料電池系統的設計與整合能力。

(七) 奈米級材料技術

小型燃料電池主要是以2～3奈米電化學觸媒及奈米有機無機混成質子交換膜(Proton Exchange Membrane)等奈米材料技術爲主開發整合型燃料電池之技術，因此奈米級材料技術堪稱爲開發燃料電池心臟之電極模組的關鍵技術。

(八) 模擬系統的建立

DMFC傳輸現象比PEMFC更爲複雜，過去已有很多PEM燃料電池的模型分析，然而DMFC傳輸理論模型論文卻相對很少，造成DMFC的發展障礙，若有專門公司開發並提供模擬系統與軟體進行相關參數之模擬分析則對整體設計工作有很大助益。

(九) 系統設計整合能力

燃料電池與電子產品之間的系統設計會直接影想整體的發電性能、供電效率及產品外觀之輕薄短小與否等，是一項不可或缺的競爭力。

(十) 系統應用開發

台灣有爲數眾多之攜帶式電子產品的OEM與ODM廠，形成有利的微型直接甲醇燃料電池產業發展環境，然而如何快速開發出穩定、有效率及實用的微型直接甲純燃料電池系統應用至各個不同之攜帶式電子產品則攸關產業成敗。

(十一) 核心IP的開發及掌握能力

燃料電池在國外發展至今已有一百六十幾年的歷史，然而台灣開始發展至今卻只有短短二十年左右的時間因此相關IP的開發及掌握能力相對不足，應及早透過加強研發、授權或買斷方式進行相關IP的怖局以免影響未來產業的健康發展。

(十二) 生產設備的開發

由半導體與LCD產業之發展軌跡而言，未能掌握設備開發與自製的廠商在產業激烈競爭時無法保持較高的價格競爭優勢及擴廠彈性，嚴重影響整體產業之發展。

(十三) 快速設計能力

目前的銷費性電子產品的生命週期都非常短，因此產品的上市時間變的非常重要，廠商要想在市場上佔有一席之地，就必須擁有快速的設計反應能力。

二 與研究環境有關的產業創新需求要素

通常產業競爭力較好的國家，除了在研究發展上持續保持優勢之外，研究環境亦爲十分重要的因素。因此，若要創造出對產業研究發展有利的因素，政府就必須創造出環境以提供產業做轉化，將研究成果轉化成商品，使投資基礎科學能產生產業優勢。並即時反應產業的特定需求，才能使投資研究發展成功。因此，由政府與產業共同投資的創造研究環境，才是催生產業創新的重點。以下分別敘述之。

> 若要創造出對產業研究發展有利的因素，政府就必須創造出環境以提供產業做轉化，將研究成果轉化成商品，使投資基礎科學能產生產業優勢。

(一) 專利制度

在競爭環境中，產業的發展與優勢取決於競爭力，尤其是以技術爲主的產業，其以技術發展做爲產業優勢的情形更爲明顯。然而，產業內必須有獨特技術才能建立技術障礙，並不斷提昇其產業優勢。因此專利制度主要是使產業技術不斷被開發出來的同時，在環境上有一種制度來保護技術。藉由合理的保護產業技術制度，使得企業能不斷的投資技術的發展，更使得後進產業的競爭者也要作相對的投資，以維護市場合理的秩序與規範。

(二) 專門領域的研究機構

產業眞正重要的競爭優勢必須藉由特定與專業的關鍵因素才能達成。而專門領域的研究機構能集中相關科技與專業的人力資源，加速流通的市場與技術資訊。而產業也會藉由投資相關訓練中心與建教合作計劃，不斷提昇產業的基礎技術能力。當研究機構與企業形成網路時，所形成的效應，也會促使政府與產業投入更多的投資，專業化的環境建設不斷擴大，又進一步帶動產業的發展與技術的提昇。

(三) 技術合作網路

技術合作網路是企業間藉由聯合、共同研發、創造有利的競爭優勢所建立之產業關係。在執行策略方面，企業可以依實際需求運用各種不同的方式；在發展上，有技術授權、投資合作、共同研究發展；在製造上，有原廠代工、製造授權等方式；在市場方面，可以關鍵零組件相互採購與共同研究或互相提供產品經銷與通路等方式合作。而技術合作主要可分成三種形式：

1. **同業間的技術合作**：共同開發新技術，降低彼此間的研究發展費用及開發新產品的風險。
2. **產業間的技術整合**：廠商利用不同技術間的互補性，藉由相互授權以強化企業在個別領域的技術能力，是改善產品品質、降低生產成本甚而開發新產品。
3. **產官學研的合作**：藉由合作與聯合的關係來學習技術，或是藉由官方的整合來擷取技術或以學術研究後經由衍生公司（spin-off）將技術與知識擴散到產業之中。

技術合作講求長期的合作，以順應自然為原則，在兼顧雙方的利益下，使技術能力能向上提昇，經由彼此聯合的人力與財力，共同承擔風險與分享利潤，以達到創新目的。

三 與技術知識有關的產業創新需求要素

當國家與其他國際競爭對手比較時，若能提供更健全的相關與支援的技術知識體系，便可形成產業之競爭優勢。技術知識的資源存在於大學、政府研究機構、私立研究單位、政府研究部門、市場研究資料庫與同業工會等不同來源。而上述的資源是否與產業創新或競爭優勢有關，要看整合這些資源時所發揮的效率與效能。這與產業在應用知識資源時如何整合與選擇強化關鍵要素有關，以下分別敘述之。

(一) 技術的引進、移轉與擴散機制

企業引進技術的目的，不僅為獲取技術，而是藉著技術引進來達成改善技產業技術能力的目標，以增加本身的競爭能力，減少技術差距、提昇產品品質、良品率、降低生產製造成本，並增加獲利能力。但是由於技術本身的特性，技術移轉並非單純的購買行

爲，能不能成功地應用所引進的技術，有賴於良好的技術移轉機制與廠商本身技術能力的程度，才能融合、調適及改良原有的技術。

(二) 製程創新的創新能力

創新產業之新產品可否走出實驗室進入量產端靠相關的製程能否建立及改善達到量產的經濟效益，長期而言製程能否被持續創新也是深切影響競爭能力的主因。

(三) IP的取得應用與其資料庫的完整性

從另一方面來看，不同產業的企業經由綿密的合作管道共同開發，政府與大學對相關領域注意力也會提高。當產業受重視的程度增加，又會吸引更多一流的人才加入，整個產業在競爭優勢上也會不斷加強。

(四) 上下游產業的整合能力

以產業競爭優勢的觀點來看，競爭力強的產業如果有相互關聯的話，會有提攜相關產業的效果（pull-through effect）。因此有競爭力的本國產業，通常也會帶動相關產業的競爭力，因爲它們之間產業價值相近，可以合作、分享資訊。這種關係也形成相關產業在技術、製程、銷售、市場或服務上的競爭力。如果相關廠商有相當的競爭優勢，不斷朝產業創新的過程發展，就能提供產業所需求的最新技術，若有相關廠商能打進國際市場，對市場的洞察力就更強，提供產業資訊與經驗便有相當的價值。

(五) 策略聯盟的運作能力

由於台灣切入燃料電池研發的時間甚短所累積之技術能力與智財權相對不足，因此如何與國外研究機構或廠商取得關鍵技術授權或關鍵組件的供應，進而與國內下游電子產業形成策略伙伴提昇本身競爭力是刻不容緩，而其關鍵正是如何形成有利之策略聯盟關係的運作能力。

(六) 標準設計平台的建立

一個典型的DMFC設計包括MEA、BOP、Power IC and Thermal solution等，在這麼一個複雜且需要軟硬體配合的設計過程中，有效建立一標準的設計平台，以利事先規劃及制訂設計規範，才可以縮短開發所需的時間並節省成本，以提昇設計效率。

(七) 生產彈性及成本控制

產品的成功除了開發的能力、上市的時間也必須要快之外，另外當市場快速成長時，量產能力則是廠商致勝與否的關鍵，因此具彈性與優異成本控管的量產能力，是廠商維持領先地位的關鍵要素。

(八) 客戶導向之設計能力

目前大部分的電子產業型態都呈現著快速的供需週期變化，供過於求或需求大於供給的週期變短，因此如何掌握重要客戶及了解與配合其發展方向，調整設計能力提高配合度隨之成長，是身爲供應商穩定業績及求發展的重要法則。

(九) 產業群聚效應

許多國家內佔有優勢的產業通常都是以產業群聚的形態出現，當產業具有相當競爭力的同時，會逐漸推動相關產業趨向聚群式分布，呈現客戶到供應商的垂直關係，或由市場、技術到行銷網路的水平關聯。而產業群聚的形成，會整合相關的需求要素，在互動的過程中，產業會形成互助的關係，經由技術與資訊的不斷流通，創新的文化隨供應商與客戶的關係快速的擴散，新的思考觀點不斷產生，上下游或相關產業的效益不斷強化。而產業群聚本身就有鼓勵專業化投資的效果。當一群企業能建立緊密的合作網路，目標一致的投資科技、資訊、基礎建設與人力資源，必然會產生強大的正面影響。從另一方面來看，不同產業的企業經由綿密的合作管道共同開發，政府與大學對相關領域注意力也會提高。當產業受重視的程度增加，又會吸引更多一流的人才加入，整個產業在競爭優勢上也會不斷加強。

(十) 安全測試與品質驗證系統的建立

須加強建立國家級燃料電池相關重要組件，系統測試及品質驗證中心，以建立品質系統協助產業發展。

(十一) 產業標準規格之參與制定能力

每個產業都有其相對應之區域性的國際組織主導該產業於該區域的產品規格或品質規範，如以LCD爲例，美國有VESA，歐洲有ISO及TCO，日本有JIS…等，甚至將來中國大陸及印度也會訂立屬於自己的規格或規範，因此如何加入這些組織取得發言與意見參與規格或規範的訂定，將有助於廠商及早反應或做有利的布局。

四 與市場資訊有關的產業創新需求要素

完整的市場資訊網路除了可激勵靜態的研究發展方向，更能創造出新的技術知識與服務方式，以提供企業改進和創新的原動力。而在流通的資訊體系下，企業進步與創新的壓力會促使企業不斷降低成本、提高品質與服務、研發新產品與新製程，更進而吸引更多競爭者投入這市場中。

> 完整的市場資訊網路除了可激勵靜態的研究發展方向，更能創造出新的技術知識與服務方式，以提供企業改進和創新的原動力。

此外，市場資訊流通體系的形成不僅只影響單一產業或企業，對整個國家的相關產業也會受惠。競爭的企業所激發出各式各樣的產品與服務策略，不但有助於創新，在技術上也會不斷的提昇，而人才在企業間的流動，又帶給企業模仿對手長處的機會，而藉由相關產業在資訊與技能上的流通與匯整，整個產業的創新能力便會成長。當創新不再只是個別企業的行爲時，整個產業也會成長迅速，進而帶動企業的獲利能力。

(一) 技術顧問與諮詢服務

通常企業在策略上力求滿足各種客戶的不同需求，來開發新的產品，因此企業便不斷的創新，抓住市場趨勢，並具備隨時調整的彈性。但是在發展的過程中，如何發展產品、改善製程，並避免在高風險的競爭下浪費不必要的人力與物力摸索與了解市場資訊與需求，便有賴於良好的顧問與諮詢服務制度。以一些關於日本的研究便可發現，與其他國家相較，日本在市場與技術的資訊管理上，擅長結合不同組織形成資訊整合網路，以提供企業做顧問與諮詢服務。

(二) 產業資訊的流通與取得

以產業發展的觀點來看，資訊是一個相當重要的關鍵資源，而產業是否能在全球的競爭環境下佔有優勢，便取決於產業內的資訊是否能廣泛的流通，因此先進與專業的資訊傳播媒介便份演著十分重要的角色。如果每一個產業都擁有充足商情、技術資訊與活潑的競爭環境，則必然呈現相當的競爭優勢。如此，藉由傳播媒體、政府機構、同業公會與其他機構交織成一個綿密的資訊網，讓產業和產品的相關資料廣泛流通與取得便利，使得企業在面臨激烈的台灣與全球市場競爭，能產生堅實的競爭能力。

五 與市場情勢有關的產業創新需求要素

市場不但是產業競爭重要的關鍵因素，更是產業發展的動力，同時刺激了企業改進與創新，進而提高效率。以下就需求市場的大小與需求市場的性質分別敘述之。

(一) 需求量大的市場

需求量大的市場通常對產業的競爭有利，因爲這會鼓勵企業大量投資大規模的生產設備、發展技術程提高生產力，不過必須特別注意的是，除非市場本身特殊且政府措施或環境影響有阻絕外來競爭者的能力，否則很難形成產業特有的優勢。因此對於需發展經濟規模的產業而言，在企業具有跨足不同國際市場能力之前，必須評估台灣是否能創造出大型的需求市場。一般而言，在產業發展的初期階段，企業的投資決定多從發展台灣市場的角度出發，故如需大量研發、大量生產，並且是技術落差大或具有高度風險的產業，因此除非是內需市場不夠大的壓力迫使發展出口，否則大多數廠商仍覺得投資台灣市場時較有安全感。因此政府與相關環境若具有創造內需市場的能力，則對產業發展與創新便能造成相當的優勢。

(二) 多元需求的市場

市場需求可以被區隔爲不同之定位，而不同的定位受到環境的影響，便有不同的發展。因此雖然有些產業總體市場潛力不大，但只要善用區隔，照樣可以形成規模經濟。多元需求區隔市場之所以重要，是因爲它能調整企業的發展方向。使產業發展可以根據本身條件發展較有機會或有潛力的區隔，即使只算是大國的次要產業市場，仍然可以爲小國帶來產業上的競爭力。因此當產業能細分與善用許多不同區隔時，該國產業會因此產生更強的競爭優勢，細分過的產業區隔會指引廠商提昇競爭優勢的路徑，廠商也會認清自己在該產業中最有持續力的競爭位置。

六 與市場環境有關的產業創新需求要素

市場的因素在產業各不同的階段與環境下，各有其特有的重要性，但是我們在強化市場各種不同需求條件的同時，我們同時也分析相關環境因素對市場的影響，而強化市場環境最大的貢獻在於其提供企業發展、持續投資與創新的動力，並在日趨複雜的產業環節中建立企業的競爭力。比起刺激內需市場而來的短暫優勢，上述條件產業的優勢更具決定性，更能長久延續。這些市場環境因素中，有些可以幫助產業在初期建立優勢，有些則幫助產業強化或持續既有的競爭優勢。以下逐項加以說明：

(一) 加強示範推廣

研定施行燃料電池利用示範補助辦法，獎勵民間設置並作示範展示；由各級政府機關、學校及公營事業率先規劃並編列預算設置燃料電池利用設備；此外，各地方政府於轄區內規劃適宜設置燃料電池利用設施之場所及後續營運之監督管理，並配合推動示範展示及加強宣導再生能源利用，加強宣導各界再生能源利用的觀念。

(二) 對於市場競爭的規範

市場規範的目的主要在於避免台灣競爭者對資源的依賴而妨礙到國家競爭優勢的發揮。這種規範不但提供創新的壓力，並提供了競爭優勢升級的一條新途徑，當競爭者在台灣成本因素、市場地緣、供應商或進口物資成本的處境完全相同的時候，企業必須以更適合的技術、建立自己的行銷網路，或是更有效的使用資源，由於大家的基本條件相同，市場的激烈競爭可以協助企業擺脫對低層次優勢條件的依賴，強勁的良性台灣市場競爭與隨之而來的長期競爭優勢，事實上是外國競爭者無法複製的。

(三) 針對產業特殊用途的法規

基礎建設是依所有產業共同需求而創造出來的，但隨著產業的性質不同，對基礎建設需求特性也隨之而異，而以產業優勢的觀點來看，一般的基礎建設雖能提供最基本的發展條件，但是這些條件很多國家都有，效果相對不顯著。而針對產業的特殊設施，提供了專業且配合單一產業的需求條件，其所造成的效果，則是一般基礎建設所無法比擬的。通常當一個國家把產業優勢建設在一般基礎建設上，一旦其他國家踏上發展相同的途徑，則優勢便岌岌可危。而投資在特定用途的設施所不同的地方在於，它可以配合產業的發展而做不同的投資。不同的投資所形成的效果與差異便有所不同。沒有一個國家能完全提供或投資所有產業的需求，在諸多的需求中，哪些是必須提昇或創造的，如何進行才有效率等問題，則與市場的情形、相關產業的表現、產業發展目標等因素有關。即使是政府的選擇上也同樣深受這些關鍵因素的影響。

七 與人力資源有關的產業創新需求要素

人力資源是產業創新中最重要的因素之一。產業不斷創新與提昇競爭優勢的同時，帶有技術知識與市場資訊的人才扮演著極重要的角色，能有效利用人力資源，提高本身生產力的國家，通常也是國際競爭中的贏家。人力資源的分類如下：

(一) 行銷人才

針對一產業的發展，國家需以國際化的角度來看之，因此，對於國際市場，需有一專責之國際市場拓展人員，此人員需具備語言上、溝通上的能力，其次，並對各國的文化有所了解，在此前提下，才有優勢打入國際競爭市場。

(二) 專門領域的研究人員

專門領域的研究人員主要是指受過專業訓練且在專門產業領域上有相當經驗的產業研究或技術研究人員。在產業中，當將實驗室的研究成果轉爲可量產的過程，或承接生產技術時，專門領域的研究人員便扮演了實際執行的重要角色。

(三) 專業領域的工程師

專業領域的工程師主要是指受過專業訓練且在專門產業領域上有相當的技術實務經驗的工程師。

(四) 生產操作與維護人員

生產操作與維護人員；指受過一般相關職業訓練能操作與維護生產機器的技術人員。

八 與財務資源有關的產業創新需求要素

企業的發展與是否能有效運用資金有極密切的關係。對於產業來說，人與技術雖是必備條件，但是企業仍能透過資本形成與資金的取得來解決人才與技術的問題，因此資金問題在此顯得非常重要。如何在技術與資本密集的產業中，充份運用資金創造優勢，是產業應該正視的問題。本研究主要將資金的來源分三種形式，分述如下：

(一) 政府對研究發展的補助

此項因素主要是指政府藉由國營銀行或相關資金運作體制直接給予資金的支援，主要使用的情況通常在研究發展計劃過於龐大，非企業所能負擔，或企業發展時，政府提供設備與設施等資金資源。

(二) 投資抵減與低利貸款

提供優於國際競爭的環境，降低新興產業草創風險，輔助既有產業轉型，輔以財稅獎勵措施配合，以鼓勵民間投資燃料電池產品生產設備、國人設置或使用。公司購置利用燃料電池設備或技術給予財稅獎勵，如投資抵減、加速折舊、低利貸款等。將現行公司購置再生能源設備之獎勵擴及個人、法人、機構及團體亦得給予投資減免所得稅及低利貸款.

(三) 完善的資本市場機制

此項因素主要指政府藉由相關的法規與政策輔導產業，建立出一套完善而公平的資本市場機制，使高科技產業可以藉由民間資金市場（證券市場、外匯市場等）取得產業發展與營運資金。

10.5 全球產業技術特性

10.5.1 全球燃料電池產業的技術特色

為了因應可攜帶式產品的應用，目前DMFC系統發展主要分為主動式及被動式，以下分別說明之。

一 主動式DMFC

主動式DMFC系統示意如圖10.3。陽極操作在適當的甲醇濃度（約3～6%vol）下，另有一燃料槽貯存高濃度甲醇溶液；陽極循環包括三通路：高濃度甲醇、陰極回收水，以及重複循環燃料；在常態運作下，陽極燃料透過幫浦帶動循環並排除生成之二氧化碳，於燃料濃度過低或存量過少時，則分別透過幫浦將高濃度甲醇及陰極回收的水加入陽極，維持電池系統的運作。另一方面，陰極的氧氣可來自風扇或壓縮器強制空氣循環。

主動式DMFC的好處是，可藉由高濃度甲醇提高系統能量密度，並且藉由電池堆設計增高輸出功率；缺點則是動用許多耗能元件，降低系統淨電能輸出，同時較複雜且佔空間。

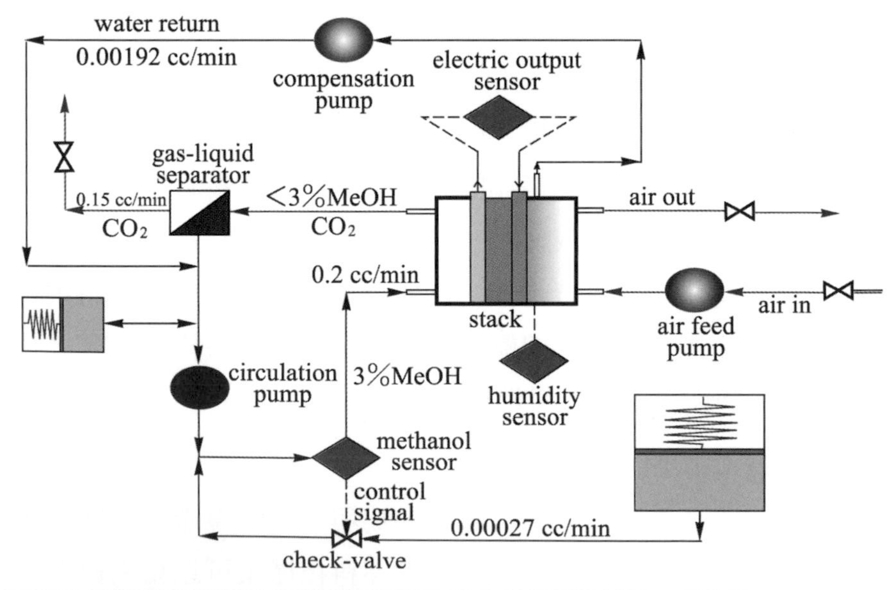

圖10.3 主動式DMFC系統

資料來源：www.ices.cmu.edu/amon/Projects/Summaries/micro_DMFC.gif 及工研院材料所

二 被動式DMFC

被動式DMFC循環主要依靠重力、毛細現象或自然擴散的方式，將燃料與空氣傳送至電極表面進行反應，於室溫條件下操作。這類系統主要針對膜電極體（MEA）的材料和微結構進行設計，藉由親、疏水材料特性以及燃料和水的濃度差異，控制擴散速率，並儘量降低甲醇穿透效應，以提昇能量密度。不過，被動式DMFC系統之缺點在於無法提供較大的功率密度，同時技術門檻亦相當高。電池系統設計上亦可區分為無Cooling water如圖10.4(a)及有Cooling water如圖10.4(b)兩種設計方式。

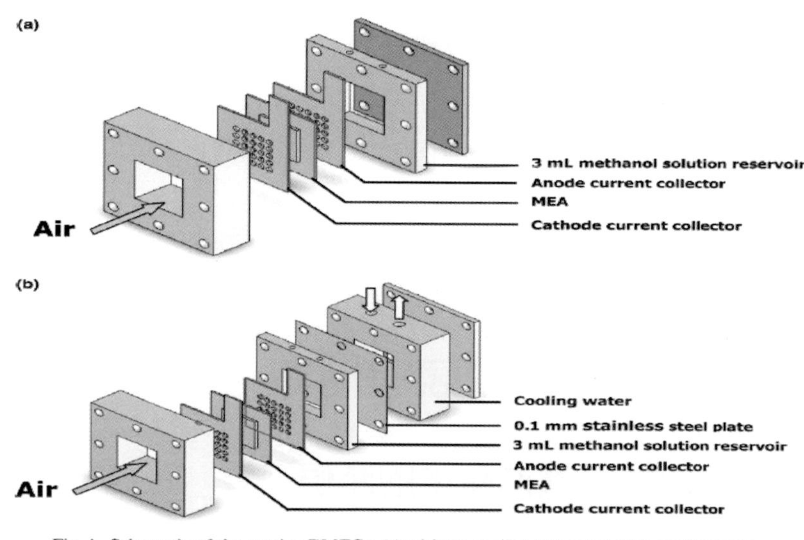

▌圖10.4 被動式DMFC系統

資料來源：Antig及工研院材料所

10.5.2 產業技術發展

就Micro DMFC的架構而言，由零件設計提昇Micro DMFC的性能需要投入長時間的研。綜觀國際間DMFC研究領域，其研究瓶頸可區分為以下四部分：

(一) **料零件：**甲醇穿透薄膜，最佳合金觸媒搜尋，CO毒化陽極觸媒，甲醇在陰極反應與排水問題。

(二) **統整合：**電池堆設計，甲醇燃料儲存與輸送，甲醇濃度控制感測器，CO2氣體在陽極移除，液體水於陰極移除，水熱管理問題。

(三) **MFC理論模擬**：DMFC傳輸現象比PEMFC更為複雜，過去有很多PEM燃料電池模型分析，然而DMFC傳輸理論模型論文卻相對很少，造成DFMC研發的障礙。

(四) **MFC系統零件微小化**：Micro-pump研發，微管流傳輸現象研究，薄膜，觸媒層，氣孔流道微製造加工技術。

針對目前DMFC研究發展之技術瓶頸，台灣學術研究機構應著重於下列基礎研究深入探討：

1. 高轉化效率二元/三元白金觸媒之合成設計
2. 奈米觸媒之成份，結構與特性分析
3. 特殊奈米結構碳載體之合成、設計
4. 替代白金觸媒之設計與反應機制
5. 質子傳導膜之導電機制
6. 以分子動力及量子力學模擬觸媒之反應機制
7. 抗CO毒化之觸媒設計與反應機制
8. 觸媒與載體之鍵結與分散性研究

10.6 全球產業競爭情勢

10.6.1 全球燃料電池產業的產值

一 全球微型直接甲醇燃料電池產業概況

雖然燃料電池不是一項新的技術，但最近全世界對於攜帶式燃料電池的廣泛研究相對提高，甚至許多主要廠商的重要研究結果都是最近5年的成果。

目前全世界主要電子大廠都在為其消費性電子產品尋找更高功率及能量密度的攜帶電源裝置，無獨有偶的軍方也在積極導入燃料電池的新技術，而雙方面也都認為燃料電池是個可行的新一代電池技術的解決方案為這個產業的成功增添更高的希望，無論如何，目前還有愈來愈多的攜帶式燃料電池原型或先期系列產品在設計或製造當中，即便新進入此一研究領域的新公司也愈來愈多，因此就目前的狀況來說可謂前途光明。

全世界目前有超過165家以上的公司或實驗室從事燃料電池相關的研究，而其中直接甲醇燃駃電池約佔四成之強，而且不同區域具有不同的研發目的，是個區域導向的產業，在北美、亞洲與歐洲有其各自不同的目的。

在北美，尤其是美國，可以清楚看出其DMFC的研主要集中在軍事用途。日本是攜帶式電子產品領域的領導者，因此所有日本電子大廠(Toshiba，Hitachi，Sharp，Sony，Sanyo…等)主要集中在研究攜帶式電子產品的新攜帶式電源的開發。另一方面歐洲相對於北美或亞洲並未有龐大的軍事工業或電子產業，但對於微型直接甲醇燃料電池仍保持高度研發興致，如Nokia專注在燃料電池手機開發，德國的Smart Fuel Cell則甚早切入於商品化的開發，如攜帶式燃料電池充電套匣。

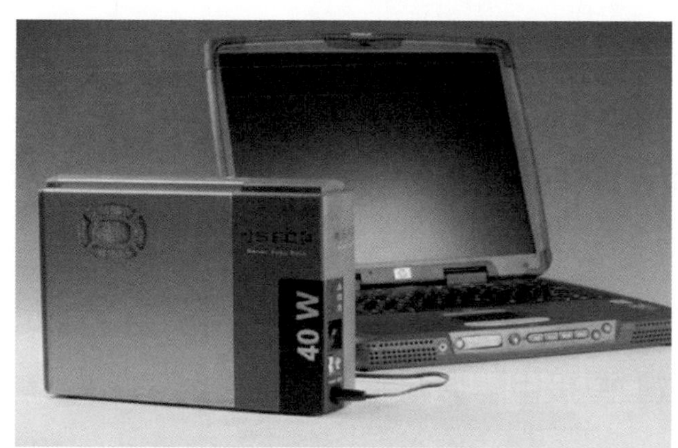

Smart Fuel Cell 40 Watt DMFC powering a notebook computer (Source: Smart Fuel Cell)

▌圖10.5　攜帶式燃料電池充電套匣

資料來源：Fuel Cell Today，Fuel Cell Market Survey: Portable Applications

二 微型直接甲醇燃料電池市場預估

根據ABI Research 2004的研究調查顯示，微型直接甲醇燃料電池，在2011年時全球將達9,000K的出貨量，分別應用於Mibile computing、Camcorder、DSC、PDA、Mobile phohe及Notebook PC…等相關攜帶式電子產品的應用領域。其發展約略可分成三個主要的階段，其中第一階段爲2004～2005年之間，主要活動爲廠商發展原型電池展示、供應鏈的建立以及相關專利申請…等。2006～2007年是所謂的先期導入期，主要活動爲廠商開始少量生產及供應鏈開始建立品質保證系統，

2008～以後則會開始進入量產期且市場大幅成長，成爲一個新的綠色經濟。然而這其中有一個很重要的關鍵因素爲100%濃度之甲醇溶液運輸法規的的放寬，目前以美國爲例，濃度超過24%的甲醇溶液是禁止攜帶進入任何航空器，若聯合國未能如預期於2007年放寬100%濃度甲醇的運輸禁令則將影響微型直接甲醇燃料電池的普及率。

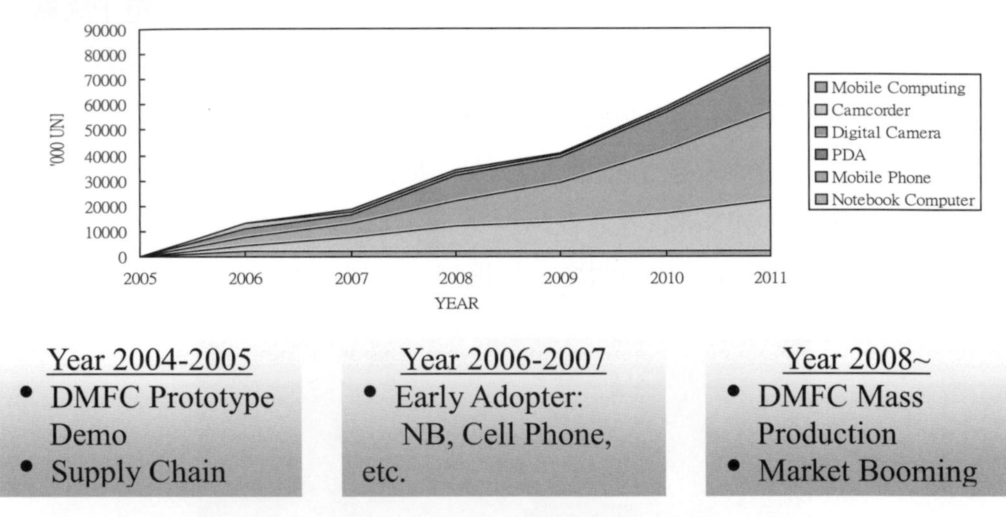

圖10.6 Micro DMFC市場預估

資料來源：ABI Research 2004

三 台灣微型直接甲醇燃料電池產業概況

小型電子產品可能會是較早使用燃料電池的應用市場，進而帶動小型家用發電裝置的市場，前者是台灣的優勢產業，具有發展小型燃料電池的利基。國際間直接甲醇燃料電池（DMFC）的應發展，亦以小型可攜式3C電子產品爲對象。

下游應用廠商包括電源供應器、發電機業者、手機製造業者、個人數位助理（PDA）及筆記型電腦製造業者，已形成相當強的全球競爭力。

中游的DMFC製造及測試業還未成型，預期未來因應下游需求會引發一波投資勢潮。對照台灣小型二次電池產業，自1994年開始發展至今雖然只有七、八年的歷史，其生產廠商已由兩家快速增加至十一家之多，產業發展之快速，銻人括目相看。

上中游關聯產業包括化纖、甲醇製造、高分子加工、造紙印刷、碳素、電池、觸媒等產業。上游的甲醇早些年曾有廠商（如中油、長春石化）生產，近年已停產，但國際上甲醇供應不成問題。白金等貴重金屬爲全球流通市場，雖然國際上已有觸媒供應商，如果台灣有自給的觸媒/電極設計及製造技術，將可具國際競爭力；質子交換膜目前是戰國群雄企圖取代PEMFC用的Natfion，同樣如果台灣發展自有高效率質子交換膜製造技術，亦可具國際競爭力；至於其他如雙極板、氣體分散材、甚至燃料轉化器，全球都有供應，自行發展需評估競爭力、經濟規模…等。

當全球均在DMFC技術尋球突破，以及市場還在處於萌芽之階段，材料、組件規格不明之狀況下，欲建立所謂的產業技術時，以平台技術或載具與原材料、組件技術同步發展，可迎頭趕上與先發國家同步。對台灣來說，還是先以可攜式電子產品用燃料電池系統爲市場目標發展Micro DMFC，儘速上中下游同步發展，發展出成熟技術後再尋求技術創新與突破，才能健全建立本土產業技術。

目前中科院核研所及工研院化工所、材料所…等，皆有從事直接甲醇燃料電池相關技術研發，如DEA、觸媒、質子交換膜及材料奈米級技術開發…等。直接甲醇燃料電池系統的部分則有勝光科技、結合DuPont（提供MEA）、南亞（提供PCB）及其它零組件或IC設計廠商共同開發微型直接甲醇燃料電池系統，提出所謂component like的解決方案，初期以Note Book PC攜帶電源爲導入對象，其公司發展定位如下圖3-6所示：定位位爲整合解決方案的提供者，將DMFC零件化爲類似PCB模組並將被動元件、Sensor、Guage、Interface protocal…等一併整合，據稱其設計已有效提高標準化程度及量產性。

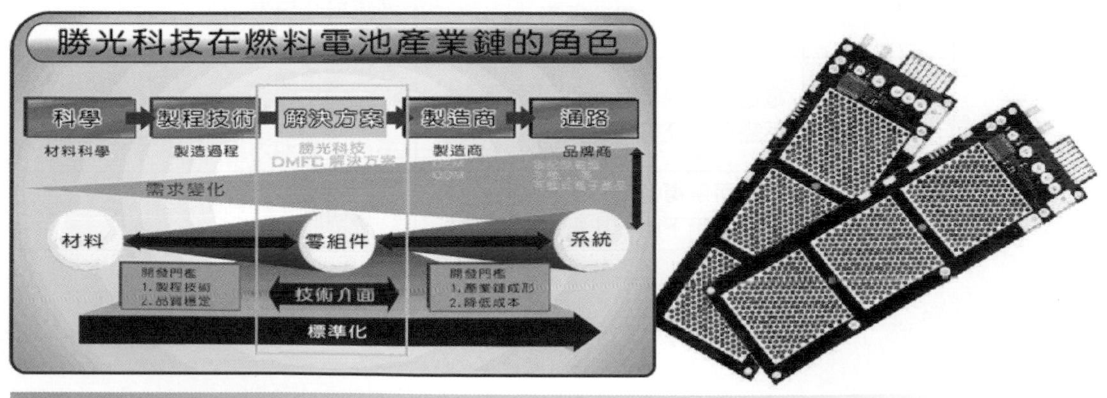

▌圖10.7　勝光公司Micro DMFC電池系統發展定位

資料來源：燃料電池協會及Antig

10.6.2 市場產品技術

現有攜帶式電子產品的電源除市電外，尚包括一次電池及二次充電電池。若燃料電持欲進入此一應用市場取代上述電源，則須有致勝要素。

市電對一般攜帶式電子產品而言，不受用電量及耗電功率的限制，但交流電在攜帶式電子產品的使用場所並不易覓得也不方便，如會議廳、研討會場、火車及巴士上。市電所使用變壓器體積大且重量不輕，使用者往往在短時間或短距離旅程時採用電池而捨棄變壓器。

一次電池的使用限制於功率小的電子產品，不適用於手機和筆記型電腦等耗電功率大的電子產品。二次電池是普遍使用於手機與筆記型電腦，雖然3~6小時的充電時間並不方便，但是在目前沒有更好的選擇之下，二次電池是廣範使用於攜帶式電子產品的電源，其中鋰離子電池因有較高的能量密度待機運作時間長而成爲主流產品。

燃料電池由於具高能量密度、輕、小且不須充電時間，只要持續捕充燃料即可不限等待時間使用，因此若能將發電效能有效提昇及突破甲醇運輸法規等問題，燃料電池勢必成爲攜代式電子產品的主力電源，尤其是強調功能性的筆記型電腦及耗電量高之第三代行動電話。

表10.1　各種競爭技術的優缺點比較

電源	優點	缺點
燃料電池	高電能量密度輕、小、不須充電 等待時間	有技術瓶頸尚待突破
市電	不受用電時間限制的困擾 長時間使用比電池經濟	限於辦公室，家庭等場所 變壓器大且重 電源線限制使用範圍
一次電池	電池單價較便宜 不需等待充電	常需要更換 經常使用時並不經濟 造成廢電池污染
二次電池	電池可重複使用 長期使用下比一次電池經濟	充電時間久（3-6小時）

資料整理：工研院材料所

10.7 產業組合模式分析

10.7.1 燃料產業提昇競爭優勢關鍵條件

吾人可建議政府應加強補充專家意見中認為較不足之產業資源，其具體政策方法可以由以下得知：

表10.2 微型直接甲醇燃料電池產業政策工具與產業創新需求資源關聯表

		產業政策工具											
		公營事業	科學與技術開發	教育與訓練	資訊服務	財務金融	租稅優惠	法規與管制	政策性措施	政府採購	公共服務	貿易管制	海外機構
產業創新需求資源	研究發展	●	●	●			●		●	●			
	研究環境		●	●				●					
	技術知識			●	●								
	市場資訊				●								
	市場								●	●		●	●
	市場環境							●	●		●		
	人力資源		●	●									
	財務資源	●				●		●	●				

●：表示直接影響

資料來源：Rothwell，R.，Zegveld，W.，Industrial Innovation and Public Policy，Frances Printer，London,. pp. 59,1981

徐作聖，國家創新系統與競爭力，聯經，台北，第89頁，民國88年。

經由專家訪談得出產業發展定位之後，配合產業創新需求資源與要素之統計問卷分析結果，可得出目前及未來發展所需之產業政策工具，最後再配合專家訪談結果，可得到與產業政策工具搭配之具體配套政策建議。

10.7.2 燃料產業所需之政策類型

經由專家訪談得出產業發展定位之後，配合產業創新需求資源與要素之統計問卷分析結果，吾人可得出目前及未來發展所需之產業政策工具，最後再配合專家訪談結果，可得到與產業政策工具搭配之具體配套政策建議。

■ 表10.3 政策工具與產業創新需求要素關聯表

創新需求類型	產業創新需求要素	所需之政策類型
研究發展	國家整體對創新的支持	公營事業、資訊服務、財務金融、政策性措施
	技術合作網路	科學與技術開發、資訊服務
	同業間的技術合作	資訊服務、政策性措施
	企業創新精神	公營事業、法規及管制、政策性措施
	產官學研的合作	科學與技術開發、教育與訓練、財務金融
	國家對產品創新的支持	科學與技術開發、財務金融
	企業創新能力的提昇	科學與技術開發、財務金融
	國家基礎研究能力	科學與技術開發、教育與訓練
	上游產業的支援	科學與技術開發、資訊服務
	產業間的技術整合	政策性措施
研究環境	專利制度	法規與管制
	專門領域的研究機構	科學與技術開發、政策性措施
	創新育成體制	科學與技術開發、教育與訓練
	技術移轉機制	資訊服務、政策性措施
	技術擴散機制	科學與技術開發、資訊服務
	具整合能力之研究單位	科學與技術開發
技術知識	技術資訊中心	資訊服務
	產業群聚	科學與技術開發、教育與訓練、資訊服務、政策性措施
	製程研發及成本監控	政策性措施
	健全的資料庫系統	資訊服務
市場資訊	先進與專業的資訊傳播媒介	資訊服務
	顧問與諮詢服務	資訊服務
	與上下游的關係	政策性措施
	先進與專業資訊的流通與取得	資訊服務
市場情勢	需求量大的市場	公營事業、政府採購、政策性措施、海外機構
	多元需求的市場	資訊服務、政策性措施、貿易管制、海外機構
	國家文化與價值觀	政策性措施
市場環境	國家基礎建設	公營事業、政策性措施
	政府的相關優惠制度	貿易管制
	目標客戶的尋找	資訊服務
	產品技術與規格的規範	法規及管制
	對於市場競爭的規範	資訊服務、法規及管制

表10.3　政策工具與產業創新需求要素關聯表(續)

創新需求類型	產業創新需求要素	所需之政策類型
人力資源	研發人力	教育與訓練、科學與技術開發
	作業維護及品管人員	教育與訓練
	專門領域研究人員	教育與訓練、科學與技術開發、財務金融
	國際市場拓展人員	教育與訓練、科學與技術開發
	高等教育人力	教育與訓練
	專責的市場開發人員	教育與訓練
財務資源	完善的資本市場機制	租稅優惠、政策性措施
	風險性資金	財務金融
	提供長期資金的銀行或金融體系	公營事業、財務金融
	提供短期資金的銀行或金融體系	財務金融
	長期融資體系及投資減免	租稅優惠

資料來源：Rothwell，R.，Zegveld，W.，Industrial Innovation and Public Policy，Frances Printer，London，. pp. 59，1981

10.7.3　燃料產業之具體推動策略

根據Micro DMFC膜電極組與Micro DMFC電池系統整合兩區塊目前定位與未來五年發展之創新需求要素資源顯著配合不足的項次，建構其具體政府推動策略。分述於下。

一　Micro DMFC產業創新需求要素與政府推動策略(膜電極組產業)

表10.4　Micro DMF膜電極組產業目前所需之具體政府推動策略

創新需求資源類型	創新需求要素	具體政府推動策略
研究發展	關鍵材料與元件性能的提昇	1. 成立奈米技術研發中心 2. 成立DMFC關鍵材料與元件研發中心
	快速設計反應能力	1. 國家級實驗室中關於Micro DMFC 所需之技術源整合 2. 政策性措施獎勵創新與研發 3. 成立Micro DMFC相關製程與設備研發中心
	國家基礎研究能力	
	技術平台的建立	
	核心IP開發與IP掌握能力	
	生產設備的開發	

表10.4 Micro DMF膜電極組產業目前所需之具體政府推動策略(續)

創新需求資源類型	創新需求要素	具體政府推動策略
研究環境	技術合作網路	政策性措施規劃及獎勵讓國家、學界、業界及國外可能引進或取得技術資源得以交流或合作
技術知識	製程建立與改善能力	1. 成立Micro DMFC相關製程與設備研發中心 2. 政策性措施規劃Micro DMFC相關產業支援體系及獎勵企業創新
	上下游產業的整合能力	
	IP取得應用及資料庫的完整性	1. 成立Micro DMFC IP資料中心獎勵創新 2. 成立Micro DMFC安全測試及品質系統開發中心 3. 成立專責單位參與各國際產業標準制定會議，搜集相關產業標準訊息並適時發表意見
	安全測試與品質系統的建立	
	產業標準規格之參與及制定能力	
市場情勢	需求量大的市場	1. 政策性措施獎勵廠商Micro DMFC導入3C產品 2. 政府機關統一採購採用Micro DMFC之3C產品，帶動需求
	多元需求的市場	1. 開發及推廣Micro DMFC的新應用領域
市場環境	加強示範推廣	1. 要求各級政府機關成立燃料電池示範推廣中心，供學校單位及民眾參觀
	針對產業特殊用途的法規	2. 甲醇運輸規範立法，讓百分之百濃度之由醇燃料匣得以於市面流通
人力資源	專門領域研究人員	1. 加強關鍵材料與元件研發相關之基礎科學人才培育 2. 聘請海外優秀人材投入研發
	專門領域的工程師	1. 培養誇工程領域之工程人才 2. 加強模擬軟體開發、熱處理、流體力學、微型Pump與Valve設計、甲醇濃度偵測…等各項領域之設計與工程人才培養

資料來源：本研究整理

二 Micro DMFC產業創新需求要素與政府推動策略(系統整合產業)

表10.5 Micro DMFC電池系統整合產業目前所需之具體政府推動策略

創新需求資源	創新需求要素	具體政府推動策略
研究發展	快速設計反應能力	1. 家級實驗室中關於Micro DMFC 所需之技術源整合 2. 策性措施獎勵創新與研發 3. 成立Micro DMFC相關製程與設備研發中心
	國家基礎研究能力	
	技術平台的建立	
	核心ＩＰ開發與ＩＰ掌握能力	
	生產設備的開發	
技術知識	標準設計平台的建立	1. 成立Micro DMFC系統計中心 2. 系統設計相關輔助軟體、模擬軟體、系統模擬器的開發 3. 加強產業資訊提供與各類相關訓練課程 4. 規劃Micro DMFC產業科學園區
	客戶導向的設計能力	
	生產彈性成本控制能力	
	產業群聚	
	IP取得應用及資料庫的完整性	1. 成立Micro DMFC IP資料中心獎勵創新 2. 成立Micro DMFC安全測試及品質系統開發中心 3. 成立專責單位參與各國際產業標準制定會議，搜集相關產業標準訊息並適時發表意見
	安全測試與品質系統的建立	
	產業標準規格之參與及制定能力	
市場情勢	需求量大的市場	1. 政策性措施獎勵廠商Micro DMFC導入3C產品 2. 政府機關統一採購採用Micro DMFC之3C產品，帶動需求
	多元需求的市場	1. 開發及推廣Micro DMFC的新應用領域
市場環境	加強示範推廣	1. 要求各級政府機關成立燃料電池示範推廣中心，供學校單位及民眾參觀
	針對產業特殊用途的法規	1. 甲醇運輸規範立法，讓百分之百濃度之由醇燃料匣得以於市面流通
人力資源	專門領域研究人員	1. 強關鍵材料與元件研發相關之基礎科學人才培育 2. 聘請海外優秀人材投入研發
	專門領域的工程師	1. 培養誇工程領域之工程人才 2. 加模擬軟體開發、熱處理、流體力學、微型Pump與Valve設計、甲醇濃度偵測…等各項領域之設計與工程人才培養

資料來源：本研究整理

三 Micro DMFC產業整體政府推動策略

由上述兩小節，本研究針對Micro DMFC產業整體所需之創新需求資源要素，建構具體之政府推動策略，如下所述：

針對Micro DMFC膜電極組產業部分的具體建議：

1. 各國家級實驗室中關於Micro DMFC所須之關鍵材料與元件技術資源整合。
2. 成立奈米技術研發中心。
3. 成立DMFC關鍵材料與元件研發中心。
4. 成立Micro DMFC相關製程與設備研發中心。
5. 政策性措施獎勵創心與研發。
6. 成立Micro DMFC安全測試及品質系統開發中心。
7. 成立Micro DMFC IP資料中心獎勵創新。
8. 政策性措施規劃及獎勵讓國家級、學界、業界及國外可能引進或取得資技術資源得以合作。
9. 政策性措施規劃Micro DMFC相關產業支援體系及獎勵企業創新。
10. 成立專責單位參與各國際產業標準制定會議，搜集相關產業標準訊習並適時發表意見。
11. 政策性措施獎勵廠商將Micro DMFC導入3C產品。
12. 政府機關統一採購採用Micro DMFC之3C產品，帶動需求。
13. 開發及推廣Micro DMFC的新應用領域。
14. 要求各級政府機關成立燃料電池示範推廣中心，供學校單位及民眾參觀。
15. 甲醇運輸規範立法，讓百分之百濃度之甲醇燃料匣得以於市面流通。
16. 加強關鍵材料與元件研發相關之基礎科學人材培育。
17. 聘請海外優秀人材投入研發培養誇工程領域之工程人才。

針對Micro DMFC電池系統整合產業部分的具體建議：

1. 各國家級實驗室中關於Micro DMFC系統整合所須之技術資源整合。
2. 成立Micro DMFC系統設計中心。
3. 成立Micro DMFC IP資料中心獎勵創新。
4. 成立Micro DMFC相關製程與設備研發中心。
5. 成立Micro DMFC安全測試及品質系統開發中心。
6. 規劃Micro DMFC產業科學園區。

7. 系統設計相關輔助軟體、模擬軟體、系統模擬器的開發。
8. 政策性措施獎勵創心與研發。
9. 加強產業資訊提供與各類相關訓練課程。
10. 成立專責單位參與各國際產業標準制定會議，搜集相關產業標準訊習並適時發表意見。
11. 政策性措施獎勵廠商將Micro DMFC導入3C產品。
12. 政府機關統一採購採用Micro DMFC之3C產品，帶動需求。
13. 開發及推廣Micro DMFC的新應用領域。
14. 要求各級政府機關成立燃料電池示範推廣中心，供學校單位及民眾參觀。
15. 甲醇運輸規範立法，讓百分之百濃度之甲醇燃料匣得以於市面流通。
16. 加強模擬軟體開發、熱處理、流體力學、微型Pump與Valve設計、甲醇濃度偵測…等各項領域之設計與工程人才培養。

10.7.4 產業定位與未來發展方向

微型直接甲醇燃料電之模電組產業在未來五年的發展，會由目前的產業技術的技術能力的輸入階段進入技術改進階段，產業價值鍊則仍停留在研發階段，電池系統整合產業因爲可先由國外購得膜電極組，因此會由目前產業價植鍊中的設計接階段進入製造階段，產業技術的技術能力則仍停留在技術改進階段，如表10.6所示。

表10.6　Micro DMFC「膜電極組」與「電池系統」之產業定位與未來五年發展方向

		產業價值鏈			
		研發	設計	製造	行銷
產業技術能力	技術開發				
	技術改進	↑	電池系統整合 →	→	
	技術輸入	膜電極組 ↑			

資料來源：本研究整理

10.7.5 產業發展願景

近年來由於可攜式電子產品市場的蓬勃發展，創造出龐大的電池市場商機，加以既有的各類二次電池有若干限制，使得微小型燃料電池被寄予厚望。

近年來可攜式電子產品快速發展，包括手機、筆記型電腦、個人數位助理（PDA），乃至數位相機及攝影機等，造就龐大的市場和商機；然而，隨著產品功能的增強，系統對於電能的需求更高，一個小而輕、續電時間更長的電池，將是所有消費者一致的要求。

燃料電池的能量密度理論上可爲鋰離子電池的五至十倍以上，目前技術上已可達三至五倍；此外，燃料電池無須電源充電，完全擺脫充電的負擔與限制，取而代之的補充供電燃料僅需數秒鐘時間，爲使用者提供極大的方便。因此，對微小型燃料電池而言，龐大的市場誘因和特性優勢，勢必大幅加速相關技術的成熟發展。

燃料電池種類繁多，最適合可攜式微小型系統者，以直接甲醇燃料電池（Direct Methanol Fuel Cell，簡稱DMFC）爲佳，具備體積小、重量輕、方便電池堆設計等優點。直接甲醇燃料電池以液態甲醇爲燃料，體積能量密度約爲液態氫的三至四倍，儲存與運送遠較氫氣方便及安全，且取得容易，成本低，因此更符合可攜式電子產品的需求。

小型電子產品可能會是較早使用燃料電池的應用，進而帶動小型家用發電裝置的市場，前者是台灣的優勢產業，具有發展小型燃料電池的利基。國際間直接甲醇料電池（DMFC）的應用發展，亦以小型可攜式3C電子產品爲對象，以及未來可能取代PEMFC及複雜燃料重組系統。

10.8 結論

本研究將整體微型直接甲醇燃料電池產業區隔爲兩個領域進行研究，分別爲關鍵元件與電池系統設計製造，進行產業分析。本研究之主要架構以產業組合分析模式爲基礎，架構出光微型直接甲醇燃料電池產業組合分析模式，其定位構面縱軸爲台灣微型直接甲醇燃料電池產業技術能力，而橫軸產業價値鍊。本研究在研究方法上採取文獻分析、專家訪談與專家問卷調查並進行小樣本專家問卷之統計推論，並依此結果推衍出政府政策施行可能的方向與項目。

微型直接甲醇燃料電池之關鍵元件產業目前的定位在產業價值鍊中的研發階段，且位於產業技術能力的技術輸入期。微型直接甲醇燃料電池系統設計製造產業目前的定位產業價值鍊中的設計階段，且位於產業技術能力的技術改進期

在Micro DMFC膜電極組與電池零組件產業目前發展領域中。產業環境配合度顯著不足之產業創新需求資源有研究發展、研究環境、技術知識、市場情勢、市場環境及人力資源共六項。而在Micro DMFC膜電極組與電池產業配合度顯著不足之產業創新需求要素共有十八項，分別為「國家基礎研究能力」、「技術平台的建立」、「關鍵材料與元件性能的提昇」、「奈米級材料技術」、「核心IP開發與IP掌握能力」、「生產設備的開發」、「技術合作網路」、「製程改善能力」、「IP取得應用及資料庫的完整性」、「上下游產業的整合能力」、「安全測試與品質系統的建立」、「產業標準規格之參與及制定能力」、「需求量大的市場」、「多元需求的市場」、「加強示範推廣」、「針對產業特殊用途的法規」、「專門領域的研究人員」、「專門領域的工程師」。本研究中顯示，有許多創新需求要素皆不足，由於主要不足的地方在基礎研究與技術研發上，台灣Micro DMFC膜電極組與電池產業目前所需要的是技術支援與相關研究的輔助，顯然基本研發的能力與人才投入不足，市場條件亦不成熟。

在Micro DMFC電池系統整合產業目前發展領域中。產業環境配合度顯著不足之產業創新需求資源有研究發展、研究環境、技術知識、市場情勢、市場環境及人力資源亦共六項。而在Micro DMFC電池系統整合產業配合度顯著不足之產業創新需求要素亦共有十八項，分別為「國家基礎研究能力」、「技術平台的建立 」、「核心IP的開發與IP掌握能力」、「生產設備的開發」、「快速設計能力」、「標準設計平台的建力」、「IP取得應用及資料庫的完整性」、「生產彈性及成本控制」、「客戶導向之設計能力」、「產業群聚效應」、「安全測試與品質系統的建立」、「產業標準規格之參與及制定能力」、「需求量大的市場」、「多元需求的市場」、「加強示範推廣」、「針對

產業特殊用途的法規」、「專門領域的工程師」、「專門領域的研究人員」，顯然基礎設計及產品開發的能力及人才的投入不足，市場條件較膜電極組產業樂觀但仍未成型。

微型直接甲醇燃料電池之關鍵元件產業未來5年的定位仍在產業價值鍊中的「研發」階段，但產業技術能力會由的「技術輸入期」進入「技術改進期」。微型直接甲醇燃料電池系統設計製造產業未來5年的定位會由產業價值鍊中的「設計階段」進入「製造階段」，但產業技術能力的部分仍停留在技術改進期。

在Micro DMFC膜電極組領域以未來五年發展趨勢來看，產業中配合度顯著不足之產業創新需求資源有研究發展、技術知識、市場情勢、及人力資源共四項。而產業中配合度顯著不足之產業創新需求要素共有八項，分別爲：「奈米級材料技術」、「生產設備開發」、「IP取得應用及資料庫的完整性」、「產業標準規格之參與及制定能力」、「需求量大的市場」、「多元需求的市場」、「專門領域的工程師」、「專門領域的研究人員」，顯然膜電極組開發最爲關鍵的奈米極材料技術能力仍不足，會影響膜電極組性能的有效提昇及該產業的發展。

在Micro DMFC電池系統整合領域以未來五年發展趨勢來看，產業中配合度顯著不足之產業創新需求資源有技術知識及人力資源共兩項。而產業中配合度顯著不足之產業創新需求要素共有七項，分別爲：「核心IP的開發與掌握能力」、「生產設備的開發」、「IP取得應用及資料庫完整性」、「安全測試與品質系統的建立」、「產業標準規格之參與及制定能力」、「專門領域的研究人員」、「專門領域的工程師」。專家問卷顯示各專家皆認爲Micro DMFC電池系統整合產業所需的創新需求要素相當較佳，對未來五年的發展也具信心，唯需要在技術知識與人力資源多加強。

台灣在發展Micro DMFC 產業上，不論是膜電極組或是電池系統整合，首要注意的是研究發展與技術知識的加強因爲市場情勢不是台灣單方面可以改變。依據研究結果顯示，目前以及未來的創新需求要素皆在這兩方面相當缺乏，因此政府應針對此兩項提出具體政策，由國科會、能源會、經濟部技術處、中研院、工業局、工研院及各大學…

等一起成立國家級研究計劃，輔助企業，並深化合作。

並根據產業需求要素如「關鍵材料與組件性能的提昇」、「核心IP的掌握能力」、『生產設備開發」、「奈米級材料技術」、「安全測試與品質系統的建立」與政策對應關係，提出台灣在「科學與技術開發」、「教育與訓練」、「政策性措施」及「政府採購」四項政策工具是首要努力的方向，「科學與技術開發」之具體推動政策包括「成立跨領域工程技術之DMFC關鍵元件開發中心，製程與設備開發中心、電池系統設計研發中心及產品安全測試與品質驗證中心」，「教育與訓練」之具體推動政策包括「加強跨領域工程人才的培養」，「政策性措施」之具體推動政策包括「甲醇運輸法規修訂，加強示範推廣」，「政府採購」之具體推動政策包括「推動政府機關統一採購搭配直接甲醇燃料電池之3C產品，帶動相關產品需求」。

個案分析

南亞電路板公司

南亞電路板公司(以下簡稱南電)是台塑集團的相關企業。公司成立於1997年，公司資本額60億新臺幣，員工人數爲5,500人。總部設於桃園縣蘆竹鄉，以生產電路印刷版爲主，佔總營收比重的百分之九十五，是全球排名前十大之電路板專業製造大廠；南電自2004年起，將印刷電路板的基材，轉而研發手機用甲醇燃料電池，進軍燃料電池領域，進行多角化經營。2006年，商品化手機專用的甲醇燃料電池，並於同年投產。2007年，生產筆記型電腦用的甲醇燃料電池模組。

由於，手持式消費性電子產品普及，帶動電池產品的新商機。國際間如日韓等國家如松下、三星、東芝、新力、LG等大廠進行開發甲醇燃料電池，產品應用於手機、MP3播放機、筆記型電腦等可攜式電子產品，產品的應用範圍廣泛；顯示甲醇燃料電池領域正處於快速成長階段。更由於產品的安全性受到肯定，國際民用航空組織（ICAO）已通過2007元旦起，甲醇燃料電池可帶上飛機使用。

目前，南電的甲醇式燃料電池系統設計及關鍵系統組件，正與國際大廠的策略聯盟，尋求產業間垂直整合的機會。依據Freedonia公司預測，2009年甲醇式燃料電池產值可達4.05億美元，到2014年更可成長到27.4億美元。

Chapter 11

混合型鎳氫電池產業

11.1 產業定義

11.1.1 前言

近來因為石油能源危機及空氣污染等環保問題，使得電動 汽車再度成為世界各汽車廠商策略發展之重心，其中以動力來源的車用電池為其關鍵，也是電動汽車成功與否關鍵所在。至目前為止車用電池的開發，較重要的有鎳氫電池（Ni-MH）、鋰離子電池（Li-Ion）及燃料電池（Fuel cell），其中，又以1997 年10 月TOYOTA 運用鎳氫電池所發展的PRIUS混合動力車(Hybrid electric vehicle，簡稱HEVs)引領風騷，世界各汽車製造商無不急起直追，混合動力系統也正式進入電動汽車產業之舞台。

而近年來台灣學者將電動汽車區分為純電動汽車(Pure EV)、自行供電之電動汽車(Self Supply Electric Vehicle，簡稱SSEV)、混合型汽車(HEVs) (Hybrid Electric Vehicle，簡稱HEVs)及太陽能車 (Solar Vehicle，簡稱SV)等四種，目前因電池未達理想電容量，以混合型汽車(HEVs) 為主流；根據工研材料研究所(1997)資料顯示，在電動車 (PEVs)及混合型汽車 (HEVs) 電池中， 以鉛酸(Lead-Acid) 電池、鎳氫 （ Nickel-Metal-Hydride，簡稱Ni-MH）、鋰離子（ Lithium-Ion，簡稱Li-Ion）電池是目前實用化程度較高的電動車電池；其中鉛酸電池受限於續航距離，市場佔有率已明顯大幅下降，預期終將面臨淘汰的命運。另一 方面，鋰離子電池目前仍因安全問題及價格昂貴，離普及化尚有一段很長的路要走，所以未來混合型汽車 (HEVs)電池發展仍以鎳氫電池為主。

綜觀台灣電動汽車電池產業研究文獻中， 例如：工研院材料研究所(1997,1998)、工研院化研所(1998)、交通部運輸研究所(1997)、工研院(2005)等產業研究，顯示歐美及日本主要汽車業者甚早投入研發創新，但近幾年來台灣、中國大陸及南韓等業者，亦因看好全球電動汽車電池產業蓬勃發展，市場商機可觀，先後陸續投入相關研究開發。

台灣業者在政府的各種投資、研發獎勵政策扶持下，自1979 年起由清華大學、台塑集團相繼投入HEVs及其電池研製已有多年經驗，但無產品上市；在全球能源與環保重視下，電動汽車已有顯著之成長，並帶動台灣電動汽車電池的開發；總體而言，現階段台灣雖然已有部分鎳氫電池業者具有量產能力，但是上游關鍵材料與週邊支援產業(如生產設備)掌控於國外業者，及下游汽車應用產業無法配合情形下，使得台灣HEVs鎳氫電池業者無法突破瓶頸之重要關鍵因素。

11.1.2 混合型鎳氫電池產業定義

目前常見的電池係屬化學電池之領域，主要包括鉛酸電池、鎳鎘電池、鎳氫電池和鋰電池。此外，還有發展潛力很好的燃料電池及物理電池(涵蓋太陽能電池、熱電元件及原子力電池等三種)。

二次電池主要有：鉛酸(Lead-acid)電池、鎳鎘(Nickel-Cadmium)電池、鎳氫(Nickel-metal hydride)電池和鋰離子(Lithium-ion)電池。鉛酸電池發展最早、生產技術最為成熟，已達量產階段，因此製造成本相對較低，且具有瞬間放電力強、使用溫度範圍廣的特點；然而鉛酸電池在能量密度、體積、重量和循環壽命等性能略遜。至於鎳鎘電池則因具有充放電記憶效應，且鎘的毒性強，會造成環境污染，已為重視環保的歐、美國家所禁限。因此，近十年來全球主要電池廠轉而開發質輕、性能高、符合環保的鎳氫電池或鋰電池；不過相對而言，該類蓄電池的技術未臻成熟、價格偏高；另外，如鎳氫電池有在高溫時自放電率增高，造成電容量下降之缺點；至於鋰蓄電池則因內含比較活潑的物質，易產生化學作用，遇火、遇酸或氧化劑時，可能會爆炸或著火。這是分享鋰電池高工作電壓、高能量密度、放電平穩、工作溫度區間寬等優點的同時，所須克服的問題。

11.2 市場區隔

11.2.1 產品應用範圍

採用HEVs電池作為汽車的新動力來源，是基於環境保護及降低石化燃油不足的危機意識。油電混合動力車種，售價高於一般的燃油車種；不過，若以長期來看，整體的市場經濟性頗為吸引人。因此，在能完全替代燃油，且大量普及的的燃料出現前，油電混合動力車種將是現階段最佳的替代燃料車種。預計2006年起全球各大汽車集團，會投下大量心力於油電混合動力車種的發展。

汽車所造成的空氣污染及能源危機的問題，驅使汽車業者朝向能源使用效率與環境保護兩項議題發展，根據工研院材料研究所(1998)產業研究顯示，未來電動汽車有取代目前汽油趨勢；但是目前電動車電池的能量及功率密度遠低於汽油，因此電動車要達到理想狀況，必須攜帶大量的電池，如此安裝於車上，將減少空間，增加汽車重量與成本，並降低車輛的性能。所以，現階段電動汽車開發以混合電動車(hybrid electric vehicle，簡稱HEVs)爲主軸，將影響HEVs電池發展方向。

但HEV用的鎳氫電池在商品化方面尙有困難；因爲HEV用的電池組同時要求超高功率輸入、超高功率輸出、多電池組合、超長迴圈壽命（保證整車運行12萬公里以上不維修）、超低的價格和優異的高低溫性能（55℃到-25℃都能正常工作）。

11.2.2 產品應用範圍分析

京都議定書從2005年2月16日起正式生效，議定書中強調的環保精神，正在全球各地醞釀發酵，顯示人類捍衛地球家園免於二氧化碳、甲烷等暖類氣體衍生溫室效應戕害的決心。從各據顯示資料估計，交通工具耗用能源占總能源比重的17.6%，其中公路運輸（主要爲汽機車）占約94%，爲主消耗群；因此，如何降低或免除二氧化碳排放以取代石油消耗之替代能源技術，以及如何降低油耗污染之車輛省能技術已成爲當前最主要之課題。

汽車業者爲了在21世紀更好的競爭優勢，汽車製造商投入了大量的精力致力於清潔、高效和節能車輛的研究，主要集中在電動車 (Pure Electric Vehicles，簡稱PEVss)、混合型汽車 (Hybrid Electric Vehicles，簡稱HEVss)和燃料電池電動車(Fuel Cell Electric Vehicles，簡稱FCEVs)等未來技術。電動汽車(PEVss)是指以車載電源蓄電池爲動力，用電機驅動車輪行駛，目前因續航力不足，無法普及化。燃料電池電動汽車(FCEVs)是一種可以將燃料中的化學能直接轉化爲電能的能量轉化裝置，它的特點是能量轉化效率高，約是內燃機的2-3倍，生成物是水，不污染環境，缺點是造價太高，目前僅燃料電池的價格就要2.5萬美元，爲其影響發展之主因。而混合動力汽車(HEVs)是裝有兩個以上動力源的汽車，最常見的是在城裏用電機驅動，在城外用內燃機驅動，可提昇使用能源效率及減少排放二氧化碳，未來極有可能達到普及化。

電動汽車的研究早在1830年即已著手，後因續航力不敵使用內燃機的汽油車，發展速度因而停滯不前；目前由於全球石油能源已面臨枯盡，以及空氣污染中30至50%是由機動車輛的廢氣排放所造成等因素，致使美、法、英、德、日本等主要汽車生產國相繼投入電動車研究，台灣也於1973年由清華大學與唐榮合作開發電動車計畫，開啓了研究；然而這些電動汽車研究發展面臨著電池續航力等問題，而停滯不前的窘境，因而促使混合型汽車興起，此款車的成本較低且可藉內燃機及電池等兩種動力系統，解決部分空氣污染及續航力不足的問題；全球自日本豐田於1997 年正式將混合型汽車 (HEVs) 上市商品化後，世界主要汽車廠也紛紛開始重視混合型汽車 (HEVs) 的研究，同樣地也帶動了混合型汽車 (HEVs) 電池系統的開發。

11.3 全球產業結構

11.3.1 全球發展現況

HEVs的發展源起於改善PEVs 續航力不足之替代品，近來由於石油蘊藏量逐漸枯竭所造成的成本提高，以及環保意識的高漲，且由於內燃機引擎之車輛效率非常低，特別是在市區低速行駛時，其能源效率幾乎只有10%（如圖 11.1）；因此，車輛相關業者紛紛以提高車輛之行使效率爲主要努力方向，除在引擎不斷努力，以及無污染排放之電動車及現在非常熱門之複合動力及燃料電池車輛，無一不是爲提高能源效率及降低車輛污染爲努力目標。

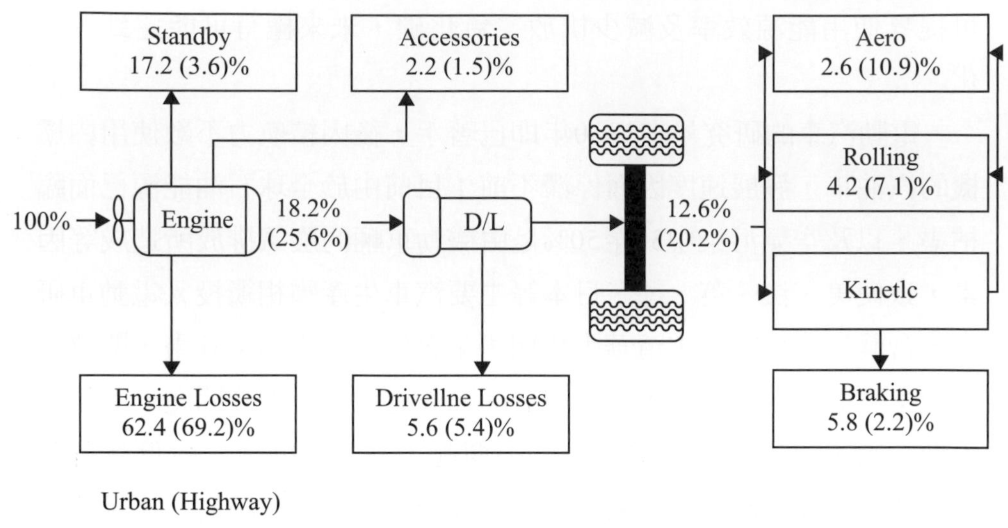

圖11.1 內燃機引擎車輛效率

11.3.2 價值鏈

HEVs鎳氫電池產業的流程基本上是一段價值累積的過程，可以分割成許多不一樣的活動，靠這些活動的串聯以達成企業運作，而公司的核心能力在流程中所強調之價值活動亦不相同；本文研究更進一步透過專家及產業界的意見彙整(工研院，1998)及(欒佩玲，2005)，分析出產業流程最主要價值活動項目爲材料供應、電池製造、電池組設計與組裝、行銷與服務（如圖11.2），這四項價值活動一方面已包含鎳氫電池產業流程精髓在內，更重要是其爲鎳氫電池價值鏈中最具附加價值的活動。分別說明如下：

(一) **材料供應與研發：**包括正/負極材料、電解液、隔離膜、罐體等，其中以正/負極、電解液、隔離膜等四種材料最爲關鍵，占材料成本達50%以上。

(二) **電池製造與組裝：**中游製程包含電極板的推疊、置入灌體、超音波焊接、灌液與封蓋等步驟，此段製程都在無塵室進行，中段製程並無標準化程序，各家廠商往往需各自採購相關設備，再經由內部設計方式導入製造流程；活化封裝製程方面，包括電池產品的充放電測試與安全測試，由於此部分國際相關組織皆有提供測試方法程序作爲參考，因此只要相關方法採用正確將無問題產生，不良品的產生主要仍是前段與中段製程所遺留下的；而電池組裝係依據電池系統設計，選擇適當的電池顆數、再設計保護、安全線路、並組裝成電池組。

(三) **電池系統設計與行銷服務：**電池的下游混合電動汽車業者依產品特性與功能需求，採ODM 或是OEM 方式，完成電池系統設計後，交由電池公司組裝；其強調的是與HEVs業者之間的配合與服務。

由於HEVs鎳氫電池產業內廠商的經營活動與作業流程內容不盡相同，因此再整體生產程序的附加價值流程，也互有不同，本文從HEVs鎳氫電池產業流程中，歸納出HEVs鎳氫電池價值鏈中主要價值活動；另一方面在產業價值鏈上，本個案研究依據Hope & Hope 將產業價值鏈中的價值活動根據其理論， 區分爲創新功能活動（ Innovatin）、營運功能活動（Operation）、顧客服務（Customer Service），參考產業組合分析之分類方式，將鎳氫電池產業價值鏈簡化爲「創新功能活動一材料/研發」、「營運效能活動一製造/組裝」、「顧客服務活動一系統設計/行銷服務」三部分，藉由與鎳氫電池主要價值活動－材料供應、電池製造、設計組裝、行銷與服務(如圖 11.2)，有助於本個案研究在後續的關鍵成功因素的判定與企業策略定位之決定。

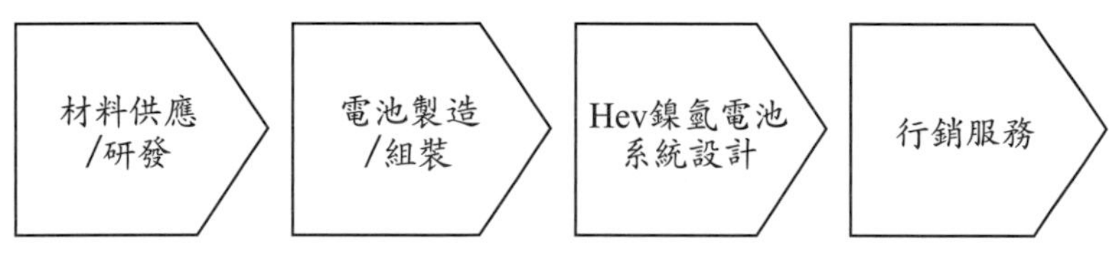

圖11.2　混合型汽車電池價值鏈

(一) **產品領導功能活動－材料/研發：**重視產品發展與市場研究等創新關鍵程序，以創業家精神探索公司潛在發展之領域，不斷激發新產品創意、迅速商品化，不斷加以改良，透過本身核心能力與顧客間緊密連結，達到公司不斷創新的機制。以鎳氫電池產業而言，包含不同種類材料供應、材料技術及封裝技術創新等；若以鎳氫電池主要價值活動而言，產品領導功能活動在於材料供應和研發。

(二) **營運效能活動－製造/組裝：**能將產品從供應商到最終消費者之間的一連串服務活動做最有效率之安排，以降低成本與減少不必要之活動，以鎳氫電池產業作業，包含電極板的推疊、置入灌體、超音波焊接、灌液與封蓋、電池產品的充放電測試與安全測試等步驟，最後依電池系統設計組裝成電池組；若以HEVs鎳氫電池主要價值活動而言，營運效能活動在於電池製造與組裝上。

(三) **親密顧客功能服務－系統設計/服務：**主要的活動程序在於幫助顧客全功能的服務的建立，依最終應用產品需求，設計電池系統，強調與顧客間長期關係之建立，並給予絕佳之顧客服務，就HEVs鎳氫電池產業而言，以滿足電池的下游HEVs所需電池系統，並依照下游客戶的電池系統要求，選擇適當的電池顆數、再設計保護、安全線路、組裝成系統電池組；主要客戶服務功能在於電池系統設計能力，若以主要價值活動而言，顧客功能服務在於後段電池系統設計與服務行銷。

11.3.3 魚骨圖

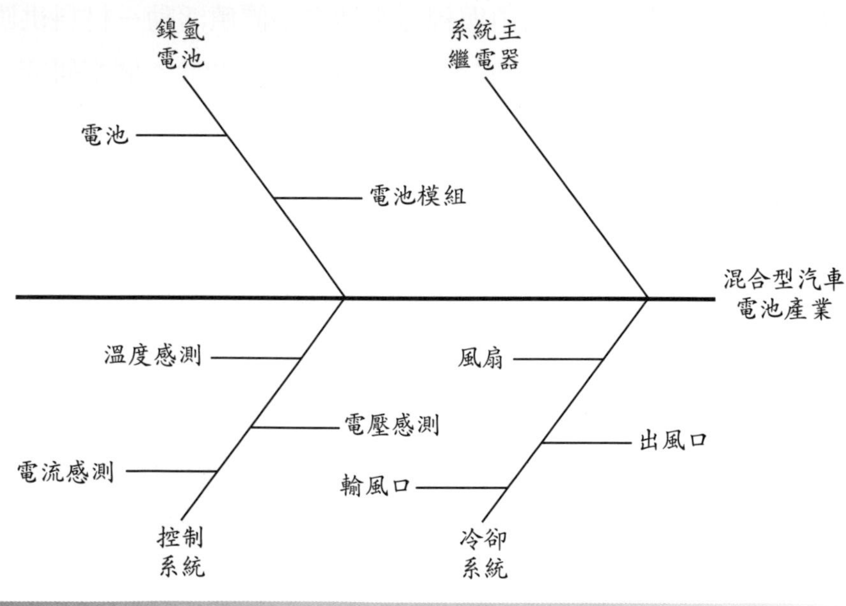

圖11.3　混合型汽車電池魚骨圖

資料來源：本研究

11.4 全球產業特性

11.4.1 全球混合型鎳氫電池產業的特色

隨著全球環保意識加強，汽車燃燒石化油料，排放大量有害環境的氣體及污染生態環境，取代石化油料尋找新的汽車動力能源，成爲各國研究替代能原的新標的。90年代初期，日本、美國、法國、德國等即由國家主導車用電池研究計畫；如美國能源部(DOE)、國家電源研究所與通用、克萊斯勒、福特三大汽車公司組成美國先進電池聯盟(The United States Advanced Battery Consortium，簡稱USABC)，研發新一代電池。在日本由11家公司參加投資近16億美元的計畫，開發車用電池。因此，新興電池的研發是一種技術密集以及資金人力密集的產業，需要靠國家政策推動及產業層級代動的新興產業。

新興電池的研發是一種技術密集以及資金人力密集的產業，需要靠國家政策推動及產業層級代動的新興產業。

11.4.2 產業發展的支援要素

一 與研究發展有關的產業創新需求要素

對於HEVs鎳氫電池產業而言，材料的研究發展能力爲創新的重要因素，有些企業在技術上的研究發展使品質與原有產品不同，有些則是由於改良電池製程而在品管及生產流程上創新，或對市場反應更爲迅速，這些改變對於競爭而言，都能產生相當的價值，而產業經由研究發展而創新，除了強化與對手的相對競爭力外， 也可能產生出新的產業領域或產業環節，對於產業的變遷，也會有延滯的力量。而培養研究發展的能力，除了相關資源的配合之外，還必須考慮到相關需求因素的配合，以下分別說明：

(一) 上游產業的支援

在很多產業中，企業的潛在優勢是因爲它的相關產業具有競爭優勢，當上由產業能提供相關支援時，對下游產業造成的影響是多方面的，首先是下游產業因此在來源上具備快速反應、有效率與降低成本等優點。而除了使原料獲得更容易外，藉由產業持續與多方的合作，亦會帶動產業新的競爭優勢與創新。在這種合作關係中，供應商會協助企業認知新方法、新機會與新技術的應用；

另一方面，企業則提供上游廠商新創意、新資訊和市場視野，帶動上游企業創新，努力發展新技術，並培養新產品研發的環境。企業與上游廠商之間的合作與共同解決問題的關係，會使它們更快、也更有效率地克服困難，整個產業的創新步伐也會更加迅速。

(二) 企業創新精神

企業創新的精神是提昇產業競爭優勢不可缺少的條件。產業的形式往往創造出許多不同市場與產業領域， 這是給新起廠商適時加入與發展機會。這種產業動力通常是良性的，它會帶動更多的競爭，釋放出創造力，讓可能因抵觸企業現行策略或慣例而無疾而終的新產品、新製程浮出檯面，也迎合了新的市場需求與過去被忽略的產業環節，但要產生這樣的現象，有賴各種競爭條件的運作和搭配。大前研一是在產業內必須有一批具備創業家精神的人才出現。當新企業不斷興起時，會有更多人被吸引到這個產業。

(三) 同業間的技術合作

共同開發新技術，降低彼此間的研究發展費用及開發新產品的風險。

(四) 技術合作網路

技術合作網路是企業間藉由聯合、共同研發、創造有利的競爭優勢所建立之產業關係。在執行策略方面，企業可以依實際需求運用各種不同的方式；在發展上，有技術授權、投資合作、共同研究發展；在製造上，有原廠代工、製造授權等方式；在市場方面，以關鍵零組件相互採購與共同研究或互相提供產品經銷與通路等方式合作。技術合作講求長期的合作，以順應自然爲原則，在兼顧雙方的利益下，使技術能力能向上提昇，經由彼此聯合的人力與財力，共同承擔風險與分享利潤，以達到創新的目的。

(五) 政府合約研究

當產業發展的初期，在技術上沒有能力與外國廠商競爭，也沒有足夠的資源與能力從事研究發展，因此合約研究在於利用政府、產業及大學之分工，利用國家與相關環境的資源，支援產業以推動研究發展工作，在施行的類型上，主要有基於某特定研究專案而委託研究者，獲依產業的需要使適當技術輔助與指導，視情況及產業的需求而定。

(六) 國家基礎研究能力

一般所謂基礎研究能力，主要是指在基礎研究科學與相關專業的領域，如丹麥在發酵科技基礎研究實力上的領先，使得丹麥能發展出堅實的酵素工業。因此，國家基礎研究能力的強弱也決定競爭優勢的品質與創新的潛力。有些產業在特定國家與環境下有發展的優勢，但只有極少數是先天的條件與優勢，絕大多數必須透過長期的技術開發，而不同產業所需要的投資情況又有極大的差異，對於技術需求不高或技術已經普及的產業而言，基礎研究能力可能在重要性上並不明顯，但若各項產業需要以特殊的產品或創新的技術來取得高層次的競爭優勢，在基礎研究能力上就必須不斷的提昇。

(七) 國家整體對創新的支持

國家整體對創新的支持主要是指國家對於某一產業創新實質的支援程度。Kotler 認爲，產業的競爭優勢在於創新，而創新與發明並不是屬於隨機偶然的因素，因爲有些國家對相關產業的需求比其他國家強，且國家本身的政策影響到高級人才與知識方面的培養，故這些因素間接影響到相關產業所提供的必要支援，使得產業的創新往往因爲國家對創新支持的結果。

二 與研究環境有關的產業創新需求要素

通常產業競爭力較好的國家，除了在研究發展上持續保持優勢之外，研究環境亦爲十分重要的因素。因此，若要創造出對產業研究發展有利的因素，政府就必須創造出環境以提供產業做轉化，將研究成果轉化成商品，使投資基礎科學能產生產業優勢。並即時反應產業特定需求，才能使投資研究發展成功。因此由政府與產業共同投資的創造研究環境，才是催生產業創新的重點。以下分別敘述之。

(一) 專利制度

在競爭環境中，產彎的發展與優勢取決於競爭力，尤其在技術為主的產業，其以技術的發展做為產業優勢的情形更為明顯。然而，產業內必須有獨特技術能力才能建立技術障礙，並不斷的提昇其產業優勢。因此專利制度主要使產業技術不斷被開發出來的同時，在環境上具有一種制度來保護技術。藉由合理的保護產業技術制度，使得企業能不斷的投資技術的發展，更使得後進入產業的競爭者也需做相對的投資，以維護市場合理的秩序與規範。

(二) 專門領域的研究機構

產業眞正重要的競爭優勢必須藉由特定與專業的關鍵因素才能達成。而專門領域的研究機構能集中相關科技與專業的人力資源，加速流通的市場與技術資訊。而產業也會藉由投資相關訓練中心與建教合作計劃，不斷提昇產業的基礎技術能力。當研究機構與企業形成網路時，所形成的效應，也會促使政府與產業投入更多的投資，專業化的環境建設不斷擴大，又進一步帶動產業的發展與技術的提昇。

(三) 創新育成體制

產業的發展乃是藉由本身不斷的成長與學習來持續創造競爭優勢。在這發展的過程中，創業者與發明家不斷扮演創新的角色，故如何藉由環境來培育這些初生的企業，便有賴於塑造出適當的環境。創新育成體制的功能便在於它能提供管道，引導創業者與發明家透過環境取得相關需求資源，掌握改革與創新的機會，並及早進入正確方向去發展。在整個過程中，創新育成體制不僅輔導企業尋找市場的利基、生存的最佳條件與開發被忽略的市場環節，並輔導其經營與管理企業的技巧，藉由輔助企業生存並具有適應環境的能力，使得企業的成長能帶動產業的整體發展。

三 與技術知識有關的產業創新需求要素

當國家與其他國際競爭對手比較時，若能提供更健全相關與支援的技術知識體系，便可形成產業之競爭優勢。技術知識的資源存在於大學、政府研究機構、私立研究單位、政府研究部門、市場研究資料庫與同業工會等不同來源。而上述的資源是否與產業創新或競爭優勢有關，要看整合這些資源時所發揮的效率與效能。這與產業在應用知識資源時如何整合與選擇強化關鍵要素有關，因此以下分別敘述之。

(一) 技術資訊中心

由於技術的創新具有高度的不確定性，包括技術上的風險及市場上的風險，因此正確資訊的提供，可減低開發上的不確定性，並有助於新技術的發展與創新。而不僅在研究發展時，須有各種技術資訊的輔助，另外，在技術的傳播與擴散更有賴資訊網路的建立。因此技術資訊中心的角色，除了幫助產業研究，亦提供技術諮詢與技術服務，以輔導企業在技術上的發展。

(二) 產業群聚

許多國家內部佔有優勢的產業通常都是以產業群聚的形態出現，當產業具有相當競爭力的同時，會逐漸推動相關產業趨向聚群式分布，呈現客戶到供應商的垂直關係，或由市場、技術到行銷網路的水平關聯。而產業群聚的形成，會整合相關的需求要素，在互動的過程中，產業會形成互助的關係，經由技術與資訊的不斷流通，創新的文化隨供應商與客戶的關係快速的擴散，新的思考觀點不斷產生，上下游或相關產業的效益不斷強化。而產業群聚本身就有鼓勵專業化投資的效果。當一群企業能建立緊密的合作網路，目標一致的投資科技、資訊、基礎建設與人力資源，必然會產生強大的正面影響。從另一方面來看，不同產業的企業經由綿密的合作管道供同開發，政府與大學對相關領域注意力也會提高。當產業受重視的程度增加，又會吸引更多一流的人才加入，整個產業在競爭優勢上也會不斷加強。

(三) 技術擴散機制

Linsu Kim 認爲產業在發展的初期，技術能力與先進國家的差距太大，因此在技術上必須要模仿，一旦熟能生巧之後，才能力求展開自主性與創新性的技術。而技術模仿者，除了運用本身的資源與技術基礎來接受技術之外，尚需考慮產業的學習能力。因此技術擴散機制的優劣，便決定產業技術成長速度的快慢。技術擴散機制的功能，主要提供企業技術學習的管道。企業藉由技術擴散的方式可以減少自行研究發展的大量投資，且可避免長期摸索產生的錯誤，節省人力及時間的浪費；對於資本不足、技術缺乏的企業而言，技術擴散實爲提供生產技術與強化產業競爭力最佳方式。

(四) 技術移轉機制

企業引進技術的目的，不僅爲獲取技術，而是藉著技術引進來達成改善產業技術能力的目標，以增加本身的競爭能力，減少技術差距、提昇產品品質、良品率、降低生產製造成本，並增加獲利能力。但是由於技術本身的特性，技術移轉並非單純的購買行爲，能不能成功地應用所引進的技術，有賴於良好的技術移轉機制與廠商本身技術能力的程度，才能融合、調適及改良原有的技術。

(五) 顧問與諮詢服務

通常企業在策略上力求滿足各種客戶的不同需求，來開發新的產品，因此企業便不斷的創新，抓住市場趨勢，並具備隨時調整的彈性。但是在發展的過程中，如何發展產品、改善製程，並在高風險的競爭下，有效運用必要的人力與物力摸索與了解市場資訊及需求，便有賴於良好的顧問與諮詢服務制度。以一些關於日本的研究便可發現，與其他國家相較，日本在市場與技術的資訊管理上，擅長結合不同組織，形成資訊整合網路，以提供企業做顧問與諮詢服務。

四 與市場資訊有關的產業創新需求要素

(一) 研發資料庫完整性的掌握能力

完整的市場資訊網路除了可激勵靜態的研究發展方向，更能創造出新的知識與服務方式，以提供企業改進和創新的原動力。而在流通的資訊體系下，企業進步與創新的壓力會促使企業不斷降低成本、提高品質與服務、研發新產品與新製程，更進而吸引更多競爭者投入這市場中。此外，市場資訊流通體系的形成不僅只影響單一產業或企業，對整個國家的相關產業也會受惠。競爭的企業所激發出各式各樣的產品與服務策略，不但有助於創新，在技術上也會不斷的提昇，而人才在企業間的流動，又帶給企業模仿對手更進步的機會，而藉由相關產業在資訊與技能上的流通與匯整，整個產業的創新能力便會成長。當創新不再只是個別企業的行爲時，整個產業也會成長迅速，進而帶動企業的獲利能力。

(二) 先進與專業的資訊傳播媒介

以產業發展的觀點來看，資訊是一個相當重要的關鍵資源，而產業是否能在全球的競爭環境下佔有優勢，便取決於產業內的資訊是否能廣泛的流通，因此先進與專業的資訊傳播媒介便份演著十分重要的角色。如果每一個產業都擁有充足商情、技術資訊與活潑的競爭環境，則必然呈現相當的競爭優勢。如此，藉由傳播媒體、政府機構、同業公會與其他機構交織成一個綿密的資訊網，讓產業和產品的相關資料廣泛流通與取得便利，使得企業在面臨激烈的台灣與全球市場競爭，能產生堅實的競爭能力。

五 與市場情勢有關的產業創新需求要素

市場是產業競爭重要的關鍵因素，更是產業發展的動力，同時刺激了企業改進與創新，進而提高效率。以下就需求市場的大小與需求市場的性質分別敘述之。

(一) 需求量大的市場

需求量大的市場通常對產業的競爭有利，因爲這會鼓勵企業大量投資大規模的生產設備、發展技術程、提高生產力，不過必須特別注意的是，除非市場本身特殊且政府措施或環境影響有阻絕外來競爭者的能力，否則很難形成產業特有的優勢。因此對於需發展經濟規模的產業而言，在企業具有跨足不同國際市場能力之前，必須評估台灣是否能創造出大型的需求市場。一般而言，在產業發展的初期階段，企業的投資決定多從發展台灣市場角度出發，如需大量研發、大量生產，並且是技術落差大或具有過度風險的產業，因此除非是內需市場不夠大的壓力迫使發展出口，否則大多數廠商仍覺得投資台灣市場時較有安全感。因此，政府與相關環境若具有創造內需市場的能力，對產業發展與創新便能造成相當的優勢。

(二) 多元需求的市場

市場需求可以被區隔爲不同之定位，而不同的定位受到環境的影響，便有不同之發展。因此雖然有些產業總體市場潛力不大，但只要善用區隔，照樣可以形成規模經濟。多元需求區隔市場之所以重要，是因爲它能調整企業的發展方向。使產業發展可以根據本身條件發展較有機會或有潛力的區隔，即使只算是大國的次要產業市場，仍然可以爲小國帶來產業上的競爭力。因此當產業能細分與善用許多不同區隔時，該國產業會因此產生更強的競爭優勢，細分過的產業區隔會指引廠商提昇競爭優勢的路徑，廠商也會清楚在該產業中最有持續力的競爭位置。

六 與市場環境有關的產業創新需求要素

市場的因素在產業各不同的階段與環境下，各有其特有的重要性，但是在強化市場各種不同需求條件的同時，同時也分析相關環境因素對市場的影響，而強化市場環境最大貢獻在於提供企業發展、持續投資與創新的動力，並在日趨複雜的產業環節中建立企業的競爭力。比起刺激內需市場而來的短暫優勢，上述條件產業的優勢更具決定性，更能長久延續。這些市場環境因素中，有些可以幫助產業在初期建立優勢，有些則幫助產業強化獲持續既有的競爭優勢。以下逐項說明：

(一) 對於市場競爭的規範

市場規範的目的主要在於避免台灣競爭者對資源的依賴而妨礙到國家競爭優勢的發揮。這種規範不但提供創新的壓力，並提供了競爭優勢升級的一條新途徑，當競爭者在台灣成本因素、市場地緣、供應商或進口物資成本的處境完全相同的時候，企業必須以更適合的技術、建立自己的行銷網路，或是更有效的使用資源，由於大家的基本條件相同，市場的激烈競爭可以協助企業擺脫對低層次優勢條件的依賴，強勁的的良性台灣市場競爭與隨之而來的長期競爭優勢，事實上是外國競爭者無法複製的。

(二) 國家文化與價值觀

國家文化與價值觀屬於較無形的因素，不過，當產業的發展成爲國家在文化與價值上的驕傲，對於刺激產業發展與需求成長的因素，使業者投資新產品與設備能增加強烈的信心時，國家文化與價值觀便顯出其重要性。產業競爭優勢與國家文化的關聯是十分複雜，有時是產業突然成功後在本國的地位提昇， 人民對產業的認同進而形成產業持續創新的來源，有時在於國家優先發展目標形成社會共識。此外，歷史傳統、地理特色或社會結構等， 都可能是一個產業形成國家產業與價值中心的因素。當國家資源集中在某一產業時，便可形成相當大的正向影響效果，且這正向的影響，事實上並不亞於市場需求程度場需求程度，如此產業發展與創新即可在國家與社會不斷投入相關資源過程中產生。

(三) 國家基礎建設

產業的創新與競爭優勢，是台灣在產業相關因素上長時間強化而來的，例如：每個國家在基礎建設上不斷的投資，雖然不足以創造一國的產業；但是產業的發展與創新卻需以此爲基礎。因此，持續投資基礎建設是國家經濟進步的基本條件。基礎建設可以擴大內需市場，刺激民間消費，進而影響到產業的擴張，甚至於影響到資訊的流通以及科技人才的生活品質、工作與居留的意願。故絕大多數新興工業國家在基礎建設方面，都有不錯的成績。同時產業活動的全球化，跨國企業可以透過海外設廠的方式選擇發展地點，使基礎建設所造成的效益降低。但是，在人力資源、知識資源、資本資源在各國流動下，如何集中這些資源造成優勢，仍要看基礎建設品質與效能，以決定是否能有效應用資源形成優勢效果。

(四) 對於產品技術與規格的規範

各國對於產品技術與規格上不同的規範，對各項產業而言，直接影響產業的發展。如果一個國家能將產品技術與規格的規範與本國的產業競爭優勢相結合，對產業發展影響很大。舉例來說，如果一個國家產品需求標準和國際市場主要的主要標準相同，或者是台灣產品技術與規格的規範特殊，只有台灣的產業能符合標準，而其他國家卻沒有這樣的條件，本國廠商在競爭與創新比較容易獲得優勢。

(五) 針對產業特殊用途的設施

基礎建設是依所有產業共同需求而創造出來的，但隨著產業性質不同，對基礎建設需求特性也隨之而異，而以產業優勢觀點來看，一般的基礎建設雖能提供最基本的發展條件，但是這些條件很多國家都有，效果相對不顯著。而針對產業的特殊設施，提供了專業且配合單一產業的需求條件，其所造成的效果，則是一般基礎建設所無法比擬的。通常一個國家把產業優勢建設在一般基礎建設上，一旦其他國家踏上發展相同的途徑，則優勢便岌岌可危。而投資在特定用途的設施所不同的地方在於，它可以配合產業的發展而做不同的投資。不同的投資所形成的效果與差異便有所不同。沒有一個國家能完全提供或投資所有產業的需求，在諸多的需求中，哪些是必須提昇或創造的，如何進行才有效率等問題，則與市場的情形、相關產業的表現、產業發展目標等因素有關。即使是政府的選擇上也同樣深受這些關鍵因素的影響。

七 與人力資源有關的產業創新需求要素

人力資源是產業創新中最重要的因素之一。產業不斷創新與提昇競爭優勢的同時，帶有技術知識與市場資訊的人才扮演著極重要的角色，能有效利用人力資源，提高本身生產力的國家，通常也是國際競爭中的贏家。人力資源的分類，加以整理彙結如下：

(一) 專門領域的科學家

專門領域的科學家主要指受過專門科學領域教育與訓練的高級研究人員。

(二) 高等教育人力

高等教育人力主要是指受過大學以上或相等層級教育的人力。對於產業而言，高等教育人力不但能配合研發的多元需求，更提供了行銷所需的人員素質。

(三) 專業生產人員

專業生產人員主要指受過一般相關職業訓練能操作與維護生產機器的技術人員。以生產藥品而言，在各國政府嚴格的生產規範下，製程的精密度必須透過專業的生產人員負責，以符合上市標準。

(四) 專門領域的研究人員

專門領域的研究人員主要是指受過專業訓練且在專門產業領域上有相當經驗的產業研究或技術研究人員。

(五) 研發團隊的整合能力

研發的技術牽涉廣汎，研發團隊須具備整合各項技術的能力。

八 與財務資源有關的產業創新需求要素

企業的發展與是否能有效運用資金有極密切的關係。對於產業來說，人與技術雖是必備條件，但是企業仍能透過資本形成與資金的取得來解決人才與技術的問題，因此資金問題在此顯得非常重要。如何在技術與資本密集的產業中，充分運用資金創造優勢，是產業應該正視的問題。我們主要將資金的來源分四種形式，分述如下：

(一) 高科技資本市場

此項因素主要指政府藉由相關的法規與政策輔導產業，使高科技產業可以藉由民間資金市場(證券市場、外匯市場等)取得產業發展與營運資金。

(二) 提供長期資金的銀行體系

此項因素主要指由銀行體制提供融資的優惠，其服務的對象主要在於產業或個人企業家，以資金支援長期的研究與產品商業化。

(三) 提供短期資金的銀行體系

此項因素主要是指政府藉由國營銀行或相關資金運作體制直接給予資金的支援，主要使用情況通常在研究發展計畫過於龐大，非企業所負擔，或企業發展時，政府提供設備與設施等資金資源。

(四) 風險性資金

此項因素主要指政府以相關法規，集中民間資金投資相關重點產業，對於產業具高風險的技術開發初期，由於不亦獲的充裕之資金與融資，若政府可以集中民間爲風險性資金支援，則可充裕科學家創業時之資金，以期落實新技術與產業的發展。

11.5 全球產業技術特性

11.5.1 全球混合型鎳氫電池產業的技術特色

混合型電動車(HEV)的發展帶動高功率混合型鎳氫電池的發展。目前，混合型電動車被認爲是最實用的清潔車型。日本野村綜合表示，鎳氫電池由於技術成熟，HEV所用電池將以鎳氫電池爲主；雖然，自2006年至2020年鋰離子電池的應用比例將上升至40%，但鎳氫電池仍將占60%，高功率混合型鎳氫電池成爲今後發展的趨勢。日本松下與豐田合資生產的混合型電動汽車年產6萬輛，預估2010年可年產140萬輛。美國能源部調查結果也顯示，HEV將成爲市場的主流產品；預估2020年HEV將占世界汽車總數的50%。德國Varta公司也開發HEV-10混合型電動車用高倍率(HP)及超高倍率(UHP)混合型鎳氫電池，研製的電池最高比率可達800W/kg(UHP)。台灣目前混合型鎳氫電池處於小量投產階段，產品產量及產值仍無法與國外大廠產品抗衡。

11.5.2 產業技術發展

混合型汽車 (HEVs) 發展情形台灣在1973 年由清華大學與唐榮公司合作開發電動車計畫後，開始投入電動車研究行列，於1996 年5 月台塑集團旗的亞太投資公司與美國通用汽車公司轉投資的OVONIC 公司合作研發電池技術，並共同成立了「泛亞科技公司」，引進鎳氫電池的生產線，進行電池的量產化成本分析作業。亞太投資公司的亞太一號（AP-1）僅是一種概念車、並非要量產的樣本車，開發設計的目的是將研發的馬達、控制器及電池組加以整合，並配合低風阻的車體設計，營造出車內寬廣舒適、重量較輕，適合都市內行駛、停車等要求的概念車。亞太投資公司將以發展汽車、鎳氫電池共用、互換的混合型汽車（HEVs），並以2 人座之1500C.C 中型車爲發展路線。

於2005 年12 月15 日工研院機械所證實，台朔汽車本月份已正式向經濟部申請整合性業界科專計畫，名稱訂爲「小型車複合動力系統關鍵技術先期研究計畫」。將結合機械所先前研發小型複合動力車輛的技術能量，其中第一階段將號召東元、野力等兩家馬達生產廠商，及寧茂、弘威等兩家控制器業者共同加入，進行在台灣量產的可行性評估；2006 年邁入第二階段，則會邀請華擎等更多家汽車系統與零組件廠商一起參與，促成此一發展國產HEVs計畫的實現，預計投資金額將高達數十億元，預定2008 年就要全面量產。

而福特六和、和泰豐田等業者也於2005年底與2006年初，引進在全球熱賣的混合型汽車 (HEVs) 款，於2006年和泰豐田進口Toyota Prius 400輛，預計2007 年將增至1,200 輛；福特六和於2005 年年底目前進口Escape型車，以台灣訂單，國外交車為主。縱觀台灣的混合型汽車 (HEVs) 鎳氫電池產業的發展，也將隨著混合型汽車 (HEVs) 的引進與發展，將出現新的商機。

11.6 全球產業競爭情勢

11.6.1 全球混合型鎳氫電池產業的發展

混合型汽車 (HEVs) 其設計結構上，除了引擎系統之外，尚增加一個電池系統驅動車輛，所以成本較高，成為市場銷售的不利主因之一；因此各國基於環保及能源政策皆有制訂相關條例與規定，鼓勵民眾購買混合型汽車，另歐、美、日各國的汽機車排放廢氣之環保對策及排放物質設限方面，各國皆有所差異；因此有必要對此議題加以探討瞭解。

一 美國

在美國，以國家汽車平均耗油標準－CAFE（Corporate Average Fuel Economy）法規管制車輛的耗油率，自實施以來，達成平均每年降低0.3%的效果，在1993 年後，美國政府又提出了新世代運輸交通工具能源合作計畫PNGV（The Partnership for a New Generation Vehicle），鼓勵美國本土三大車廠與學術界合作開發80mpg（mile per gallon）短距離家庭交通車輛。

目前由於並無強制遵守臭氧層大氣基準條例，因此各洲所制定的條款都以削減NMOG（非甲烷碳化氫）為主。例如：在加州，就實施針對各車廠所出產的汽車，需遵守排放NMOG之平均值規範條例。

美國加州政府1991 年規定自1998 年起在加州地區銷售之汽車需有2%之ZEV(Zero Emission Vehicle)，至2001 年及2003 年ZEV 銷售比率更提高至5%及10%，2010 年時更要求大眾運輸巴士至少70%可使用低污染車，30%以上使用ZEV；但是由於純電動車(Pure Electric Vehicle，簡稱PEVs)電池性能及續航力始終無法滿足消費者，因此市場過小無法量產，導製成本高於汽車約2 萬美元以上，爲此2001 年加州環境保護署大氣資源局部性(CARB)修改規定，將10%零污染汽車銷售比例延至2003年實施，同時將其中的6%可以將低污染車(Partial Zero Emission Vehicle，簡稱PZEV)列入計算。加州的規定也促使美國其它各州於1990年代起，相繼訂定對應計畫，以鼓勵購買零污染及低污染車之意願。

二 日本

日本推動電動車芭俺相關計畫以通產省爲主導，共有自動車NOx法、ECO-Station2000 計畫及電動車普及計畫三大項。另外環境廳則著重於輔助購買低污染車、低污染車重點導入調查及使用電動車等；運輸省負責低公害車普及化輔導及技術標準之整備等；另外自治省則投入地方之車輛導入低污染車及減稅措施。

其政府並積極訂定能源節約法，透過標準規範提昇低耗能、高效率的汽車開發。日本在低公害車的推廣上，主要是著重於氮氧化物及二氧化碳的排放量之削減。以汽油小客車爲例，2000 年起所公佈的耗能標準較1990年提高8.5%，預計在2010 年更將提高至23%；此外，並藉助補助稅、低利貸款等優惠，以增加潔淨能源汽車開發，如電動車、複合動力汽車每年100 萬輛的市場目標。日本汽車氮氧化物排放法所規定之特定區域，由各地方自治單位自訂氮氧化物總量削減計劃，日本將於公元2000 年爲止需達到30 萬台低公害汽車之普及程度。 另外，依據日本新能源引進使用大綱，推廣乾淨能源汽車（包括電力、天然瓦斯、甲醇、LPG、電力內燃混合車）的普及。更進一步地，日本政府需撥款補助相關研發機構，研發用於混合車及電力車的二次電池，以及低公害車能源供給設施。

三 歐洲

歐洲地區，各國對電動車發展的作法並不一致。但仍以研發及普及推廣兩大方向爲主。歐盟執委會EU（European Commission）爲主要推動機構，制定歐盟地區內各國汽車節能政策，目前歐洲汽車製造協會－ACEA（Association of European Automobile Manufacturers）協議，在2003 年達成新車CO2 排放降爲165-170g/km 法規標準，預計在2008年前完成新車二氧化碳排放減量到25%目標。另外，也加重燃料稅制，訂定出一套新車油耗標準，以降低車輛牌照稅、消費稅等方式，鼓勵消費者購買節能汽車，刺激汽車廠商開發低耗能車輛。歐洲以德國爲中心，主要是針對汽車排放二氧化碳有所設限，目前德國正積極開發優良的內燃機車種。另外，由於汽車排放廢氣所造成的都市環境污染程度，呈現每況愈下的情形，所以針對流動性都市內的大型車輛之排放氣，有更加嚴格的取締趨勢，特別是空氣品質逐漸惡化的都市，預定將針對低公害車以外之車輛，實施通行規則辦法。在法國，車廠、政府、電力公司皆相互簽署備忘錄，並且公開發表以巴黎爲中心廣設充電站，作爲推廣電動汽車的基礎設施。

四 中國大陸

中國大陸在「十五」國家經濟計畫期間，從維護能源安全，改善大氣環境，提高汽車工業競爭力，實現汽車工業的跨越式發展的戰略高度考慮，設立「電動汽車重大科技專項」，通過組織企業、高等院校和科研機構，以官產學研四位一體的方式聯合進行發展。爲此，從2001年10 月起，中國大陸共計撥款8.8億元作爲這一重大科技專項的經費。混合動力電動汽車目前已具備應用基礎和產業化條件，極有可能率先實現突破(李文祺，2004) 。

據新華網報道，根據國家863計劃電動汽車重大專項的目標定位和技術路線，結合中國大陸電動汽車發展現狀，以混合動力電動汽車作爲現階段中國大陸電動汽車發展的重點和方向，率先完成批量生產，實現產業化，取得突破(田建軍與戴勁松，2002)。其中，東風、長安、奇瑞等汽車集團對此都投入了較大的人力、物力。各車型均已完成功能樣車開發，正在著手性能樣車開發和產業化準備，在控制、混連線電耦合機構方案等方面已實現眾多技術創新。2003年11月8日，湖北省啓動武漢電動汽車試驗示範運行工作，先後投入6輛由東風電動車輛股份有限公司研製的混合動力客車，已累計運行14萬多公里，載客15萬人次；混合動力轎車按ECE城市情況與基本車型進行的對比試驗顯示，其燃料經濟性提高40%左右，達到了節油的目的。長安公司採用同軸ISG輕度混合方案，成功開發了第二輪功能樣車和第三輪性能樣車，並在台灣率先開展了混合動力專用發動機開發。經過國家檢測機構測試，動力性能接近參考車的水準，綜合油耗降低接近17%，排放達到歐洲標準。

五 台灣

台灣推動電動車研發及推廣的組織架構已漸成型，主要由行政院所設立的電度車輛指導委員會進行跨部會協調溝通所涵蓋單位爲經濟部、環保署、國科會、勞委會、地方政府、交通部及財政部等。

台灣最早是實施「車輛容許耗用能源標準及檢查管理辦法」，管制各型車輛最低耗能標準，並限制高耗能車輛生產及銷售。預計在2010年達到二氧化碳減量16%，2020年減28%的能源政策目標，並將過去隨車徵收燃料稅改制爲隨油徵收方案。在耗能標準方面，也將自1995年起的車重區分改爲引擎容積區別方式，也將小貨車與休旅車共同納入管制範圍。且行政院院會在1998年3月已通過環保署所提「發展電動機車計畫」，經濟部工業局亦已將電動車列爲台灣車輛工業發展策略之重要項目，顯示政府積極推動台灣電動車產業發展之決心。

政府已實施獎勵及補助措施，目前將「新購電動輔助自行車補助辦法」補助規定延至2007年，每人補助每輛3,000元台幣，以協助電動機車產業發展。至於電動汽車與HEVs部分，近四年來更投資5.2億元巨資在技術研發方面(民生報，2005)，從2002年起，台灣工研院機械所結合經濟部科專和能源局計畫，開始執行「小型淨潔車輛與關鍵技術發展五年計畫」，正式與台灣車輛相關業界一起投入綠色產業麾下，爲潔淨車輛能源技術共同效力；然而在普及推廣方面卻僅提供每輛車補助3,000元爲限，以TOYATAPRIUS II爲例，加上貨務稅及汽車稅，價錢高達118萬元台幣。

六 小結

事實上，由於歐、美、日的低公害汽車推廣政策有所差異，因此目前的低公害汽車，權衡其排放廢氣的性質，要做到降低所有污染物質對環境的負荷，顯然很困難，因爲環保對策的不同所推廣的低公害車種亦不相同。

在此我們彙整各國政策有以下二個重點：

(一) **技術研發方面：**以研發創新高功率、體積小、重量輕及成本低之電池爲主要目標其方向如下。

1. 提昇內燃機研發技術（如噴射引擎等），以達到削減二氧化碳排放量。
2. 研發電力、內燃兩用系統，以達到同時削減二氧化碳及氮氧化物排放量。
3. 研發電力、燃料電池之汽車，以達到零放射的目標。

(二) **推廣普及化方面：**以輔助、減稅及提高低污染車、零污染車比例爲主，鼓勵購買意願，以擴大市場需求性；主要方向如下：

1. 立法規定地區銷售之汽車需有一定比例之零污染車(ZEV)及低污染車(PZEV)。
2. 對零污染車(ZEV)或是低污染車(PZEV)之貨物稅、車輛稅予以減少。
3. 逐年將公務用車如垃圾車大型公用巴士等車輛轉換成零污染車(ZEV)或是低污染車(PZEV)。
4. 廣設零污染車(ZEV)或是低污染車(PZEV)之能源供應站。

11.6.2 產業現況

Polk調查顯示2003年全美混合型汽車(HEVs)已成長43,435輛，比2002年成長25.8%；其中又以加州的成長率最高，佔總數量的八分之一，總計11,425輛。而混合汽車的成長主要原因來自於汽油價格的高漲，及汙染空氣排放的標準愈來愈高所造成的。全球混合型汽車(HEVs)銷售以日本豐田自1997年開發混合型汽車(HEVs)量產上市最早，目前是無可匹敵的，豐田汽車公司率先以量產方式推出Prius 商品化車輛後，繼於2000年於北美市場上市後，由於產品性優越，廣受消費者讚賞，全球平均年成長率達到86%(AVICENNE,2006)，2005年日本及北美等市場銷售已達到30 萬輛以上，超過歷年來電動車 (PEVs) 銷售總額；其中在美國出售的混合型汽車已高達20萬輛，超過了其他所有汽車製造商，包括戴姆勒克萊斯勒、福特、本田和現代等在2004年的共銷量，在日本出售的混合型汽車也達15萬輛。現已上市之車型，已有豐田Prius、本田Civic Hybrid及福特Escape Hybrid，繼此之後，此三大車廠與其他車廠日產、通用及戴姆勒克萊斯勒相繼宣布將於2007年生產各型複合動力車上市。

11.6.3 市場產品技術

鎳氫電池組(Pack) 是將一個或多個鎳氫電池芯(Cell)串聯或併聯，經設計加上保護、安全線路、外殼等之後，封裝而成的電源產品。台灣廠商在1980 年代即積極投入小型鎳氫電池組裝，初期在充分發揮台灣特有的低成本製造、彈性及運籌管理等核心能力下，而能伴隨著全球3C 電子產業而快速成長。由於小型鎳氫電池組裝市場資金及技術門檻低，故吸引台灣廠商競相投入，廠商曾高達100 家以上，但多爲小型資本廠商，由於產品同質性高，加上價格競爭激烈，隨著產品單價下滑，及鋰離子電池搭載率日益提高，致使鎳氫電池組已下降，以預見未來小型電池組裝將由鋰電池組維持市場優勢。而台灣在混合型汽車(HEVs) 鎳氫下游電池組PACK 產業方面，目前尚無公司投資生產，但是台灣耐能、勁華、量威等三家公司，在電動機車及自行車方面的大功率鎳氫電池方面已上市量產，目前電池組PACK 訂單依技術層次可分爲ODM、OEM 及售後服務市場(After Market)三種型態。

11.6.4 產業領導廠商

就全球混合型汽車 (HEVs) 最大佔有率的兩個國家日本、美國以及全球，其銷售情形概述如下。

一 日本

日本在1996 年以前主要以PEVs 爲主，但在電池技術尚未突破下，產銷量約僅數百輛左右。自1996 年Toyota 正式發表Prius HEVs並進行量產後，HEVs的產量隨即超越發展多年的PEVs，自此日本汽車發展係以混合型汽車 (HEVs) 爲其其主要方向。

2001年日本台灣產量達5萬2,236輛，銷售數量爲2萬4,855輛，而同年度EV僅生產565輛、銷售171輛，BEV與HEVs呈現互爲消長的狀況。因此目前日本的電動汽車市場結構主要集中在HEVs小型轎車，並以Toyota Prius 佔最大銷售比例，其他如日產研發之複合動力汽車Tino 在停產前也僅賣出100輛，目前複合動力車市場規模仍小，研發成本相當高昂；如在市場上發展較爲成功的Toyata Prius也是歷經5年的努力才轉虧爲盈，因此未來各汽車廠可能多會採取技術合作的方式來降低研發成本；如2002年日產與Toyota汽車公司已達成合作協議，將透過技術交流，共同研發新HEVs車種，並由Toyata提供複合動力系統的零件給日產，將未來5年銷售目標訂爲10萬輛。

從1997至2004年間，日本Honda推出的Insight、Civic及Accord等三款混合型汽車，共計銷售81,867輛；Toyota Prius共計銷售混合型汽車306,862輛，Toyota計劃在未來幾年，每年銷售100萬輛混合型汽車(HEVs)(Toyota, 2005)。

二 美國

美國加州規定自1998 年起強制銷售比率，而形成Evs及HEVss市場是必然之趨勢。而由於純電動汽車目前電池技術還不夠成熟，眞正走向市場還有很長時間， 但是混合動力汽車由於可以使用現有的燃油而不用充電，是目前能夠商業化並實現量產的技術。預測HEVs的消費需求與市場規模可能大爲增加。美國HEVs正式上市的Honda Insight銷售較早，以近乎同步的時間於美國、歐洲、日本等地上市，不過由於其廢氣排放量較Toyota Prius爲多，市場銷售並不看好，累計至2003年(1~4 月)銷售量僅有1 萬2,503輛，銷售成績不如Toyota於2000年第三季才在美國推出的Prius，其累計至2002年(1-4月)Prius已在美國銷售4萬8,800 輛。

展望美國HEVs市場，從2002年起美國民眾購買電動汽車可享有退稅，及2003年加州ZEV法案的施行下，複合動力汽車的銷售逐漸成長。

美國在2004 年底汽車銷售量達225 百萬輛，是全世界最大的汽車市場；但是汽車總銷售量相當長一段時期成長緩慢（平均每年低於2%），預測未來也將成長緩慢；其主因是不在於收入的增減，而是受限於家庭及領有駕照人的數量，此種情形表示汽車市場需求量已達飽合。然而在相同情形下，混合型汽車 (HEVs) 卻已驚人之勢快速成長；從2000 年至2004 年之間每年成長率達111%，2004 至2011 年預測每年成長率將達60%，然而混合型汽車的銷售量僅佔汽車總銷售量之一至二個百分比，顯示混合型汽車未來將有一番前景。

三 全球

依據美國AVICENNE(2006)預測顯示全球HEVs的銷售從2004 年不到0.5 百萬(Million)開始，逐年成長至2010 年的2.1 百萬，顯示HEVs的前景看好；其中製造廠以Toyotau、Honda、Ford 等三大汽車廠刮分HEVs的市場，至於美國另兩大汽車廠通用(GM)及戴姆勒克萊斯勒(D-Chrysler)因投入在燃料電池領域上，技術始終無法突破，尚未量產上市；而豐田由於投入HEVs甚早，目前全球市佔率是一枝獨秀，獨佔鰲頭，為全球最大產銷國約佔全球50%以上之市場佔有率。

四 台灣

台灣電池製造業之歷史，可追溯至台灣光復初期。早期乃由國外引進技術，並從事碳鋅與鉛酸電池之生產，但生產規模並不大。1966 年以後台灣經濟逐漸起飛，電子與汽機車產品日益普及，對電池之需求增加，湯淺等工廠陸續設立，台灣電池製造始有較顯著之發展。

目前台灣混合型汽車 (HEVs) 鎳氫電池，與日本、美國相互比較，尚處於起萌階段，其主要原因主要在於台灣下游汽車應用產業無法配合及混合型汽車 (HEVs) 未能普及化；然而在小型電池方面，電池組裝技術確具有豐厚實力，使得相關的混合型汽車 (HEVs) 鎳氫電池組裝技術獲得容易，在加上未來石油價格飆漲及環保的訴求，若能配合政府政策支持，混合型汽車 (HEVs) 鎳氫電池仍具有潛力。以下的節次依據混合型汽車(HEVs) 鎳氫電池產業價值鏈，將台灣混合型汽車 (HEVs) 鎳氫電池區分成：上游為電池材料、中游為電池製造及組裝、下游為行銷服務(如圖 30)，分別說明如下：

由於台灣鎳氫電池組裝技術成熟，且在電動自行車及電動機車車用之鎳氫電池，已發展一段時期，若能配合政府政策之協助及HEVs汽車之發展，台灣HEVs鎳氫電池發展，仍有潛力。

五 小結

以2005年爲例，全球HEVs銷售量已經超過30萬輛，Toyota佔78%市佔率，依序爲Honda(14%)、Ford(7%)；各國使用佔有率分別爲美國(66%)、日本(26%)、歐洲(7%)。就上述的資料，分析歸納有以下原因：

(1) 爲了鼓勵混合型汽車的使用，美國、日本都祭出了減免所得稅、汽車稅、現金補助等優惠措施；美國加州甚至連賣油電車的代理商都可領到最高相當於千萬元台幣的獎勵金，油電車市區還可免費停車；英國倫敦的油電車則享有免收過橋費的特權。 即以Toyota在美國熱銷的油電混合動力車Prius爲例，第一代主要採用的是Corolla的車身，但在各項聯邦及州政府補助下，價格只比採用汽油的Corolla貴上4,000美元左右(約合台幣13萬元)，在美國賣到缺貨，訂車後往往要等4~6個月，才能拿到新車。

(2) 全球各大汽車廠家，根據對混合動力技術的態度，分成三類：推進者、跟進者和反對者。大力推進混合動力技術的，有日本的豐田、本田和美國的福特。豐田汽車自1992年斥巨資大力開發混合動力技術，如今在此領域是媒體公認的開拓者。豐田的Prius於1997年在日本上市，2000年進入美國市場，至今已9年多，從數據資料得知其產輛佔全球首位；顯示Toyota具有優先進入者之優勢(The first mover)。

11.7 產業組合模式分析

1.7.1 臺灣混合型鎳氫產業提昇競爭優勢關鍵條件

我們根據台灣HEVs鎳氫電池產業相關文獻與專家意見整理，歸納出HEVs鎳氫電池產業領域各個區隔所需不同的產業創新需求類型與創新需求要素(IIRS)，如表11.1、表11.2 所示。

■ 表11.1 HEVs鎳氫電池產業創新需求類型

		產業價值鏈		
		材料供應／研發	電池製作／組裝	系統設計／行銷服務
策略群組／定位	產品技術領導	研究發展 研究環境 市場資訊 人力資源 市場情勢	研究發展 技術知識 市場資訊 人力資源	技術知識 市場情勢 市場環境 市場資訊
	營運效能領導	研究發展 研究環境 技術知識 市場資訊	技術知識 市場資訊 市場情勢 財務資源	研究環境 市場資訊 市場環境
	親密顧客服務導向	研究環境 技術知識 市場情勢 市場資訊 人力資源	技術知識 市場情勢 市場環境	市場情勢 市場環境 市場資訊

資料來源：本研究整理

11.7.2 臺灣混合型鎳氫產業所需之政策類型

■ 表11.2 HEVs鎳氫電池產業所需之產業創新需求要素(IIR$_S$)

		產業價值鏈		
		材料供應／研發	電池製作／組裝	系統設計／行銷服務
策略群組／定位	產品技術領導	上游產業的支援 企業創新精神 同業間的技術合作 政府合約研究 國家基礎研究能力 國家對創新的支持 專利制度 專利領域的研究機構 先進與專業資訊的資訊傳播媒介 研究資料的完整性掌握能力 多元需求的市場 需求量大的市場 專門領域的科學家 專門領域研究人員 研究團隊的整合能力 高科技資本市場 提供長期資金的銀行或金融體系 風險資金	上游產業的支援 企業創新精神 同業間的技術合作 政府合約研究 國家基礎研究能力 國家對創新的支持 技術資訊中心 產業群聚 先進與專業資訊的資訊傳播媒介 研究資料的完整性掌握能力 專門領域的科學家 專門領域研究人員 研究團隊的整合能力	技術資訊中心 產業群聚 先進與專業資訊的資訊傳播媒介 研究資料的完整性掌握能力 多元需求的市場 需求量大的市場 市場競爭的規範 國家文化與價值觀 國家基礎建設 產品技術與規格的規範 針對產業特殊用途的設施

表11.2　HEVs鎳氫電池產業所需之產業創新需求要素(IIR$_S$)(續)

	營運效能領導	上游產業的支援 企業創新精神 同業間的技術合作 政府合約研究 國家基礎研究能力 國家對創新的支持 專利制度 專利領域的研究機構 技術資訊中心 產業群聚 先進與專業資訊的資訊傳播媒介 研究資料的完整性掌握能力	技術資訊中心 產業群聚 多元需求的市場 需求量大的市場 先進與專業資訊的資訊傳播媒介 研究資料的完整性掌握能力 高科技資本市場 提供長期資金的銀行或金融體系 風險資金	專利制度 專利領域的研究機構 先進與專業資訊的資訊傳播媒介 研究資料的完整性掌握能力 市場競爭的規範 國家文化與價值觀 國家基礎建設 產品技術與規格的規範 針對產業特殊用途的設施
	親密顧客服務導向	專利制度 專利領域的研究機構 技術資訊中心 產業群聚 多元需求的市場 需求量大的市場 研究資料的完整性掌握能力 專門領域的科學家 專門領域研究人員 研究團隊的整合能力	技術資訊中心 產業群聚 多元需求的市場 需求量大的市場 市場競爭的規範 國家文化與價值觀 國家基礎建設 產品技術與規格的規範 針對產業特殊用途的設施	多元需求的市場 需求量大的市場 國家基礎建設 先進與專業資訊的資訊傳播媒介 研究資料的完整性掌握能力 市場競爭的規範 國家文化與價值觀 國家基礎建設 產品技術與規格的規範 針對產業特殊用途的設施

資料來源：本研究整理

11.7.3　臺灣混合型鎳氫產業產業之具體推動策略

根據台灣HEVs鎳氫電池產業環境配合顯著不足之政府政策工具分析，以及產業環境配合不充分之重要政策工具，所得政府欲發展該產業的推行政策建議，再納入訪談產業界所彙整之意見，進一部歸納出配套具體政府推動策略，以下爲本研究所做之整理。

一　在科學與技術之發展方面

(一) 由行政院專責相關單位，整合交通部、經濟部、財政部及環保署等政府資源，協助HEVs鎳氫電池產業，提供更多的經費及技術的引進、移轉與擴散，並透過網路交流訊息，建立技術交流機制 (科學與技術開發)。

(二) 培養混合型汽車 (HEVs) 鎳氫電池測試、計價、應用推廣、專利申請（迴避）等等後端之技術服務人員(科學與技術開發)。

(三) 健全、改進台灣之職技教育，提供各相關職技教師在(HEVs)鎳氫電池領域的在職進修，鼓勵跨領域HEVs鎳氫電池學程的課程規劃，並延攬國外優秀人才至台灣教學(科學與技術開發)。

二 在教育訓練方面

(一) 開放大學教授至HEVs鎳氫電池技術開發科技產業兼職制度(教育訓練)。

(二) 政府編列預算協助各科學園區，及結合附近知名大學建立前瞻性系統環境，帶動HEVs鎳氫電池產業設計、製造、組裝與測試技術發展(教育訓練)。

(三) 提高HEVs鎳氫電池相關科系博碩士班員額，提昇教育水準，及開設夜間部HEVs鎳氫電池整合技術性課程(教育與訓練)。

(四) 鼓勵研究人員跨領域之整合，培養HEVs鎳氫電池系統整合開發人員(教育與訓練)。

(五) 大學教師研發可考慮以專利與學術期刊發表並重，簡化專利的申請與審查(教育訓練)。

三 公營事業方面

(一) 由行政院開發基金為主成立HEVs鎳氫電池領導型公司，提高HEVs鎳氫電池產業知名度及競爭力(公營事業)。

(二) 整合大型公家銀行投資或長期融資，有潛力的HEVs鎳氫相關產業（公營事業）。

四 資訊服務

(一) 以新竹、台中、台南等科學園區為中心，建立技術交流機制，透過網路交流訊息，吸引台灣外優秀單位加入群聚的活動，並建立混合型汽車(HEVs)鎳氫電池產業知識庫及知識網路，提供資訊服務（資訊服務）。

(二) 善用工研院、經資中心等計畫人才，並舉辦大型環保及節能學術研討會，提供資訊的取得管道(資訊服務)。

(三) 刊登研討會與期刊資料外，充實網路資料庫內容，提供大量而豐富資訊服務(資訊服務)。

(四) 律定專責單位協助產業尋找顧客，並成立規劃單一混合型汽車(HEVs)鎳氫電池資料庫或圖書館(資訊服務)。

五 財務金融方面

(一) 政府協助增進資本市場自由化及健全金融市場體制(財務金融)。

(二) 大型公家銀行低息貸款HEVs鎳氫電池產業(財務金融)。

(三) 設立HEVs鎳氫電池相關產業風險基金(財務金融)。

六 租稅優惠方面

(一) 針對HEVs鎳氫電池產業，修頒相關投資抵免稅法規條例(租稅優惠)。

(二) 修頒相關法令，明列HEVs的補助項目包括：直接補貼購車金額，減免關稅、燃料稅、牌照稅，以及減免停車費、過路費等（租稅優惠）。

(三) 補助營業用車隊，如計程車、租用車等使用里程最多的車輛。補助金額將以其能消減的污染量作爲計算基礎，由公務預算支出（租稅優惠）。

七 法規及管制方面

(一) 修頒相關廢氣排放標準，促使車輛製造業者生產低污染車輛，更可進而有效淘汰高污染車輛。但爲避免對台灣的車輛製造業及一般民眾的生活造成過大衝擊，排放標準係採分期加嚴的方式來實施(法規及管制)。

(二) 加強專利認證與重視專利及智慧財產權(法規與管制)。

(三) 以智慧財產局爲主導，納編國科會、工研院及相關業者協助，加速專利審查制度(法規與管制)。

(四) 獎勵創投基金公司，投資HEVs鎳氫相關產業(法規及管制)。

八 政策性措施方面

(一) 鼓勵台灣鎳氫電池業者與日本鎳氫電池主要大廠(如松下)及中國大陸原料廠商建立合作機制，穩固材料來源，降低成本，並藉由合作帶動台灣HEVs鎳氫電池產業新的競爭優勢與創新（政策性措施）。

(二) 加強學校對「環保意識」的教育，使其成爲日常生活的一部分，促使消費者以環保爲首要購車考量（政策性措施）。

(三) 台灣鎳氫電池業者自行設計之HEVs鎳氫電池系統及重要精密零組件之投資計畫列爲「新興重要策略性產業」，予以輔導產業發展(政策性措施)。

(四) 以國科會專案計畫政策主導，並結合台灣汽車業(如裕隆、福特、中華、台塑等)、鎳氫電池業(如耐能、勁華、量威等)及各大學相關科系，建立HEVs鎳氫電池系統設計平台（政策性措施）。

(五) 經濟部贊助研究資金給相關汽車業者，整合工研院HEVs車輛的技術能量，及馬達與控制器、大功率鎳氫電池、引擎協力廠商等技術，訂定產品目標，以產品市場爲導向，各司所職，合作支援(政策性措施)。

(六) 由政府補助「中華民國電動車輛協會」部分經費，整合環保署、國科會、大專院校等單位研究發展合作機制，催生HEVs產業（政策性措施）。

(七) 由政府主導發展出一套更有效率的電池充電系統；並發展充足有效率的充電設施，及充電系統標準的制定（政策性措施）。

(八) 針對HEVs鎳氫電池設立長期資金提供之評估單位(政策性措施)。

(九) 修頒「加速製造業升級及投資方案」第三項措施「加速資本及技術密集工業之發展」，「主導性新產品開發輔導辦法」，明列HEVs鎳氫電池產業爲主導性新產品開發輔導項目，以提供研究開發補助經費方式，鼓勵台灣鎳氫電池產業具有研究發展潛力之廠商，參與本項輔導計畫爲重點（政策性措施）。

九 政府採購方面

(一) 由工研院爲主導向經濟部申請整合性業界科專計畫，結合台灣業者(如耐能、勁華、量威)建立大功率鎳氫電池之材料與系統設計技術合約研究，加強重要鎳氫電池之材料開發製程技術（政府採購）。

(二) 增修相關法令與配套措施，要求中央各部會及地方政府機關編列預算，逐年採購低汙染車種(混合型汽車、電動車)當作公務車(政府採購)。

(三) 由政府成立「油電動力車輛策略聯盟」，直接向領導品牌購買技術權利，讓油電車立刻量產，達到「以量制價」之效果（政策採購）。

(四) 落實政府贊助工研院等研究機構之HEVs鎳氫電池合約研究成果之移轉機制運作(政府採購)。

(五) 政府委託工研院負責整合台灣汽車業者與國外HEVs廠合作對象，於台灣成立HEVs鎳氫電池研發或製造行銷中心，統籌在台研發、原料採購、品保及輔導等事宜(政府採購)。

(六) 政府逐年編列一定比例之預算，採購混合型動力巴士等交通大眾運輸工具(政府採購)。

十 公共服務方面

(一) 透過環保署給予混合型汽車一種環保車的認證方式，讓關心環境的開車族分享爲環保出一分力量的榮譽，提昇混合型汽車的購買氣勢(公共服務)。

(二) 計畫建構綿密的公共充電站網路，提昇基礎設施(公共服務)。

(三) 結合綠色環保民間團體，運用不同之教育方式(如座談會、演講等活動)提供各項有關節能及環保教育知識（公共服務）。

(四) 由工研院建立HEVs鎳氫電池及充電器測試標準，車輛研究中心負責HEVs整車性能測試標準（公共服務）。

(五) 比照日本電動車協會之標準化委員會之工作性質，由「中華民國電動車輛協會」納編工研院、汽車業者、電池業者、馬達及控制器業者及相關零組件業者，成立HEVs標準化委員會制定標準充電系統規格（公共服務）。

十一 貿易管制方面

(一) 仿效歐美各國鼓勵研發、使用混合型汽車之方式，將HEVs鎳氫電池系統設計技術列屬「重要科技事業適用範圍及標準」，抵減營業所得及各項材料進出口關稅，降低生產成本（貿易管制）。

(二) 運用經濟部「進口開發設計及測試用之車種適用減免繳納稅捐用途證明」及「外國營利事業收取製造業技術服務業及發電業之權利金暨技術服務報酬免稅案件」，協助鎳氫電池業者引進國外先進HEVs鎳氫電池開發設計技術(貿易管制)。

(三) 參考國外相關作法，及早增修相關法令與配套措施，並律定HEVs及電動車之佔有率，採逐年增加佔有率方式，刺激市場需求（貿易管制）。

土 海外機構方面

(一) 制定海外市場策略與產品競爭策略研究機構(海外機構)。

(二) 設立海外機構協助全球各應用市場的發展(海外機構)。

以上結論乃是針對目前台灣發展HEVs鎳氫電池產業環境配合程度較不足的領域以及彙整專家認爲應加強之產業創新需求要素，提出具體的施政建議，但所有的產業創新需求要素對於整體HEVs鎳氫電池產業的發展都具有不同程度的影響力，因此不宜偏廢。

11.7.4 產業定位與位來發展方向

HEVs鎳氫電池產業定位與未來所需IIRS 及政策工具分析本節次主要是運用所歸納出HEVs鎳氫電池產業領域各個區隔所需不同的產業創新需求類型與創新需求要素(IIRS)及其所對應之相關政策工具，並經專家訪談確認後，專家們認爲目前台灣HEVs鎳氫電池產業尚未形成，但是台灣耐能、勁華及量威等廠商，投入鎳氫電池芯(cell)及電動機車及自行車電池組裝生產已有多年之經驗，品質與技術介於中國大陸與日本之間，雖然近年來，考量中國大陸鎳氫電池原料及人力成本低，台灣的鎳氫電池芯及部分電池組裝等工廠已轉移至大陸，然而由於過去鎳氫電池芯及電池組裝的經驗累積，管理能力、系統設計的水準與國際化程度皆優於大陸，所以台灣仍能獲得台灣、外客戶訂單，與日本等國際大型專業的鎳氫電池芯及電池組裝公司相較，台灣的產品除了受限於原料、規格或專利等因素之外，另台灣並無配合之混合型汽車HEVs產業，僅有台塑汽車公司投資HEVs產業研究發展，且尚未上市量產，所以附加價值不若日本及歐美廠商高，因此，專家認爲台灣HEVs鎳氫電池產業目前定位在於電池製作與組裝中親密顧客服務導向的區塊。

在HEVs鎳氫電池產業價值鏈中，各活動的附加價值如同施振榮先生所提的微笑曲線，電池製造與組裝的部分是附加價值較低的部分，而材料供應與行銷服務的附加價值較高，因此專家建議未來的定位與發展方向，應朝向較有利可圖的系統設計與行銷服務上，其產業定位及未來發展方向所需IIRS 及政策工具如圖11.4、圖11.5。

		產業價值鏈		
策略群組／定位		材料供應／研發	電池製作／組裝	系統設計／行銷服務
	產品技術領導	上游產業的支援 企業創新精神 同業間的技術合作 政府合約研究 國家基礎研究能力 國家對創新的支持 專利制度 專利領域的研究機構 先進與專業資訊的資訊傳播媒介 研究資料的完整性掌握能力 多元需求的市場 需求量大的市場 專門領域的科學家 專門領域研究人員 研究團隊的整合能力 高科技資本市場 提供長期資金的銀行或金融體系 風險資金	上游產業的支援 企業創新精神 同業間的技術合作 政府合約研究 國家基礎研究能力 國家對創新的支持 技術資訊中心 產業群聚 先進與專業資訊的資訊傳播媒介 研究資料的完整性掌握能力 專門領域的科學家 專門領域研究人員 研究團隊的整合能力	技術資訊中心 產業群聚 先進與專業資訊的資訊傳播媒介 研究資料的完整性掌握能力 多元需求的市場 需求量大的市場 市場競爭的規範 國家文化與價值觀 國家基礎建設 產品技術與規格的規範 針對產業特殊用途的設施
	營運效能領導	上游產業的支援 企業創新精神 同業間的技術合作 政府合約研究 國家基礎研究能力 國家對創新的支持 專利制度 專利領域的研究機構 技術資訊中心 產業群聚 先進與專業資訊的資訊傳播媒介 研究資料的完整性掌握能力	技術資訊中心 產業群聚 多元需求的市場 需求量大的市場 先進與專業資訊的資訊傳播媒介 研究資料的完整性掌握能力 高科技資本市場 提供長期資金的銀行或金融體系 風險資金	專利制度 專利領域的研究機構 先進與專業資訊的資訊傳播媒介 研究資料的完整性掌握能力 市場競爭的規範 國家文化與價值觀 國家基礎建設 產品技術與規格的規範 針對產業特殊用途的設施
	親密顧客服務導向	專利制度 專利領域的研究機構 技術資訊中心 產業群聚 多元需求的市場 需求量大的市場 研究資料的完整性掌握能力 專門領域的科學家 專門領域研究人員 研究團隊的整合能力	技術資訊中心 產業群聚 多元需求的市場 需求量大的市場 市場競爭的規範 國家文化與價值觀 國家基礎建設 產品技術與規格的規範 針對產業特殊用途的設施	多元需求的市場 需求量大的市場 國家基礎建設 先進與專業資訊的資訊傳播媒介 研究資料的完整性掌握能力 市場競爭的規範 國家文化與價值觀 國家基礎建設 產品技術與規格的規範 針對產業特殊用途的設施

圖11.4 HEVs鎳氫電池產業定位與未來所需IIR_S

<table>
<tr><td></td><td colspan="4">產業價值鏈</td></tr>
<tr><td rowspan="4">策略群組／定位</td><td></td><td>材料供應／研發</td><td>電池製作／組裝</td><td>系統設計／行銷服務</td></tr>
<tr><td>產品技術領導</td><td>公營事業（研究發展）
科學與技術開發（研究發展、研究環境、人力資源）
教育與訓練（研究發展、研究環境、人力資源）
租稅優惠（研究發展）
法規與管制（研究環境）
政策性措施（研究發展、市場情勢）
政府採購（研究發展、市場情勢）
貿易管制（市場情勢）
海外機構（市場情勢）
資訊服務（市場情勢）</td><td>公營事業（研究發展）
科學與技術開發（研究發展、人力資源）
教育與訓練（研究發展、技術知識、人力資源）
資訊服務（技術知識、市場資訊）
租稅優惠（研究發展）
政策性措施（研究發展）
政府採購（研究發展）</td><td>教育與訓練（技術知識）
資訊服務（技術知識、市場資訊）
政策性措施（市場情勢、市場環境）
政府採購（市場情勢）
貿易管制（市場情勢）
海外機構（市場情勢）
法規與管制（市場環境）
公共服務（市場環境）</td></tr>
<tr><td>營運效能領導</td><td>公營事業（研究發展）
科學與技術開發（研究發展、研究環境）
教育與訓練（研究發展、研究環境、技術知識）
租稅優惠（研究發展）
政策性措施（研究發展、市場情勢）
政府採購（研究發展、市場情勢）
法規與管制（研究環境）
資訊服務（技術知識、市場資訊）</td><td>教育與訓練（技術知識）
資訊服務（技術知識、市場資訊）
政府採購（市場情勢）
海外機構（市場情勢）
公營事業（財務資源）
財務金融（財務資源）
法規與管制（財務資源）
政策性措施（財務資源、市場情勢）
貿易管制（市場情勢）</td><td>科學與技術開發（研究環境）
法規與管制（研究環境）
教育與訓練（研究環境、市場環境）
資訊服務（市場資訊）
政策性措施（市場環境）
公共服務（市場環境）</td></tr>
<tr><td>親密顧客服務導向</td><td>科學與技術開發（人力資源、研究環境）
教育與訓練（技術知識、人力資源、研究環境）
法規與管制（研究環境）
資訊服務（技術知識、市場資訊）
政策性措施（市場情勢）
公共服務（市場環境）
政府採購（市場情勢）
貿易管制（市場情勢）
海外機構（市場情勢）</td><td>教育與訓練（技術知識）
資訊服務（技術知識）
法規與管制（市場環境）
政策性措施（市場環境、市場情勢）
公共服務（市場環境）
政府採購（市場情勢）
貿易管制（市場情勢）
海外機構（市場情勢）</td><td>法規與管制（市場環境）
資訊服務（市場資訊）
政策性措施（市場環境、市場情勢）
公共服務（市場環境）
政府採購（市場情勢）
貿易管制（市場情勢）
海外機構（市場情勢）</td></tr>
</table>

圖11.5　HEVs鎳氫電池產業定位與未來所需政策工具

11.8 結論

根據全球混合型汽車 (HEVs) 鎳氫電池產業競爭動態與發展趨勢來看，本研究分析結果顯示目前台灣混合型汽車 (HEVs) 鎳氫電池產業目前定位主要處於產業價值鏈的電池製造代工區塊中，而主要競爭策略屬於營運效能領導導向。雖然在台灣混合型汽車 (HEVs) 鎳氫電池產業尚未導入市場開發，然而在全球混合型汽車 (HEVs) 鎳氫電池產業仍在兵荒馬亂及規格標準未統一下，台灣(HEVs)鎳氫電池產業是轉機，也是危機；如能儘早投入，也許可以搶佔先機，創造同半導體產業的價值。因此專家建議未來發展的方向與策略是提昇台灣的(HEVs)鎳氫電池系統創新設計能力，並且往營運效能領導的區塊發展，以提昇產業整體產值。

根據問卷結果分析，目前台灣混合型汽車 (HEVs) 發展政策與產業需求配合程度明顯不足之產業創新需求資源有四項，包括有：「研究發展」、「市場情勢」、「市場環境」、「人力資源」等。而專家預測未來五年內，產業環境的配合程度將因政府政策及產官學研的通力合作下，僅有「市場情勢」配合程度顯著不足之產業創新需求資源，顯示國家配合度有明顯的進步與改善。

在創新需求要素的分析中，目前混合型汽車 (HEVs) 鎳氫電池產業配合度顯著不足之產業創新需求要素有：上游產業的支援(研究發展)、政府合約研究(研究發展)、國家基礎研究能力(研究發展)、國家對創新的支持(研究發展)、需求量大的市場(市場情勢)、國家文化與價值觀(市場環境)、針對產業特殊用途的設施(市場環境)、專門領域的科學家(人力資源)、研發團隊的整合能力(人力資源)、風險性資金(財務資源)等十項。

未來五年後，專家認爲混合型汽車 (HEVs) 鎳氫電池產業配合度顯著不足之產業創新需求要素有：上游產業的支援(研究發展)、需求量大的市場(市場情勢) 、針對產業特殊用途的設施(市場環境)、提供短期資金的銀行或金融體系(財務資源)等四項，是台灣產業的環境配合程度顯著不足。

但對於未來五年後的展望，專家所預期配合不足的項目有顯著的減少，可見專家認爲政府的政策方向及政策的落實上，有積極的態度，對台灣在發展HEVs鎳氫電池產業的前景，持樂觀的態度。

座談會中專家建議政府可立即協助產業發展的政策方向有：政府補助或主導HEVs鎳氫電池產業開發、刺激市場需求、由政府成立「油電動力車輛策略聯盟」、全球與大陸市場佈局、人才培訓與引進等5 項政策，將可對混合型汽車 (HEVs) 鎳氫電池產業的發展產生立即且正面的助益。

最後根據問卷及專家座談，本研究歸納出25 項產業創新需求要素之重要性，並依據環境政策配合度並與相關政策工具類型連結，提供49 項政府具體推動策略，俾供參考；若依政策工具類型區分，其中，供給面（14項）；環境面（19項）；需求面（16項），依政府政策工具類型，得知混合型汽車 (HEVs)鎳氫電池產業所需之政府政策工具主要以環境面及需求面爲主。

個案分析

勁華科技股份有限公司

勁華科技股份有限公司(以下簡稱勁華科技)成立於2000年，資本額爲3.5億元，公司總部位於新竹縣湖口鄉新竹工業區，是台灣唯一能夠製造高功率高性能二次電池的廠商。技術團隊成員皆受過美國和日本二次電池製造訓練，並擁有多項研發及製造高功率二次電池專利；電池產品應用在電動自行車、電動休閒車及電動殘障車等，是台灣唯一同時擁有高功率二次電池技術，及製造電動自行車等產品的新興能源科技公司。

勁華科技目前的主要產品可分爲二大類；首先是，高功率高性能二次電池相關產品；包括高功率二次電池和電池模組，以及電池充電器。其次是，電動自行車、電動休閒車、電動折疊車及智慧型多功能IC電子電路系統。其中，電池相關產品除了供給台灣外市場所需之外，還提供自身電動自行車和電動休閒車之需要。(資料來源：勁華科技股份有限公司網站)

Chapter 12

太陽能電池產業

12.1 產業定義

12.1.1 前言

國際油價高居不下，開發具有價值的替代能源，已成爲各先進工業國家競逐的目標。太陽能電池是目前替代能源中深具經濟價值的產業之一，其產品應用範圍廣泛，市場成長空間大；在技術上，太陽能電池與光電顯示及半導體產業有類似的技術發展條件，這與台灣過去發展高科技產業條件相同。在全球太陽能電池產業的製造競爭中，台灣十分具有競爭潛力。

太陽能電池最初的應用主要是作爲供應人造衛星運作之電力來源。在一般民生用途上，由於晶體矽太陽能電池之單位發電成本遠遠高出其他傳統發電成本，所以，只有非晶矽太陽能電池可用在諸如計算機、手錶或是部分照明系統等民生消費性領域。1990年代中期後，爲降低對傳統化石燃料的仰賴及對環境暖化的衝擊，日本與德國率先推展太陽光電應用，並以政策貼補生產成本過高的電價，但太陽能因具有再生能源的各種重要特質，雖然目前發電成本遠高於市售電價，但是，各先進工業國家在規劃本身的能源政策時，仍會將太陽能列爲替代方案之一。

相較於台灣而言，行政院於2005年將太陽光電產業發展，明定爲台灣能源科技研發之重點。另外，經濟部能源局爲鼓勵使用再生能源，推動太陽光電發電示範系統，將執行「陽光電城計劃」。

綜合上述，太陽能電池產業的發展，將是未來各工業國家競爭的重點項目；台灣在發展相關產業的政策上，已有既定的發展目標；在產業發展方面，已形成產業群聚效應；企業發展方面，個別企業亦具有優勢技術；所以，太陽能產業將是台灣產業極具競爭力的明日之星產業。

12.1.2 太陽能電池產業定義

在太陽能電池產業的上中下游，粗略可分爲最上游的矽原料，中游的太陽能電池，以及下游的太陽能電池模組與太陽光電系統；在太陽能產業的製程中，先將矽原料拉晶長成晶棒後，再切割成矽晶圓，作爲太陽能電池之主要原料，再將矽晶圓加以建置並組裝成太陽能電池模組；最後，將太陽能電池組合成系統。

通常，太陽能電池或稱爲太陽電池、太陽光電池或太陽能晶片係屬於一種半導體光電元件，當太陽光照射時，部分的輻射會被反射，部分則會被太陽能電池吸收，另一部分則穿透過太陽能電池。被太陽能電池吸收的輻射能量會導致半導體發生光電效應而產生自由電子與電洞，透過pn接面的內電場，電子聚集在n型半導體端，而電洞聚集在p型半導體端。分別在n型半導體與p型半導體端串連電路時，則可產生電力輸出。

矽晶圓太陽光電產品之製程可分成上游晶圓（Wafer）段製程、中游電池（Cell）段製程及下游模組（Module）段製程，上游晶圓段製程又區分爲單晶矽晶圓製程及多晶矽晶圓製程。單晶矽晶圓的製造，是將純化過的矽砂在拉晶機中熔融，再抽拉成晶棒；多晶矽晶圓的製造，是將純化過的矽砂在方向性長晶爐的坩鍋中熔融，再冷卻鑄造成晶塊。晶棒與晶塊也稱爲晶碇（Ingot），晶碇經過切方及切片成爲晶片（Wafer），晶片經過Cell段製程後製成電池（Cell），再經焊串、封裝等製程成爲模組（Module），提供給下游系統廠商安裝應用。

12.2 市場區隔

太陽能電池產業雖與光電顯示及半導體產業有類似的技術背景，但由於屬於再生能源產業的一員，也是國家能源供應的一環，對國家經濟之長遠發展具重大影響，其產品應用範圍廣泛，市場成長空間大，已成爲各先進工業國家競逐的目標。由於太陽能電池係屬能源供應的來源，故系統的穩定、壽命與保養等遠比光電顯示及半導體產品更爲嚴苛，尤其電池模組與光電系統驗證時間長，甚至需要以十年以上時間確認新技術的可行性，故亟需不同的環境資源與政策配合，方能扶植此新興產業的成長。完整的太陽光電系統結合了半導體、材料、機電、化學以及奈米技術等各個領域，上下游所需技術層面極廣，技術障礙頗高，而從成本競爭考量，產能規劃趨大化已不可避免，但因新技術發展多具不連續性，新進業者仍可因技術優勢而在市場存活，與光電顯示及半導體業者惟大者才能生存之特性並不相同。

再加上自去年起的矽原料短缺問題勢將再持續兩年以上，矽原料已成爲限制太陽能電池產業成長的最大瓶頸，由各大廠之產能利用率僅能達75%左右，已充分顯示矽原料短缺的衝擊。

12.2.1 產品應用範圍

目前太陽光電系統的應用範圍，宥於各國能源政策發展、電價貼補政策、矽原料供應不足以及光電轉換率仍低的影響，大型發電仍不若消費性民生用品市場蓬勃。一般而言，太陽光電系統產品大致可區分爲四類；首先，併聯式住商應用系統；占全球需求之76%。第二，獨立式家用系統；占全球需求之11%。第三，獨立式工業系統；占全球需求之10%。第四，一般民生消費品；占全球需求之3%。

併聯式住商應用系統的市場主要以日本、德國及美國加州爲主。以日本市場爲例，自1997年起日本政府支持興建每戶3千瓦的太陽光電屋頂，但因太陽能發電成本較一般市電貴3倍，遂由政府補助三分之一的費用，另以太陽能電池板取代原本屋頂建材則可省去約三分之一的成本，日本的經驗已證實太陽能發電成本可接近傳統發電的成本，再加上藉由市電併聯型太陽光電系統，可將太陽能產生的多餘電能透過電網回售給電力公司，待太陽能發電不足時再向電力公司購電，更提高一般家庭裝置太陽光電系統的意願。另外，將太陽光電系統與建築物整合，更是目前太陽光電業者積極開發的市場。

12.2.2 產品應用範圍分析

太陽能電池是一種替代能源，由於具有節約能源及減少二氧化碳及危害人類微粒子排放的優點，各國紛紛採用此再生能源，雖然發電成本高於石化能源，仍藉以取代原先使用的石化能源。此外，將太陽能電池與傳統發電，甚至偏遠地區常用的柴油發電相較，可發現太陽能電池優點如下：

1. 高度可靠性、安全性及獨立自主性；
2. 高度安裝彈性，可在空地、斜坡或沙漠、建築物屋頂、外牆或窗戶，以及汽車天窗等活動物上；

3. 高度擴充彈性，可依電力需求日後再另擴增；
4. 高度可運輸性，可拆解後運送至他處；
5. 高架設速度與低廉的建設費用；
6. 低廉的運作費用；
7. 低度的維護保養需求；
8. 無污染且無噪音；
9. 低度或無廢料處理；
10. 低廉的外部成本，亦即對環境的汙染與破壞甚低。

當然，太陽能電池也有其它缺點：由於單位面積發電電力密度（power density）較低，若應用在百萬瓦以上的大規模發電，需較大的安裝面積；初期裝設成本高，必須有額外的獎勵與補助措施，才可讓消費者接受；另外，太陽能電池之瞬間電壓不高，尚需額外蓄電設施補強，故尚不適合作爲運輸動力使用。

12.3 全球產業結構

12.3.1 全球發展現況

2004年之全球太陽光電系統年度安裝量共計927MW，相較於2003年成長62%。市場以歐洲、日本、美國三大國家或地區爲主，總計占全球市場86%。以國家或地區區分，歐洲成長123%，達410.5MW，其中德國市場便成長152%，達366MW，並取代日本成爲年度最大安裝國，主要係「十萬太陽屋頂計劃」的補助即將到期以及在2004年八月一日頒布的新再生能源法生效所致；日本成長27%，達277MW；美國成長27%，達83MW；全球其他地區也大幅成長42%，達130MW。

另外，2004年全球太陽能電池年度產量達1,146MW，突破1GW大關，相較於2003年744MW的總量成長54%，在2004年全球太陽能電池產業規模已達70億美元，預計至2010年將成長至300億美元。在2008年全球太陽光電系統安裝總量可達3.2GW，超過2004年三倍以上。但由於上游矽原料嚴重不足，並可能延續至少兩年以上，因此，矽原料已成爲限制太陽能電池產業成長的主要瓶頸。

12.3.2 價值鏈

太陽能電池產業價值鏈可略分爲上游的矽原料（feedstocks）、矽錠（blocks/bricks）、矽晶棒（ingots）與矽晶圓（wafer）、中游的太陽能電池（solar cell）、下游的太陽能電池模組（solar cell module）與太陽光電系統（photovoltaic systems），其示意如圖12.1所示。

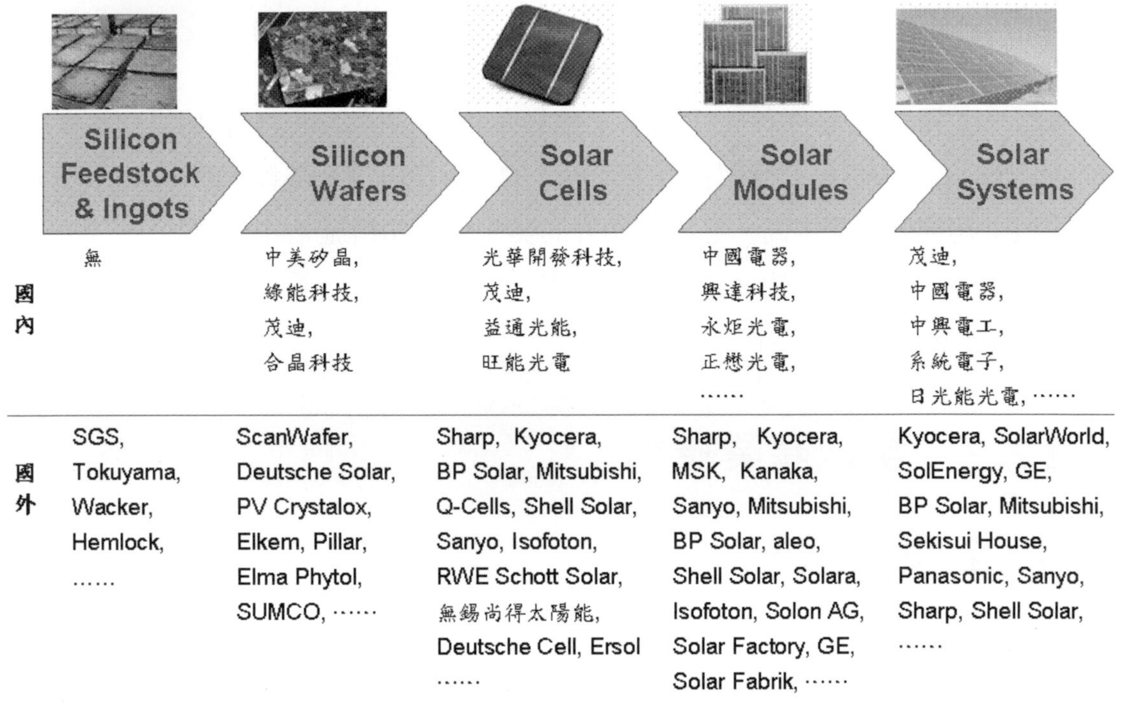

圖12.1　太陽能電池產業價值鏈

資料來源：本研究整理

台灣太陽能電池產業直到最近一年才受到矚目，主要是受到德國市場的需求帶動。由於矽原料係由少數國際大廠所壟斷，不論是矽砂來源或是純化技術，台灣廠商均無涉足機會。台灣太陽能電池級矽晶圓供應係分自原屬於半導體產業之需求，但台灣也僅有中美矽晶一家生產，其餘業者皆尚在建構中；太陽能電池製造部分係目前台灣已具規模的部分，但除茂迪外，其餘公司或產量小，或尚在建構中；至於下游的模組與系統部分，需要當地市場需求帶動，台灣雖有不少公司投入，但限於台灣需求仍小，尚無可與日本、德國及美國公司規模相當之業者。

12.3.3 魚骨圖

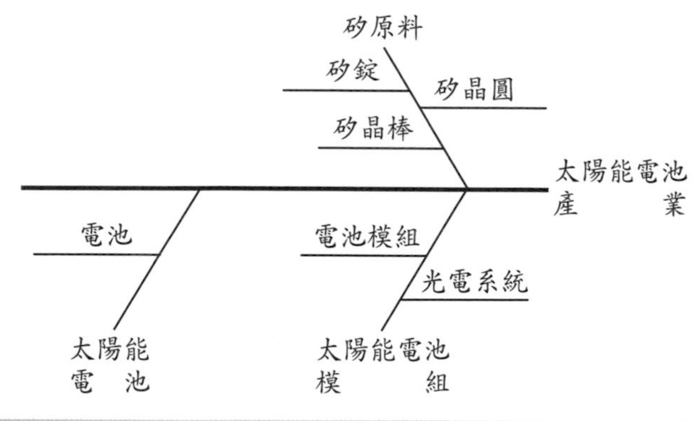

圖12.2 魚骨圖

12.4 全球產業特性

12.4.1 全球太陽能電池產業的特色

太陽能電池產業鏈中，最上游的原料爲矽，由矽長晶成晶棒再切割成矽晶圓，作爲太陽能電池之主要原料，再加以組裝成模組，最後建置成太陽能電池系統，另有電力調節器負責直/交流電之轉換。目前太陽能電池產業鏈在資本支出影響下，愈上游廠商家數愈少；在成本結構的部分，目前從上游的矽原料一直到模組大約占總成本66%，而安裝費及支架、配電盤、電錶等零組件也約占22%，電源轉換器約12%比重；在價格的部分，因爲自2004下半年開始太陽能電池需求大量增加，在上游廠商無法即時擴充產能下，原料出現嚴重短缺現象，使產業鏈中各環節之售價有提昇趨勢，毛利率亦隨之上升，其中以最上游矽原料廠之毛利率成長最多。

12.4.2 產業發展的支援要素

一 與研究發展有關的產業創新需求要素

對於相關產業而言，研究發展能力爲創新的重要因素，有些企業在技術上的研究發展使品質與原有產品不同，有些則是由於改良製程而在品管及生產流程上創新，或對市場反應更爲迅速，這些改變對於競爭而言，都能產生相當的價值，而產業經由研究發展而創新，除了強化與對手的相對競爭力外，也可能產生出新的產業領域或產業環節，對於產業的變遷，也會有延滯的力量。而培養研究發展的能力，除了相關資源的配合之外，還必須考慮到相關需求因素的配合，以下分別說明之：

(一) 國家整體對創新的支持

國家整體對創新的支持主要是指國家對於某一產業創新實質的支援程度。Kotler認爲，產業的競爭優勢在於創新，而創新與發明並不是屬於隨機的因素，因爲有些國家對相關產業的需求比其他國家強，且國家本身的狀態影響到高級人才與知識方面的培養，故這些因素間接影響到相關產業所提供的必要支援，使得產業的創新往往因爲國家對創新支持的結果。

(二) 國家基礎研究能力

一般所謂基礎研究能力，主要是指在基礎研究科學與相關專業領域的潛力；因此，國家基礎研究能力的強弱也決定競爭優勢的品質與創新的潛力。有些產業在特定國家與環境下有發展的優勢，但是只有極少數是先天的條件與優勢，絕大多數必須透過長期的技術開發，而不同產業所需要的投資情況又有極大的差異，對於技術需求不高或技術已經普及的產業而言，基礎研究能力可能在重要性上並不明顯，但若各項產業需要以特殊的產品或創新的技術來取得高層次的競爭優勢，在基礎研究能力上就必須不斷的提昇。

(三) 技術合作網路

技術合作網路是企業間藉由聯合、共同研發、創造有利的競爭優勢所建立之產業關係。在執行策略方面，企業可以依實際需求運用各種不同的方式；在發展上，有技術授權、投資合作、共同研究發展；在製造上，有原廠代工、製造授權等方式；在市場方面，可以關鍵零組件相互採購與共同研究或互相提供產品經銷與通路等方式合作。

(四) 產業間的技術整合

廠商利用不同技術間的互補性，藉由相互授權以強化企業在個別領域的技術能力，是改善產品品質、降低生產成本甚而開發新產品，除了增進合作網路的關係之外，更可打破不同產業間的界線，開創出更有競爭力的產品 。

(五) 產官學研的合作

藉由合作與聯合的關係來學習技術，或是藉由官方的整合來擷取技術或以學術研究後經由衍生公司（spin-off）將技術與知識擴散到產業之中。

(六) 上下游產業的支援

在很多產業中，企業的潛在優勢是因爲它的相關產業具有競爭優勢，當上游產業能提供相關支援時，對下游產業造成的影響是多方面的，首先是下游產業，因此在來源上具備快速反應、有效率與降低成本等優點。而除了使原料獲得更容易外，藉由產業持續與多方的合作，亦會帶動產業新的競爭優勢與創新。在這種合作關係中，供應商會協助企業認知新方法、新機會與新技術的應用； 另一方面，企業則提供上游廠商新創意、新資訊和市場視野，帶動上游企業創新，努力發展新技術，並培養新產品研發的環境。企業與上游廠商之間的合作與共同解決問題的關係，會使它們更快、也更有效率地克服困難，整個產業的創新步伐也會更加迅速。

(七) 企業創新精神

企業創新的精神是提昇產業競爭優勢不可缺少的條件。產業的形成往往創造出許多不同的市場與產業領域，這是給新起廠商適時加入與發展的機會。這種產業動力通常是良性的，它會帶動更多的競爭，釋放出創造力，讓可能因抵觸企業現行策略或慣例而無疾而終的新產品、新製程浮出檯面，也迎合了新的市場需求與過去被忽略的產業環節，但要產生這樣的現象，需要仰賴各種競爭條件的運作和搭配。大前提是在產業內必須有一批具備創業家精神的人才出現。當新企業不斷興起時，會有更多人被吸引到這個產業（蘇俊榮，民國90年）。

(八) 製程創新能力

一般在太陽能電池製造上所用到的製程有化學氣相沉積、蝕刻與網版印刷等，在整個製程的開發上，配合降低成本及提高效率的需求，製程的發展除儘量減少眞空製程，也需考量不同基材，包括：玻璃、金屬箔片與聚合物等，因此，製程的創新能力對太陽能電池走向低價高效率的潮流下，對於產業的競爭力有非常大的影響。

二 與研究環境有關的產業創新需求要素

產業競爭力較好的國家，除了在研究發展上持續保持優勢之外，研究環境亦爲十分重要的因素。因此，若要創造出對產業研究發展有利的因素，政府就必須創造出環境以提供產業做轉化，將研究成果轉化成商品，使投資基礎科學能產生產業優勢。並即時反應產業的特定需求，才能使投資研究發展成功。因此，由政府與產業共同投資的創造研究環境，才是催生產業創新的重點。以下分別敘述之。

(一) 專利制度

在競爭的環境中，產業的發展與優勢取決於競爭力；尤其，以技術密集的產業，所掌握技術的優劣情形更爲明顯。然而，產業內必須有獨特技術能力才能建立技術障礙。因此，專利制度主要保護不斷被開發出來的技術成果。藉由這種法律與制度，使得企業願意持續投資技術的發展，加大後進者的進入門檻，有效維護市場合理的秩序與規範。

(二) 創新育成體制

產業的發展是藉由不斷的成長與學習持續創造競爭優勢。在這發展的過程中，創業者與發明家扮演著創新的角色；是故，如何藉由環境來培育相關企業，便有賴於塑造出適當的環境。創新育成體制的功能在於它能提供管道，引導創業者與發明家透過環境取得相關需求資源，掌握改革與創新的機會，並及早進入正確方向發展。在整個過程中，創新育成體制不僅輔導企業尋找市場的利基、生存的最佳條件與開發被忽略的市場環節，並輔導其經營與管理企業的技巧，藉由輔助企業生存並具有適應環境的能力，使得企業的成長能帶動產業的整體發展。

(三) 專門領域的研究機構

產業的競爭優勢必須藉由特定與專業的關鍵因素才能達成。而專門領域的研究機構能集中相關科技與專業的人力資源，加速流通的市場與技術資訊。而產業也會藉由投資相關訓練中心與建教合作計劃，不斷提昇產業的基礎技術能力。當研究機構與企業形成網路時，所形成的效應，也會促使政府與產業投入更多的投資，專業化的環境建設不斷擴大，又進一步帶動產業的發展與技術的提昇。

(四) 具整合能力之研究單位

就企業本身來說，在成本的考量上，企業必定專注其核心能力的開發與研究，因此，對於非其核心能力範圍之內的相關技術，將無法攝取；但就國家方面來說，成本並非其首要考量因素，因此，國家應成立具整合能力之研究單位，類似中研院或工研院等，就技術或產品的未來性，將不同領域間的技術進行整合與開發，或可彌補台灣產業能力不足的一面。

三 與技術知識有關的產業創新需求要素

當國家與其他國際競爭對手比較時，若能提供更健全的相關與支援的技術知識體系，便可形成產業之競爭優勢。技術知識的資源存在於大學、政府研究機構、私立研究單位、政府研究部門、市場研究資料庫與同業工會等不同來源。而上述的資源是否與產業創新或競爭優勢有關，要看整合這些資源時所發揮的效率與效能。這與產業在應用知識資源時如何整合與選擇強化關鍵要素有關，因此，以下便分別敘述之。

(一) 產業群聚

許多國家內占有優勢的產業通常都是以產業群聚的形態出現，當產業具有相當競爭力的同時，會逐漸推動相關產業趨向聚群分布，呈現客戶到供應商的垂直關係，或由市場、技術到行銷網路的水平關聯。而產業群聚的形成，會整合相關的需求要素，在互動的過程中，產業會形成互助的關係，經由技術與資訊的不斷流通，創新的文化隨供應商與客戶的關係快速擴散，新的思考觀點不斷產生，上下游或相關產業的效益不斷強化。而產業群聚本身就有鼓勵專業化投資的效果。當一群企業能建立緊密的合作網路，目標一致的投資科技、資訊、基礎建設與人力資源，必然會產生強大的正面影響。從另一方面來看，不同產業的企業經由綿密的合作管道共同開發，政府與大學對相關領域注意力也會提高。當產業受重視的程度增加，又會吸引更多一流的人才加入，整個產業在競爭優勢上也會不斷加強。

(二) 技術引進與移轉機制

企業引進技術的目的，不僅爲獲取技術，而是藉著技術引進來達成改善技產業技術能力的目標，以增加本身的競爭能力，減少技術差距、提昇產品品質、良品率、降低生產製造成本，並增加獲利能力。但是由於技術本身的特性，技術移轉並非單純的購買行爲，能不能成功地應用所引進的技術，有賴於良好的技術移轉機制與廠商本身技術能力的程度，才能融合、調適及改良原有的技術。

(三) 技術擴散機制

Linsu Kim認爲產業在發展的初期，技術能力與先進國家的差距太大，因此在技術上必須要模仿，一旦熟能生巧之後，才能力求展開自主性與創新性的技術。而技術模仿者，除了運用本身的資源與技術基礎來接受技術之外，尙需考慮產業的學習能力。因此，技術擴散機制的優劣，便決定產業技術成長速度的快慢。技術擴散機制的功能，主要提供企業技術學習的管道。企業藉由技術擴散的方式可以減少自行研究發展的大量投資，且可避免長期摸索產生的錯誤，節省人力及時間的浪費；對於資本不足、技術缺乏的企業而言，技術擴散實爲提供生產技術與強化產業競爭力的最佳方式。

(四) 健全的資料庫系統

資料庫的建置，除了保存知識及技術，做到知識管理的目的之外，另一方面，更可提供企業方面的搜尋系統，減少企業搜尋的時間，進而降低其生產成本，此外，透過資料庫，亦可達到知識累積的目的，減少企業在開發時不必要的摸索，以增進企業之競爭能力。

(五) 製程研發及成本監控

在技術引進之後，製程上的研發是企業的另一項重點，製程研發的目的乃是出於成本的考量，尤其對於台灣大多數的企業，都是以OEM爲主，價格是競爭力相當重要的因素，因此，在製程上的研發與改良，同時配合成本的監控，將可提昇企業在市場上的競爭力。

四 與市場資訊有關的產業創新需求要素

完整的市場資訊網路除可激勵靜態的研究發展方向，更能創造出新的技術知識與服務方式，以提供企業改進和創新的動力。在流通的資訊體系下，企業進步與創新的壓力會促使企業不斷降低成本、提高品質與服務、研發新產品與新製程，更進而吸引更多競爭者投入這市場中。

此外，市場資訊流通體系的形成，不僅影響單一產業或企業，而且相關產業也會受惠。企業在競爭的過程中所帶動的產品與服務創新，也會深化技術能力；而人才在企業間的流動，又帶給企業模仿對手長處的機會；由相關產業在資訊與技能上的流通與匯整，使整個產業的產生巨大的創新能力。當創新不再只是個別企業的行爲時，整個產業也會成長迅速，進而帶動企業的獲利能力。

(一) 專業資訊的流通與取得

以產業發展的觀點來看，資訊是一個相當重要的關鍵資源，而產業是否能在全球的競爭環境下占有優勢，便取決於產業內的資訊是否能廣泛的流通，因此，先進與專業的資訊傳播媒介便扮演著十分重要的角色。如果每一個產業都擁有充足商情、技術資訊與活潑的競爭環境，則必然呈現相當的競爭優勢。如此，藉由傳播媒體、政府機構、同業公會與其他機構交織成一個綿密的資訊網，讓產業和產品的相關資料廣泛流通與取得便利，使得企業在面臨激烈的台灣與全球市場競爭，能產生堅實的競爭能力。

(二) 技術顧問與諮詢服務

通常企業在策略上力求滿足各種客戶的不同需求，來開發新的產品，因此企業便不斷的創新，抓住市場趨勢，並具備隨時調整的彈性。但是在發展的過程中，如何發展產品、改善製程，並避免在高風險的競爭下，浪費不必要的人力與物力摸索，了解市場資訊與需求，便有賴於良好的顧問與諮詢服務制度。以一些關於日本的研究便可發現，與其他國家相較，日本在市場與技術的資訊管理上，擅長結合不同組織形成資訊整合網路，以提供企業做顧問與諮詢服務。

(三) 上下游關係的建立

產業發展的過程中，供應鏈的管理是很重要的一項議題，一個企業必須對其上下游維持良好的關係，上游部分包括原料供給是否穩定，原料價格是否控制在成本之內，下游則必須針對不同的顧客，提供滿意的服務，除此之外，透過產業供應鏈的互助合作，共同克服困難，並可有更大的機會激盪出富有創新性的產品。

(四) 同業關係的建立

同業間的良性互動與信任有助於彼此相互協助，甚至可共同開發新市場與新技術，降低個別企業的研究發展費用以及開發新產品的風險，對於剛起步的企業或具前瞻性的研究尤有助益。就太陽能電池產業而言，由於次世代電池之研發風險高而回收期長，若企業間能相互合作較能確保彼此的存活率。

五 與市場情勢有關的產業創新需求要素

市場情勢不但是產業競爭重要的關鍵因素，更是產業發展的動力，同時刺激了企業改進與創新，進而提高效率。以下就需求市場的大小與需求市場的性質分別敘述之。

(一) 需求量大的市場

需求量大的市場通常對產業的競爭有利，因爲這會鼓勵企業大量投資大規模的生產設備、發展技術程提高生產力，不過必須特別注意的是，除非市場本身特殊且政府措施或環境影響具有阻絕外來競爭者的能力，否則很難形成產業特有的優勢。因此，對於需發展經濟規模的產業而言，在企業具有跨足不同國際市場能力之前，必須評估台灣是否能創造出大型的需求市場。一般而言，在產業發展的初期階段，企業的投資決定多從發展台灣市場的角度出發，故如需大量研發及大量生產，並且是技術落差大或具有高度風險的產業，除非是內需市場不夠大的壓力迫使發展出口，否則大多數廠商仍覺得投資台灣市場時較有安全感。因此，政府與相關環境若具有創造內需市場的能力，對產業發展與創新便能造成相當的優勢。

(二) 多元需求的市場

市場需求可以區隔爲不同之定位，而不同的定位受到環境的影響，便有不同的發展。雖然有些產業總體市場潛力不大，但只要善用區隔，照樣可以形成規模經濟。多元需求區隔市場之所以重要，是因爲它能調整企業的發展方向。使產業發展可以根據本身條件發展較有機會或有潛力的區隔，即使只算是大國的次要產業市場，仍然可以爲小國帶來產業上的競爭力。因此，當產業能細分與善用許多不同區隔時，該國產業會因此產生更強的競爭優勢，細分過的產業區隔會指引廠商提昇競爭優勢的路徑，廠商也會認清自己在該產業中最有持續力的競爭位置（Porter, 1990）。

(三) 策略聯盟的靈活運作能力

高科技產業的發展，時間永遠是第一要務，所以運用各種方法及策略以占有優先進入者的優勢，是廠商競爭優勢的來源之一，而策略聯盟是其重要且可行的方法，無論在技術研發或產品製造與銷售上，廠商大多已無法完全跨足產業價值鏈的全部，因此，策略聯盟是廠商重要的生存條件，企業如何發揮各自專長並與策略聯盟廠商共創雙贏局面，是現今複雜且變化快速的環境中，能否生存的關鍵要素。

(四) 顧客教育能力與市場領導優勢

由於太陽光電系統的顧客往往是被動接受，而最了解新技術的即是技術供應者。顧客教育是一種突破性行銷守法，代表技術推銷（technology push）已是時勢所趨，唯有具備教育顧客能力的人，才能在眾多競爭者中脫穎而出。至於市場領導優勢，市場占有率大，使顧客有持續的商品接觸度，甚而可成爲時尚或產品規格標準，而能大大地刺激顧客需求。除此之外，對公司而言，產品線的收益較高，使研發製成之投入得以較快回收，使更多之資源得以投入創新活動中，使產品能更快地走向生命週期之下一階段，進一步地鞏固了市場領導者的地位。市場領導優勢則在於一旦躍爲產業龍頭地位，產品具有指標作用。由於太陽能電池攸關供電的穩定，顧客信賴程度影響銷售甚鉅。

六 與市場環境有關的產業創新需求要素

市場的因素在產業各不同的階段與環境下，各有其特有的重要性，但是我們在強化市場各種不同需求條件的同時，同時也分析相關環境因素對市場的影響，而強化市場環境最大的貢獻在於其提供企業發展、持續投資與創新的動力，並在日趨複雜的產業環節中建立企業的競爭力。比起刺激內需市場而來的短暫優勢，上述條件產業的優勢更具決定性，更能長久延續。這些市場環境因素中，有些可以幫助產業在初期建立優勢，有些則幫助產業強化或持續既有的競爭優勢。以下便逐項說明：

(一) 國家文化與價值觀

國家文化與價值觀屬於較無形的因素，不過，當產業的發展成爲國家在文化與價值上的驕傲，對於刺激產業發展與需求成長的因素，使業者投資新產品與設備能增加強烈的信心時，國家文化與價值觀便顯出其重要性。產業競爭優勢與國家文化的關聯是十分複雜，有時是產業突然成功後在本國的地位提昇，人民對產業的認同進而形成產業持續創新的來源，有時在於國家優先發展目標形成社會的共識。此外，歷史傳統、地理特色或社會結構等，都可能是一個產業形成國家產業與價值中心的因素。當國家資源集中在某一產業時，便可形成相當大的正向影響效果，且這正向的影響事實上並不亞於市場需求程度，如此產業發展與創新即可在國家與社會不斷投入相關資源過程中產生。

(二) 國家基礎建設

產業的創新與競爭優勢，是台灣在產業相關因素上長時間強化而來的，例如：每個國家在基礎建設上不斷的投資，雖然不足以創造一個國家的高級產業，但是產業的發展與創新卻不得不以此爲基礎。因此，持續投資基礎建設是國家經濟進步的基本條件。基礎建設可以擴大內需市場，刺激民間的消費，進而影響到產業的擴張，甚至影響到資訊的流通以及科技人才的生活品質、工作與居留的意願。故絕大多數新興工業國家在基礎建設方面，都有不錯的成績。同時產業活動的全球化，現代的跨國企業可以透過海外設廠的方式選擇適當的發展地點，使得基礎建設所造成的效益降低。但是在人力資源、知識資源、資本資源在各國流動的情況下，如何集中這些資源造成優勢，仍要看基礎建設是否能配合，因此，基礎建設品質優劣與發揮的效能，便可決定是否能有效應用資源形成優勢效果。

(三) 政府優惠獎勵政策

新興產業在發展時，政府如能提供相關的優惠獎勵政策，將有更大的誘因，來吸引更多企業投入其相關產業之研究與發展，而政府所能提供的優惠制度，對內包括減免稅賦，提供補助等；對外，可課徵關稅或其他相關稅賦，以保護台灣產業之發展。

(四) 市場競爭的規範

市場規範的目的主要在於避免台灣競爭者對資源的依賴而妨礙到國家競爭優勢的發揮。這種規範不但提供創新的壓力，並提供了競爭優勢升級的一條新途徑，當競爭者在台灣成本因素、市場地緣、供應商或進口物資成本的處境完全相同的時候，企業必須以更適合的技術、建立自己的行銷網路，或是更有效的使用資源，由於大家的基本條件相同，市場的激烈競爭可以協助企業擺脫對低層次優勢條件的依賴，強勁的良性台灣市場競爭與隨之而來的長期競爭優勢，事實上是外國競爭者無法複製的。

(五) 產品技術與規格的規範

各國對於產品技術與規格上不同的規範，對各項產業而言，直接影響了產業的發展。如果一個國家能將產品技術與規格的規範與本國的產業競爭優勢相結合，對產業發展影響很大，舉例來說，如果一個國家產品需求標準和國際市場的主要標準相同，或者是台灣產品技術與規格的規範特殊，只有台灣的產業能符合標準，而其他國家卻沒有這樣的條件，本國廠商在競爭與創新上便比較容易獲得優勢。

(六) 顧客關係的建立與顧客導向的經營能力

Treacy與Wiersema在「市場領導者法則」（The Discipline of Market Leaders）一書中提到：以服務爲導向公司，必須與顧客建立一種長期的主顧關係，透過與顧客的長期關係，供應商不但提供顧客現在想要的東西，可以清楚地了解顧客需求，更進一步爲顧客提供全功能服務（total solutions）。關於顧客導向的產品設計與製造能力，觀察市場需求之變化，有助於廠商隨時調整市場的區隔變數，而充分掌握顧客需求，製造迎合顧客需求之產品更是以服務爲導向之公司應有之體認。

七 與人力資源有關的產業創新需求要素

人力資源是產業創新中最重要的因素之一。產業不斷創新與提昇競爭優勢的同時，帶有技術知識與市場資訊的人才扮演著極重要的角色，能有效利用人力資源，提高本身生產力的國家，通常也是國際競爭中的贏家。人力資源的分類加以整理彙結如下：

(一) 研發團隊的整合能力

太陽能電池是由眾多技術結合而生的產品，跨越微機電、半導體、生物、化學等領域，因此，其研發團隊包含各領域的技術人員，在此情形之下，妥善的協調各領域專家，使資訊以最高效率達到流通，便成爲產品成功的關鍵要素。

(二) 高等教育人力

高等教育人力主要是指受過大學以上或相等層級教育的人力。對於產業而言，高等教育人力不但能配合研發的多元需求，更提供了行銷所需的人員素質。

(三) 專門領域的研究人員

專門領域的研究人員主要是指受過專業訓練且在專門產業領域上有相當經驗的產業研究或技術研究人員。在太陽能電池產業中，當將實驗室的研究成果轉爲可量產的過程，或承接生產技術時，專門領域的研究人員便扮演了實際執行的重要角色。

(四) 作業、維護及品管人員

作業、維護及品管人員乃指具有能力操作生產機器、儀器設備，並能夠使產品品質維持一定水準的相關工作人員。

(五) 市場拓展人員

針對產業的發展，國家需以國際化的角度來看之，因此，對於國際市場，需有專責之國際市場拓展人員，此人員需具備語言上、溝通上的能力；其次，並對各國的文化有所了解，在此前提下，才有優勢打入國際競爭市場。此類人員需對行銷方面擁有專業的知識，了解市場脈動，掌握最新訊息，運用企業自己本身的優勢，將產品成功銷售出去。

八 與財務資源有關的產業創新需求要素

企業的發展與是否能有效運用資金有極密切的關係。對於產業來說，人與技術雖是必備條件，但是企業仍能透過資本形成與資金的取得來解決人才與技術的問題，因此，資金問題在此顯得非常重要。如何在技術與資本密集的產業中，充份運用資金創造優勢，是產業應該正視的問題。本研究主要將資金的來源分五種形式，分述如下：

(一) 完善的資本市場機制

此項因素主要是指政府藉由相關的法規與政策輔導產業，建立出一套完善而公平的資本市場機制，使高科技產業可以藉由民間資金市場（證券市場及外匯市場等）取得產業發展與營運資金。

(二) 長期融資及投資減免

此項因素乃是指透過國家協助，提供長期的所需的資金，資金來源可由民間的金融機構或是直接由國家經營之銀行直接貸予，除了提供資金之外，亦可提供相關優惠的投資減免措施，以增進企的投入與發展。

(三) 提供長期資金的金融體系

此項因素主要是指由銀行體制提供融資的優惠，其服務的對象主要在於產企業或個人企業家，以資金支援長期的研究與產品商業化。

(四) 提供短期資金的金融體系

此項因素主要是指政府藉由國營銀行或相關資金運作體制直接給予資金的支援，主要使用的情況通常在研究發展計劃過於龐大、非企業所能負擔、或企業發展時，政府提供設備與設施等資金資源。

(五) 風險性資金的投入

此項因素主要是指政府以相關法規，集中民間資金投資相關重點產業，對於產業具高風險的技術開發初期，由於不易獲得充裕之資金與融資，若政府可以集中民間爲風險性資金支援，則可充裕科學家創業時之資金，以期落實新技術與產業的發展。

表12.1　產業之創新所需類型

	基礎研究	應用研究	量產	行銷
成熟期	企業創新精神（研究發展）	產業間技術整合（研究發展）	製程創新能力（研究發展）	上下游關係建立（市場資訊）
	專利制度（研究環境）	企業創新精神（研究發展）	研發及成本（技術知識）	同業關係的建立（市場資訊）
	需求量大的市場（市場情勢）	專利制度（研究環境）	上下游關係建立（市場資訊）	策略聯盟的能力（市場情勢）
	多元需求的市場（市場情勢）	跨領域研究單位（研究環境）	多元需求的市場（市場情勢）	市場競爭的規範（市場環境）
	國家基礎建設（市場環境）	上下游關係建立（市場資訊）	策略聯盟靈活運作能力（市場情勢）	顧客關係的建立與顧客導向的經營能力（市場環境）
	專門的研究人員（人力資源）	多元需求的市場（市場情勢）	國家基礎建設（市場環境）	市場拓展人員（人力資源）
	完善的資本市場機制（財務資源）	國家基礎建設（市場環境）	作業、維護及品管人員（人力資源）	完善的資本市場機制（財務資源）
		專門的研究人員（人力資源）	完善的資本市場機制（財務資源）	提供短期資金金融體系（財務資源）
		完善的資本市場機制（財務資源）	提供短期資金金融體系（財務資源）	
成長期	企業創新精神（研究發展）	產業間技術整合（研究發展）	上下游產業支援（研究發展）	產業間技術整合（研究發展）
	創新育成體制（研究環境）	企業創新精神（研究發展）	產業群聚（技術知識）	專利制度（研究環境）
	技術引進與移轉機制（技術知識）	技術擴散機制（技術知識）	製程研發及成本監控（技術知識）	技術顧問與諮詢服務（市場資訊）

■ 表12.1　產業之創新所需類型（續）

	基礎研究	應用研究	量產	行銷
成長期	技術顧問與諮詢服務（市場資訊）	技術顧問與諮詢服務（市場資訊）	上下游關係建立（市場資訊）	同業關係建立（市場資訊）
	多元需求的市場（市場情勢）	政府優惠獎勵政策（市場環境）	研發團隊的整合能力（人力資源）	顧客教育能力與市場領導優勢（市場情勢）
	政府優惠獎勵政策（市場環境）	高等教育人力（人力資源）	作業、維護及品管人員（人力資源）	研發團隊的整合能力（人力資源）
	高等教育人力（人力資源）	專門研究人員（人力資源）	市場拓展人員（人力資源）	市場拓展人員（人力資源）
	專門的研究人員（人力資源）	完善的資本市場機制（財務資源）	長期融資及投資減免（財務資源）	長期融資及投資減免（財務資源）
	長期融資及投資減免（財務資源）	長期融資及投資減免（財務資源）	提供短期資金金融體系（財務資源）	
萌芽期	基礎研究能力（研究發展）	基礎研究能力（研究發展）	技術合作網路（研究發展）	專利制度（研究環境）
	產官學研的合作（研究發展）	產官學研的合作（研究發展）	技術擴散機制（技術知識）	資訊流通與取得（市場資訊）
	企業創新精神（研究發展）	企業創新精神（研究發展）	健全資料庫系統（技術知識）	技術顧問與諮詢（市場資訊）
	創新育成體制（研究環境）	創新育成體制（研究環境）	資訊流通與取得（市場資訊）	多元需求的市場（市場情勢）
	專門研究機構（研究環境）	專門研究機構（研究環境）	國家基礎建設（市場環境）	國家文化價值觀（市場情勢）
	資訊流通與取得（市場資訊）	技術引進與移轉（技術知識）	優惠獎勵政策（市場環境）	國家基礎建設（市場環境）
	國家基礎建設（市場環境）	資訊流通與取得（市場資訊）	高等教育人力（人力資源）	優惠獎勵政策（市場環境）
	高等教育人力（人力資源）	國家基礎建設（市場環境）	市場拓展人員（人力資源）	高等教育人力（人力資源）
	專門研究人員（人力資源）	高等教育人力（人力資源）	風險性資金（財務資源）	市場拓展人員（人力資源）
	風險性資金（財務資源）	風險性資金（財務資源）		風險性資金（財務資源）

資料來源：Rothwell, R., Zegveld, W., Industrial Innovation and Public Policy, Frances Printer, London, 1981; 徐作聖，國家創新系統與競爭力，聯經，台北，民國88年；本研究整理。

12.4.3 產業群聚

根據工研院材料所統計，全台投入太陽能電池產業的廠商超過10家以上，其中包括生產太陽能電池模組的中國電器、永炬光電、興達光電與台灣一川，以及研發太陽光電發展系統併聯型變頻器的系統電子，初期投資開發經費已超過40億台幣。若將台灣太陽能電池整體產業鏈細分，由上至中游的矽晶材料、矽晶圓製造、太陽能電池、模組與周邊設備，乃至後段的系統安裝廠商，全台投入的業者已超過30家以上，投資金額更超過百億台幣。

工研院材料所目前已移轉單晶矽太陽能電池相關模組技術于永炬光電，同時在建材一體型太陽能電池模組開發上，工研院材料所也將技術移轉于興達光電、台灣一川及中國電器。中國電器已開發出太陽能路燈、景觀庭院燈、太陽能手電筒，計劃在2005年正式商品化，並將與西班牙Isofoton合作，引進太陽能電池材料及封裝測試等技術，成爲整合型太陽能面板製造廠。此外，由中國電器與台北科技大學合作開發，號稱全國首座兼具太陽能發電與戶外遮陽功能的整合型光電系統也在台北科技大學啓用，中國電器也與台北科技大學簽定產學合作協定，將進行太陽光電系統研發。

太陽光電系統包含太陽能電池陣列（photovoltaic array）、交直流轉換器（inverter）、蓄電池（energy storage）、充放電調節器（system charge controller）以及系統平衡組件（balance of system，簡稱BOS）等。太陽能電池陣列即是用太陽能電池串並聯組成模組（module）後，再依電力需求組裝成模板（panel），最後依用戶所需電力組裝成陣列（array）。

太陽能電池產業鏈中，最上游的原料爲矽，由矽長晶成晶棒再切割成矽晶圓，作爲太陽能電池之主要原料，再加以組裝成模組，最後建置成太陽能電池系統，另有電力調節器負責直/交流電之轉換。目前太陽能電池產業鏈在資本支出影響下，愈上游廠商家數愈少；在成本結構的部分，目前從上游的矽原料一直到模組大約占總成本66%，而安裝費及支架、配電盤、電錶等零組件也約占22%，電源轉換器約12%比重；在價格的部分，因爲自2004下半年開始太陽能電池需求大量增加，在上游廠商無法即時擴充產能下，原料出現嚴重短缺現象，使產業鏈中各環節之售價有提昇趨勢，毛利率亦隨之上升，其中以最上游矽原料廠之毛利率成長最多。

近期上游廠商紛紛有擴廠動作，預估至2008年產能陸續開出後，原料短缺之現象可獲得疏緩。台灣太陽能電池2004年～2005年起受到重視，主要是受到德國市場的需求帶動，但由於矽原料由少數國際大廠（SGS）所壟斷，不論是矽砂來源或是純化技術台灣廠商均無涉足機會；台灣太陽能電池級的矽晶圓供應大多原屬半導體產業之需求（中美矽晶爲第一家量產太陽能級的矽晶棒晶圓），太陽能電池製造部分是目前已具規模的部分，但除茂迪（2009年全球前十大）大多公司產量小或建構中，而下游部分，台灣需求仍小，尚不足以刺激這個產業的活動力。

表12.2　結晶矽太陽能電池產業鏈

矽晶材料	晶圓	太陽能電池	太陽能模組	太陽能系統
各次產業成本結構				
電力>40%	矽晶材料 30~60% 其他 40~70%	晶圓 60~70% Pastes 10~20% Chemicals<5% 其他 5%	電池 60~70% EVA（封裝膠膜）10~15% 玻璃 10~15% 框架 10~15% 其他<5%	模組 80~90% Inverter 5~10% 底座 5~10% 線材<5%

資料來源：工研院材料所，工研院IEK

12.5　全球產業技術特性

12.5.1　全球太陽能電池產業的技術特色

太陽能電池發電成本的降低與轉換效率的提昇有直接關係，各大太陽能電池廠商根據過去十年以上的學習，現已證實除了繼續開發新技術以提高轉換效率外，提昇太陽能電池的製造技術也是降低生產成本的重要關鍵。每當擴大生產規模一倍時，製造成本將可下降10到20%左右；而降低矽晶圓厚度也是另一途徑，以目前結晶矽太陽能電池的厚度約在240至280微米估算，相當於每一瓦電池需消耗13至16公克的多晶矽，若太陽能電池厚度可減薄至150到200微米之間，生產成本約可下降5到8%左右，然而矽晶圓減薄的技術預計尚需2至3年才可

太陽能電池發電成本的降低與轉換效率的提昇有直接關係提昇太陽能電池的製造技術也是降低生產成本的重要關鍵。

成熟，因此，各大太陽能電池製造商莫不以擴充產能為第一要務，並將勞力較密集且運輸成本較高之太陽能電池模組製造，移至靠近主要市場之低成本國家，如：捷克、匈牙利及中國大陸等地。同時持續開發次世代太陽能電池，已降低對矽原料的需求及生產成本。

12.5.2 產業技術發展

矽晶圓太陽能電池產品之製程可分成上游晶圓（Wafer）段製程、中游電池（Cell）段製程及下游模組（Module）段製程，上游晶圓段製程又區分為單晶矽晶圓製程及多晶矽晶圓製程。圖12.3為矽晶圓太陽能電池產品製程之概略流程，單晶矽晶圓的製造，是將純化過的矽砂在拉晶機中熔融，再抽拉成晶棒；多晶矽晶圓的製造，是將純化過的矽砂在方向性長晶爐的坩鍋中熔融，再冷卻鑄造成晶塊。晶棒與晶塊也稱為晶碇（Ingot），晶碇經過切方及切片成為晶片（Wafer），晶片經過Cell段製程後製成電池（Cell），再經焊串、封裝等製程成為模組（Module），提供給下游系統廠商安裝應用。

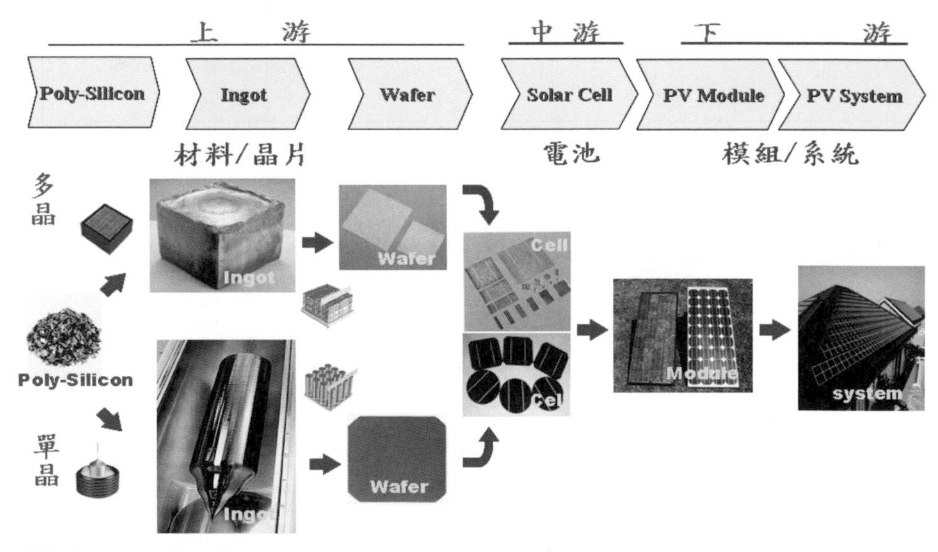

▌圖 12.3　矽晶圓太陽能電池產品製程

資料來源：本研究整理

更進一步來分解單晶矽晶圓製程，其主要製程為拉晶（Pulling）、切方（Squaring）、切片（Slicing）、清洗及晶片檢測，所使用的主要設備有拉晶爐、切方機、線鋸機、清洗槽系統及晶片檢測分級機，如圖12.4所示。

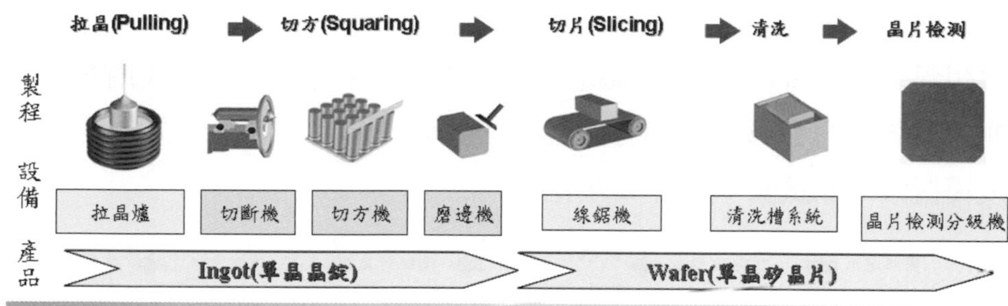

▌圖12.4 單晶矽晶圓主要製程與設

資料來源：本研究整理

至於多晶矽晶圓製程，其主要製程爲鑄造（Casting）、切方（Squaring）、切片（Slicing）、清洗及晶片檢測，所使用的主要設備有方向性長晶爐、切方機、線鋸機、清洗槽系統及晶片檢測分級機，如圖12.5所示。

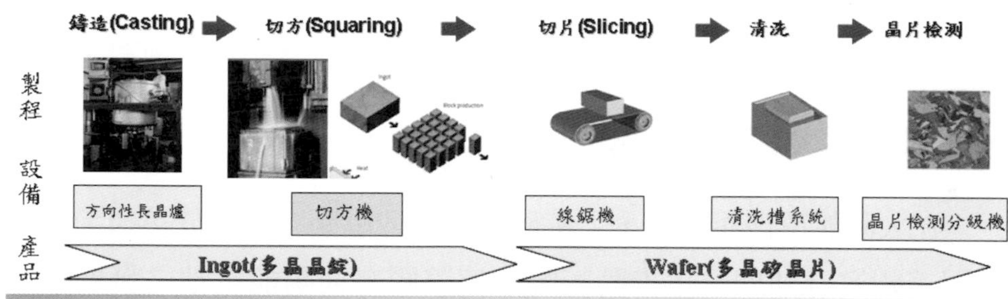

▌圖12.5 多晶矽晶圓主要製程與設備

資料來源：本研究整理

電池段主要製程有晶片進料檢測、晶片蝕刻清洗、磷擴散、側邊及背面隔離、抗反射膜沉積、金屬電極網印、高溫燒結、IV量測與與分級，其主要設備有晶片檢測機、酸鹼槽系統、擴散爐、雷射切割機、PECVD、網印機、紅外線高溫爐、電池測試與效率分級機，如圖12.6所示。

▌圖12.6 電池段主要製程與設備

資料來源：本研究整理

模組段主要製程有電池選用、焊串（String）、堆疊（Lay-up）、模組封裝（Laminating）、鋁框組裝及轉換效率測試，主要設備有電池測試與效率分級機、自動焊串機、堆疊機、模組封裝機、外框組立機及模擬效率測試機，如圖12.7所示。

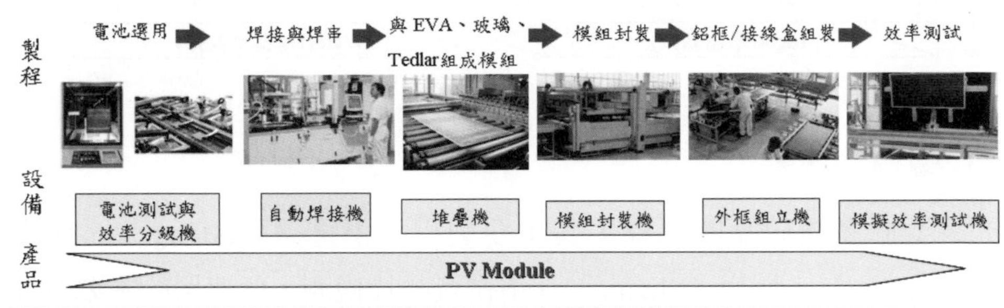

圖12.7　模組段主要製程與設備

12.6　全球產業競爭情勢

12.6.1　全球太陽能電池產業的市占率

在太陽能電池產業中，上游矽原料及矽晶圓多掌握於美國手中，但因美國政府補助政策推動較晚，使美國在太陽能電池之發展較緩慢，市占率只有9%，因此，目前美國之原料常成爲各國主要的供應來源。主要市占率如圖12.8所示。在太陽能電池產業領域，日本居於領導地位，市占率達46%，其次爲德國28%，近幾年大陸也積極發展太陽能電池產業，無錫尚德是中國最大的太陽能電池廠商，擴產速度相當快，2005年投產產能已達82MW，全球排名第九大，台灣亦有4.15%之市占率。整體而言，目前全球的太陽能電池產業多掌握於日本、德國及美國，另上游原料主要掌握於國際大廠，矽原料之前五大廠達82%市占率，矽晶圓之前五大廠也掌控了89%市占率。

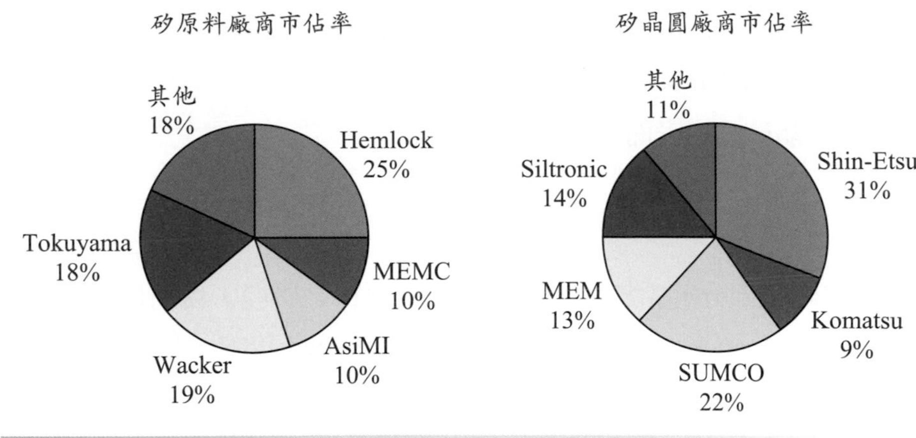

圖12.8　太陽能電池矽晶圓廠商全球市占率

12.6.2　產業現況

由於太陽能電池屬能源供應的來源，故系統的穩定，壽命與保養遠比半導體產品更爲嚴苛，尤其電池模組與系統驗證時間長，甚至需要以十年以上時間確認新技術的可行性，故亟需不同的環境資源與政策配合，方能扶植此新興產業的成長。完整的太陽電池系統結合了半導體，材料，機電，化學以及奈米技術等各領域，上下游所需技術層面極廣，技術障礙頗高，而從成本競爭考量，產能規劃極大化已不可避免，但因新技術發展多具不連續性，新進業者仍可因技術優勢在市場存活。因此，技術壁壘及生產成本是本產業的障礙，分述如下：

一　技術障礙

目前結晶矽太陽能電池量產設備進步很快，而Cell效率與產能對製程設備的依賴度越來越高，Cell效率與成本除了技術與Know-how以外，與設備與材料（Wafer）之品質亦有很大關係。近二年產品效率提昇很快，而主要改進之處爲：（a）Wafer品質、厚度與成本（b）製程設備（c）製程方法與元件結構之調整。而未來技術發展重點有二：

(一) 開發使用薄晶片以提昇效率之製程技術。

(二) 新結構與新製程結晶矽太陽能電池技術開發，包括：

1. 網印技術製作selective emitter 結構；
2. Impurity gettering技術，使lifetime提昇；
3. 以Laser製作Local BSF結構技術；

4. Surface passivation技術；
5. 使用RTP or belt furnace降低製程溫度；
6. 多晶矽晶片表面Texturization技術等。

二 成本障礙

成本降低部分，由於Solar Grade矽晶原料之研發，目前IC Grade成本約爲US$40~60/kg，Solar Grade可降至US$30/kg以下；加上Wire Saw技術改進；並強化原先20年之使用年限至30年；及製程材料與設備低價化，因此單矽晶太陽能電池有機會降低一半的成本。另外，藉由高品質矽晶片，及結構/製程之提昇，使得量產效率得以提昇。

12.6.3 市場產品技術

目前發展中的太陽能電池技術如表12.3所示，可區分爲晶圓型太陽能電池、薄膜型太陽能電池、染料敏化型太陽能電池與有機型太陽能電池。晶圓型太陽能電池一般也稱爲第一代太陽能電池，包括單晶矽太陽能電池、多晶矽太陽能電池及三五族太陽能電池；薄膜型太陽能電池一般也稱爲第二代太陽能電池，包括非晶矽太陽能電池、晶體矽太陽能電池、CIS/CIGS太陽能電池及二六族（CdTe）太陽能電池，主要是不再以矽晶圓作爲太陽能電池的基材，而以較爲廉價的基材，如：玻璃、高分子聚合物或金屬箔片等替代。至於染料敏化型太陽能電池與有機型太陽能電池則被視爲第三代太陽能電池。目前已進入量產的太陽能電池有單晶矽太陽能電池、多晶矽太陽能電池、薄膜非晶矽太陽能電池、薄膜非晶矽太陽能電池、CIS （CIGS）太陽能電池及CdTe太陽能電池。

一 晶圓型太陽能電池

晶圓型太陽能電池係自1954年貝爾實驗室製造出全世界第一顆太陽能電池以來持續發展至今，並已依使用基材的不同區分成單晶矽太陽能電池、多晶矽太陽能電池、非晶矽太陽能電池及三五族太陽能電池，其中單晶矽太陽能電池與多晶矽太陽能電池即占2003年市場90%以上。由於轉換效率的提昇以及生產技術的改進與創新，晶體矽太陽能電池模組的轉換效率約在12至16%之間，製造成本則已降至1960年代的五十分之一，價格也自1975年的每瓦八十美元降至目前的五美元左右。

■ 表12.3 太陽能電池技術現況

太陽能電池種類		轉換效率
晶圓型（Wafer Based Crystalline）	單晶矽（Monocrystalline Silicon）	15~20%
	多晶矽（Polycrystalline Silicon）	14~17%
	三五族, GaAs	25~40%
薄膜型*（Thin Film）	非晶矽（Amorphous Silicon）	6~8%
	晶體矽（Crystalline Silicon）	8~12%
	CIS（CuInSeB2B）& CIGS（CuInGaSeB2B）	10~12%
	二六族, CdTe	10~12%
染料敏化型（Dye-sensitized）		3~6%
有機型（Organic）		1~3.3%

*薄膜型太陽能電池之轉換效率係得自薄膜型太陽能電池模組，而非電池本身。
資料來源：本研究整理

(一) 晶體矽太陽能電池

晶體矽太陽能電池係目前最成熟，也最普及的技術。單晶矽晶圓或多晶矽晶原先以純水洗淨後。進入擴散爐分別製作表面的pn接面與背面的p型層作爲後續背電極接線用，再經由電漿輔助化學氣相沉積法（plasma enhanced chemical vapor deposition，簡稱PECVD）在表面形成抗反射層以增加對陽光輻射吸收，最後再以網版印刷方式在晶片表面及背面分別製成電路，經由檢測器作功率檢測及分級後，即完成太陽能電池製作。

(二) 砷化鎵太陽能電池

三五族的砷化鎵（GaAs）太陽能電池係目前已量產太陽能電池中轉換效率最高者，但也是生產成本最高者。由於其抗宇宙射線能力佳且可靠性佳，幾乎都用於太空及軍事用途。目前多以鍺作爲基材，再以有機金屬化學氣相沉積法（metal organic chemical vapor deposition，簡稱MOCVD）製作，台灣已有砷化鎵晶片製造商開始研究，惟其驗證條件嚴苛，且驗證時間甚長，故多爲本國已具航太與軍工產業之公司寡占。

二 薄膜型太陽能電池

薄膜型太陽能電池被視爲最有可能替代晶圓型太陽能電池的選擇，目前已有不少廠商開始小量生產，薄膜太陽能電池模組在2004年之產量將近60MW，但占全球總產量不到5%。由於不再用矽晶圓作爲基材，成本的降低是首要優點，特別是部分基材具可撓曲性且質輕，故在應用上比晶圓型太陽能電池更爲廣泛，易於與建築物整合。惟其大量生產的技術上不如晶圓型太陽能電池成熟，轉換效率仍低，且部分關鍵原物料尚無法充分供應，故目前薄膜型太陽能電池的製造成本仍比晶圓型太陽能電池高出40%左右。以下就目前主要的薄膜型太陽能電池作扼要說明：

(一) 非晶矽薄膜太陽能電池

非晶矽太陽能電池最早係在1976年由Carlson與Wronski發展出來，但在隔年SWE（Staebler-Wronski）效應的發現使得非晶矽太陽能電池的劣化問題受到正視，而如何穩定維持非晶矽太陽能電池轉換效率便成爲主要的研究課題。堆疊式（stacked-cell with the triple-junction）非晶矽薄膜太陽能電池，以及表層之可透光導電氧化層（transparent conductive oxide，簡稱TCO）應用已被證明爲可穩定維持電池轉換效率的最佳設計，但薄膜非晶矽太陽能電池的穩定轉換效率最高僅在實驗室中創下13.5%的最高紀錄，係晶體矽太陽能電池的一半左右；且非晶矽薄膜太陽能電池模組之效率約在5.3至6.4%間，也僅達晶體矽太陽能電池模組的一半左右。

目前非晶矽薄膜太陽能電池主要係利用電漿輔助化學氣相沉積法在攝氏200至500℃的反應室內，將層層薄膜沉積在玻璃、不鏽鋼片或高分子薄板上，由於電漿輔助化學氣相沉積法之沉積速度慢（60A/min.），且沉積高品質的可透光導電氧化層（SnOB2B）之成本仍高，非晶矽薄膜太陽能電池模組售價僅略低於晶圓型太陽能電池，尚無法突顯廉價基材帶來的成本降低，但因基材多具可撓曲性且質輕，相當適合用在建築物之屋頂、外牆及其他結構設計，故持續的技術開發仍在進行中，除藉由超高頻電漿輔助化學氣相沉積（very high frequency plasma enhanced chemical vapor deposition，簡稱VHF PECVD）提高沉積速度外，以ZnO替代

SnOB2B亦是降低可透光導電氧化層製造成本的選擇之一[TT]，目前以日本的鐘淵化學（Kaneka）、美國的United Solar（USSC）及日本的三菱重工（MVI）爲主要非晶矽薄膜太陽能電池製造商，其中USSC的年產量最大，在2004年已達25MW。

(二) 多晶矽薄膜太陽能電池

多晶矽薄膜太陽能電池的開發源自1970年代與1980年代追求破紀錄的轉換效率研究。由於作爲主動層的晶體矽僅5至50微米厚，故基材可選擇較低等級的矽原料、玻璃、陶瓷或石墨，可大幅降低生產成本。

常見的多晶矽薄膜太陽能電池製程有液相磊晶法（liquid phase epitaxy，簡稱LPE）與各類化學氣相沉積法，如：低壓及常壓化學氣相沉積法（LPCVD與APCVD）、電漿輔助化學氣相沉積法（PECVD）、離子強化化學氣相沉積法（ion-assisted CVD，簡稱IACVD）及熱絲化學氣相沉積法（hot-wire CVD，簡稱HWCVD），其中以常壓化學氣相沉積法最適用於大量生產使用。

多晶矽薄膜太陽能電池的轉換效率已在實驗室中超過21%，目前研發方向主要有三，包括：德國的CSG Solar與日本Kaneka（鐘淵化學）的矽覆玻璃技術；美國的GE（前身爲Astropower）、日本三菱重工及Air Water（前身爲Daido Hoxan）的矽覆抗高溫基材；日本三菱電機及SONY的單晶矽轉玻璃技術。但由於量產技術仍不成熟，故多以實驗室研發爲主，美國的GE係少數量產多晶矽薄膜太陽能電池的公司，轉換效率可達13.4%。

(三) CIS薄膜太陽能電池與CIGS薄膜太陽能電池

單晶CuInSeB2B（CIS）薄膜太陽能電池係在1973年由Wagner研發成功達到12%的高轉換效率，接著在1980年代早期，由美國波音（Boeing）公司開發出多晶CuInGaSeB2B（CIGS）薄膜太陽能電池，目前主要的研發係由美國國家再生能源實驗室（NREL）與Shell Solar及ISET（International Solar Electric Technology）共同合作，並曾創下19.2%的最高實驗紀錄。雖然在2003年僅達0.54%的市占率，但因此效率已與晶體矽太陽能電池相當，且CIGS可以攙雜的In與Ga的比例來調整能階求得對太陽光能量的最大吸收、再加上所需原物料之成本低廉，CIS薄膜太陽能電池與CIGS薄膜太陽能電池已被視爲最可能取代晶圓型太陽能電池的新一代電池。

Shell Solar係最早量產CIS薄膜太陽能電池與CIGS薄膜太陽能電池的廠商，但因製程複雜且須多道眞空製程，故製造成本並未因使用低廉原物料而降低。ISET則已開發出以奈米氧化物微粒的噴墨製程，已可在玻璃、高分子材料或金屬箔片上製作出轉換效率在9.3至13.6%之間的CIGS太陽能電池。惟目前CIS薄膜太陽能電池與CIGS薄膜太陽能電池的穩定性尚需長時間驗證，加上昂貴的眞空製程、關鍵原物料（In）的供應與CdS緩衝層中的鎘（Cd）對環境的污染已成爲限制CIGS太陽能電池大量生產的主要因素。目前以美國的Shell Solar及ISET、日本的Showa Cell、德國的Würth Solar爲主要CIS薄膜太陽能電池與CIGS薄膜太陽能電池與模組製造商，又以Shell Solar的年產量最大，在2004年已可達3MW，模組效率在13%以上。

(四) CdTe薄膜太陽能電池

以二六族元素組成的CdTe薄膜太陽能電池最早係由RCA等公司發展出來，轉換效率達2.1%。其後柯達（Kodak）於1982年利用CdS與CdTe異質接面設計最早成功突破10%的關卡。目前已能在實驗室中以不同結構設計製作出轉換效率超過16%的CdTe太陽能電池。典型的CdTe太陽能電池是以p型的CdTe層與n型的CdS層形成一異質接面，CdS層讓陽光穿透到CdTe層，由於CdTe具相當高的吸收係數（10P5P cmP-1P）及1.45eV的能階，可完全吸收光能，另在CdTe層下還有一層由SnOB2B組成的TCO連接至電池背面的金屬外電極。

CdTe薄膜太陽能電池之生產技術已具大量生產能力，其理論轉換效率可達29%，故CdTe薄膜太陽能電池仍被視爲第二代太陽能電池的重要開發對象。惟目前最大的障礙係在原物料成本過高，占總成本約53%，特別是在電池基材與模組封裝材料部分；況且以目前全球可供給的鎘（Cd）與碲（Te）可能無法應付CdTe薄膜太陽能電池大量生產所需，年產量受到相當大的限制，在2002年僅占0.42%的全球市場。目前以美國的First Solar、Golden Photon及

United Solar與日本的Matsushita爲主要的CdTe薄膜太陽能電池與模組製造商，又以First Solar的年產量最大，在2004年已達6MW。

三 染料敏化型太陽能電池

染料敏化型太陽能電池（dye sensitized solar cell，簡稱DSSC）或稱奈米晶體太陽能電池（nanocrystalline photoelectrochemical cell，簡稱NPC）係由瑞士聯邦理工技術學院的TMichael Grätzel教授於T1991年T成功開發T，係一種以吸附光敏化有機染料的奈米級多孔二氧化鈦（TiOB2B）晶體薄膜爲電極的新型太陽能電池，當時之轉換效率僅7%。由於可以製作在透明、質輕且可撓取的基材上，故可用在建築物外觀結構、汽車天窗甚至顯示器上使用，加諸對光線的入射角度不敏感，以及所使用的染料敏化劑可在很低的光能量下飽和，故可在各種光照條件下使用。此外，由於製程簡單，可用網版印刷方式生產，甚至不需無塵室生產，而未來有機染料與鉑（Pt）觸媒價格可望降低，使得染料敏化型太陽能電池成爲最令市場期待的次世代太陽能電池。惟目前尚未能克服電池劣化的問題，故初步將以十年的發電壽命爲目標。TGrätzel教授目前擁有T染料敏化型太陽能電池的T專利，目前已有八家公司取得授權使用，分別是德國的INAP（Institut für Angewandte Photovoltaik GmbH）、法國的Greatcell Solar SA、瑞士的Solaronix SA、瑞士Swatch集團的Asulab、日本Toyota的IMRA、瑞士的Solterra SA、德國的Glas Trösch以及澳洲的STI（Sustainable Technologies International）。

四 有機型太陽能電池

除了染料敏化型太陽能電池外，有機型太陽能電池（Organic Solar Cell，簡稱OSC）爲另一種具前瞻性的新型太陽能電池，目前區分爲有機分子太陽能電池與有機聚合物太陽能電池。由於具有可在低溫且低成本的製程條件下大量生產的潛力，已引起許多業者及研究單位投入研發。惟其轉換效率最高係由美國Lucent Technologies在2000年創下的3.3%。

12.6.4 產業領導廠商

一 日本

(一) SHARP

SHARP係全球規模最大太陽能電池製造商，2004年共生產324MW，並已連續五年蟬聯冠軍寶座。2005年產能預計可達400MW，2006年則可達600MW。SHARP積極展開全球布局，除在日本生產太陽能電池、太陽能電池模組及太陽光電系統外，也在美國、墨西哥及英國建立模組封裝廠。此外，SHARP同時也已供應薄膜非晶矽太陽能電池，惟產量尚不大，僅數百萬瓦，但因易於建築物整合，又具半透光性，SHARP將逐年提高產能。

(二) Mitsubishi Electric

Mitsubishi Electric也與Q-Cells類似，直到2000年才進入太陽能電池產業，開始量產多晶矽太陽能電池。2004年已與Q-Cells同時並列全球前四大太陽能電池製造商，年產75MW。2005年四月起年產能已可達135MW，並在2006年達到年產能230MW，但由於SHARP、Kyocera、BP Solar、Q-Cells及Sanyo的積極擴產，Mitsubishi Electric在2005年的排名可能掉落至全球第六大。

(三) Sanyo

Sanyo在2004年共生產65MW的太陽能電池，自2005年起採取相當積極的策略一舉將產能擴充至160MW，並在匈牙利生產太陽能電池模組，預計在2005年六月起可供應50MW以應付歐洲市場所需，並在2006年增至100MW。Sanyo是繼SHARP在英國威爾斯及Kyocera在捷克投資興建太陽能電池模組的第三家投資歐洲的日本太陽能電池製造商。

二 美國

BP Solar在2004年共生產85MW的太陽能電池。由於自2003年展開全球生產線重整，關閉了兩條在美國的生產線，並遷移至西班牙、澳洲及印度等國所致，故僅較2003年多產15MW。BP Solar預計在2006年底前可完成全球生產線重整，並將電池及模組產能擴充至200MW。

三 荷蘭

Kyocera係全球第二大太陽能電池製造商，2004年共生產105MWKyocera已在2005年四月起將太陽光電事業整合成一獨立公司，並持續擴充電池產能達240MW；在捷克新建的模組廠也在今（2005）年四月開工，計劃至2005年底前將產能擴充至60MW，模組產能將也可達240MW。Kypcera將可成為全球自太陽能電池級矽晶圓至太陽光電系統之最大整合製造商。

四 德國

Q-Cells係在全球太陽能電池業界新星。該公司成立於1999年，2001年中開出第一條12MW的生產線，2004年已達75MW的出貨量。公司於2005年將產能大幅擴充至200MW，2006年將再擴充至320MW。由Q-Cells的快速竄起可看出太陽能電池產業，尤其是太陽能電池製造產業尚處於快速成長的階段，具有獨特量產技術及正確發展策略的廠商還可在此領域占有一片江山。

五 西班牙

Isofoton是西班牙在全球前十大的太陽能電池製造商。於2004年供應市場53MW的太陽能電池，並於2004年十二月展開擴產，在2006年達到年產量120MW，在產業策略上與美國的Energy Outfitters結盟，開拓美國市場。

RWE Schott Solar是西班牙另一家太陽能電池製造商。該公司在2004年共生產63MW的太陽能電池，2005年除擴充在德國的太陽能電池工廠外，同時也擴充位在捷克的太陽能電池模組廠至40MW。RWE Schott Solar除生產太陽能電池及電池模組外，同時還能生產矽晶帶。

六 台灣

(一) 光華開發

光華開發係台灣最早從事太陽能電池研發與製造的公司，該公司成立於1988年，於1996年已可達4MW之產能，惟光華開發係生產非晶矽太陽能電池，由於轉換效率不及單晶矽及多晶矽太陽能電池，且壽命較短，僅適用於室內消費性產品，近年來已轉型成爲全球再生用有機感光鼓（after-market OPC drum）的四大供應商之一，有機感光鼓業務目前已占公司營業額的90%以上。

(二) **益通光能**

以單晶矽太陽能電池爲主的益通光能（E-TON）於2002年自母公司獨立，成爲旗下子公司，2004年產能約8MW，2005年四月份起第二條生產線開始投產，年產能預計可達28MW。益通光能並獲得經濟部能源局支持，自工研院材料所移轉太陽光電製程技術以提昇單晶矽太陽能電池之轉換效率。

(三) **旺能光電**

旺能光電（DelSolar）係台達電結合工研院材料所團隊，於2004年六月以6.6億資本額申請進駐竹科成立，並自工研院材料所技術移轉低成本單晶矽太陽能電池量產化技術，生產低成本高效率之太陽能電池，轉換效率約15%。第一條太陽能電池生產線產能規劃爲全年25MW，預計在2005年六月底前完成設備安裝，九至十月間可小量生產；明年將增設第二條生產線達55MW，預計在兩年內將生產線擴充至三條達75MW。

七 大陸

與茂迪並列全球第十大太陽能電池製造商的無錫尚得成立於2002年7月，係唯一一家進入全球前十大的中國大陸太陽能電池製造商。該公司第一條10MW太陽能電池生產線於2003年完工進入量產並同步開始擴產，在2004年已達到50MW的太陽能電池產能與60MW的太陽能電池模組產能，該年度共生產35MW，其中已大規模生產的單晶矽太陽能電池之轉換效率已達到17%，多晶矽太陽能電池之轉換效率已達15.5%，係近年少數快速崛起的專業太陽能電池製造商。今（2005）年預計將電池產能擴充至80MW，模組產能擴充至100MW，2006年前計劃再將電池產能擴充至100MW。此外，無錫尚得已展開薄膜多晶矽太陽能電池之研發，轉換效率據稱已可達10%。

12.7 產業組合模式分析

12.7.1 太陽能產業提昇競爭優勢關鍵條件

太陽能電池政策組合分析的目的，在於將政府政策工具與台灣太陽能電池之產業創新需求要素作連結，以具體的指出政府爲有效促進產業之發展所應推行之政策，而達到資源上最適之分配。表12.4爲創新政策工具與產業創新需求資源關聯表，表12.5政策工具與產業創新需求要素關聯表。依據表12.5之結果，進一步歸納出與表12.5太陽能電池產業創新需求要素組合關聯表相對應的表12.6太陽能電池之產業政策組合關聯表，以闡述在不同定位下，政府所應加強之政策。

表12.4 創新政策工具與產業創新需求資源關聯表

		創新政策工具											
		供給面				環境面				需求面			
		公營事業	科學與技術開發	教育與訓練	資訊服務	財務金融	租稅優惠	法規與管制	政策性措施	政府採購	公共服務	貿易管制	海外機構
產業創新需求資源	研究發展	●	●	●			●		●	●			
	研究環境		●	●				●					
	技術知識			●	●								
	市場資訊				●								
	市場情勢								●	●		●	●
	市場環境							●	●		●		
	人力資源		●	●									
	財務資源	●				●		●	●				

●：表示直接影響

資料來源：Rothwell, R., Zegveld, W., Industrial Innovation and Public Policy, Frances Printer, London, 1981; 徐作聖，國家創新系統與競爭力，聯經，台北，民國88年。

表12.5　政策工具與產業創新需求要素關聯表

創新需求類型	產業創新需求要素	所需之政策類型
研究發展	國家整體對創新的支持	公營事業、政策性措施、租稅優惠
	國家基礎研究能力	科學與技術開發、政策性措施、教育與訓練
	技術合作網路	科學與技術開發、教育與訓練
	產業間的技術整合	政策性措施
	產官學研的技術合作	科學與技術開發、政策性措施、教育與訓練
	上下游產業的支援	科學與技術開發
	企業創新精神	科學與技術開發、教育與訓練
	製程創新能力	科學與技術開發、教育與訓練
研究環境	專利制度	法規與管制
	創新育成體制	法規與管制
	專門領域的研究機構	科學與技術開發、法規與管制
	具整合能力之研究單位	科學與技術開發、教育與訓練
技術知識	產業群聚	教育與訓練、資訊服務
	技術引進與移轉機制	科學與技術開發、法規與管制
	技術擴散機制	科學與技術開發、法規與管制
	健全的資料庫系統	資訊服務
	製程研發及成本監控	教育與訓練
市場資訊	專業資訊的流通與取得	資訊服務
	技術顧問與諮詢服務	資訊服務
	上下游關係的建立	資訊服務
	同業關係的建立	資訊服務
市場情勢	需求量大的市場	政策性措施、政府採購、海外機構
	多元需求的市場	政策性措施、貿易管制、海外機構
	策略聯盟的靈活運作能力	法規及管制、政策性措施
	顧客教育能力與市場領導優勢	教育與訓練
市場環境	國家文化與價值觀	政策性措施、公共服務
	國家基礎建設	法規與管制、政策性措施、公共服務
	政府優惠獎勵政策	法規與管制、政策性措施
	市場競爭的規範	資訊服務、法規及管制
	產品技術與規格的規範	法規及管制、政策性措施
	顧客關係的建立與顧客導向的經營能力	財務金融、公共服務

■ 表12.5 政策工具與產業創新需求要素關聯表（續）

創新需求類型	產業創新需求要素	所需之政策類型
人力資源	研發團隊的整合能力	科學與技術開發、教育與訓練
	高等教育人力	教育與訓練
	專門領域的研究人員	科學與技術開發、教育與訓練
	作業、維護及品管人員	教育與訓練
	市場拓展人員	科學與技術開發、教育與訓練
財務資源	完善的資本市場機制	租稅優惠、政策性措施
	長期融資及投資減免	租稅優惠、政策性措施
	提供長期資金的金融體系	公營事業、財務金融
	提供短期資金的金融體系	財務金融
	風險性資金的投入	財務金融

資料來源：專家訪談，本研究整理

■ 表12.6 太陽能電池之產業政策組合關聯表

		產業價值鏈			
技術(市場)成長曲線	成熟期	基礎研究	應用研究	量產	行銷
		科學與技術開發(研究發展、人力資源)	科學與技術開發(研究發展、研究環境、人力資源)	科學與技術開發(研究發展)	資訊服務(市場資訊、市場環境)
		教育與訓練(研究發展、人力資源)	教育與訓練(研究發展、研究環境、人力資源)	教育與訓練(研究發展、技術知識、人力資源)	法規與管制(市場情勢、市場環境)
		法規與管制(研究環境、市場環境)	政策性措施(研究發展、市場情勢、市場環境、財務資源)	資訊服務(市場資訊)	政策性措施(市場情勢、財務資源)
		政策性措施(市場情勢、市場環境、財務資源)	法規與管制(研究環境、市場環境)	政策性措施(市場情勢、市場環境、財務資源)	財務金融(市場環境、財務資源)
		政府採購(市場情勢)	資訊服務(市場資訊)	貿易管制(市場情勢)	公共服務(市場環境)
		海外機構(市場情勢)	海外機構(市場情勢)	海外機構(市場情勢)	科學與技術開發(人力資源)
		貿易管制(市場情勢)	貿易管制(市場情勢)	法規與管制(市場情勢、市場環境)	教育與訓練(人力資源)
		公共服務(市場環境)	公共服務(市場環境)	公共服務(市場環境)	租稅優惠(財務資源)
		租稅優惠(財務資源)	租稅優惠(財務資源)	租稅優惠(財務資源)	
				財務金融(財務資源)	
	成長期	科學與技術開發(研究發展、技術知識、人力資源)	政策性措施(研究發展、市場環境、財務資源)	科學與技術開發(研究發展、人力資源)	政策性措施(研究發展、財務資源)
		教育與訓練(研究發展、人力資源)	科學與技術開發(研究發展、技術知識、人力資源)	教育與訓練(技術知識、人力資源)	法規與管制(研究環境)
		法規與管制(研究環境、技術知識、市場環境)	教育與訓練(研究發展、人力資源)	資訊服務(技術知識、市場資訊)	資訊服務(市場資訊)

表12.6　太陽能電池之產業政策組合關聯表(續)

		產業價值鏈			
技術(市場)成長曲線	成長期	資訊服務(市場資訊)	法規與管制(技術知識、市場環境)	租稅優惠(財務資源)	教育與訓練(市場情勢、人力資源)
		政策性措施(市場情勢、市場環境、財務資源)	資訊服務(市場資訊)	政策性措施(財務資源)	科學與技術開發(人力資源)
		貿易管制(市場情勢)	租稅優惠(財務資源)	財務金融(財務資源)	租稅優惠(財務資源)
		海外機構(市場情勢)			
		租稅優惠(財務資源)			
	萌芽期	科學與技術開發(研究發展、研究環境、人力資源)	科學與技術開發(研究發展、研究環境、技術知識)	科學與技術開發(研究發展、技術知識、人力資源)	法規與管制(研究環境、市場環境)
		政策性措施(研究發展、市場環境)	政策性措施(研究發展、市場環境)	教育與訓練(研究發展、人力資源)	資訊服務(市場資訊)
		教育與訓練(研究發展、人力資源)	教育與訓練(研究發展、人力資源)	法規與管制(技術知識、市場環境)	政策性措施(市場情勢、市場環境)
		法規與管制(研究環境、市場環境)	法規與管制(研究環境、技術知識、市場環境)	資訊服務(技術知識、市場資訊)	貿易管制(市場情勢)
		資訊服務(市場資訊)	資訊服務(市場資訊)	政策性措施(市場環境)	海外機構(市場情勢)
		公共服務(市場環境)	公共服務(市場環境)	公共服務(市場環境)	公共服務(市場情勢、市場環境)
		財務金融(財務資源)	財務金融(財務資源)	財務金融(財務資源)	教育與訓練(人力資源)
					科學與技術開發(人力資源)
					財務金融(財務資源)

資料來源:：本研究整理

12.7.2　太陽能產業所需之政策類型

台灣太陽能電池產業雖已進入量產階段，並在國際市場上占有一席之地，但與先進國家，如：日本、德國與美國相比，仍屬於萌芽的階段，其所需之創新需求要素眾多。以具體的指出政府爲有效促進產業之發展所應推行之政策，而達到資源上最適之分配。

1. 研究發展：國家基礎研究能力、技術合作網路、產官學研的技術合作、上下游產業的支援。
2. 技術知識：技術引進與移轉機制。
3. 市場情勢：需求量大的市場。
4. 市場環境：國家基礎建設。
5. 人力資源：研發團隊的整合能力、專門領域的研究人員。

12.7.3 太陽能產業產業之具體推動策略

一 國家基礎研究能力

1. 放寬產業與學校教授互通門檻。
2. 加強整合研發單位與資源。
3. 提供獎學金鼓勵學生出國深造。

二 技術合作網路

1. 協助廠商與國外廠商及研究單位之技術交流。
2. 邀請台灣外廠商及研究單位資深人士來台參訪。

三 產官學研的技術合作

1. 放寬產業與學校教授互通門檻。
2. 加強整合研發單位與資源。
3. 提供獎學金鼓勵學生出國深造。

四 上下游產業的支援

1. 建立完整廠商資訊，促進上下游產業資源透明化。

五 技術引進與移轉機制

1. 協助有意願投入之廠商引進國外先進技術。
2. 加速能源供應自由化及外資以技術入股投資。

六 需求量大的市場

1. 加速再生能源法立法，並訂定獎勵補助細則。
2. 推動公共建物採用太陽光電作爲示範。
3. 協助台灣太陽光電廠商進軍海外市場。

七 國家基礎建設

1. 具體訂定低壓併聯技術之規範。
2. 具體規劃太陽光電園區的設置，達到產業群聚的效益。
3. 推動太陽光電資訊網與資料庫的建立。

八 政府優惠獎勵政策

1. 租稅優惠。
2. 建立多元的政府資金申請管道。

九 研發團隊的整合能力

1. 訂定國際技術人才引進的優惠措施，吸引專家學者來台工作定居。
2. 鼓勵各大學開辦綜合性課程，促進不同領域技術人才之交流。

十 專門領域的研究人員

1. 設立專門學程，聘請台灣外專家學者授課。
2. 加強兩岸人才的交流互動。

12.7.4 太陽能產業所需之政策類型

整合產官學界之意見，針對台灣目前產業，提出具體推動政策，如表12.7所示：

表12.7 太陽能電池所需之產業創新需求要素及具體推動政策

創新需求類型	產業創新需求要素	所需之具體推動策略（政策類型）
研究發展	國家基礎研究能力	● 放寬產業與學校教授互通門檻（科學與技術開發） ● 加強整合研發單位與資源（政策性措施） ● 提供獎學金鼓勵學生出國深造（教育與訓練）
	技術合作網路	● 協助廠商與國外廠商及研究單位之技術交流（科學與技術開發） ● 邀請台灣外廠商及研究單位資深人士來台參訪（教育與訓練）
	產官學研的技術合作	● 放寬產業與學校教授互通門檻（科學與技術開發） ● 加強整合研發單位與資源（政策性措施） ● 提供獎學金鼓勵學生出國深造（教育與訓練）
	上下游產業的支援	● 建立完整廠商資訊，促進上下游產業資源透明化（科學與技術開發）
技術知識	技術引進與移轉機制	● 協助有意願投入之廠商引進國外先進技術（科學與技術開發） ● 加速能源供應自由化及外資以技術入股投資（法規與管制）
市場情勢	需求量大的市場	● 加速再生能源法立法，並訂定獎勵補助細則（政策性措施） ● 推動公共建物採用太陽光電作為示範（政府採購） ● 協助台灣太陽光電廠商進軍海外市場（海外機構）

▌表12.7　太陽能電池所需之產業創新需求要素及具體推動政策(續)

創新需求類型	產業創新需求要素	所需之具體推動策略（政策類型）
市場環境	國家基礎建設	● 具體訂定低壓併聯技術之規範（法規與管制） ● 具體規劃太陽光電園區的設置，達到產業群聚的效益（政策性措施） ● 推動太陽光電資訊網與資料庫的建立（公共服務）
	政府優惠獎勵政策	● 租稅優惠（法規與管制） ● 建立多元的政府資金申請管道（政策性措施）
人力資源	研發團隊的整合能力	● 訂定國際技術人才引進的優惠措施，吸引專家學者來台工作定居（科學與技術開發） ● 鼓勵各大學開辦綜合性課程，促進不同領域技術人才之交流（教育與訓練）
	專門領域的研究人員	● 設立專門學程，聘請台灣外專家學者授課（教育與訓練） ● 加強兩岸人才的交流互動（科學與技術開發）

資料來源：本研究整理，專家訪談結果

12.7.5　產業定位與未來發展方向

台灣太陽能電池產業在技術的部分，目前尚處於「萌芽期」與「成長期」間的階段，在未來五年相關的技術將逐漸成熟，整個產業也會逐步邁入「成長期」的階段；而在產業價值鏈方面，乃處於上游的研發階段，介於應用研發與量產之間，尚無達廣泛被大眾接受的價格，但在未來產業較為成熟後，將朝向價值鏈下游的量產與行銷部分發展。

產業價值鏈

技術市場成長曲線

	應用研究	量產	行銷
成長期	·產業間的技術整合 ·企業創新精神 ·技術擴散機制 ·技術顧問與諮詢服務 ·政府優惠獎勵政策 ·高等教育人力 ·專門領域的研究人員 ·完善的資本市場機制 ·長期融資及投資減免	·上下游產業的支援 ·產業群聚 ·製程研發及成本監控 ·上下游關係的建立 ·研發團隊的整合能力 ·作業、維護及品管人員 ·市場拓展人員 ·長期融資及投資減免 ·提供短期資金的金融體系	·產業間的技術整合 ·專利制度 ·技術顧問與諮詢服務 ·同業關係的建立 ·顧客教育能力與市場領導優勢 ·研發團隊的整合能力 ·市場拓展人員 ·長期融資及投資減免
萌芽期	·國家基礎研究能力 ·產官學研的合作 ·企業創新精神 ·創新育成體制 ·專門領域的研究機構 ·技術引進與移轉機制 ·專業資訊的流通與取得 ·國家基礎建設 ·高等教育人力 ·風險性資金的投入	·技術合作網路 ·技術擴散機制 ·健全的資料庫系統 ·專業資訊的流通與取得 ·國家基礎建設 ·政府優惠獎勵政策 ·高等教育人力 ·市場拓展人員 ·風險性資金的投入	

為太陽能電池目前產業定位及其產業創新需求要素，箭頭方向為產業未來發展方向

▌圖12.9　太陽能電池定位及創新需求要素

資料來源：本研究整理

12.7.6 產業發展願景

由各種太陽能電池的發展來看，1999年至2004年，a-Si技術近年來有下滑趨勢，雖說非晶矽（a-Si）薄膜太陽能電池爲第一個量產之薄膜太陽能電池，然就技術應用上，2002年a-Si市占率技術約6.4%，2003年下滑至4.5%，2004年更跌至4%左右；目前最佳轉換效率達10%，然研究逐漸緩慢，幾近停頓。

另外，CIS技術在市場之應用比例平均約爲0.2%，市占比例雖小，但2003年具大幅成長，然2004年市占率卻由0.6%下滑至0.4%，CIS技術，雖說有部分公司投入，不過卻無重大新聞及技術突破，主要廠商Shell Solar於2004年生產2MW，Wurth產量則由400kW提昇至1.2MW；全球產量則由1.1MW提昇至1.4MW。

而CdTe技術，2003年後約占整體太陽能電池技術之1.1%，預期2005年應用的市占率變化不大。最後，截至目前爲止，單晶矽與多晶矽太陽能電池仍爲太陽能電池之主流技術，雖單晶矽太陽能電池仍引領高效率太陽能電池地位，然市場占有率逐年被多晶矽太陽能電池所侵蝕。

以2003年爲例，單晶矽太陽能電池技術以美國發展最多，相較日本與歐洲，則較偏向多晶矽之技術發展，整體而言，多晶及單晶矽太陽能電池則占88.62%之市場占有率。

另外，近年來各研究單位積極著手於第三代太陽能電池研發，例如：先進薄膜材料，奈米/量子材料及技術，有機無機混成太陽能電池。其中奈米太陽能電池研究很少且水準不佳，而目前奈米應用於太陽能電池領之技術發展步調緩慢，因此，整體而言，預期未來至2010年前，太陽能電池技術發展仍以結晶矽太陽能電池爲生產及研發重點。

12.8 結論

政府如欲發展太陽能電池產業，現應針對國家基礎研究能力之科學與技術開發、政策性措施與教育與訓練；技術合作網路之科學與技術開發與教育與訓練；產官學研的技術合作之科學與技術開發、政策性措施與教育與訓練；上下游產業的支援之科學與技術開發；技術引進與移轉機制之科學與技術開發與法規與管制；需求量大的市場之政策性措施、政府採購與海外機構；國家基礎建設之法規與管制、政策性措施與公共服務；政府優惠獎勵政策之法規與管制與政策性措施；研發團隊的整合能力之科學與技術開發與教育與訓練；專門領域的研究人員之科學與技術開發與教育與訓練等進行重點加強，這些細項爲目前產業定位中專家認爲非常重要但國家配合極爲缺乏之政策工具。

政府欲在未來五年強化太陽能電池的發展，須針對國家基礎研究能力之科學與技術開發、政策性措施與教育與訓練；需求量大的市場之政策性措施、政府採購與海外機構；多元需求的市場之政策性措施、貿易管制與海外機構；顧客教育能力與市場領導優勢之教育與訓練；研發團隊的整合能力之科學與技術開發與教育與訓練；專門領域的研究人員之科學與技術開發與教育與訓練等項目進行重點加強。

個案分析

茂迪公司

茂迪股份有限公司（以下簡稱茂迪）成立1981年，企業總部位於台北縣深坑鄉，公司資本額爲20億新台幣，員工人數1000人。公司原先以生產數字型電錶測量儀器起家；目前，仍致力於測量儀器的研發與生產。1998年延攬自美國NREL歸國的左元淮博士成立光電事業部，是台灣第一家主要生產單晶矽與多晶矽太陽能電池的製造商。第一條生產線於2000年底開始量產，以四吋與五吋多晶矽太陽能電池爲主，在2001年共產出3.5MW；在2002年已提高產量一倍達8MW，並在2003年完成第二條生產線的擴充將產能提高至25MW，全年共產出17MW；2004年再擴至50MW，實際產出35MW，與大陸的無錫尙得並列全球第十大太陽能電池製造商。茂迪於2004年底斥資6.4億元興建南科二廠，將產能自50MW擴充至80MW，至2007年總產出更高達176MW；同年，茂迪成爲全世界第六大太陽能電池製造廠。（資料來源：茂迪股份有限公司網站）

參考書目

英文

1. Aaker, David A., "Strategic Market Management", 4th edition, John Wiley&Sons Inc, New York, 1995.
2. Andersson, B.A ., Azar, C., Holmberg, J., Karlsson, S., "Material Constraints for Thin-film Solar Cells", Energy, Vol.23(5), pp. 407-11, 1998
3. Andrews, K. R., "The Concept of Corporate Strategy". 3rd Ed, Homewood, Ill. Dow Jones-Irwin, 1987.
4. Asanuma, B., "Manufacturer-Supplier Relationships in Japan and the Concept of Relation-Specific Skill", Journal of the Japanese and International Economics, Vol.3 (1), pp1-30, 1989.
5. Bair, J. and Gereffi, G., "Local clusters in global chains: The causes and consequences of export dynamism in Torreon' s blue jeans industry", World Development, Vol.29 (11), pp1885-1903, 2001.
6. Baranson, J.," Transfer of Technical Knowledge by International Corporations to Developing Economics", American Economic Review, Vol. 56, pp.259, 1966.
7. Barney, J. B., "Gaining and Sustaining Competitive Advantage", Addison-Wesley Publishing Company, New York, 1997.
8. Bengt-Ake Lundvall," National Systems of Innovation: Towards a Theory of Innovation and Interactive Learning ", Pinter Publishers Press, London , 1992.
9. Browning, H.C. and Singelmann, J., "The Emergence of a Service Society", Strategic Management Journal, Vol.15, pp.167-183, 1975.
10. Brsun, E.," Government Policies for The Stimulation of Technological Innovation' ', Laxenburg, Austria, 1980.
11. Bonnet, D. & Meyers, P.V. , "Cadmium Telluride-Material for Thin Film Solar Cells", Journal Materials Research, Vol.13(10), pp 2740-53, 1998
12. Boyer, K. K., Leong, G. K., Ward, P. T., Krajewski, L.J., "Unlocking the Potential of Advanced Manufacturing Technologies ", Journal of Operations Management, Vol. 15(4), pp 331-47, 1997.
13. Boyton, A.C. and Zmud, R.W., "An Assessment of Critical Success Factor' ', Sloan Management Review, Summer, pp17-27, 1984.
14. British Petroleum Company Ltd , "Statistical Review of World Energy", British Petroleum, London, 2004
15. Burgelman, R.A., Maidique, M.A., Wheelwright, S.C., "Strategic Management of Technology and Innovation", 2rd Ed, Irwin, Boston, 1996.
16. Burgelman, R.A., Maidique, M.A., Wheelwright, S.C., "Strategic Management of Technology and Innovation", Irwin, Homewood IL, 1998.
17. Cable, J.," Capital Market Information and Industrial Performance: The Role of West German Bank", Economic Journal, Vol.95 (377), pp.ll8-32, 1985.
18. Carlson, D. E. and Wronski, C. R., "Amorphous Silicon Solar Cells", Applied Physics Letter, Vol.28(11), pp. 671-3, 1976
19. Chandler, A.D., "Strategy and structure: chapters in the history of the industrial enterprise", M.I.T. Press, Cambridge, MA, 1962.

20. Chapin, D. M., Fuller, C.S., Pearson, G.L., "A New Silicon p-n Junction Photocell for Converting Solar Radiation into Electrical Power", Journal of Applied Physics, Vol.25(5), pp. 676-7, 1954.
21. Chase, R. B., "The Customer Contact Approach to Services: Theoretical Bases and Practical Extensions", Operation Research, Vol.29 (4), pp.698-706, 1981.
22. Christopher Freeman, "The Economics of Industrial Innovation", MIT Press, Cambridge, Mass, 1982.
23. Daft, R.L. and Lengel, R.H., "Organizational Information Requirements, Media Richness and Structure Design", Management Science, Vol. 32 (5), 1986.
24. Davidow, W. H. and Uttal, B., "Service Companies：Focus or Falter", Harvard Business Review, 67(4), pp77-85, 1989.
25. Dicken, P., "Global Shift: Transforming the World Economy" 3rd edition, Paul Chapman Publishing, London, 1998.
26. Dodgson, M., Rothwell, R., "The Handbook of Industrial Innovation", Edward Elgar Publishing, Northampton, MA, 1996.
27. Ferguson, C.R. and Dickinson, R., "Critical Success Factor for Director in the Eighties", Business Horizons, Vol.25 (3), pp 14-18, 1982.
28. Florida, R. & Kenney M., "Transplanted organizations: The transfer of Japanese industrial organization to the United States", American Sociological Review, Vol.56 (3), pp381-90, 1991.
29. Gereffi, G. and Hamilton, G.., "Commodity Chain and Embedded Networks: The Economic Organization of Global Capitalism", Paper presented at the meeting of the American Sociological Association, New York, NY, 1996.
30. Gereffi, G. and Korzeniewicz, M. eds., "Commodity Chains and Global Capitalism", Praeger, Westport, CT, 1994.
31. Gereffi, G., " International trade and industrial upgrading in the apparel commodity chain", Journal of International Economics, Vol.48(1), pp37-70, 1999.
32. Goetzberger, A., Hebling, C., Schock, H.W., "Photovoltaic Materials, history, status and outlook", Materials Science and Engineering, R 40, pp. 1-46, 2003
33. Green, M. A., "Photovoltaic: technology overview", Energy Policy, Vol.28(14), pp. 989-98, 2000
34. Green, M. A., "Crystalline and thin-film silicon solar cells: state of the art and future potential", Solar Energy, Vol.74 (3), pp. 181-92, 2003
35. Griliches, Z., "R&D Patents and Productivity", University of Chicago Press, Chicago and London, 1984.
36. Hegedus, S. S. and Luque A., "Status, Trends Challenges and the Bright Future of Solar Electricity from Photovoltaic", Handbook of Photovoltaic Science and Engineering, pp1-41,John Wiley and Sons, New York, 2003.
37. Hager, O. J., Prakke, F., "An Expanded Inventory of Public Measures for Stimulating Innovation in the European Community with Emphasis on Small and Medium-Sized Firms", Apeldoorn, 1979.
38. Helmer, O., "Analysis of the future: The Delphi Method", The Rand Corporation, Santa Monica, CA, 1967.
39. Hill, C. W. L. and Jones, G. R., "Strategic Management Theory: an integrated approach ", Houghton Mifflin, 4th Ed, Boston, MA, 1997.

40. Hitt, M. A., Ireland, R.D., Hoskisson, R.E., "Strategy Management: Competitiveness and Globalization ", Second Edition, West Publishing Company, New York, 1997.
41. Hoffmann, W., "PV Solar Electricity Industry: Market Growth and Perspective" , Proc. 14th World Conference on PVSEC, Bangkok, 2004.
42. Hope J. & Hope T.," Competing in the Third Wave: The Ten Key Management Issues of the Information Age ", Harvard Business School Press, Boston, Mass., 1997.
43. Jaffe, J. E. & Zunger, A., "Theory of the band-gap anomaly in ABC2 chalcopyrite semiconductors" , Physical Review B, Vol.29 (4), pp.1882-1906, 1984.
44. Jose, P. D., "Corporate Strategy and the Environment: a Portfolio Approach" , Long Range Planning, Vol.29 (4), pp. 462-72, 1996.
45. Kaplinsky, R., Globalisation, "Industrialization, and sustainable growth: The pursuit of the nth rent (Discussion Paper 365)" . Brighton, UK: University of Sussex, Institute of Development Studies, 1998.
46. Kast, F. E. and Rosenzweig, J.E., "Organization & Management: a System and Contingency Approach" , McGraw-Hill Companies, New York, pp.208-10, 1985.
47. Katz, M., "The Role of the Legal System in Technological Innovation and Economic Growth" , National Academy Press, Washington, 1986.
48. Kim, L., "Strategy of Development of Industrial Technology in a Developing Country" Research Policy ,Vol.9(3), pp.254-77.1980
49. Kim, L.," Imitation to innovation -The Dynamics of Korea Technological Learning" , Harvard Business school press, Cambridge, MA,, pp.45-7, 1997.
50. Kim, L., "From Imitation to Innovation: The Dynamics of Korea Technological Learning" , Harvard Business School Press. Boston MA, 1997
51. Kolter, P., "The Marketing of Nations" , Free Press, New York, 1997.
52. Kumar, P. & Holmes J., Diffusion of HR/IR practices under lean production and North American economic integration: The case of the Canadian automotive parts industry. Queen' s University, October, 16 pp, 1997.
53. Marsh, P.," Short-Termism on Trial" , Institutional Fund Managers' Association, London, 1990.
54. Marketbuzz 2005 Report: Annual World Solar PV Market Report http://www.valleyofthesunsolar.com/uploads/Article05Marketbuzz%202005_%20Annual%20World%20Solar%20PV%20Market%20Report.pdf
55. Mickelsen, R. A. & Chen, W. S., "High photocurrent polycrystalline thin-film CdS/CuInSe2 solar cells" , Applied Physics Letters, Vol. 36(5), pp. 371-3, 1980
56. Mitchell, R. L., et al., "PVMaT: advances in the photovoltaic industry and the focus of future PV manufacturing R&D" , Conference Record of the 29th IEEE Photovoltaic Specialists Conference Proceedings, 2002
57. Moore, G.A., "Inside the Tornado" , Harper business New York, pp136, 1995.
58. Mowery, D.C. and Nelson, R.R. ," Source of Industrial Leadership: Studies of Seven Industries " , Cambridge University Press, New York, 1999.
59. Porter, M.E.," Competitive Strategy: Techniques for Analyzing Industries and Competitors ", Free Press, New York, 1980.

60. Porter, M.E., "Competitive Advantage: Creating and Sustaining Superior Performance ", The Free Press, New York, 1985.
61. Porter M. E., "Competition in Global Industries" , Harvard Business School Press, Boston , Massachusetts, 1986.
62. Porter, M.E., "The Competitive Advantage of Nations" , Free Press, New York, 1990.
63. Porter, M., "Capital Disadvantage: America' s Failing Capital Investment System" , Harvard Business Review, Boston, MA, Vol. 70(5), pp.65-82.
64. Quinn, J.B., Baruch, J.J., Zien, K.A.," Innovation Explosion: Using Intellect and Software to Revolutionize Growth Strategies " , Free Press, New York, 1997.
65. Reilly, J.J., and Wiswall, R.H.," The reaction of hydrogen with alloys of magnesium and nickel and the formation of Mg2NiH4" , Inorg Chem, Vol.7(11),pp 2254-6,1968.
66. Robock, S.H. and Simmonds, K., " International Business and Multinational Enterprises" , 3rd Ed, Richard D. Irwin Inc., Homewood, III, pp 460, 1983.
67. Rockart, J.F., "Chief Executives Define Their Own Data Needs" , Harvard Business Review, Boston, MA,Vol.57(2),pp82-3, 1979.
68. Rosenberg, N., "Inside the Black Box: Technology and Economics" , Cambridge University Press, New York, 1982.
69. Rothwell, R. and Zegveld, W., "Industrial Innovation and Public Policy: Preparing for the 1980s and the 1990s ", Greenwood Press, New York, 1981.
70. Sako, M.," Prices, Quality and Trust: Inter-Firm Relations in Britain and Japan" , Cambridge University Press, New York, 1992.
71. Shah, A., Torres, P., Tscharner,R., Wyrsch,N., Keppner, H., "Photovoltaic Technology: The Case for Thin-film Solar Cells" , Science, Vol.285(5428), pp. 692-8, 1999.
72. Shank, J.K., Govindarajan, S., Govindarajan, V., "Strategic Cost Management: The New Tool for Competitive Advantage ", The Free Press, New York, pp.231, 1993.
73. Sharif, M.N., "Basis for Techno-Economic Policy Analysis ", Science & Public Policy, Vol. 15 (4), pp 217 -29, 1988.
74. Shaw, B., "Developing Technological Innovations within Networks" , Entrepreneurship and Regional Development, Vol.3 (2), pp 111-28, 1991.
75. Shaw, B. F., "The Role of the Interaction between the User and Manufacturer in Medical Equipment Innovation Process" , Ph.D. dissertation. University of Sussex, Sussex, United Kingdom, 1986.
76. Shay J. L., Wagner, S., Kasper, H. M., "Efficient CuInSe2/CdS solar cells" , Applied Physics Letters, Vol. 27(2), pp. 89-90, 1975.
77. Silver, A.D." Venture Capital: The Complete Guide for Investors ", Wiley, New York, 1985.
78. Souder, W.E., "Managing New Product Innovations" , Lexington Books, Lexington, Massachusetts ,pp.217-20, 1987.
79. Staebler, D. L. and Wronski, C. R., "Reversible conductivity changes in discharge-produced amorphous Si" , Applied Physics Letter, Vol.31(4), pp. 292-4, 1977.
80. Teitelman, R., "Profits of Science: The American Marriage of Business and Technology " , BasicBooks, New York ,1994.

81. Teubal, M., “Technological Infrastructure Policy: An International Perspective “, Dordrecht Kluwer, 1996.
82. Tracy, M. and Wiersema F.,” The Discipline of Market Leaders: Choose your Customers, Narrow Your Focus, Dominate Your Market”, Addison-Wesley Publishing Company, 4th printing, 1995.
83. UNDP, “Human Development Report 1993”, Oxford University Press, New York pp.21-22, 1993.
84. Utterback, J.M., “Mastering the Dynamics of Innovation”, Harvard Business School Press, Boston, MA, pp91, 1994.
85. Wiersema,F.D., and Wiersema, F., “Customer Intimacy: Pick Your Partners, Shape Your Culture, Win Together”, Knowledge Exchange, 1996
86. Zangwill, W.I.,” Lightning strategies for innovation: how the world’s best firms create new products “, Lexington Books, New York, 1993.

中文

1. 徐作聖(1999)。國家創新系統與競爭力。台北：聯經出版社。
2. 徐作聖(1995)。全球科技政策與企業經營。台北：華泰書局。
3. 徐作聖(1999)。策略致勝。台北：遠流出版社。
4. 徐作聖(1995)。全球化科技政策與企業經營。台北：華泰書局。
5. 徐作聖(1999)。創新政策概論。台北：華泰書局。
6. 徐作聖、邱奕嘉、鄭志強(2003)。產業經營與創新政策。台北：全華圖書。
7. 林傑斌、陳奇麟(譯)。(1991)。企業戰略思考。台北：業強出版社。。
8. 林建山(1995)。產業政策與產業管理。台北：環球經濟社，。
9. 台灣經濟研究所(譯)(1986)。產業政策與產業結構。台北：作者。
10. 台灣電力公司林口核能訓練中心(2005)。94年度風力發電研討班講義。台北：作者。
11. 台灣電力公司(2002)。風力發電第一期可性研究報告。台北：作者。
12. 工研院能資所、中大大氣所(2002)。台灣地區基本風能分布。台北：經濟部能源委員會專案計畫結案報告。
13. 中威風力發電股份有限公司籌備處(2005)。台中縣大安鄉、大甲鎮設置風力發電廠興建計畫環境影響說明書（定稿本）。台北：作者
14. 包濬瑋(2003)。太陽光發電系統運轉性能評估。未出版碩士論文，中原大學，中壢。
15. 台灣電力公司(2005)。風力發電第三期計畫可行性研究報告（修訂本）。台北：作者。
16. 呂威賢(2003)。我國風力發電推廣現況與展望。太陽能及新能源學刊，8(1)。
17. 呂威賢(2004)。風的故事－從風車到風力機。科學發展，383，6-13頁。
18. 李欣哲、呂威賢(2005)。淺談我國推動風力發電之二氧化碳減量效益。環保署雙月刊，76。台北：行政院環境保護署。
19. 林保全、黃永福、羅天賜(2004)。分散型發電單獨運轉偵測保護技術。電力電子雙月刊，2(4)，第38～45頁。新竹：中華民國電力電子協會。
20. 林顯宗(2002)。小容量風力發電機的研製。未出版碩士論文，逢甲大學，台中。
21. 胡克鴻(2002)。再生能源及風力發電規劃設計及營運之研究。出國報告。
22. 張仁謙(2004)。風力發電系統孤島效應偵測技術。未出版碩士論文，中原大學，中壢。
23. 張順教(2000)。新經濟環境下產業群聚效果分析。台北：天下文化。

24. 郭博堯(2003)。我國天然環境限制風力發電發展。台北：國家政策研究基金會。
25. 楊金石(1991)。風力發電之監控設備對系統特性的影響。台電工程月刊，516 ，第21~31頁。台北：台灣電力公司。
26. 經濟部能源局(2005)。2005年能源科技研究發展白皮書。台北：作者。
27. 榮泰生(1997)。策略管理。5版。台北：華泰。
28. 賴宛靖(2005)。吹動能源新契機－談風力發電與再生能源。台電月刊，516(頁4-11)，台北：作者。
29. 大角泰章, 苗艷秋, 吳永寬(1990)。金屬氫化物的性質與應用。北京：化學工業出版社。
30. 交通部交通研究所編(1968)。電動汽車的展望。台北：作者。
31. 李添財(編譯)(2004)。電動汽機車。台北：全華科技圖書股份有限公司。
32. 李嘉淩(計畫主持及研究)(1997)。電動車輛發展之初步評估與規劃。台北：交通部運輸研究所.。
33. 工業技術研究院材料研究所(1997)。車用電池產業現況與趨勢。新竹：作者。
34. 工業技術研究院材料研究所(1998)。電池產業專題調查。新竹：作者。
35. 林振江，施保重(2002)。混合動力車的理論與實際。台北：全華科技圖書股份有限公司。
36. 工業技術研究院化學工業研究所 (1998)。二次電池材料專題調查報告。新竹：作者。
37. 工業技術研究院產業經濟與資訊服務中心(2002)。行動用儲能材料技術發展藍圖與主要國家研發政策分析。新竹：作者。
38. 雷永泉，方群，石永康(2000)。新能源材料。天津：天津大學。
39. 矢野經濟研究所(1997)。電氣自動車市場 97。東京：作者。
40. 鄭朝陽、焦能義(2005-08-27)。政策不明，油電車研發引進如龜步。民生報/A2版。
41. 欒佩玲(2005)。電池產業現況與展望。新竹：工業技術研究院。
42. 台灣經濟研究院(2000)。2000年台灣各產業景氣預測趨勢報告。台北：作者。
43. 司徒達賢(1995)。策略管理。台北：遠流出版社。
44. 方世榮(譯) (1998)。行銷管理學：分析、計畫、執行、與控制。台北：東華書局。
45. 梁淑芸(2003)。由RFID標籤技術的應用趨勢看零組件產業之商業機會。工業材料雜誌，204。
46. 李冠樺(2004)。RFID國際協定發展現況。新竹：工業技術研究院產業經資中心電子組。
47. 吳思華(1998)。策略九說。台北：臉譜文化。
48. 張順教(2000)。新經濟環境下產業群聚效果分析。台北：天下文化。
49. 楊承翰(2002)。以0.35um CMOS 積體電路技術設計13.56MHz無綫射頻身份識別系統讀卡機。未出版碩士論文，元智大學，中壢。
50. 行政院國家科學委員會(2004)。能源領域策略規劃報告。台北：作者。
51. 台灣經濟研究院(2000)。2000年台灣景氣預測報告。台北：作者。
52. 京都議定書(2005)。http://www.tri.org.tw/unfccc/download/kp_c.pdf。
53. 李文祺(2004)。電動汽車在中國的發展 4 年回顧和未來展望。解放日報。http://209.85.175.132/search?q=cache:SstgkIg_ffAJ:big5.ce.cn/cysc/auto/hytx/hypl/200412/22/t20041222_2641902.shtml+電動汽車在中國的發展+4+年回顧和未來展望&hl=zh-TW&ct=clnk&cd=1&gl=tw。
54. 田建軍、戴勁松(2002)。混合動力車將成我國電動汽車產業化的突破口。http://www.eastday.com/epublish/big5/paper148/20021119/class014800011/hwz823458.htm。
55. 蘇俊榮(1998)。產業組合與創新政策分析-以台灣積體電路產業爲例。未出版碩士論文，國立交通大學，新竹。

56. 李輝鈞(1999)。台灣積體電路競爭優勢及創新政策分析之研究。未出版碩士論文，國立交通大學，新竹。
57. 范振鋒(1999)。我國網路IC產業之發展方向研究，未出版碩士論文，國立交通大學，新竹。
58. 游煥中(2000)。兩岸積體電路產業之比較分析，未出版碩士論文，國立交通大學，新竹。
59. 黃子芹(2002)。台灣SIP產業競爭力之分析，未出版碩士論文，國立交通大學，新竹。
60. 李元亨(2002)。台灣IC/SOC產業發展政策與產業組合之研究，未出版碩士論文，國立交通大學，新竹。
61. 戴劍泉(2003)。台灣顯示器產業創新政策與產業組合分析，未出版碩士論文，國立交通大學，新竹。
62. 陳澤元(2003)。台灣IC封裝產業對SOC產品趨勢因應策略之分析，未出版碩士論文，國立交通大學，新竹。
63. 蕭國坤(2003)。台灣半導體製造業設廠決策之研究，未出版碩士論文，國立交通大學，新竹。
64. 沈介宇(2003)。半導體設備採購平準決策之研究，未出版碩士論文，國立交通大學，新竹。
65. 陳玉華(2003)。台灣SIP產業之發展模式分析，未出版碩士論文，國立交通大學，新竹。
66. 林隆易(2004)。無線電識別方案服務之策略分析-以邏速科技為例。未出版碩士論文，國立交通大學，新竹。
67. 陶宜勇(2004)。台灣風力發電機組設備產業組合以及創新政策之研究，未出版碩士論文，國立交通大學，新竹。
68. 李彥斌(2004)。台灣太陽能電池產業發展策略之研究，未出版碩士論文，國立交通大學，新竹。
69. 陳嘉林(2005)。微型直接甲醇燃料電池產業之研究，未出版碩士論文，國立交通大學，新竹。
70. 陳華鼎(2005)。台灣混合型汽車鎳氫電池產業之策略分析，未出版碩士論文，國立交通大學，新竹。
71. 林立偉(2006)。台灣中小尺寸顯示面板公司之創新矩陣策略分析，未出版碩士論文，國立交通大學，新竹。
72. 薛朋岳(2007)。台灣風力發電機組設備產業組合以及創新政策之研究，未出版碩士論文，國立交通大學，新竹。

國家圖書館出版品預行編目資料

產業分析 / 徐作聖, 鄭智仁, 陳仁帥著. --三版.--
臺北縣土城市：全華圖書, 2009.09
面 ； 公分

ISBN 978-957-21-7324-4(平裝)
1. 產業分析

555 98016033

產業分析

作者 / 徐作聖、鄭智仁、陳仁帥
執行編輯 / 林詩卉
發行人 / 陳本源
出版者 / 全華圖書股份有限公司
郵政帳號 / 0100836-1 號
印刷者 / 宏懋打字印刷股份有限公司
圖書編號 / 0801602
三版二刷 / 2011 年 12 月
定價 / 新台幣 580 元
ISBN / 978-957-21-7324-4(平裝)
全華圖書 / www.chwa.com.tw
全華網路書店 Open Tech / www.opentech.com.tw
若您對書籍內容、排版印刷有任何問題，歡迎來信指導 book@chwa.com.tw

臺北總公司(北區營業處)
地址：23671 新北市土城區忠義路 21 號
電話：(02) 2262-5666
傳真：(02) 6637-3695、6637-3696

中區營業處
地址：40256 臺中市南區樹義一巷 26 號
電話：(04) 2261-8485
傳真：(04) 3600-9806

南區營業處
地址：80769 高雄市三民區應安街 12 號
電話：(07) 862-9123
傳真：(07) 862-5562

免費訂書專線 / 0800021551

讀者回函卡

填寫日期：　　/　　/

姓名：＿＿＿＿　生日：西元＿＿＿年＿＿＿月＿＿＿日　性別：□男 □女

電話：（　）＿＿＿＿　傳真：（　）＿＿＿＿　手機：＿＿＿＿

e-mail：（必填）＿＿＿＿

註：數字零，請用 Φ 表示，數字 1 與英文 L 請另註明並書寫端正，謝謝。

通訊處：□□□□□

學歷：□博士　□碩士　□大學　□專科　□高中・職

職業：□工程師　□教師　□學生　□軍・公　□其他

學校／公司：＿＿＿＿　科系／部門：＿＿＿＿

・需求書類：

□ A. 電子 □ B. 電機 □ C. 計算機工程 □ D. 資訊 □ E. 機械 □ F. 汽車 □ I. 工管 □ J. 土木

□ K. 化工 □ L. 設計 □ M. 商管 □ N. 日文 □ O. 美容 □ P. 休閒 □ Q. 餐飲 □ B. 其他

・本次購買圖書為：＿＿＿＿　書號：＿＿＿＿

・您對本書的評價：

封面設計：□非常滿意　□滿意　□尚可　□需改善，請說明＿＿＿＿

內容表達：□非常滿意　□滿意　□尚可　□需改善，請說明＿＿＿＿

版面編排：□非常滿意　□滿意　□尚可　□需改善，請說明＿＿＿＿

印刷品質：□非常滿意　□滿意　□尚可　□需改善，請說明＿＿＿＿

書籍定價：□非常滿意　□滿意　□尚可　□需改善，請說明＿＿＿＿

整體評價：請說明＿＿＿＿

・您在何處購買本書？

□書局　□網路書店　□書展　□團購　□其他＿＿＿＿

・您購買本書的原因？（可複選）

□個人需要　□幫公司採購　□親友推薦　□老師指定之課本　□其他＿＿＿＿

・您希望全華以何種方式提供出版訊息及特惠活動？

□電子報　□ DM　□廣告（媒體名稱＿＿＿＿）

・您是否上過全華網路書店？（www.opentech.com.tw）

□是　□否　您的建議＿＿＿＿

・您希望全華出版那方面書籍？＿＿＿＿

・您希望全華加強那些服務？＿＿＿＿

～感謝您提供寶貴意見，全華將秉持服務的熱忱，出版更多好書，以饗讀者。

全華網路書店 http://www.opentech.com.tw　　客服信箱 service@chwa.com.tw

2011.03 修訂

親愛的讀者：

感謝您對全華圖書的支持與愛護，雖然我們很慎重的處理每一本書，但恐仍有疏漏之處，若您發現本書有任何錯誤，請填寫於勘誤表內寄回，我們將於再版時修正，您的批評與指教是我們進步的原動力，謝謝！

全華圖書　敬上

勘誤表

書號		書名	作者
頁數	行數	錯誤或不當之詞句	建議修改之詞句

我有話要說：（其它之批評與建議，如封面、編排、內容、印刷品質等・・・）